Die Regulierung von Inhalten in den Diensten des Internet

Europäische Hochschulschriften

Publications Universitaires Européennes
European University Studies

Reihe II
Rechtswissenschaft

Série II Series II
Droit
Law

Bd./Vol. 3620

PETER LANG
Frankfurt am Main · Berlin · Bern · Bruxelles · New York · Oxford · Wien

Markus Mairgünther

Die Regulierung von Inhalten in den Diensten des Internet

Eine juristische Besprechung rechtlicher und technischer Möglichkeiten und Grenzen

PETER LANG
Europäischer Verlag der Wissenschaften

Bibliografische Information Der Deutschen Bibliothek
Die Deutsche Bibliothek verzeichnet diese Publikation in der Deutschen Nationalbibliografie; detaillierte bibliografische Daten sind im Internet über <http://dnb.ddb.de> abrufbar.

Zugl.: Regensburg, Univ., Diss., 2002

D 355
ISSN 0531-7312
ISBN 3-631-50636-8

www.peterlang.de

Meinen Eltern, Frau Nicole Remann und Familie Kampmann

Was offline rechtswidrig ist, kann online nicht rechtmäßig sein.

Vorwort

Die vorliegende Arbeit wurde im Sommersemester 2002 von der Juristischen Fakultät der Universität Regensburg als Dissertation angenommen. Sie wurde am 06. November 2002 mit Ablegen der mündlichen Prüfung abgeschlossen.

Mein besonderer Dank gilt meinem Doktorvater Herrn Prof. Dr. Gerrit Manssen. Sowohl bei der Wahl des Themas als auch bei dessen Ausarbeitung gewährte er mir den größtmöglichen Freiraum, um meine Vorstellungen in Bezug auf die Dissertation zu verwirklichen. Während der Entstehung der Arbeit stand er mir stets mit persönlichem Verständnis zur Seite und hat damit maßgeblich zum Erfolg der Arbeit beigetragen. Weiterhin gilt mein Dank Herrn Prof. Dr. Rolf Eckhoff für die Erstellung des Zweitgutachtens.

Gedankt sei auch den Mitarbeitern des Lehrstuhls von Prof. Manssen, deren besondere Zusprache für mich während der Erstellung der Arbeit von grosser Hilfe war. Für die umfassende EDV-technische Unterstützung möchte ich Frau Tanja und Herrn Joachim Häring danken.

Mein größter Dank gebührt meinen Eltern Siegrid und Raimund Mairgünther, meiner Lebensgefährtin Nicole Remann und meinen Pateneltern Rita und Horst Kampmann. Sie alle haben durch stetige Unterstützung und Ermutigung entscheidend mit zum Erfolg der Dissertation beigetragen. Letztlich war es ihr Zuspruch und Rückhalt, der mir half, auch schwierige Situationen bei der Erstellung dieser Arbeit zu überwinden.

Regensburg, im November 2002 *Markus Mairgünther*

INHALTSÜBERSICHT

INHALTSVERZEICHNIS

Teil A: Einführung

A. Problemdarstellung, Missbrauchsformen, Regulierungsbedarf

I. Einführung in die Problemstellung

Das Internet ist heutzutage in aller Munde. Es hat in verschiedenste Lebensbereiche Einzug gehalten und eine beachtliche Ausdehnung erreicht. Mit der fortschreitenden Verbreitung des Internet und seiner Dienste entstehen, bzw. wachsen aber auch Probleme. Zum Teil handelt es sich hierbei um neue Gefahren, die sich zumeist aus den technischen Parametern und Möglichkeiten des Internet selbst ergeben. Als Beispiel hierfür sind das virtuelle Eindringen in fremde Computernetzwerke und der unbefugte Zugriff auf Daten (Hacking) zu nennen. Auf der anderen Seite werden durch die rasche Verbreitung des Internet aber auch Problemkreise aktualisiert, die an sich altbekannt sind und nur durch die neuen, scheinbar unbegrenzten Möglichkeiten, die das Internet und seine Dienste bieten, quasi „recycelt" werden. Hier lässt sich als Beispiel das Problem der Verbreitung unerwünschter Inhalte nennen. Die Bekämpfung unerwünschter Inhalte ist keine Erscheinung, die erst durch das Internet begründet worden wäre. Schon in den traditionellen Medien lag hier ein Tätigkeitsfeld für staatliche Regulierung. Wie andere Medien zuvor, so hat auch das Internet als die technische Revolution des ausgehenden 20. Jahrhunderts nicht nur durch segensreiche Verbesserungen und Errungenschaften, sondern auch durch negative Aspekte Schlagzeilen gemacht. Seit Mitte der 90er Jahre gab und gibt es immer wieder Meldungen über Kinderpornographie, Anleitungen zum Bombenbau, Rezepturen für Designerdrogen, und andere rechtswidrige oder schädliche Inhalte, die unter geringem Aufwand im Internet zu bekommen waren.[1]

Tatsache ist, dass verschiedene kommerzielle und nicht-kommerzielle Anbieter und Nutzer im Internet strafbare Pornographie (§ 184 StGB) einschließlich der Darstellung von sodomitischen und sadistischen Handlungen über das Internet anbieten und nachfragen. Gerade im Bereich sexualbezogener Inhalte scheint die Bandbreite der in manchen Diensten des Internet erhältlichen Materialien unerschöpflich zu sein. Die Problematik der Kinderpornographie wird insbesondere durch die neuen publizistischen Möglichkeiten, die das Medium Internet durch seine Dienste bietet, stark verschärft. Weiterhin missbrauchen politisch extremistische Gruppen, insbesondere rechtsradikale Vereinigungen, das Internet als Plattform für rassistische und antisemitische Propaganda. Teilweise werden auch Anleitungen zum Bau von Bomben durch terroristische Vereinigungen verbreitet. Persönliche Beleidigungen und ehrverletzende Äußerungen sowie üble Nachrede und Verleumdung fördert das Internet durch seine Geschwindigkeit und auch seine Anonymität.

E-Mails mit Beleidigung bis hin zur Morddrohungen, oder mit einem Anhang (kinder-) pornographischer Bilder, Diskussionsforen in denen zum Rassenkampf

---

[1] Vgl. Der Spiegel, Heft 7 vom 12.2.1996, 157 ff; Pecher, Focus, Heft 23 vom 2.6.1997, 196 ff; Schmidt-Jortzig, Der Spiegel, Heft 11 vom 11.3.1996, 102; ebenso Sieber, Verantwortlichkeit für den Datenverkehr (I), JZ 1996, 429 ff.

aufgerufen und auch gleich noch das nötige Know-how zum Bombenbau vermittelt wird, FTP-Dienste auf denen urheberrechtlich geschütztes Material - unter Ausschluss seines Urhebers - verbreitet wird, Homepages im WWW, auf denen Volksverhetzung übelster Sorte betrieben wird, all dies sind Inhalte, die in den Diensten des Internet zu finden sind.[2] Dabei ist zu beachten, dass die Liste der über das Internet verbreiteten rechtswidrigen bzw. sonst schädlichen Inhalte lang ist.[3]

Die Problematik rechtswidriger oder schädigender Inhalte ist wie bereits erwähnt keine neue Erscheinung, die erst durch das Internet entstanden ist. Derartige Probleme gibt es auch bei den traditionellen Medienformen. Neuartig ist aber die Dimension, die Inhaltsdelikte im Internet bekommen. Über das Internet, bzw. seine vorhandenen Kommunikations- und Informationsdienste werden diese Inhalte nicht nur in Deutschland, sondern zugleich weltweit verbreitet.

Um jedoch dem Eindruck vorzubeugen, das Internet diene ausschließlich als Plattform bzw. Vertriebsnetz für Perverse, politische Extremisten, religiöse Fanatiker oder andere gesellschaftsfeindlich gesinnte Elemente, sei darauf hingewiesen, dass der prozentuale Anteil solcher Inhalte im Internet sich nach Expertenschätzungen im Bereich von 1 % aller Inhalte bewegt.[4] Angesichts dieser Zahl, nach der die problematischen Inhalte im Internet einen relativ geringen Teil dessen ausmachen, erstaunt die Tatsache, dass die Diskussion, die aktuell um derartige Inhalte im Internet stattfindet, von einer derart breiten Öffentlichkeit geführt wird.

Dies wird jedoch verständlich, wenn man sich vergegenwärtigt, dass – je nachdem welchen Expertenschätzungen man vertraut - derzeit die Zahl der Inhalte im Internet zwischen einer 3-stelligen Millionenzahl und einigen Milliarden liegt und dabei aber ständig weiter steigt. Nimmt man hiervon nur 1% problematische Inhalte an, so ergibt sich damit eine durchaus beachtliche Anzahl problematischer Angebote im Internet, die damit natürlich auch hinreichend öffentlich und präsent werden. Die Lösung dieser Problematik in Verbindung mit den enormen publizistischen Möglichkeiten, die das Internet den Urhebern solcher Angebote bietet, ist eine Aufgabe, der sich keine Gesellschaft dauerhaft entziehen kann. Daraus ergibt sich somit die Problemstellung dieser Arbeit, vorhandene Möglichkeiten einer effektiven Inhaltskontrolle im Internet aufzuzeigen und zu bewerten.

II. Fallbeispiele aus Deutschland

Angesichts der Problematik rechtswidriger Inhalte im Internet wurden deutsche Justizbehörden bereits in einigen Fällen im Zusammenhang mit rechtswidrigen Inhalten im Internet tätig. Bereits 1996 ermittelte die Hamburger Oberstaatsanwaltschaft gegen AOL Deutschland, die deutsche Tochter des US-amerikanischen Internet-Konzerns America Online (AOL). Dieser wurde die Verbreitung kinderpornographischer Abbildungen vorgeworfen.[5] Nutzer dieses

---

[2] Vgl. Wellkamp, Inhaltsbeschränkung im Internet – Beschränkungsbedarf und Beschränkungsmöglichkeiten, RDV 2000, 255, 256; Möcke/Heinson, Ein Krampf, in ct', 1996, 118 ff.

[3] Zu diesen und weiteren Beispielen vgl. Ladeur, Karl-Heinz in ZUM 1997, 372, 373.

[4] Vgl. Ladeur, Karl-Heinz in ZUM 1997, 372, 373; Ritz, Inhalteverantwortlichkeit von Online-Diensten, S. 31.

[5] Vgl. Focus, Heft 27, 1996, S. 13; Ritz, Inhalteverantwortlichkeit von Online-Diensten, S. 47.

Online-Dienstes hatten in durch diesen betriebenen privaten Chaträumen u.a. pornographische Aufnahmen von Kindern untereinander ausgetauscht.
Deutlich mehr Öffentlichkeit begleitete das Verfahren gegen den ehemaligen Geschäftsführer des Online-Dienstes CompuServe GmbH Felix Somm. Ihm wurde zur Last gelegt, er habe deutschen Kunden den Zugang zu den Servern der amerikanischen Muttergesellschaft CompuServe Inc. vermittelt, ohne kinderpornographische Daten aus dem Datenverkehr ausgefiltert zu haben. Er wurde vom Amtsgericht München zu 2 Jahren Haft auf Bewährung verurteilt wegen Verbreitung pornographischer Schriften. Aus der Urteilsbegründung ging hervor, dass das Urteil nicht etwa wegen unterlassener Filterung – was nach einem Sachverständigengutachten gar nicht möglich war – sondern wegen der Aufrechterhaltung der Datenverbindung zwischen der CompuServe GmbH und deren amerikanischer Muttergesellschaft erging.[6] Sowohl in der Öffentlichkeit als auch in der juristischen Fachliteratur stieß dieses Urteil auf erhebliche Kritik.[7]
Großes Aufsehen erregte auch ein Verfahren vor dem Amtsgericht Berlin-Tiergarten gegen die ehemalige stellvertretende PDS-Vorsitzende Angela Marquardt wegen Beihilfe zur Anleitung einer Straftat gemäß §§ 130a, 27 StGB.[8] Erstmals hatte sich damit eine Einzelperson vor Gericht zu verantworten, deren Homepage Hyperlinks zu inhaltlich problematischen Angeboten im Internet enthielt. Über diese Links war direkt die Homepage der linksgerichteten Zeitschrift „radikal" zu erreichen, auf der sich im Zuge der damals schon aktuellen Castor-Transporte u.a. detaillierte Anweisungen für Sabotagehandlungen an Bahnstrecken und Gleisanlagen befanden („Kleiner Leitfaden zur Behinderung von Bahntransporten aller Art").
Das Verfahren endete mit Urteil vom 30.6.1997 mit einem Freispruch der Angeklagten.[9] Für das Online-Angebot selbst hatte dieses Verfahren jedoch beachtliche Konsequenzen. Denn durch die plötzlich so große Öffentlichkeit wurde die Seite im Internet mehrfach gespiegelt[10], so dass derzeit mehr als 60 „Mirror-Sites" der Online-Ausgabe der „radikal" existieren.
Daneben hatten sich die Strafverfolgungsbehörden auch mit rechtsradikaler Propaganda im Netz zu befassen. So war 1997 ein Verfahren gegen einen Homepage-Betreiber anhängig, der nach eigener Aussage auf seiner Homepage ein Forum für Anhänger der NPD betrieb, u.a. mit Hyperlinks zu Informationsquellen wie dem rechtsradikalen Thule-Netzwerkes, oder auch den US-amerikanischen rechtsradikalen Zeitschriften „Stormfront" und „National Journal".[11] Auf diesen Seiten befanden sich Kennzeichen verfassungswidriger Organisationen, wie z. B. Hakenkreuze oder auch SS-Runen.
All diese Beispiele machen deutlich, dass rechtswidrige Inhalte im Internet und deren adäquate juristische Behandlung ein aktuelles Problem darstellen. Ziel der

[6] Vgl. Hoeren/Sieber/Sieber, 19, Rn. 12, 108; sowie Sieber, MMR 1998, 438 ff.
[7] Vgl. Moritz, Anmerkung in CR 1998,500, 505 ff, Bremer, S. 126.
[8] Vgl. Flechsig/Gabel, CR 1998, S. 351, 352; Augstein, Kleine Anleitung zu Straftaten, SZ vom 1.7.1997, S. 5.
[9] Urteil des AG Berlin-Tiergarten, CR 1998, 111 ff mit Anmerkung von Vassilaki.
[10] Beim sogenannten „mirroring" werden Informationen einer Website eins zu eins auf einen anderen Server kopiert und stehen von nun an auch von dort aus zur Verfügung. Gerade bei der Jagd nach rechtswidrigen Inhalten stellt dies ob der Internationalität des Internet eine große Problematik dar.
[11] Vgl. Flechsig/Gabel, CR 1998, S. 351, 352.

Rechtswissenschaft muss es sein, Grundsätze einer gesetzlichen Regulierung zu entwickeln, die einerseits rechtswidrige und unerwünschte Inhalte aus dem Internet verbannen, andererseits aber auch die Rechte der Online-Dienste und der Internetnutzer schützen.

III. Definition der „Inhalte" im Internet

Die oben genannten Fallbeispiele machen deutlich, welche Bedeutung die Problematik der unerwünschten Inhalte im Internet heute bereits besitzt. Um gegen solche Erscheinungen wirksam vorgehen zu können ist zunächst erforderlich, dass einheitliche Begrifflichkeiten existieren.In diesem Zusammenhang erscheint zunächst der Begriff der „Inhalte im Internet" an sich klärungsbedürftig.

1. Inhalte im Internet nach dem Sprachgebrauch der Europäischen Union

Was den Sprachgebrauch auf europäischer Ebene angelangt, so ist die Nomenklatur für „Inhalte im Internet" durchaus unterschiedlich.[12]
Eine *Mitteilung der Kommission über illegale und schädigende Inhalte im Internet* benutzt eine durchweg weite Verwendung des Begriffes der „Inhalte" im Internet[13]. Umfasst werden soll danach rechtswidrig vergleichende Werbung oder die unerlaubte Weitergabe urheberrechtlich geschützten Materials.[14] Im Gegensatz hierzu soll nach dem *Grünbuch der Kommission über den Jugendschutz und den Schutz der Menschenwürde in den audiovisuellen und Informationsdiensten* der Begriff der Inhalte ausschließlich inhaltliche Aussagen, die rechtswidrig oder jugendgefährdend sind, umfassen. Dies kommt einer wesentlich engeren Begrifflichkeit gleich.[15]
Im *Aktionsplan zur Förderung der sicheren Nutzung des Internet* wiederum geht die Kommission von einem äußerst großzügigen Inhaltsbegriff im Internet aus, der sogar bloße Tätigkeiten wie Computer-Hacking oder unerlaubtes Verbreiten persönlicher Daten umfasst.[16]
Auch wenn die Kommission inzwischen die Problematik abweichender Definitionen von Inhalten im Internet erkannt hat, ist eine einheitliche Linie auf europäischer Ebene noch nicht zu erkennen. Deutlich wird aber, dass die Kommission den Begriff des „Inhaltes" eher weit und umfassend begreift. Fraglich ist, ob dem im Ergebnis stets zuzustimmen ist. Jedenfalls dürfte eine Definition, wie sie die Kommission in ihrem Aktionsplan gewählt hat, deutlich über die eigentliche Bedeutung und den Sinngehalt des Wortes „Inhalt" hinausgehen. Dieser wird zumeist enger gefasst.[17] Tätigkeiten im Zusammenhang mit dem Internet oder internet-bezogenes Verhalten fallen hiernach nicht mehr unter den Begriff des „Inhalts". Die europäische Definition der Inhalte im Internet, zumindest so, wie sie von der Kommission in ihrem Aktionsplan verwendet wird, ist deshalb zu weit und letzten Endes auch unkonturiert. In dieser Ausdehnung kann er daher hierbei keine Zustimmung finden.

---

[12] Vgl. hierzu Waldenberger, MMR 1998, 124, 126.
[13] Vgl. KOM (96) 487 endg. Vom 10.6.1996.
[14] Vgl. KOM (96) 487 endg., S. 3 und 10.
[15] Vgl. KOM (96) 483 endg., insbesondere S. 7.
[16] Vgl. Dok. INFO 2000/67/97; abrufbar unter http://europa.eu.int/ISPO/legal/de/internet/actpl-cp.html.
[17] Vgl. auch Waldenberger, MMR 1998, 124, 126, Fußn. 33.

2. Inhalte im Internet im deutschen Sprachgebrauch

Der deutsche Sprachgebrauch des Begriffs der „Inhalte" ist enger und damit auch konturierter als auf europäischer Ebene. Tätigkeiten oder schlichtes Verhalten unterfallen diesem Begriff hierzulande in keinem Fall.

Jedoch existieren auch in Deutschland unterschiedliche Standpunkte zu dem Problem, wie weit der Begriff der „Inhalte" im Internet zu fassen ist. In den neuen Multimediagesetzen MDStV und TDG wird der Begriff des Inhaltes nicht näher definiert. Auch ergibt sich nichts dergleichen aus den sonstigen Gesetzesmaterialien.[18] Dementsprechend zahlreich sind die Versuche der rechtswissenschaftlichen Literatur, dieses Problem durch eine allgemein gültige Inhaltsdefinition zu lösen. *Koch* u. a. sprechen sich diesbezüglich dafür aus, Inhalte im Internet als Oberbegriff für Informationen jeglicher Art zu verstehen, egal ob diese in Schrift, Bild und/oder Ton vorliegen. Dazu soll er auch sämtliche kommunikativen Kontakte umfassen, nicht jedoch Computerprogramme.[19]

Spindler hingegen geht noch weiter und will auch Computerprogramme als „Inhalte" in diesem Sinne verstanden wissen. Zum Einen argumentiert er am § 5 TDG (heute den §§ 8ff TDG), dem keine Einschränkung auf ausschließlich kommunikative Informationen entnehmen zu sei. Außerdem hält er Software, Informationen und Kommunikation ohnehin kaum voneinander abgrenzbar.[20]

Schlussendlich wird der Ansicht von *Koch* der Vorzug zu geben sein. Hierfür lassen sich Parallelen aus dem Presse- und Rundfunkrecht anführen. Speziell im Presserecht gibt es den Begriff der „Presse-Inhaltsdelikte". Diese werden auch ausschließlich durch den geistigen Inhalt eines Druckwerkes verwirklicht und nicht durch die Form dessen Darbietung.[21] Demzufolge sind insbesondere Computerprogramme als solche aus dem Inhaltsbegriff im Internet auszuklammern. Bei einem zu weiten Verständnis dieses Begriffes würde dieser jegliche Konturen verlieren und letztlich auf eine Begriffsbestimmung hinauslaufen, wie sie noch derzeit in der Europäischen Union zu finden ist. Dies würde sowohl der inhaltlichen Bedeutung des Begriffes selbst, sowie deren Konsequenzen für eine rechtliche Überarbeitung der Problematik, der unerwünschten Inhalte im Internet zuwiderlaufen.

IV. Definition des Begriffs der „unerwünschten Inhalte" im Internet

Wie eingangs dargestellt, ist das Spektrum der unerwünschten Inhalte im Internet groß. Um jedoch tiefer in die Problematik eindringen zu können, ist zunächst erforderlich, festzulegen, was überhaupt unerwünschte Inhalte im Internet sind. Hierbei ist zu unterscheiden zwischen illegalen, also rechtswidrigen Inhalten einerseits und schädigenden Inhalten andererseits.[22] Diese Unterscheidung bietet

---

[18] Vgl. Müller-Terpitz in Kröger/Gimmy, S. 188 f.

[19] Vgl. Koch, CR 1997, 193, 196 f, Fußn. 26; ebenso v. Bonin/Köster, ZUM 1997, 821, 822; wohl auch Engel-Flechsig/Maennel/Tettenborn, NJW 1997 2981, 2984, Fußn. 6; Waldenberger, MMR, 124, 127.

[20] Vgl. Spindler NJW 1997, 3193, 3195; kritisch dazu Waldenberger, MMR, 124, 127.

[21] Vgl. Löffler/Rickler, Handbuch des Presserechts, Kap. 17, Rn. 4; Löffler, Presserecht, § 20, Rn. 33.

[22] Die Differenzierung in der Nomenklatur zwischen illegalen und schädlichen Inhalten entspricht der Terminologie der Europäischen Kommission, und ist von dieser wiederholt betont

sich deshalb an, weil beide Gruppen unterschiedliche Behandlung verlangen. So wird bei illegalen Inhalten i.d.R. eine Entfernung bzw. Zugangsverhinderung des jeweiligen Angebotes die einzige Lösung sein, bei lediglich schädigenden Inhalten reicht unter Umständen bereits eine Beschränkung des Zugangs, so dass beispielsweise nur Erwachsene auf diese zugreifen können.

1. Rechtswidrige Inhalte

Rechtswidrige Inhalte sind solche Informationen, die gegen Rechtsvorschriften verstoßen. Bei solchen Inhalten handelt es sich meist um Informationen, die ein Gefahrenpotential für die ganze Gesellschaft beinhalten. Ob ein Angebot rechtswidrig ist, hängt somit in besonderem Maße von den verschiedenen Rechtsordnungen ab. Innerhalb eines Staates kann anhand dessen Rechtsordnung noch hinreichend genau festgestellt werden, wann Angebote gegen Gesetze verstoßen. Größere Differenzen hierbei tun sich jedoch auf, wenn es um die rechtliche Qualifikation von Inhalten in verschiedenen Staaten, mit verschiedenen Rechtsordnungen, geht. Dementsprechend kommt es gerade in diesen Bereichen auf eine gute internationale Kooperation und die Koordinierung von Maßnahmen zur Bekämpfung von unerwünschten Inhalten im Internet an.

2. Rechtmäßige aber schädigende Inhalte

Darüber hinaus existiert noch die Gruppe der schädigenden Inhalte. Diese zeichnen sich dadurch aus, dass sie zwar nicht per se gegen ein bestimmtes Gesetz verstoßen, aber dennoch in ihrer Verbreitung beschränkt sind. Diese Inhalte stellen nur für bestimmte Teile der Gesellschaft – insbesondere Kinder und Jugendliche - eine Gefahr da.
Hierbei ist zu beachten, dass das, was als schädigend betrachtet wird, stark durch das kulturelle Umfeld geprägt ist und somit erheblichen nationalen – teils sogar regionalen – Unterschieden unterworfen ist. So kann z. B. ein und dasselbe Angebot, das einen unverhüllten Frauenkörper in künstlerischer Manier zeigt, im mitteleuropäischen Raum als rechtlich unbedenklich, im arabischen Raum hingegen als mit den geltenden Rechtsvorschriften unvereinbar eingestuft sein.
Diese Unterschiede machen insbesondere eine international koordinierte Kontrolle und Regulierung von Inhalten im Internet sehr schwierig. Gerade auf die internationale Komponente wird im Folgenden noch separat einzugehen sein.

---

worden, so zum Beispiel in KOM (96) 487 endg. S. 4; abrufbar unter http://europa.eu.int/ISPO/legal/de/de1396.htm.

B. Das Internet

I. Geschichtliche Entwicklung des Internet

Nicht zuletzt in der ursprünglichen historischen Ausrichtung dieses Mediums liegen die Ursachen für bestimmte Parameter, die dem Internet noch heute zu eigen sind und insbesondere im Rahmen eines regulierenden Eingreifens in das Medium Internet zu beachten sind.

1. Das ARPANET - ein Kind des Kalten Krieges

Als eine von mehreren Reaktionen auf den Sputnikschock gründete das US-Verteidigungsministerium 1958 die *Advanced Research Projects Agency* (ARPA), die später in Defense *Advanced Research Projects Agency* (DARPA) umbenannt wurde. Deren Ziel war die Erforschung und Entwicklung innovativer Technologien hinsichtlich deren militärischen Nutzwertes. In den 60er Jahren beauftragte das US-Verteidigungsministerium die ARPA mit der Entwicklung eines Kommunikationssystems, das auch nach dem Ausfall einzelner Teile die Kommunikation von US-Regierungsbehörden mit Militärbasen aufrecht erhalten sollte.[23] Genauer gesagt sollte damit die Kommunikation auch im Falle eines Atomschlages gegen die USA sichergestellt werden. Die damaligen Kommunikationssysteme und Computernetzwerke waren nach dem Timesharing-Betrieb organisiert. Dieser zeichnete sich dadurch aus, dass alle Terminals mit einem Zentralrechner verbunden waren und diesen gleichsam nacheinander benutzten.[24] Ein Ausfall dieses Zentralrechners oder auch nur der direkten Verbindung zu diesem hätte zwangsläufig das Ende der Kommunikation bedeutet, der gesamte Datenverkehr wäre zum erliegen gekommen.

Eine bessere Lösung versprach der Ansatz eines dezentralen Rechnernetzwerkes, das in der Lage war, auch beim Ausfall wichtiger Leitungen und Knotenpunkte die noch intakten an deren Stelle weiter zu benutzen. Eine derartige Netzwerktopologie schlug *Paul Baran* von der *RAND Corporation* 1964 vor.[25] Seine Idee des sogenannten „paket switching“ sollte die gesamte nachfolgende Entwicklung von Computernetzen prägen. Es basiert darauf, dass zu versendende Nachrichten in Pakete aufgeteilt werden, mit Adresse und Absender versehen und von einander unabhängig ins Netz eingespeist werden. Jeder Rechner im Netz ist mit seinen Nachbarstationen verbunden und fungiert dabei als Vermittlungsrechner, einen Zentralrechner gibt es nicht.[26] Jedes Päckchen sucht sich seinen Weg somit selbst. Damit war Kommunikation über das Netzwerk selbst beim Ausfall großer Teile des Netzwerks nach wie vor möglich.

Im Herbst 1969 verband die ARPA vier Knotenrechner an der *University of California/Los Angeles* (UCLA), dem *Stanford Research Institute* (SRI), der *University of California/Santa Barbara* (UCSB) und der *University of Utah* nach dieser Theorie miteinander.[27]

---

[23] Vgl. Hage/Timm in: Loewenheim/Koch, S. 12.
[24] Vgl. Musch, Geschichte des Internet, S. 2.
[25] Vgl. Hafner/Lyon, Arpa Kadabra, S. 61 f.
[26] Vgl. Hafner/Lyon, Arpa Kadabra, S. 67 ff.
[27] Vgl. Musch, Die Geschichte des Internet; S.4 .

Diese Rechner werden als Hosts bezeichnet, da sie – vergleichbar einem Gastgeber- ihre Dienste anderen Nutzern zur Verfügung stellen.
Damit war das ARPANET, der Urahn des Internets geboren.

2. Der Ausbau des Netzwerkes

Da sich diese Art der Datenverbindung als stabil und wenig störanfällig erwies, wurden in der Folgezeit weitere Rechner - vor allem in Forschungseinrichtungen und Universitäten - in das Netzwerk integriert.[28] 1971 waren bereits 23 Rechner via ARPANET miteinander vernetzt.[29] 1973 wurden erstmals Rechner im Ausland, namentlich in Norwegen und Großbritannien in das Netzwerk eingebettet.[30] Ab diesem Zeitraum wurden auch erstmals nicht nur Einzelrechner, sondern auch lokale Rechnernetze mit dem Arpanet verbunden. Das Arpanet entwickelte sich durch die Eingliederung von solchen lokalen Netzwerken zu einem „Netz der Netze".[31] Diese Bezeichnung wird auch heute noch für das Internet gebraucht.
Das Wachstum des Arpanet war derart rasant, dass bereits 1984 die Zahl von 1000 Hostrechnern überschritten wurde. Im selben Jahr ging mit einem Rechner an der *Uni Dortmund* der erste Computer auf deutschem Boden ans Netz.[32] Während der 80er Jahre wurde das Netz - aus sicherheitstechnischen Überlegungen aufgespaltet. Die ursprünglichen militärischen Aufgaben des ARPANET übernahm das MILNET, das ARPANET selbst bestand mit seiner nun ausschließlich zivilen Nutzung parallel hierzu fort.[33]
Parallel zum ARPANET hatte die *National Science Foundation* (*NSF*) seit 1979 ein eigenes Computernetzwerk errichtet, um unabhängig vom US-Verteidigungsministerium Zugang zu einem Computernetzwerk zu besitzen. Darin waren zunächst die Informatikfakultäten des Landes verbunden (CSNET).[34] 1986 mündeten die Anstrengungen der NSF in Sachen Netzwerkaktivitäten in einem eigenen landesweiten Forschungsnetz, dem NSFNET.
Bereits 1988 überstieg die Kapazität des NFSNET die das älteren ARPANET bei weitem. 1990 entschied die ARPA deshalb, dass das ARPANET überflüssig sei und ließ dessen Hardware deinstalliert.[35] Seine Funktionen übernahm das NFSNET. Auch außerhalb der USA entstanden nun ähnliche Netze und schlossen sich zusammen.
In Deutschland entstand das Computernetz des *Vereins zur Förderung eines Deutschen Forschungsnetzes*, welches sich bald mit dem EUnet verschmolz.[36] Durch die weltweite Vernetzung von Computernetzwerken erhielt das Internet im Wesentlichen seine heutige Struktur. Dabei wird die Gesamtheit aller mitein-

---

[28] Vgl. Hage/Timm, in: Loewenheim/Koch, S. 12.
[29] Vgl. Hoeren, NJW 1995, 3295.
[30] Sämtliche hier angeführten Zahlenangaben stammen aus Klußmann, Lexikon der Kommunikations- und Informationstechnik, Stichwort „Internet".
[31] Der Begriff „Netz der Netze" wurde erstmals in einem Urteil eines US-amerikanischen Gericht im Fall ACLU v Reno, 929 F. Supp. 824 (E.D.PA. 1996) verwandt, nachzulesen unter http://www.pas.rochester.edu/~ mbanks/ CDA/decision/frame.html.
[32] Vgl. Strömer, OnlineRecht; S. 4.
[33] Vgl. Hage/Timm in: Loewenheim/Koch, S. 12.
[34] Vgl. Musch, Die Geschichte des Internet, S. 12.
[35] Vgl. Musch, Die Geschichte des Internet, S. 12.
[36] Vgl. Bremer, S. 26.

ander verknüpften Netzwerke als „Internet“ bezeichnet, jenem heute so populären Kunstwort, das sich aus den englischen Begriffen „interconnected“ und „Networks“ zusammen setzt.[37]
Sein stärkstes Wachstum erfährt das Internet seit Beginn der 90er Jahre. Von ca. 200.000 Rechnern 1990 auf über 56 Millionen Hosts Mitte 1999.[38] Um die ungefähre Zahl der Nutzer zu ermitteln kann man die Zahl der Hostrechner mit einem Faktor zwischen 3,5 und 10 Nutzern pro Hostrechner multiplizieren.[39]
Seit 1995 hat sich die *NSF* als „Verwaltungsbehörde des Internet“ zurückgezogen und das Netz privaten Investoren überlassen. Spätestens seit diesem Zeitpunkt drängen immer mehr Dienstleistungsunternehmen in das weltweite Datennetz. Mit dieser letzten und allumfassenden Öffnung des Internets für Private hat das Netz auch seinen Charakter verändert. Ursprünglich als militärisches Geheimprojekt erdacht, hat es sich erst zu einem elitären Forschungsmedium und schließlich zum globalen Kommunikations-, Informations- und Wirtschaftsmedium schlechthin für jedermann entwickelt.[40]

II. Technische Grundlagen des Internet

Wie oben dargestellt ist das Internet ein weltumspannendes Computernetzwerk mit zahllosen Subnetzen und noch mehr einzelnen Rechnern. Im Folgenden sollen daher die wesentlichen technischen Grundlagen des weltweiten Netzwerkes skizziert werden, aus denen sich auch unmittelbare Folgen für die rechtliche Beurteilung bestimmter Fragen im Zusammenhang mit dem Internet ergeben.

1. Physischer Aufbau und organisatorische Ebenen des Internet

Das Internet ist, wie eingangs beschrieben kein homogenes Netzwerk, in dem ausschließlich gleichberechtigte Einzelrechner miteinander verbunden sind. Vielmehr sind auch ganze eigenständige Computernetze mit dem Internet verbunden. „Internet“ bezeichnet somit lediglich die übergeordnete Organisationseinheit, die Summe aller zusammengeschalteter Einzelrechner und Rechnersysteme, den jeweiligen Übertragungsleitungen und den diversen Endgeräten.
Die über das Internet miteinander vernetzten Rechner und Rechnersysteme werden, je nach ihrer aktuellen Funktion, entweder als „Server“ oder als „Client“ bezeichnet. Dabei ist immer derjenige Rechner der Server (Diener), der Daten gleich einem Diener anbietet und zur Verfügung stellt. Das Rechnersystem, das gerade Daten anfordert bezeichnet man als Client (Kunde). Je nach momentaner Datenflussrichtung kann somit im Internet jedes Computersystem gleichzeitig Server und Client sein.[41]
Sowohl Einzelrechner als auch ganze Rechnersysteme können Server wie auch Clients sein. Die einzelnen, dem Internet untergeordneten Teilnetze werden, abhängig von ihrer Ausbreitung als *Local Area Network* (LAN), *Metropolitan Area Network* (MAN) und *Wide Area Network* (WAN) bezeichnet.[42]

---

[37] Vgl. Herzog, S. 6.
[38] Vgl. Angaben bei Network Wizards, abrufbar unter http://www.isc.org/ds/ .
[39] Bremer, S. 27.
[40] Vgl. Brychcy, Der Gugelhupf im Internet, Süddeutsche Zeitung vom 3.2.1996, S. 21.
[41] Vgl. Sieber, Verantwortlichkeit im Internet, Rn. 17.
[42] Vgl. zu den Bezeichungen Sieber in: CR 1997, 581, 588.

Ein *Local Area Network* ist dabei ein Netz innerhalb eines eng umgrenzten Gebietes, z. B. innerhalb eines Büros oder eines Gebäudes. Als Beispiele ließen sich hierfür firmeninterne Intranetzwerke anführen. *Metropolitan Area Networks* breiten sich in der Regel über einen größeren Raum, z. B. eine Stadt aus. Ein Beispiel hierfür wäre das Netzwerk des Regensburger Online Dienstes Donaunet.de.[43] In *Wide Area Networks* sind großflächige Räume miteinander vernetzt, etwa Länder oder gar Kontinente. Dieser Kategorie dürfte als Beispiel das Netz des Onlinedienstes AOL sein, das sich inzwischen über große Teile der nordwestlichen Hemisphäre erstreckt.
Die Hauptverbindungsleitungen mit denen diese Netzwerke untereinander und mit anderen Knotenrechnern verbunden sind, werden als „Backbones" bezeichnet. Darunter sind die meist besonders leistungsfähigen Telekommunikationsverbindungen zu verstehen, die meist in Form von Standleitungen mit sehr hohen Bandbreiten und damit einer enormen Datenkapazität existieren.[44] „Backbone" bedeutet wörtlich übersetzt Rückgrat. Die als Backbones bezeichneten Hauptleitungen zwischen den einzelnen Netzen bilden zusammen mit den unzähligen Vermittlungsrechnern, den sogenannten „Routern" tatsächlich so etwas wie das Rückgrat des Internet. Oft fungieren auch die WANs mit ihren Hochleistungsdatenverbindungen und Hochleistungsrechnern über ihre Verbindung zum Internet für dieses zugleich als Backbones.[45] Die Backbones des Deutschen Forschungsnetzes in Bayern verbinden zum Beispiel die Hauptzentren München und Nürnberg mit einer 155 Megabit-pro-sekunde-(Mbit/s)-Leitung, die meisten anderen Universitätsstädte mit einer 34 Mbit/s-Leitung.[46]
Damit wird der Charakter des Internet als Netz der Netze deutlich. Es handelt sich nicht um ein homogenes Kommunikationsnetzwerk im herkömmlichen Sinne, bei dem Einzelrechner um einen Zentralcomputer gruppiert sind und wechselweise auf diesen zugreifen. Vielmehr handelt es sich beim Internet um ein Metanetzwerk, das sich aus unzähligen Subnetzen jeglicher Größe und zum Teil auch Einzelrechnern zusammensetzt. Entscheidend für die Zugehörigkeit eines Rechnerterminals zum Internet ist allein, dass eine zumindest temporäre Datenverbindung zu einem anderen Rechner besteht, der am Internet hängt und auf der gleichen Grundlage kommuniziert wird.

2. Die Übertragungsprotokolle des Internet

Die Rechnerkommunikation, d. h. die Datenübertragung innerhalb und zwischen den verschiedenen Netzwerken erfolgt zumeist über Telefon- oder Glasfaserkabel, mitunter aber auch schon über Funk oder sogar Satellit.[47]
Die wichtigste Voraussetzung, damit dieser Datentransport reibungslos abläuft, ist neben der physikalischen Infrastruktur das Vorhandensein eines einheitlichen Kommunikationsstandards. Dieser wird durch die Übertragungsprotokolle gewährleistet. Übertragungsprotokolle sind Computerprogramme, die die Daten-

[43] Vgl. http://www.donaunet.de.
[44] Vgl. Mayer, S. 45; Sieber, Koch, S. 554.
[45] Vgl. Lohse, Verantwortlichkeit im Internet, S. 21 f.
[46] Vgl. Sieber, Verantwortlichkeit im Internet, Rn. 19; eine Übersicht zu dem deutschen Backbone-system ist darüber hinaus unter http://www.dfn.de/win/bwin/bwinkarte.html.
[47] Vgl. Lohse, Verantwortlichkeit im Internet, S. 22.

übertragung zwischen Computern regeln.[48] Ähnlich der, der menschlichen Kommunikation zugrunde liegenden Sprache, ist ein Übertragungsprotokoll die „Sprache“ der im Internet vernetzten Rechner. Hierin ist die Art und Weise der Datenübertragung zwischen der Computern festgelegt.[49]
Die Datenübertragung im Internet lässt sich am besten mittels eines anschaulichen Beispiels erklären. So gleicht der Datenversand über das Internet am ehesten dem Paketversand in der wirklichen Welt. Die zu versendenden Daten werden zunächst in kleine Pakete aufgeteilt. Anschließend wird jedes einzelne dieser Pakete separat in das Netz eingespeist und versandt. Die Übertragungsprotokolle sorgen dafür, dass diese Pakete den richtigen Empfänger finden und bei diesem vollständig ankommen.
Der Datenkommunikation im Internet liegt das TCP/IP [50] - Protokoll zugrunde. Diese Software wurde 1974 von *Robert Kahn* und *Vinton G. Cerf* entwickelt, die einen einheitlichen Kommunikationsstandard schaffen wollten, auf dessen Grundlage alle vernetzten Rechner miteinander kommunizieren konnten.[51] Dabei definiert das Internet Protocol (IP) die im Internet verwendeten IP-Adressen.[52] Jeder am Internet beteiligte Rechner besitzt eine solche IP-Adresse. Diese werden meist automatisch, oft auch nur temporär für den Zeitraum, in dem der Rechner am Netz hängt, also „online“ ist, zugewiesen. Jedes der einzelnen Datenpakete umfasst maximal 1500 Zeichen und besitzt einen sogenannten „Header“, der die Adresse des Empfängers sowie den Absender enthält.[53] Dieser Header wäre in der realen Welt wohl mit der Paketkarte zu vergleichen.Das Transmission Control Protocol (TCP) sorgt dafür, dass die Daten beim Empfänger vollständig ankommen. Fehlt ein Teil, so wird dieser umgehend noch einmal angefordert und erneut versandt.[54] Anders als bei einer Telefonverbindung, bei der die zu versendenden Daten nacheinander über ein und die selbe Leitung geschickt werden, sucht sich bei dieser Versandart jedes Paket selbst seinen Weg durch das Internet. Somit kann es sein, dass Daten, die nur innerhalb eines Gebäudes versandt werden, über das Ausland (meist über die USA, da die dortige Infrastruktur sehr fortgeschritten ist) zum Empfänger gelangen. Da elektronische Datenübertragung nahezu mit Lichtgeschwindigkeit stattfindet, ist diese scheinbar umständliche Vorgehensweise dennoch überaus schnell und wegen der Empfangskontrolle durch das TCP extrem robust.[55]
Die Verwendung dieses Protokolls gerade auch für die einst militärische Einrichtung des ARPANET liegt auf der Hand. Selbst im Kriegszustand und nach dem Ausfall großer Teile des Netzwerkes - zum Beispiel wegen dem Einsatz von Atomwaffen- ermöglicht das TCP/IP eine schnelle und fehlerfreie Kommunikation zwischen den noch angeschlossenen Rechnern. Trotz einiger Verbesserungen der ursprünglichen Protokolle, und der Einrichtung von Schnittstellen zu

---

[48] Vgl. Lohse, Verantwortlichkeit im Internet, S. 23.
[49] Vgl. Hage/Timm in: Loewenheim/Koch, S. 19, 22 f.
[50] Transmission Control Protocol/Internet Protcol.
[51] Vgl. Hafner/Lyon, Arpa Kadabra, S. 260 ff.
[52] Vgl. Koch, S. 551.
[53] Vgl. Beyer, Internetdienste im Münchner Hochschulnetz, S. 6 abrufbar unter: http://www.lrz-muenchen.de/services/netzdienste/internet.
[54] Vgl. Koch, S. 551.
[55] Vgl. Koch, S. 552; Gilster, S. 231 ff.

Netzwerken, die mit anderen Protokollen arbeiten (zum Beispiel des deutsche Wissenschaftsnetz, das auf dem mit dem TCP/IP verwandten X.25-Standard basiert) hat sich diese Art der Datenübertragung in seiner Grundkonzeption bewährt. Mit dem TCP/IP-Protokoll, von dem ab den 80er Jahren auch kommerzielle Versionen erhältlich waren, setzte die Wissenschaft Maßstäbe für die künftige Internetkommunikation. In den vergangenen 30 Jahren wurden zwar auch einige andere Kommunikationsprotokolle - insbesondere von den Hardwareherstellern - entwickelt, die hofften über herstellerabhängige Kommunikationsprotokolle ihre Position für die Zukunft zu stärken.[56] Jedoch setzte sich das TCP/IP-Protokoll gerade wegen seiner Hard- und Softwareunabhängigkeit gegen diese Protokolle, die ein schnelles Wachstum der Netzinfrastruktur nicht im gleichen Maße zugelassen hätten, als Standard der Internetkommunikation durch.

3. Das Routing-Verfahren im Internet

Ein weiterer entscheidender Baustein für die Internetkommunikation ist die Wegewahl der einzelnen Datenpakete, das sogenannte Routing.
Wie oben dargestellt, suchen sich alle Pakete unabhängig voneinander ihren Weg durch das Netz. Hierfür ist das IP verantwortlich. Dieses Übertragungsprotokoll berechnet dabei unter Berücksichtigung der freien Leitungskapazitäten immer den Weg des einzelnen Paketes zum nächstgelegenen Vermittlungsrechner („Router").[57] Dieser wiederum versorgt das IP mit den nötigen Informationen, um zum nächsten Router, der in Richtung des gewünschten Ziels liegt, zu kommen. Mit jedem Vermittlungsrechner kommt das einzelne Datenpaket somit seinem gewünschten Ziel etwas näher. Die einzelnen Übertragungsschritte zwischen den verschiedenen Vermittlungsrechnern werden als „Hops", d. h. Sprünge bezeichnet. Diese Art der Datenübertragung hat weitreichende Konsequenzen. Da jedes Paket einer bestimmten Nachricht auf einem anderen Weg durch das Netz „hüpft", kommen sie auch in unterschiedlicher Reihenfolge beim Empfänger an. Für das Sortieren und richtige zusammensetzen der Pakete ist dann wieder das TCP zuständig.
Beim reinen Routing werden die zu übertragenden Datenpakete durch den Routingrechner nur weitergeleitet. Die übermittelten Inhalte bleiben dabei unverändert sowie ungeprüft. Der Vermittlungsrechner nimmt nur die im Header festgelegten Angaben zur Kenntnis und leitet das Datenpaket an den nächsten Vermittlungsrechner weiter.[58] Grundsätzlich lässt sich von vorne herein nicht vorhersagen, welchen Weg ein Datenpaket für einen bestimmten Empfänger im weltweiten Netz nimmt. Das Routing im Internet ist vielmehr zufällig.[59]
Aus diesem Sachverhalt ergibt sich auch die Internationalität des Internets. Zwar kann es sein, dass eine Datensendung von Frankfurt nach München ausschließlich deutsche Leitungsbahnen nutzt. Aufgrund des hohen Datenaufkommens und dem eben beschriebenen System der Wegewahl im Internet ist es jedoch weitaus wahrscheinlicher, dass zumindest ein Teil dieser Datensendung über das Aus-

[56] Hierunter z. B. das IBM-Kommunikationsprotokoll, vgl. Musch, Die Geschichte des Internet, S. 12.
[57] Vgl. Sieber, Verantwortlichkeit im Internet, Rn. 48.
[58] Vgl. Koch, S. 37 f.
[59] Vgl. Moos, in Kröger/Gimmy, S. 4.

land, höchst wahrscheinlich über Leitungsbahnen in den Vereinigten Staaten übertragen wurden. Es wurde bereits mehrfach festgestellt, dass das Internet „die Welt zusammenrückt“, ja sogar dass hierdurch ein „globales Dorf“ entsteht. Tatsache ist, dass das Internet einen weltweit einheitlichen Kommunikationsraum schafft. Ein solcher globaler Kommunikationsraum bringt zwangsläufig auch eine Informationsgesellschaft globaler Natur hervor.[60] Angesichts dieser Tatsachen stellt sich die Frage, inwieweit eine globale Informationsgesellschaft, die sich eines globalen Mediums wie dem Internet bedient, überhaupt einer Kontrolle unterliegt, insbesondere wenn diese auf der Hoheitsgewalt von Nationalstaaten aufbaut. Die Technik der Kommunikation über das Internet erfordert gerade für inhaltliche Überwachungen weitreichende Konsequenzen: so ist das Abfangen und Kontrollieren von Datenübertragungen, nur an bestimmten Knotenpunkten möglich.[61]
Die Gründe, warum gerade die Methode des auf dem TCP/IP Protokoll beruhenden Routings für den Datenversand im Internet gewählt wurde, liegen im ursprünglichen Zweck des Internet bzw. Arpanet. Als militärisches Kommunikationsnetzwerk sollte es auch nach dem Ausfall großflächiger Teile der Leitungsbahnen-Infrastruktur (z.B. durch einen nuklearen Volltreffer) weiterhin funktionieren. Dies konnte durch die Methode des Routing gesichert werden. Sobald eine bestimmte Verbindung nicht mehr verfügbar ist, weil sie zum Beispiel zerstört oder anderweitig blockiert ist, suchen sich die Datenpakete eine anderen Weg zum Empfänger. Dies hat zur Folge, dass ein Rechner nur dann aus dem Internetverbund heraus getrennt werden kann, wenn auch die letzte technische Verbindung des Netzwerks zu diesem entfällt. Das Routing erfüllt somit seinen ursprünglich gewünschten Zweck noch heute, indem es Störungen in der Kommunikationsinfrastruktur welcher Art auch immer erkennt und diese sodann umgeht. Damit ist ein äußerst zuverlässiger und robuster Datenversand über das Internet gewährleistet. Für die Suche nach Möglichkeiten zur Regulierung von Inhalten im Internet, sind Kenntnisse bezüglich der technischen Grundstrukturen unerlässlich.

III. Die Anwendungsformen des Internet

Daneben kommt einem weiteren Punkt große Bedeutung zu. Das Internet ist kein homogenes, d. h. einheitliches Kommunikations- und Informationsmedium. Vielmehr hält das Internet verschiedenste Anwendungsformen zu Kommunikations- und Informationszwecken bereit. Diese unterscheiden sich jeweils in ihren verschiedenen Formen der Datendarbietung und –wiedergabe. Anders als beispielsweise die Kommunikation via Telefon, die in ihren Grundzügen immer gleich funktioniert und immer dem gleichen Anwendungszweck dient, nämlich der technisch vermittelten Sprachkommunikation, ist das Internet nicht von vorne herein auf eine bestimmte Kommunikationsform festgelegt. Es bereitet vielmehr nur die Infrastruktur, d. h. die fundamentalen Transporteinrichtungen, die zum Datenversand genutzt werden. In welcher Form die Datenkommunikation letztendlich dann stattfindet ist unerheblich. Gerade wenn die Problematik von unerwünschten Inhalten im Internet diskutiert wird, muss hinsichtlich der ein-

---

[60] Vgl. Moos, in Kröger/Gimmy, S. 4.
[61] Vgl. Sieber, Verantwortlichkeit im Internet, Rn. 48.

zelnen Anwendungsformen des Internets – im Folgenden „Dienste" genannt – unterschieden werden. Unterschiedliche Informations- und Kommunikationsdienste verlangen zwangsläufig auch hinsichtlich deren Kontrolle unterschiedliche Maßnahmen und Lösungen.
Die Digitalisierung hat heute in nahezu alle Bereiche von Kommunikation und Datenversand Einzug gehalten. Dabei werden die zu versendenden Informationen in ein Basismuster zerlegt, das auf der binären Ebene, d. h. auf der untersten Stufe elektronischer Datenverarbeitung arbeitet. Damit ist sichergestellt, dass alle Geräte digitalen Standards die Informationen lesen und verarbeiten können. Der Dienst sorgt lediglich für die Art und Weise der Datenkommunikation, ob nun durch Datenaustausch, Sprache, Text oder Bild. Die Möglichkeiten miteinander über das Internet zu kommunizieren sind, zumindest was ihre Bandbreite angeht, somit nahezu unbegrenzt. Daher sollen nun im Folgenden die derzeit populärsten und damit wichtigsten Dienste des Internet etwas näher betrachtet werden.

1. Die Abrufdienste des Internet

Einen großen Anteil an der Datenkommunikation und damit eine große Bedeutung für das Internet, besitzen die Abrufdienste des Internet. Ein Internet-Abrufdienst zeichnet sich dadurch aus, dass der Nutzer einseitig eine bestimmte Information, die in einem fremden Datenbestand bereitgehalten wird, über das Internet frei von zeitlichen oder räumlichen Einschränkungen abrufen kann.[62] Die insoweit gebräuchlichsten Anwendungen sind das *File Transfer Protocol* (FTP) und das *world wide web* (WWW).

a) Das File Transfer Protocol – FTP

Zu Beginn der Internetkommunikation war das FTP derjenige Internetdienst mit dem größten Datenverkehr.[63] Das FTP ist ein definierter Satz von Befehlen und Routinen, welche von unterschiedlichen Computersystemen verstanden werden und die Übertragung von Daten zwischen verschiedenen Computern ermöglicht.[64] Die gewünschten Daten werden dabei von einem Rechner auf einen anderen fernkopiert. FTP ermöglicht dem Nutzer daher mit seinem Rechner auf Daten zuzugreifen, die auf einem anderen Rechner, der möglicherweise am anderen Ende der Welt steht, zuzugreifen. Der Prozess des Datenfernkopierens wird dabei als Download, d. h. Herunterladen bezeichnet. Das FTP erlaubt dazu auch das Hinaufladen von Daten auf einen fremden Rechner.[65] Dieser Vorgang wird als Upload bezeichnet.
Dieser Dienst kann in Form eines passwortgeschützten Mitgliedersystems, oder aber auch gänzlich öffentlich und für jedermann zugänglich betrieben werden. FTP-Rechner dienen heute meistens als Software-Archive, auf denen Shareware,

---

[62] Vgl. Schaar, CR 1996, S. 170, 171.
[63] Vgl. Eichhorn, Internet-Recht, S. 27.
[64] Vgl. Herzog, S. 14; Eichhorn, Internet-Recht, S. 26; für eine detailliertere Darstellung dieses Dienstes vgl. Scheller/Boden/Geenen/Kampermann, Internet: Werkzeuge und Dienste, S. 47 ff.
[65] Vgl. Conradi/Schlömer, NStZ 1996, 366, 367.

Softwareupgrades oder andere Programme bereitgehalten werden.[66] Daneben dienen sie auch als elektronische Bibliotheken.

b) Das HTTP-basierte World Wide Web

Wie dargestellt machte der FTP-Dienst in den Anfangsjahren des Internet einen Großteil des Datenverkehrs aus. Diese Bedeutung für den Datenverkehr im globalen Netz kommt heute dem World Wide Web zu.[67]

aa) Der Aufbau des WWW

Das WWW dürfte der derzeit wohl meiste Internetdienst, neben E-mail sein. In seinen Grundzügen ähnelt das WWW dem oben beschriebenen FTP. Auch hier kann der Nutzer bereitgehaltene Daten weltweit abrufen und auf seinen Rechner laden. Es zeichnet sich dadurch aus, dass es ein modernes und äußerst flexibles und dabei einfach zu bedienendes und komfortables Darstellungs- und Abrufsystem für Daten jeglicher Art bietet.[68] Dabei liegt dem WWW ein Anwendungsprotokoll zugrunde, das moderner und flexibler auf die Bedürfnisse der Internetnutzer reagiert, als dies noch beim FTP der Fall ist.

1991 entwickelte *Tim Berners-Lee* am europäischen Kernforschungszentrum in Genf das Hypertextsystem HTTP[69], das mit einer bedienerfreundlichen graphischen Oberfläche ausgestattet war.[70] Die diesem System zugrundeliegende Programmiersprache *Hypertext Markup Language* (HTML) erlaubte erstmals eine kombinierte Darstellung von Text-, Bild- und Tondateien auf ein und dem selbem elektronischen Format.[71] Zunächst formatiert das HTML die in dem abgerufenen Dokument enthaltene Textinformation. Dabei werden Absätze, Überschriften, Hervorhebungen und sonstige Eigenschaften berücksichtigt. Dann ist das HTML darauf angelegt, sonstige Elemente wie Ton-, Bild-, oder Videodateien in das Dokument zu integrieren.[72] Damit besitzt das HTTP basierte WWW multimediale Fähigkeiten, was auch seinen raschen Siegeszug im Bereich der Internet-Abrufanwendungen erklärt.

Heute wird „WWW" oftmals als gleichbedeutend mit dem Begriff des Internet verwandt. Diese Begrifflichkeit ist aber unzutreffend, da WWW eben nur eine Anwendungsform des Internet bietet. Es zeigt aber, welch große Akzeptanz dieser Dienst inzwischen weltweit besitzt. Die im WWW verfügbaren Informationen werden auf Rechnern bereitgehalten und liegen meist in Form von formatierten Texten, angereichert durch Audio- und Videoelemente vor. Einzelne Angebote, die sich im selben Unterverzeichnis befinden werden als *Page* (Seite), die jeweils übergeordnete Hauptseite als *Homepage* (Hauptseite) bezeichnet. Jede Seite im WWW hat eine bestimmte Adresse. Diese werden nach dem DNS-System[73] vergeben. Dieses System untergliedert das WWW in bestimmte Na-

---

[66] Eine Liste von deutschen FTP-Rechnern findet man im Internet unter der Adresse http://askhp.ask.uni-karlsruhe.de/ftp/ftp-list-de.html.

[67] Vgl. Lohse, Verantwortung im Internet, S. 30; Eichhorn, Internet-Recht, S. 21, 23.

[68] Vgl. Herzog, S. 14.

[69] Hypertext Transfer Protocol.

[70] Vgl. Musch, Die Geschichte des Internet, S. 12.

[71] Vgl. Eichhorn, Internet-Recht, S. 21;.

[72] Vgl. Germann, Gefahrenabwehr und Strafverfolgung im Internet, S. 78 f.

[73] DNS = Domain Name System.

mensbereiche. Kennzeichnend für den Bereich einer Webseite ist ihre Adresse, wie sie in der Adressleiste des Navigationsprogrammes (dem sogenannten „Browser") erscheint.

bb) Das System der Querverweise: Links

Eine der herausragendsten Eigenschaften des HTML ist die Fähigkeit, Inhalte mittels sogenannter *Links* zu verbinden. Dies ist meist ein graphisch und /oder farblich hervorgehobenes Element, das im Text oder in Zusammenhang damit auf dem Bildschirm des Nutzers erscheint.[74] Aktiviert der Nutzer ein solches Element durch einen Mausklick, so begibt er sich ohne Umwege direkt zu demjenigen Dokument, das der Anbieter mit dem Ausgangsdokument verknüpft hat. Diese Applikation erlaubt es dem Nutzer, von einer Information zu einer hiermit verwandten Information zu springen, ohne sich wieder umständlich durch etliche Oberverzeichnisse wühlen zu müssen. Das sich fortbewegen im Angebot des WWW mittels dieser Links wird von der Internetgemeinde als „surfen" bezeichnet.[75] Derartige Links können insofern mit Querverweisen verglichen werden, die eine ausschließlich am Inhalt orientierte Information des Nutzers ermöglichen.

(1) Hyperlinks

Dabei ist grundsätzlich zwischen unterschiedlichen Arten von Links zu unterscheiden. Die durch das HTML ermöglichten Querverweisungen werden als Hyperlinks bezeichnet. Hierbei gelangt der Nutzer durch aktivieren des Verweises direkt auf eine neue Webseite, die u.U. auf einem anderen Rechner vielleicht am anderen Ende der Welt bereitgehalten wird.

(2) Inline-Links (Deep-Links)

Daneben existiert auch noch die Inline-Link-Methode. Hierbei werden Querverweise zu anderen Angeboten in der Gestalt gesetzt, dass einzelne Dateien, meist Grafiken, direkt von der fremden Webseite auf die aktuelle, gerade vom Nutze betrachtete Webseite geladen werden.[76] Dies erscheint insofern interessant, als für den Nutzer nicht erkenntlich ist, dass z. B. ein Bild, das er soeben betrachtet zum Angebot eines Dritten gehört. Diese Drittinformationen werden vielmehr vom Erscheinungsbild her in das Informationsangebot integriert, das der Nutzer ursprünglich angewählt hatte. Vereinzelt wird diese Methode auch als *Deep-linking* bezeichnet.[77]

(3) Frames

Des Weiteren existiert noch die Möglichkeit, Inhalte durch sog. *Framing* darzustellen. Hierbei wird die beim Nutzer angezeigte Webseite in mehrere Abteilungen, die sogenannten *„frames"*[78] unterteilt, wobei jeder Frame für sich eine geschlossene Einheit darstellt. Dies hat zur Folge, dass jeder Frame mit unter-

---

[74] Vgl. Germann, Gefahrenabwehr und Strafverfolgung im Internet, S. 79.
[75] Vgl. Maier/Wildenberger, S. 15.
[76] Vgl. Eichhorn, Internet-Recht, S. 22; Koch, Internet-Recht, S. 258 ff, sowie S. 467 ff.
[77] So z. B. Hoeren, Rechtsfragen des Internet, S. 108 f.
[78] Englisch für „Rahmen".

schiedlichen Inhalte gefüllt und jeder Frame unterschiedlich navigiert werden kann.[79] Auch hierbei werden fremde Inhalte in einen Frame geladen, sobald ein entsprechender Link aktiviert wird. Ebenso wie beim Inline-Link ist die Tatsache, dass sich der Nutzer – zumindest mit dem Frame, in dem der Link aktiviert wurde - auf eine neue Webseite bewegt, nicht erkennbar. Vielmehr werden dem Nutzer auf der von ihm gewählten Ausgangsseite fremde Inhalte präsentiert.
Die verschiedenen Möglichkeiten, Inhalte im WWW miteinander zu verknüpfen werfen neue Probleme auf, insbesondere, wenn dadurch fremde Inhalte präsentiert werden, die unerwünscht sind oder einen Straftatbestand erfüllen. Hierauf wird noch im Folgenden einzugehen sein.

cc) Die Navigation im WWW

Voraussetzung, um sich innerhalb dieses WWW zu bewegen ist neben einem Rechner mit Internetzugang das Vorhandensein einer entsprechenden Navigationssoftware für das WWW, dem sogenannten Browser.[80] Ein Browser ist zum Einen Darstellungsplattform für die im WWW angebotenen Informationen, zum Anderen Navigationsgerät im unüberschaubaren Datendschungel. Moderne Browser erlauben eine Vielzahl von Darstellungsoptionen, egal ob Texte, Bilder, Videos, oder Tondateien. Außerdem verfügen moderne Browser über eine Vielzahl von Softwareapplikationen. So lassen sich z. B. die Parameter der Darstellung im Browser individuell einstellen, Sicherheitspräferenzen festlegen oder Inhaltsfilter aktivieren, deren Funktion hauptsächlich im Schutz von Kindern und Jugendlichen besteht.
Die Navigation mit einem solchen Browser ist denkbar einfach und geschieht über Eingabe der gewünschten WWW-Adresse (die sogenannte URL[81]) in der hierfür bestimmten Eingabeleiste. Außerdem enthalten Browser zusätzliche Navigationsfunktionen, die das Surfen erleichtern wie die Möglichkeit von der aktuellen Position zum vorherigen Angebot zurück zu springen, oder wieder direkt zu seiner Ausgangsseite zurück zu gelangen. In die aktuellen Navigationsprogramme sind außerdem eine Vielzahl von Mediaplayern, Audiowiedergabegeräten und Grafikformatkonverter integriert, um die ganze Bandbreite der Darstellungsmöglichkeiten im WWW auszuschöpfen. Daneben bieten moderne WWW-Browser die Möglichkeit, bestimmte Inhalte wegen ihrer meist jugendgefährdenden Wirkung auszublenden. Auch auf derartige Filterapplikationen wird im Folgenden eingegangen und diese auf ihre Wirksamkeit hin untersucht.

2. Der Newsdienst

Als weiterer Dienst kommt das sogenannte Newsdienst in Betracht. Dieser ist eine weltweite Kommunikationsanwendung des Internet, die auf dem *Network News Transfer Protocol* (NNTP) beruht.[82] Die Urform des Newsdienst, auch *Usenet* genannt, geht auf ein auf Unix-basiertes Kommunikationssystem zurück. Dieses sollte insbesondere die Zusammenarbeit von Wissenschaftlern auf der ganzen Welt verbessern und wurde ursprünglich vom Internet unabhängig, und

[79] Vgl. Eichhorn, Internet-Recht, S. 22; Strömer, Online-Recht, S. 200 f.
[80] Vgl. etwa die Produkte der Marktführer Internet Explorer (Microsoft) und Navigator (Netscape).
[81] URL = Uniform Recource Locator
[82] Vgl. Sieber, Verantwortlichkeit im Internet, Rn. 54.

mit eigenen Kommunikationsprotokolle (den UUCPs) betrieben.[83] Inzwischen ist das *Usenet* weitgehend im Internet aufgegangen, es wird jedoch noch weiterhin parallel auf Unix-Basis weiterbetrieben.[84]
Von seiner Funktion her lässt sich dieser Dienst am ehesten mit riesigen schwarzen Brettern vergleichen, an denen prinzipiell jeder eine Nachricht hinterlassen kann. So veröffentlichte Newsartikel können von jedermann gelesen und beantwortet werden. Jedoch sind diese schwarzen Bretter, im *Internet Bulletin Boards* genannt, nicht nur auf die Veröffentlichung von Textnachrichten beschränkt. Jeder Nachricht können Bild-, Video- oder auch Tondateien angehängt werden. Um dabei trotzdem noch eine gewisse Ordnung und Untergliederung aufrecht erhalten zu können, ist der Newsdienst in Tausende von sogenannten Newsgroups untergliedert. Diese beschäftigen sich zumeist mit einzelnen Spezialthemen, zu denen der Nutzer dann Newsartikel auf dem Server veröffentlichen kann. Einzelne Newsgroups befassen sich auch mit eindeutig rechtswidrigen Inhalten wie der Anleitung zum Bombenbau, der Vermittlung von kinderpornographischem Material und ähnlichem. Damit entzieht sich auch der Newsdienst nicht der Problematik der rechtswidrigen und unerwünschten Inhalte im Netz.
Auch das Usenet hat ein starkes Wachstum hinter sich. Waren 1980 nur 15 Rechner an das Usenet angeschlossen, bei denen täglich ca. 10 Nachrichten eingestellt („gepostet") wurden, so existierten 15 Jahre später weltweit mehr als 15.000 Newsgroups wobei täglich über 1000 Megabyte Daten gepostet wurden[85]. Derzeit bestehen weltweit über 65.000 Newsgroups zu den verschiedensten Themengebieten aus den Bereichen Wissenschaft, Computer, Wirtschaft, Kultur, Freizeit, Sexualität, usw.[86] Der damit verbundene Datenverkehr macht einen beachtlichen Anteil des gesamten Datenverkehrs im Internet aus.
Grundsätzlich ist im Newsdienst zwischen zwei Anwendungsvarianten zu unterscheiden. Zum Einen bestehen für jedermann frei zugängliche Newsserver, auf denen Nachrichten hinterlassen werden können. Zum Anderen existieren auch solche, die Passwortgeschützt und damit nur registrierten Nutzern zugänglich sind. Was die frei zugänglichen Newsserver anbelangt, so stellen diese die große Mehrheit unter den Newsservern des Newsdienstes. Hier ist erneut zwischen sogenannten moderierten und unmoderierten Newsgroups zu unterscheiden. Erstere zeichnen sich dadurch aus, dass die einzelnen Newsartikel an einen Moderator gesendet werden, der dann nach inhaltlicher Kontrolle der Nachricht diese für den Einsender in der Newsgroup veröffentlicht.
Bei unmoderierten Newsgroups können die jeweiligen Urheber ihre Newsartikeln sogleich selbst veröffentlichen. Gerade innerhalb solcher Gruppen haben naturgemäß unerwünschte Inhalte eine besondere Dimension. Da zur Veröffentlichung von Nachrichten weder eine Autorisierung noch die Angabe von Personendaten des Urhebers erforderlich ist, existieren bereits Newsgroups, deren alleiniger und ausschließlicher Zweck die Verbreitung von illegalen Inhalten oder aber die Verabredung von Verbrechen sind. Schlagzeilen haben insoweit Gruppen gemacht, die detaillierte Anleitungen etwa zur Herstellung von Bomben,

[83] Vgl. Koch, S. 563.
[84] Vgl. Hage/Timm in: Loewenheim/Koch, S. 41.
[85] Vgl. Musch, die Geschichte des Internet, S. 9 f.
[86] Vgl. Sieber, Verantwortlichkeit im Internet, Rn. 56.

kinderpornographisches Material oder auch rechts- wie linksradikales Gedankengut bereit halten.
Bemerkenswert ist in diesem Zusammenhang die Synchronisation der Newsserver. Regelmäßig innerhalb kurzer Zeitabstände werden die Newsserver automatisch untereinander abgeglichen. Diese automatische Synchronisation arbeitet dabei nach dem Store-and-Forward-Prinzip. Dabei werden Nachrichten, die von Nutzern auf einem der Newsserver in einer Newsgroup veröffentlicht wurden, in kürzester Zeit auch auf anderen Newsservern veröffentlicht. Dieser Vorgang hat den Sinn, den Internet-Datenverkehr dadurch zu begrenzen, dass Nutzer besser auf den jeweils nächstgelegenen Server zugreifen, anstelle auf einen einzigen Zentralrechner.[87] Dieses System hat zur Folge, dass jeder veröffentlichte Newsartikel in kurzer Zeit weltweit über zahlreiche Newsserver abrufbar ist. Die Reichweite von Inhalten aller Art wird dadurch natürlich immens vergrößert.

3. E-Mail

Ein weiterer sehr populärer Dienst des Internet stellt die elektronische Post, die sogenannte E-Mail dar. Nach Schätzungen wurden allein 1999 weltweit über 122 Milliarden E-Mails verschickt, was einem täglichen E-Mail-Aufkommen von ca. 328 Millionen Stück entspricht.[88] Bereits in naher Zukunft werden dem E-Mail-Dienst im Internet bis zu 36 Milliarden E-Mails täglich prophezeit.[89]
Diese Anwendung des Internet lässt sich am ehesten mit dem traditionellen Briefverkehr vergleichen. Der Absender schreibt eine Nachricht, versieht sie mit der Adresse des Empfängers und versendet diese sodann über das Internet. E-Mail kann abstrakt als nicht-synchrone Individualkommunikation beschrieben werden, d. h. als Kommunikation zwischen – meist 2 – Teilnehmern, die Rede und Gegenrede ungleichzeitig absenden.[90] Dabei ist nicht erforderlich, dass beide, also Absender und Adressat gleichzeitig online sind. Vielmehr besitzt der Empfänger mit seinem E-Mail-Konto gewissermaßen einen elektronischen Briefkasten, in dem eingehende Post gespeichert wird, und zu einem beliebigen Zeitpunkt vom Empfänger abgerufen werden kann.
Erste experimentelle E-Mail-Programme wurden seit 1971 kreiert und eingesetzt.[91] Heutige E-Mail-Dienste basieren zumeist auf dem SMTP, dem *Simple Mail Transfer Protocol*. Dieses wurde bereits Anfang der 80er Jahre entwickelt und erlaubt einen plattformunabhängigen „Briefverkehr".[92] Unabhängig von der verwendeten Hard- und Software können Internetnutzer damit weltweit kommunizieren. Wie auch die anderen Internetdienste, so ist auch E-Mail nicht mehr nur auf den Versand von Textnachrichten beschränkt. Obwohl dieser Dienst ursprünglich ausschließlich für die Textkommunikation entwickelt worden war, können heute ebenso Ton-, Bild- oder sonstige Dateien als sogenannte „Attachments"[93] mitgeschickt werden[94]. Voraussetzung für die Teilnahme an einem E-

---

[87] Vgl. Sieber, Verantwortlichkeit im Internet, Rn. 60.
[88] Vgl. com!online, Heft 1/2000, S. 8; Bremer, S. 39.
[89] Vgl. http://www.heise.de/newsticker/data/hob-18.09.01-000.
[90] Vgl. Germann, Gefahrenabwehr und Strafverfolgung im Internet, S. 70.
[91] Vgl. Musch, Die Geschichte des Internet, S. 5.
[92] Vgl. Koch, S. 560.
[93] Attachment: Anhang einer E-Mail.

Mail ist eine Anmeldung bei einem E-Mail-Anbieter, dem sogenannten Host-Service-Betreiber. Dieser muss einen ständig erreichbaren Mailserver betreiben, auf dem Mails bis zum Abruf durch die jeweiligen Nutzer in elektronischen Postfächern gespeichert werden.[95] Von diesem erhält man auch seine E-Mail-Adresse zugeteilt, die aus einem – meist frei wählbaren – Nutzernamen, dem „@" und der DNS-Adresse des Mailservers besteht (z. B. max.mustermann@web.de). Dieser Adresse liegt, wie im Internet üblich, eine binäre Zahlenfolge zugrunde, die eigentliche IP-Adresse.
Problematisch ist die Sicherheitsfrage bei E-Mails. Im Gegensatz zu herkömmlicher Post, bei dem der Inhalt durch den Umschlag versiegelt ist, ist eine E-Mail grundsätzlich nicht vor unbefugter Kenntnisnahme geschützt. Vielmehr kann ihr Inhalt von den bei der Kommunikation zwischengeschalteten Rechnern gelesen werden.[96]
Dem kann der Absender allerdings dadurch vorbeugen, indem er seine E-Mail verschlüsselt verschickt.[97] Erst durch derartige mathematischen Verschlüsselungen ist der Inhalt weitgehend vor unbefugter Kenntnisnahme geschützt. Nur derjenige, der die entsprechende Entschlüsselungssequenz besitzt, kann den Inhalt entschlüsseln.[98]
Eine Ausprägung des E-Mail-Dienstes sind sogenannte Mailinglisten. Bei diesen ist der Versand von E-Mails derartig automatisiert, dass eingehende Nachrichten automatisch an vorher - meist durch persönliche Eintragung - festgelegte Empfänger weiter gesandt werden.[99]

4. Telnet

Der Dienst Telnet war eine der ersten Anwendungsprogramme im Internet.[100] Angesichts der knappen Ressourcen, was leistungsfähige Rechnerkapazitäten anging, war Telnet eine Möglichkeit, von außerhalb auf einen anderen Rechner zuzugreifen und diesen zu nutzen.[101] Telnet schuf damit die Möglichkeit, auch mit einer beschränkten technischen Hard- und Softwareausstattung die Kapazitäten von zentralen Großrechnern und deren überdurchschnittliche Leistungsfähigkeit gleichsam wie durch eine Fernsteuerung[102] zu nutzen.
Insbesondere an Universitäten war es früher üblich, den Internetnutzern, die sich nicht an einem Rechnerterminal der Uni selbst befanden, einen auf Telnet basierten Zugang zu bieten.[103] Damit konnten dann die universitären Rechnerkapazitäten und Anwendungen auch von außerhalb genutzt werden. Dabei wird der

---

94 Interessant hierzu die Spezifikationen der „Multipurpose Internet Mail Extensions (MIME)" in RFC 2045.
95 Vgl. Sieber, Verantwortlichkeit im Internet, Rn. 72 f.
96 Vgl. Lohse, Verantwortung im Internet, S. 32.
97 Eine populäre Möglichkeit der Verschlüsselung bietet beispielsweise PGP (Pretty Good Privacy), das für professionelle, wie auch nichtprofessionelle Anwender im WWW verfügbar ist.
98 Vgl. auch zur Sicherheit von Verschlüsselungstechnologien Lohse, Verantwortung im Internet, S. 32.
99 Vgl. Hage/Timm, in: Loewenheim/Koch, S. 39.
100 Vgl. Musch, Die Geschichte des Internet, S. 5; Koch, S. 566.
101 Vgl. Eichhorn, S. 27; Hage/Timm, in: Loewenheim/Koch, S. 41.
102 Vgl. Schneider, MMR 1999, 571, 572; Conradi/Schlömer, NStZ, 1996, 366, 367.
103 Vgl. Hage/Timm, in: Loewenheim/Koch, S. 41.

externe Rechner über die Telnetverbindung via Modem quasi als Teil des Hostrechners in dessen Netzwerk integriert.[104] Telnet zeichnet sich insbesondere dadurch aus, dass es die einzelnen Ein- und Ausgabevorgänge zwischen dem entfernten Rechner und dem Zielcomputer derart koordiniert, dass der Benutzer den Zentralrechner auf den er via Telnet zugreift wie seinen eigenen bedienen kann. Ermöglicht wird dies durch eine detaillierte Abstimmung von Tastatureingaben und Bildschirm- oder Druckerausgaben.[105] Auch heute noch werden Telnetverbindungen verwandt, da diese Basis hard- und softwareunabhängig arbeitet und somit zukunftsoffen für neue Technologien und Betriebssysteme ist; seit Windows 95 beispielsweise ist Telnet standardmäßig in das Microsoft Betriebssystem integriert.

5. Die „Echtzeitdienste"

Weiterhin sind im Rahmen dieser Arbeit die sogenannten „Echtzeitdienste", wie z. B. der Internet Relay Chat (IRC) interessant. Diese Dienste zeichnen sich dadurch aus, dass sie Kommunikation - in verschiedenen Formen – nahezu in Echtzeit, d. h. ähnlich wie bei einem (Telefon-) Gespräch zulassen. Aufgrund der paketvermittelten Übertragungstechnik im Internet sind bei dieser Kommunikation jedoch immer noch (geringe) Verzögerungen die Regel, so dass nicht von einer wirklichen Echtzeit-Kommunikation, wie z. B. bei einem Telefongespräch, gesprochen werden kann. Allerdings bieten diese Systeme im Internet den Vorteil, dass hierbei die Zahl der kommunizierenden Nutzer grundsätzlich unbeschränkt ist. Anders als bei den oben beschriebenen Kommunikationsformen (insbesondere E-Mail) findet bei den Echtzeitdiensten die Kommunikation in Echtzeit statt, d. h. unter beiderseitiger Anwesenheit von sowohl Absender als auch Empfänger. Die Inhalte der in Echtzeit geführten Kommunikation werden, anders als beim Newsdienst oder auch bei E-Mail nicht zumindest temporär auf einem Server zwischen gespeichert, sonder sind nur im Moment des tatsächlichen Kommunikationsvorganges einsehbar. Auch hierbei ist zwischen bestimmten Grundformen zu unterscheiden.

a) Echtzeitkommunikation auf Textbasis

Zunächst kommt hierbei die Echtzeitkommunikation auf Textbasis (der sogenannte „Chat") in Betracht. Hierbei kommunizieren 2 oder mehr Teilnehmer unabhängig von Zeit und Raum über Texteingaben miteinander, die unmittelbar nach der Eingabe und deren Bestätigung durch die Eingabetaste (Enter) auf den Bildschirmen aller Beteiligter angezeigt werden. Dabei lässt jede Texteingabe ihren Absender, oder zumindest den Nutzernamen unter dem derjenige an der Kommunikation teilnimmt, erkennen.
Die wohl größte praktische Bedeutung in diesem Zusammenhang besitzt dabei der sogenannte Internet Relay Chat (IRC). Bei diesen Anwendungen treffen sich unbestimmt viele Nutzer virtuell auf einem Chat-server, d. h. sie melden sich bei diesem an und kommunizieren dann über das dort gebotene Konferenzsystem durch Texteingaben miteinander.[106]

---

[104] Vgl. Koch, S. 566.
[105] Vgl. Germann, Gefahrenabwehr und Strafverfolgung im Internet, S. 87 f; Scheller/Boden/Geenen/ Kampermann, Internet: Werkzeuge und Dienste, S. 33 ff.
[106] Vgl. Sieber, Verantwortlichkeit im Internet, Rn. 70 ff.

Ähnlich der Newsgroups beim Newsdienst, existieren auch im Rahmen des IRC unterschiedliche „Konferenzräume“. Diese werden hier als Kanäle bezeichnet und lassen je nach Hard- und Softwareausrüstung des Servers einige Dutzend Teilnehmer zu. Die einzelnen Kanäle geben zumeist Auskunft über die grobe inhaltliche Ausrichtung der dort jeweils geführten Konferenzen. [107] Abgesehen von diesen öffentlichen Kanälen können die Nutzer auch private Kanäle öffnen, die dann auch eine ungestörte Kommunikation erlauben. Zu diesen privaten Kanälen kann der Zugang dann z. B. durch ein Passwort beschränkt sein.

b) Echtzeitkommunikation auf Sprachbasis

Daneben existieren Echzeitkommunikationssysteme auf Sprachbasis. Diese umfassen all jenen Anwendungsformen, bei denen in Form des gesprochenen Wortes über das Internet kommuniziert wird. Dabei werden die Audiosignale über das Internet in dergestalt übertragen, dass Informationen gleichzeitig gesendet, wie auch empfangen werden können. Erst durch dieses sogenannte Vollduplex-Verfahren kann tatsächlich von so etwas wie einer Internet-Telefonie gesprochen werden. Diese Internet-Telefonie ist zugleich die praktisch bedeutsamste Anwendungsform solcher Systeme. Wie der Name schon nahe legt, gleicht diese Art der Kommunikation durch Sprache sehr der konventionellen Telefonkommunikation. Auf der Anwendungsebene ergeben sich für den Nutzer auch kaum Unterschiede. Er muss die Nummer/Adresse des gewünschten Gesprächpartners anwählen und ist dann auf dessen Teilnahme angewiesen. Deutlichere Unterschiede ergeben sich jedoch auf der Ebene der technischen Verbindung. Anders als beim Telefon, wo zwischen den Gesprächspartnern eine eindeutige und auch mehr oder weniger stabile Verbindung besteht, ist die Internet-Telefonie nach wie vor eine Internetanwendung, d. h. die Sprachinformationen werden zerlegt, digitalisiert und dann – unabhängig voneinander – separat über das Netz versandt. Alle Gesprächsteilnehmer müssen zudem über die entsprechende Soft- und Hardware, d. h. ein entsprechendes Internet-Telefonie-Programm, eine vollduplexfähige Soundkarte und Lautsprecher sowie ein Mikrofon verfügen.[108]
Ein deutlicher Unterschied gerade zur Echtzeitkommunikation über textbasierte Systeme wie den IRC liegt darin, dass hier kein als Relaisstation fungierender Server notwendig ist. Die Kommunikation erfolgt vielmehr direkt zwischen den beteiligten Gesprächspartnern in Form eine Punkt-zu-Punkt-Kommunikation.[109]
Allerdings stößt diese Art der Kommunikation über das Internet nach wie vor auf besondere technische Probleme. Diese ergeben sich zum Teil aus der Tatsache, dass die Übertragung von digitalen Audiosignalen ausgesprochen datenintensiv ist, d. h. eine hohe Leistungsfähigkeit von Datentransport- und Datenverarbeitungseinrichtungen verlangt.
Dazu kommt die Tatsache, dass durch den paketweisen Versand der Daten diese unterschiedlich und z. T. unvollständig beim Empfänger ankommen. Anders als bei der reinen Datenkommunikation, bei der die fehlenden oder fehlerhaften Pakete einfach erneut angefordert werden, ist dies bei sprachbasierten Systemen problematisch, da dadurch Verzögerungen und Fehler in der Sprachwiedergabe entstehen, und die Qualität darunter leidet.

[107] Vgl. Mayer, Recht und Cyberspace, NJW 1996, S. 1782, 1785.
[108] Derartige Programme sind beispielsweise *net2phone* oder *comwin*. Vgl. Koch, S. 343, 547.
[109] Vgl. Sieber, Verantwortlichkeit im Internet, Rn. 84.

Nichtsdestotrotz ist die Internet-Telefonie durch Fortschritte in puncto Datenkompression und bei den Übertragungskapazitäten heute zumindest für den nicht-professionellen Alltagsgebrauch in einigermaßen annehmbarer Qualität möglich.[110]

c) Echtzeitkommunikation auf Bild-(Video)-basis

Gerade die fortschreitende Technisierung und die damit einhergehende Leistungssteigerung bei Internetanwendungen, der nötigen Dateninfrastruktur und den dazugehörigen Endgeräten hat in neuerer Zeit eine weitere Art der Echtzeitkommunikation ermöglicht. Internetvideokonferenzen ermöglichen eine interaktive Sprachkommunikation, die gleichzeitig durch die Übertragung von Videodaten unterstützt wird. Neben den reinen Audiodaten werden dabei zusätzlich Daten, die durch digitale Videokameras (sog. Webcams) aufgezeichnet werden, zwischen den Gesprächspartnern übertragen.[111] Im Gegensatz zur Internet-Telefonie, die nach wie vor stark der konventionellen Telefonie gleicht, ermöglichen die neuen Technologien erstmals Echtzeit-Videokonferenzen weltweit und das auch noch zu geringsten Kosten. Neben den reinen Verbindungsgebühren zum Online-Provider fallen dabei nämlich keine weiteren Entgelte für die Videokonferenz an. Was bisher nur über aufwendige – und dementsprechend teure – Satellitendirektverbindungen oder physikalische Standleitungen möglich war, ist im Zeitalter des Internets eine Technologie, die jeder Internetnutzer nach geringfügigen Hardwareangleichungen nutzen kann.
Die dabei entstehende Kommunikationsverbindung besteht, wie auch im Falle der Internet-Telefonie nur zwischen den am Gespräch Beteiligten in Form einer Punkt-zu-Punkt-Verbindung. Die in diesem Zusammenhang existierenden Verzeichnisserver fungieren dabei nicht als Relaisstation, sondern lediglich als eine Art Telefonbuch, dem Name und Adresse derjenigen Personen zu entnehmen sind, die im Moment „online", d. h. mit ihrer Videokommunikationssoftware angemeldet sind und somit potentielle Gesprächspartner darstellen.
Entsprechende Videokonferenzprogramme sind entweder in die gängigsten Betriebssysteme integriert, oder über das Internet kostengünstig erhältlich.[112]
Zwar lassen sich mit den heutigen Soft- und Hardwarekomponenten schon beachtliche Ergebnisse erzielen. Allerdings gilt hierfür auch und erst recht das oben zur Internet-Telefonie Gesagte. Aufgrund der hohen Datenmengen, die eine Audio- und Videokommunikation produziert, steht diese Technologie noch eher am Beginn ihrer Entwicklung. Zwischen der Bild- und Tonqualität und der zu versendenden Datenmenge besteht dabei ein direkter Zusammenhang. Je höher die Auflösung einer Kamera, desto besser das Bild, desto größer aber auch die zu versendende Datenmenge. Erst durch die Optimierung aktueller Datenkompressionsprogramme dürfte das volle Potential gegenwärtiger Videokonferenzprogramme erreicht werden. Angesichts des hohen Innovationsdrucks und des dadurch bedingten rasanten Fortschritts im Bereich der Internet- und Multimediatechnologie ist jedoch davon auszugehen, dass gerade in diesem Bereich mittelfristig eine Alternative zur herkömmlichen Sprach-Telefonie erwachsen kann.

---

[110] Vgl. Germann, Gefahrenabwehr und Strafverfolgung im Internet, S. 84, Fußnote 126.
[111] Vgl. Sieber, Verantwortlichkeit im Internet, Rn. 76.
[112] Derartige Programme sind z. B. *Netmeeting* von Microsoft oder *Cooltalk* von Netscape. Daneben erfreut sich auch die Konferenzsoftware *CU-See-Me* großer Beliebtheit.

Neben der reinen Audio- und Videoübertragung halten die aktuellen Anwendungsprogramme, wie zum Beispiel das Microsoft-Programm Netmeeting 3.01[113] weitergehende Anwendungsmöglichkeiten bereit. So können hierbei neben der eigentlichen Videokonferenz im selben Zug Daten versandt, Rechnerzugangsrechte verteilt oder auch über ein Texteingabesystem kommuniziert werden. Angesichts der aktuellen und noch zu erwartenden Möglichkeiten, Inhalte in Form von Videokonferenzen über das Internet zu vertreiben, gilt es gerade auf diesen Bereich ein besonderes Augenmerk mit Blick auf die Verbreitung von rechtswidrigen und sonstig unerwünschten Inhalten zu haben.

IV. Die Akteure im Internet

An der Kommunikation im Internet sind verschiedene Personen beteiligt. Unterschiede in deren Bezeichnung ergeben sich sowohl aus deren Funktion für das Internet, wie auch aus ihrer eigenen Nutzung des Internets. Gerade im Bereich der Inhaltskontrolle im Internet ist eine eindeutige Einordnung der am Internet Beteiligten anhand ihrer funktionellen Tätigkeit, nicht nur für deren etwaige Verantwortung für bestimmte Inhalte, unerlässlich. Jedoch ist die Nomenklatur, was die am Internet Beteiligten angeht uneinheitlich. Begriffe wie Nutzer, User, Provider, Access-, Content-, Host- und Network-, oder (Online-) Serviceprovider sind vielfach und oft auch unterschiedlich belegt. Dies führt nicht nur zu Missverständnissen und Ungereimtheiten im alltäglichen Sprachgebrauch, sondern erschwert auch die Regulierung von Kommunikationsvorgängen im Internet als solchem. Im Rahmen der vorliegenden Arbeit werden diese Begriffe spezifisch und funktionsgebunden verwendet. Auf bestimmte Akteure können aufgrund ihrer funktionellen Bandbreite mehrere Bezeichnungen Anwendung finden. In diesen Fällen werden die Bezeichnungen rein funktionell auf einen bestimmten Bereich verwendet.

1. Die Nutzer

Die am Internet beteiligten Akteure lassen sich am besten funktionsspezifisch einteilen. So bietet sich an, Teilnehmer beispielsweise danach einzuordnen, ob sie Daten und Informationen über das Internet anbieten oder solche über das Netz abrufen. Je nach dem wäre er dann als Anbieter oder Nutzer zu qualifizieren. Allerdings steht diese Einteilung streng genommen in Widerspruch zu der Art und Weise technischer Informationsübermittlung im Internet. Denn egal, ob ein Teilnehmer Daten aus dem Internet abruft oder solche versendet, aus Gründen der Netzstruktur liegt jeder Kommunikation über das Internet eine beiderseitige Verständigung von Empfänger und Absender zugrunde. Damit gibt es streng genommen keine reinen Sende- oder Empfangsvorgänge, dass bei jedem Datenempfang auch eine gewisse Datenmenge gesendet wird.[114] Für eine Kategorisierung eines Teilnehmers am Internetverkehr als Nutzer oder Anbieter ist daher nur auf den Hauptstrom der Datenrichtung zu achten.
Als Nutzer - oder auch User – sind demnach solche privaten Endanwender, aber auch Unternehmen zu bezeichnen, die im Zeitpunkt der Funktionsbestimmung

---

[113] Netmeeting 3.01 ist Bestandteil des Internetbrowserprogrammes *Microsoft Internet Explorer* ab der Version 4.0 und daneben kostenlos im Internet erhältlich unter http://www.microsoft.com.
[114] Vgl. hierzu die Ausführungen zu den Transportprotokollen im Internet, s.o.

Daten empfangen und damit eine Leistung des Internets oder seiner Dienste in Anspruch nehmen.[115] Der Internetnutzer kann in den komplexen Kommunikationsprozessen des Internets mannigfaltige Funktionen besetzen. So kann er sowohl als passiv nachfragender Teilnehmer auftreten, der einfach bestimmte Informationen wie zum Beispiel Nachrichten abfragt, als auch als aktiv gestaltender Teilnehmer in einem Chatforum[116] oder einer Newsgroup agieren.[117] Ob jemand im Internet Nutzer oder Anbieter ist, hängt somit nicht von statischen Gegebenheiten oder unveränderlichen Eigenschaften ab, sondern muss vielmehr für jeden Teilnehmer immer aktuell und ausschließlich funktionsspezifisch ermittelt werden. Dabei kann ein Teilnehmer binnen weniger Sekunden vom Anbieter zum Nutzer werden und umgekehrt, so zum Beispiel wenn der Betreiber eines Online-Verkaufsangebotes bei einem Kollegen etwas kauft.

2. Die Anbieter von Diensten im Internet

Daneben gibt es außer Personen, die Dienste im Internet nutzen und nachfragen auch solche, die Dienstleistungen im Internet anbieten. Je nach Art und Weise der Bereitstellung von Diensten sind diese sogenannten Provider (=Anbieter) in verschiedene Gruppen zu unterteilen.

a) Access-Provider

Access-Provider bieten gewerblichen oder privaten Kunden den rein technischen Zugang zum Internet an[118]. Der Access-Provider betreibt die Einwahlknoten, d. h. Vermittlungsrechner, die an übergeordnete Datennetze angeschlossen sind und bietet hierüber die Möglichkeit, Zugang zu fremden Informationsangeboten zu bekommen.[119] Die konkrete Dienstleistung des Access-Providers besteht darin, dass er die am *Gateway* oder am *Point of Presence* (POP) ankommenden Datenströme in das Internetprotokoll transferiert und zu einer vom Endkunden festgelegten Adresse weiterleitet.[120] In diesem Zusammenhang ist darauf hinzuweisen, dass der Access-Provider seine Dienste regelmäßig zusätzlich zu einem bestehenden Leitungsnetz anbietet. Dieses Leitungsnetz, das aus Telefon-, Glasfaser-, Breitband- oder sonstigen physischen Leitungen besteht, stellt die eigentliche Kommunikationsinfrastruktur dar. Diese wird meist von einem separaten Anbieter, dem sogenannten *Network-Provider* unterhalten. In Deutschland ist Network-Provider in aller Regel die Deutsche Telekom AG. Obwohl diese ihre Leitungen für den Transport der Internetdaten zur Verfügung stellt, ist sie selbst als Network-Provider nicht in die Internet-Nutzung in irgendeiner Weise eingebunden.[121] Dafür existiert die Tochter T-Online. Diese ist nicht nur Access-Provider sondern bietet darüber hinaus auch noch andere, weitergehende Dienste und Inhalte an.

---

[115] Vgl. Koch, S. 4; Lohse, Verantwortung im Internet, S. 25; Sieber, Verantwortlichkeit im Internet, Rn. 14.
[116] Chatforen sind jene Angebote im Internet, die eine Echtzeitkommunikation auf der Basis von Texteingaben ermöglichen, vgl. hierzu die Ausführungen oben.
[117] Vgl. Eichhorn, Internet-Recht, S. 42.
[118] Vgl. Koch, S. 4.
[119] Vgl. Eichhorn, Internet-Recht, S. 46
[120] Vgl. Manssen, Telekommunikations- und Multimediarecht, Teil C, § 3, Rn. 37.
[121] Vgl. Sieber, in CR 1997, 581, 597 f.

In den Vereinigten Staaten ist dagegen die Trennung von Netz- und Diensteanbietern wesentlich deutlicher. Obwohl die großen Telekommunikationsanbieter den Hauptteil der Leitungen, insbesondere der Backbones betreiben, traten sie bis vor kurzem noch nur für Großkunden als Access-Provider auf.[122]
Zu beachten ist, dass der reine Access-Provider selbst grundsätzlich keine eigenen Inhalte oder sonstige Informationsangebote für den Nutzer bereithält.[123] Er öffnet lediglich das Tor zum Internet.[124] Allerdings existieren reine Internet-Access-Provider in der Praxis nur selten. Vielmehr bieten viele von ihnen zusätzlich zum Zugang auch Inhalte an, wenn auch nur sehr grundlegender oder technischer Natur. In der Praxis gelangt man bei den meisten Access-Providern direkt nach der Anmeldung automatisch zu deren Homepage im WWW, wo ein Überblick über deren Leistungs- und Tarifpalette, sowie spezifische technische Informationen gegeben werden. Mit solchen Informationsangeboten, die über die bloße Zugangsvermittlung zum Internet hinaus gehen, erfüllen diese Provider außerdem die Funktion eines Content[125]-Providers und partizipieren damit an der Wertschöpfungskette des Content-Providing.

b) Content-Provider

Unter den Begriff des Content-Providers fällt dabei jeder, der Inhalte im Internet veröffentlicht. Dabei ist „Inhalte" denkbar weit zu verstehen. Unerheblich ist, ob die Veröffentlichung von Inhalten privat oder in Ausübung einer geschäftsmäßigen gewerblichen Tätigkeit geschieht.[126] Demzufolge fällt selbst der Teilnehmer am Internetverkehr, der Veröffentlichungen im Rahmen einer privaten Homepage macht, unter den Begriff des Content-Providers.[127] Allerdings steht nach wie vor in der Diskussion, ob es Voraussetzung für die Eigenschaft eines Content-Providers ist, ob die Inhalte auf eigenen Rechnern durch den Anbieter angeboten werden.[128] Richtigerweise kann dies jedoch nicht entscheidend für die Einstufung als Content-Provider sein, da es hierfür allein darauf ankommt, ob jemand Inhalte im Internet veröffentlicht, nicht von welchen Servern sie technisch abrufbar sind.[129]
Gerade private Anbieter von Inhalten im Internet, wie zum Beispiel jeder, der eine eigene Homepage im WWW besitzt, haben oft weder die Möglichkeit, noch die Mittel ihr meist begrenztes Informationsangebot auf einem eigenen Server anzubieten. Zu diesem Zweck stellen viele große Internet-Service-Provider ei-

---

[122] Vgl. Mayer, S. 50.
[123] Aus Gründen der Vollständigkeit sei noch darauf hingewiesen, dass Mayer darüber hinaus wohl noch zusätzlich zwischen Access- und sogenannten Upstream-Providern unterscheidet, S. 52. Letztere sollen sich demnach dadurch auszeichnen, dass sie die einzig mögliche Schnittstelle eines Nutzers zum Datenstrom des Internet darstellen. Dieser zusätzlichen Nomenklatur wird vorliegend nicht gefolgt.
[124] Vgl. Hoeren/Pichler, zivilrechtliche Haftung im Online-Bereich, in: Loewenheim/Koch, Praxis des Online-Rechts, S. 386.
[125] Englisch für „Inhalt".
[126] Vgl. Wimmer/Michael, Der Online-Provider im neuen Multimedia-Recht, S. 46, Fn. 118.
[127] Vgl. Eichhorn, Internet-Recht, S. 44; Lohse, Verantwortung im Internet, S. 26; A.A. hingegen Pichler, MMR 1998, S. 79; Koch, CR 1997, 193, 195.
[128] So etwa Pichler im MMR 1998, S. 79; Koch, CR 1997, 193, 195.
[129] Vgl. hierzu Eichhorn, Internet-Recht, S. 44; Lohse, Verantwortung im Internet, S. 26; Sieber, Verantwortlichkeit im Internet, Rn. 14.

nen bestimmten Speicherplatz auf ihren Servern oft sogar unentgeltlich zur Verfügung (sogenanntes Web-hosting). So können beispielsweise alle Nutzer von T-Online ohne Mehrkosten eine Homepage auf den Servern des Unternehmens bis zu einer Größe von 10 Megabyte erstellen.
Grundsätzlich ist für die Eigenschaft eines Content-Providers erforderlich, dass es sich bei den veröffentlichten Inhalten auch um die eigenen Inhalte des Anbieters handelt.[130] Allerdings ist ein Anbieter von fremden Inhalten, d. h. Inhalte anderer Urheber, auch dann Content-Provider in diesem Sinne, wenn er sich diese Inhalte zu Eigen macht.[131] Dies ist bereits dann der Fall, wenn die Veröffentlichung über ein bloßes Versenden hinausgeht, z. B. weil der Anbieter den Inhalt derart in sein eigens Angebot integriert, dass dieser nicht mehr als fremd erkennbar ist oder zumindest keine ausreichende Distanz mehr zum eigenen Inhalt besteht.[132]

c) Service-Provider

Weiterhin bedarf der Begriff des Internet-Service-Providers (ISP) der Klärung. Ein ISP ermöglicht Dritten durch das Bereithalten bestimmter Dienste und Anwendungen, die Möglichkeiten des Internets umfassend zu nutzen.[133] Dabei kann es sich um Speicherplatz auf Serverrechnern, die Bereithaltung von fremden Inhalten, die Vermittlung von Daten aus dem Internet oder sonstige Leistungen handeln. Zum Teil ist gerade die Abgrenzung zwischen Access-, Content-, und Service-Provider schwierig. Hier ist dann jedoch gesondert auf die jeweilig beschriebene Funktion einzugehen. So können ISP zugleich auch Access- und oder Content-Provider sein. In der Praxis ist genau dies zumeist der Fall. T-Online zum Beispiel vermittelt Zugang zum Internet, als auch Inhalte und bietet darüber hinaus noch weitere Dienste im Zusammenhang mit der Internetnutzung an. T-Online ist somit zugleich Access-, Content-, wie auch Internet-Service-Provider. Damit ist ISP die breiteste Bezeichnung für einen Anbieter von Online-Diensten, die sich jedoch meist noch funktionsspezifisch eingrenzen lässt.
Als ISP in diesem Sinne sind auch die Betreiber von Kommunikationsplattformen im Internet wie zum Beispiel Foren, Chatroooms oder Newsgroups zu behandeln.[134] Hingegen werden Nutzer, die aktiv an solcherlei Angeboten im Internet teilnehmen, dadurch noch nicht zu Anbietern in diesem Sinne. Hier steht nach wie vor der Aspekt der Nutzung einer Dienstleistung im Vordergrund. Zum Teil findet sich in der Literatur auch die Bezeichnung des Host-Providers. Ein Host-Provider hält fremde Inhalte im Internet dadurch für Nutzer bereit, in dem er dem Inhaltsurheber Rechnerkapazität und Speicherplatz zur Verfügung stellt und somit Web-hosting betreibt. Ausgehend von der hier vertretenen Definition des ISP stellt der Host-Provider jedoch keine neu Figur im Internet dar, sondern entspricht vielmehr dem Internet-Service-Provider.

---

[130] Vgl. Hoeren/Pichler in Loewenheim/Koch, Praxis des Online-Rechts, S. 385.
[131] Vgl. Eichhorn, Internet-Recht, S. 44.
[132] Vgl. hierzu Hoeren/Pichler in Loewenheim/Koch, Praxis des Online-Rechts, S. 385.
[133] Vgl. Mayer, S. 49.
[134] Vgl. Engel-Flechsig/Maennel/Tettenborn, S. 17.

d) Online-Dienste

Klärungsbedarf besteht weiterhin hinsichtlich der sogenannten Online-Dienste. Diese Bezeichnung umfasst weniger eine bestimmte funktionelle Tätigkeit innerhalb des Internetverkehrs, als vielmehr all jene Unternehmen, die im Internet vor allem proprietäre Dienste und insbesondere Datenangebote unterhalten, die regelmäßig auf den eigenen Rechnern des Unternehmens gespeichert sind und zum größten Teil nur von Mitgliedern des jeweiligen Dienstes abgerufen werden können.[135] Proprietäre Dienste sind dabei in ihrer Struktur und technischem Aufbau sonstigen Informationsangeboten im Internet ähnlich, zeichnen sich jedoch dadurch aus, dass sie meist eigene Datenangebote sind, die auf den eigenen Rechnern des Unternehmens abgespeichert sind.[136] Als Informationsangebote, die ihrem Urheber damit unmittelbar zuzuordnen sind, sind diese proprietären Angebote qualitativ meist hochwertiger als frei im Internet verfügbare Daten. Prominente Beispiele für solche Online-Dienste in Deutschland stellen T-Online oder AOL Deutschland dar. Diese Dienste vermitteln nicht nur Zugang zum Internet, was sie einerseits zum Access-Provider macht, sondern halten darüber hinaus große Mengen an eigenen Informationsangeboten, proprietäre Dienste, für ihre Nutzer zur Verfügung. Außerdem bieten sie regelmäßig noch weitergehende Leistungen, wie das oben beschriebene Web-hosting an. Damit können Online-Dienste funktionell als Service-Provider im weiteren Sinne eingestuft werden.[137]

V. Die heutige Bedeutung des Internet

1. Das Internet als globales Kommunikations- und Informationsmedium

Das Internet hat heute bereits in viele wesentlichen Lebensbereiche Einzug gehalten. Längst schon sind Schlagworte wie „grenzenlose Kommunikation“, „globales Informationsmedium“ oder „Internet – das Netz der Netze“ keine Zukunftsmusik mehr. Das Internet hat mit seinen vielen Anwendungsmöglichkeiten Einzug in viele alltägliche Lebensbereiche gehalten.

War es noch vor wenigen Jahren ein Medium, dass nur dem Militär und hoch dotierten Wissenschaftseinrichtungen vorbehalten war, so ist das Internet heute zum Informations- und Kommunikationsmedium für jedermann geworden. Seit seinen Anfängen hat sich das Internet so zum zentralen Element eines neuen Medienzeitalters entwickelt.[138] Brauchte das Radio als neuartiges Kommunikationsmedium noch ca. 30 Jahre gebraucht, um 50 Mio. Empfänger zu erreichen, so nahm das Internet diese Hürde innerhalb von 5 Jahren.[139] Prophezeiten noch vor einigen Jahren nur berufsmäßige Computerenthusiasten dem Internet eine nie da gewesene Karriere als das globale Zukunftsmedium schlechthin[140], so zeigt sich heute, dass selbst euphorische Einschätzungen, was Wachstum, Kapazität, Reichweite und Anwendungsmöglichkeiten es Internet angeht, zum Teil

[135] Vgl. Sieber, Ulrich, CR 1997, 581, 598.
[136] Zur Nomenklatur siehe auch Waldenberger, AfP 1998, 373, 375.
[137] Vgl. Lohse, Verantwortung im Internet, S. 27.
[138] Vgl. Lohse, Verantwortung im Internet, S. 19.
[139] Vgl. Morgenstern Technology Research, zitiert in Köhler/Arndt, Recht des Internet, Rn. 1.
[140] Vgl. Gates, Bill, in: Der Spiegel vom 27. 11. 1995, S. 112, 119, 126.

deutlich übertroffen worden sind. So gehört es heute bereits zum normalen Alltag, via E-Mail mit Personen auf der ganzen Welt zu kommunizieren, online einen Einkaufsbummel zu machen oder seine Bankgeschäfte von zu Hause aus zu erledigen, um nur einige Anwendungen des Internet in der Informationsgesellschaft zu nennen. Zwar existieren keine absolut exakten Angaben über die Gesamtzahl der Teilnehmer am Internet, jedoch gehen seriöse Schätzungen davon aus, dass bereits Ende 1999 die 300 Mio. Grenze bei der Zahl der Onlinenutzer übersprungen wurde. Aus der gleichen Quelle ließ sich für März 2000 eine Zahl von 330 Mio. Internetnutzer weltweit erfahren.[141] Allein in Deutschland wurde bei der Zahl der Internetnutzer Mitte 2000 die 18 Mio. Marke überschritten, was einem statistischen Bevölkerungsanteil von 34% der 14 – 69jährigen entspricht.[142] Präzise und wissenschaftlich exakt nachzuvollziehende Zahlen sind in diesem Bereich aufgrund der Schnelllebigkeit und der hochkomplexen Vernetzungsstruktur des Internet und seiner Subnetze nicht greifbar. Auch Wachstums- und andere Zukunftsprognosen im Internetbereich wurden stets von den tatsächlichen Entwicklungen überholt.
Deutlich wird jedoch, welche Reichweite und Verbreitung das Internet schon heute in unserer Gesellschaft besitzt. Insbesondere die jüngeren Generationen wachsen in einer Welt auf, die durch das Internet geprägt ist. Telelearning ist nur ein Beispiel für die unglaublichen Möglichkeiten, die das Internet auch im Bereich der Berufsaus- und Weiterbildung bietet. Daneben ist der Bereich der Telemedizin zu nennen. Neue Methoden hier und im Bereich der Forschung, sowie in anderen Bereichen der Naturwissenschaft, werden durch neuartige Anwendungen ermöglicht. So wird es in naher Zukunft Krebspatienten möglich sein, sich durch Telemedizin via Internet von den besten Spezialisten der Welt behandeln zu lassen, ohne körperlich deren Praxis besuchen zu müssen. Der Einkauf alltäglicher Gebrauchsgegenstände bis hin zum Auto von zuhause über das Internet sind bereits Wirklichkeit. Die Anwendungsbereiche des Internet haben sich dramatisch erweitert. Von einem exklusiv militärisch genutztem Kommunikationsmedium hat es sich über die Zeit zu einem multimedialen Kommunikations-, Informations- und Unterhaltungsmedium für jedermann entwickelt, dem schon Eigenschaften eines eigenständigen öffentlichen Sozialraumes zugeschrieben werden.[143]
Den Vätern des Internet ist damit etwas gelungen, von dem sie wahrscheinlich nicht zu träumen gewagt hatten. Denn anstatt nur Computer miteinander zu vernetzen, ist es ihnen zum Teil gelungen, Menschen miteinander in Kontakt zu bringen.[144] Außerdem haben sie mit dem Internet und seinen vielfältigen Anwendungen die Voraussetzungen für die größte Informationsquelle in der Geschichte der Menschheit geschaffen. Insbesondere auf den Newsgroups des Usenet sowie dem WWW liegt hierbei ein ganz besonderes Schwergewicht.[145]

[141] Vgl. NUA Internet Surveys, veröffentlicht in Focus Online, abrufbar unter http://www.focus.de/D/DD/DD36/DD36A/dd36a.htm.
[142] Vgl. GfK, Nürnberg, in: Focus Online, abrufbar unter http://www.focus.de/D/DD/DD36/DD36A/dd36a.htm.
[143] Vgl. Mayer, Franz C., Recht und Cyberspace, in: NJW 1996, 1782, 1783.
[144] Vgl. Abbate, J.E., From Arpanet to Internet – A History of ARPA-sponsored Computer Networks, S. 16.
[145] Vgl. Hoeren/Sieber/Ohliger 1, Rn. 70 ff.

2. Das Internet als globaler Wirtschaftsraum

Gerade in den letzten Jahren kommt einem der genannten Anwendungsbereiche des Internet eine stark wachsende Bedeutung zu. Die Rede ist vom Internet als elektronischem Marktplatz. Dabei kommt dem Internet zunehmend eine größere Rolle als bloßes Informationsmedium mit Werbung und Produktinformationen zu. Längst schon haben Unternehmen wie auch Private das Potential des Internets als Vertriebsplattform für Waren und Dienstleitungen aller Art erkannt. Dies dürfte in Zukunft vielleicht sogar die bedeutendste Facette des Internet werden. Dem sogenannten electronic-commerce (E-Commerce) werden für die nächsten Jahre phantastische Wachstumsraten und Profitmöglichkeiten vorausgesagt.

Nach einer Analyse von Forester Research soll allein der Handelsverkehr zwischen Unternehmen (dem sogenannten B2B-Commerce[146]), bis 2003 ein Volumen von bis zu 1,3 Billionen (!) US-Dollar erreichen.[147] Die Europäische Kommission erwartet für den Verbraucherhandel, dass dieser im gleichen Zeitraum ein Volumen von 340 Mrd. US-Dollar erreicht.[148]

Zwar ist zu berücksichtigen, dass all diese Zahlen letztlich auf Spekulation beruhen, jedoch bestätigen sie, dass dem Wirtschaftszweig Internet ein enormes Potential beizumessen ist. Das Internet stellt heute einen Teil des alltäglichen Wirtschafts- und Gesellschaftslebens dar, der nicht mehr hinweg gedacht werden kann.

Gerade ob dieser stets wachsenden Bedeutung für Wirtschaft und Gesellschaft ist es auch Aufgabe der Rechtswissenschaft, Möglichkeiten aufzuzeigen, um die Chancen des Internet nutzbar zu machen, ohne jedoch gleichzeitig den Risiken einer global vernetzten Welt schutzlos ausgeliefert zu sein. Neben dem Kampf gegen Datenausspähung, Computermissbrauch, Hacking in seinen mannigfaltigen Erscheinungsformen kommt insoweit der Regulierung von Inhalten eine erhebliche Bedeutung zu. Quer durch alle gesellschaftlichen Schichten existiert insofern eine rege Diskussion ob der Erforderlichkeit, der Machbarkeit und der möglichen Risiken und Nebenwirkungen inhaltsregulierender Eingriffe in den Datenbestand und den Datenverkehr im Internet. Nur wenn der Nutzen des Internet nicht einhergeht mit Gefahren für Kinder, Jugendliche oder die Gesellschaft selbst, kann insoweit tatsächlich von der technischen Errungenschaft des ausgehenden 20. Jahrhunderts gesprochen werden, als die das Internet so oft gepriesen wurde.

Aufgabe aller am Internetverkehr beteiligten Institutionen ist es somit, einheitliche inhaltliche Standards für Inhalte in den Diensten des Internet zu schaffen, sowie geeignete Verfahren zur Durchsetzung dieser Standards zu entwickeln, um problematische Inhalte ihrem Gefährdungspotential entsprechend behandeln zu können. Gegenwärtige Ansätze, Möglichkeiten und Grenzen diesbezüglich sollen im Folgenden dargestellt werden.

---

[146] B2B: Business to Business, d. h. von geschäftlichen Anbietern für geschäftliche Nutzer.

[147] Köhler/Arndt, Recht des Internet, Rn. 2.

[148] Vgl. Analyse der Europäischen Kommission, GD XV, veröffentlicht unter http://www.europa.eu.int/comm/gd15.de/media/eleccomm/99-952.htm.

Teil B: Inhaltsbezogene Standards für Angebote im Internet in der Bundesrepublik Deutschland

Erste Voraussetzung, um problematischen Inhalten im Internet regulativ entgegenzutreten ist die Schaffung eindeutiger, möglichst weltweit einheitlicher inhaltlicher Standards. Für Anbieter und Nutzer des Internet muss klar ersichtlich sein, wann Inhalte uneingeschränkt zulässig, beschränkt zugänglich und generell unzulässig sind. Wie auch im Rahmen traditioneller Medien sind hier zum Einen staatliche Regulierung, zum Anderen ein ausgeprägter gesellschaftlicher Konsens erforderlich. Die Tatsache, dass das Internet zeitweise als „rechtsfreier Raum“ begriffen wurde, resultiert daraus, dass sowohl gesellschaftliche Wertvorstellungen, wie auch staatsautoritäre Rechtsvorschriften vom technischen Fortschritt überflügelt wurden. Aufgabe der rechtswissenschaftlichen Entwicklung, wie auch der Rechtsprechung ist es, bestehende inhaltliche Standards auf ihre Anwendbarkeit im Bereich von Online-Diensten zu überprüfen, wo Änderungen nötig sind, Optionen aufzuzeigen und damit einen neuen gesellschaftspolitischen Konsens darüber zu entwickeln, welche Inhalte erwünscht sein sollen und welche nicht.

A. Inhaltliche Standards für Angebote im Internet in den allgemeinen Gesetzen

Zunächst sollen im Folgenden die allgemeinen Regelungskataloge auf inhaltliche Standards für Online-Dienste wie die des Internet hin untersucht werden. Eine inhaltliche Regulierung im Internet kann einerseits durch unmittelbar inhaltsbezogene Regelungen etabliert werden. Daneben kommen jedoch auch Ermächtigungsgrundlagen für Handeln von Behörden im Zusammenhang mit der Bekämpfung problematischer Inhalte im Internet in Betracht. Die Rechtsordnung der Bundesrepublik Deutschland hält insoweit vielfältige Normen wie Ge- und Verbote, sowie Ermächtigungsgrundlagen für das Handeln der Verwaltung bereit.[149] Zunächst sollen insoweit die allgemeinen Gesetze untersucht werden, d. h. all diejenigen Gesetze, die nicht spezifisch mit Blick auf die neuen Informations- und Kommunikationsdienste wie das Internet erlassen wurden.

I. Das Strafgesetzbuch und die strafrechtlichen Nebengesetze

1. Das allgemeine Strafrecht des StGB

Für eine inhaltliche Regulierung in den Diensten des Internet bedarf es inhaltsbezogener Standards, deren Nichtbeachtung durch Regelungen sanktioniert wird. Gerade das allgemeine deutsche Strafrecht enthält eine Reihe von inhaltsbezogenen Regelungen. Da den einzelnen inhaltsbezogenen Vorschriften zugleich eine sanktionierende Wirkung zukommt, kommen in Hinblick auf eine inhaltliche Regulierung der Dienste des Internet daher insbesondere die Regelungen des allgemeinen Strafrechts in Betracht.[150]
In diesem Rahmen sind im Wesentlichen die Tatbestände der sogenannten „Äußerungsdelikte“ interessant. Als Äußerungsdelikte werden hier Delikte bezeich-

[149] Vgl. Kirchhof, in Isensee/Kirchhof, Band III, § 59, Rn. 10.
[150] Vgl. Gercke, S. 70; Vassilaki, CR 1997, 297, 300.

net, die durch die Mitteilung bestimmter Inhalte an andere Personen gekennzeichnet sind.[151] Zu den Äußerungsdelikten in diesem Sinne gehören z. B. die Strafbestimmungen der Volksverhetzung (§ 130 StGB)oder auch die der Verbreitung pornographischer Schriften (§ 184 StGB). Die meisten Äußerungsdelikte sind insofern dadurch gekennzeichnet, dass ihnen allen das Tatobjekt der „Schriften" gemein ist. Weiterhin kennzeichnen sie die Tathandlungen wie das „Verbreiten" oder das „Zugänglichmachen".

a) Anwendbarkeit des deutschen StGB auf Inhalte in den Diensten des Internet

aa) Inhaltsdelikte im Internet und der Schriftenbegriff des StGB

Zunächst muss die sachliche Anwendbarkeit der strafrechtlichen Vorschriften gegeben sein, d. h. die inhaltsbezogenen Vorschriften des allgemeinen Strafrechts müssen sachlich auch Inhalte in den Diensten des Internet erfassen. Wie bereits festgestellt, sind die inhaltsbezogenen Äußerungsdelikte im deutschen Strafrecht meist durch das Tatobjekt der „Schriften" gekennzeichnet. Im Folgenden ist nunmehr zu klären, inwieweit der Schriftenbegriff des StGB auch Inhalte in den neuen Informations- und Kommunikationsdiensten des Internet erfasst. Ursprünglich umfasste der Begriff der Schriften tatsächlich nur dementsprechend verkörperte Inhalte. Um den Anwendungsbereich der schriftenbezogenen Strafvorschriften auch auf die neuen Medien anwenden zu können, ergänzte der Gesetzgeber 1974 den allgemeinen Teil des StGB um § 11 III StGB.[152] Hier wurden den Schriften Ton- und Bildträger, sowie Abbildungen und andere Darstellungen gleichgestellt. Aus dem Wortlaut dieser Vorschrift ergibt sich, dass nicht mehr der Begriff der Schriften, sondern vielmehr der Begriff der Darstellung der übergeordnete Begriff für Inhalte aller Art ist. Unter diesen Oberbegriff fallen dabei Zeichen, die – auch unter der Verwendung von Hilfsmitteln – sinnlich wahrnehmbar sind, einen gedanklichen Inhalt vermitteln und deren stoffliche Verkörperung von gewisser Dauer ist.[153]
Inhalte im Internet liegen ausschließlich in Form von elektronischen Daten vor. Diese werden über die Infrastruktur des Internet verbreitet und können auf den verschiedensten Speichermedien abgelegt und über Ausgabegeräte wie Bildschirm oder Drucker wiedergegeben werden. Sie sind damit – mit den genannten technischen Hilfsmitteln – sinnlich wahrnehmbar. Außerdem vermitteln sie einen gedanklichen Inhalt. Allein ihre stoffliche Verkörperung für eine gewisse Dauer bedarf einer differenzierten Betrachtungsweise.

(1) Inhalte, die über einen Drucker ausgegeben wurden

Bei Inhalten aus Diensten des Internet, die über einen Drucker ausgegeben wurden, liegt die stoffliche Verkörperung in deren Ausdruck, meist auf Papier. Diese ist jedenfalls von einer gewissen Dauer und unterfallen damit unproblematisch dem Schriftenbegriff des § 11 III StGB.

---

[151] Vgl. Hoeren/Sieber/Sieber, 19, Rn. 600.
[152] Vgl. Sieber, JZ 1996, 494, 495.
[153] Vgl. Tröndle in: Tröndle/Fischer, § 11, Rn. 44; Schönke/Schröder/Eser, § 11, Rn. 78, Rudolphi in SK, Band I, § 11, Rn. 39. An der gewissen Dauerhaftigkeit soll es hingegen fehlen bei Theater-, Fernseh- und Rundfunksendungen, Sieber, JZ 1996, 4949, 495.

(2) Inhalte, die auf elektronischen Speichermedien abgelegt sind

Weit weniger eindeutig ist dies bei Inhalten, die ausschließlich in elektronischer Form vorliegen und auf hierfür geeigneten Speichermedien abgelegt sind. Insoweit kommen Disketten, CD-Roms, Festplatten oder ähnliche Speichermedien in Betracht. Auf genau jene Medien wurde der Anwendungsbereich des § 11 III StGB durch die Änderung des Strafgesetzbuches von 1997 erweitert. Dem er das Merkmal des Datenspeichers durch Art. 4 Nr. 1 IuKDG in § 11 III StGB aufgenommen hat, stellte der Gesetzgeber klar, dass gerade auch elektronisch vorgehaltene Inhalte vom Schriftenbegriff des § 11 III StGB erfasst sein sollen.
Vor dieser Novelle war die Subsumtion elektronisch gespeicherter Inhalte unter den Schriftenbegriff des StGB nur im Wege einer rechtsdogmatischen „Hilfskonstruktion" möglich. Die Speicherung von Daten sollte dann eine stoffliche Verkörperung von gewisser Dauer im Sinne des § 11 III StGB sein, wenn sie nicht nur flüchtig war. Problematisch war insoweit die transportbedingte Zwischenspeicherung von Inhalten auf einem Netzknotenrechner.[154] Obwohl keinem menschlichen Willen unterworfen, sondern schlichtes Ergebnis technischer Übertragungsroutinen sollte auch bei der Datenspeicherung im Rahmen des Proxy-Cachings, sollte diese gewisse Dauerhaftigkeit anzunehmen sein.[155] Angesichts der Tatsache, dass derartige Zwischenspeicherungen unter Umständen nur kleinste Sekundenbruchteile vorgenommen werden scheint dies wenig technikgerecht. Durch die Einfügung des Merkmals der „Datenspeicher" für elektronisch gespeicherte Inhalte wurde diese insoweit fragwürdige „Hilfskonstruktion" obsolet. Nicht zuletzt unter dem Aspekt der Normenklarheit zu begrüßen, dass die elektronische Datenspeicherung nunmehr unmittelbar erfasst ist.

(3) Inhalte, die ausschließlich in Form von Bildschirmanzeigen vorliegen

Eine weitere Differenzierung ist allerdings mit Blick auf solche Inhalte nötig, die ausschließlich als Anzeige auf einem Monitor, beispielsweise einem Computerbildschirm, vorliegen. Derartige Inhalte liegen vor, wenn (noch) keine (Zwischen-)Speicherung erfolgt ist, bei manchen Formen der Echtzeitkommunikation (wo keine Speicherungen gemacht werden), oder bei der Nutzung des Internet ohne jegliche Proxy-Cache- oder sonstige Cache-Funktionen. Auch insofern bestehen unterschiedliche Auffassungen.
Nach einer Ansicht sollen auch bloße Bildschirmanzeigen ausreichend dauerhafte Verkörperungen im Sinne des § 11 III StGB sein.[156] Inhalte, die auf einem Bildschirm wiedergegeben werden unterfallen danach dem Schriftenbegriff des § 11 III StGB. Sämtliche hierauf verweisenden Normen des StGB sind damit auch für bloße Bildschirmanzeigen anwendbar. Im Gegensatz hierzu verneint die Gegenansicht das Merkmal der dauerhaften Verkörperung für bloße Bild-

[154] Im Rahmen des Routings werden automatisiert Kopien von den zu vermittelnden Datenpaketen angefertigt. Hierauf haben weder Absender, noch Empfänger, nicht einmal der Betreiber des Netzknotenrechners Einfluß. Diese Kopien werden jedoch unmittelbar nach deren erfolgreicher Weitersendung wieder gelöscht. Vgl. hierzu Herzog, S. 78 f; Sieber, JZ 1996, 494, 495.
[155] Vgl. Sieber JZ 1996, 494, 495.
[156] So Tröndle in: Tröndle/Fischer, § 11, Rn. 44; wobei dieser sich erstaunlicher weise auf Walther bezieht, der genau die Gegenansicht vertritt.

schirmanzeigen.[157] Schließlich fehle es hierbei an einem greifbaren, körperlichen Gebilde. Nach dieser Ansicht sollen bloße Bildschirmanzeigen damit nicht dem Schriftenbegriff des § 11 III StGB unterfallen.
Der Wortlaut des § 11 III StGB scheint insoweit eine weite Auffassung nahe zu legen, die auch bloße Bildschirmanzeigen erfasst. So spricht diese Vorschrift von Darstellungen. Anzeigen auf Bildschirmen sind Darstellungen im weitesten Sinne. Einzig das Erfordernis der stofflichen Verkörperung außer Acht gelassen. Informationen, die auf einem Monitor wiedergegeben werden, besitzen keine stoffliche Verkörperung. Im Gegensatz zu Datenspeichern, wie Festplatten, werden sie durch Abschalten des Monitors vernichtet. Bei anderen Datenspeichern ist zum Entfernen der Daten eine weitere Handlung, ein „Löschen" erforderlich. Bis zu diesem Moment sind dort abgelegte Inhalte dauerhaft verkörpert. Bei Bildschirmen verschwinden Anzeigen schon dann, wenn ein anderer Inhalt aufgerufen wird oder der Bildschirm deaktiviert wird.
Dies spricht dafür, bloße Bildschirmanzeigen vom Schriftenbegriff des § 11 III StGB auszunehmen. Gleiches ergibt sich aus dem Regelungszusammenhang mit anderen Normen des StGB. So unterliegen rechtswidrige Schriften im Sinne des § 11 III StGB nach § 74 d I StGB der Einziehung. Bei Datenspeichern als körperlichen Gegenständen ist dies möglich, nicht jedoch bei Bildschirmanzeigen.[158] Nach alledem können bloße Bildschirmanzeigen mangels (dauerhafter) stofflicher Verkörperung auch nicht dem Schriftenbegriff des § 11 III StGB unterfallen. Insoweit entfaltet das StGB somit keine Rechtswirkung. Hierbei ist jedoch zu beachten, dass insoweit hauptsächlich eine theoretische Lücke besteht. Regelmäßig sind Darstellungen auf Bildschirmen die Projektion elektronischer Daten. Hierzu müssen diese zumindest im Arbeitsspeicher des jeweiligen Computers (zwischen-)gespeichert werden. Damit wird regelmäßig schon das Merkmal des Datenspeichers im Sinne des § 11 III StGB erfüllt sein.

(4) Zwischenergebnis zum Schriftenbegriff des § 11 III StGB

Abschließend lässt sich zur sachlichen Anwendbarkeit der inhaltsbezogenen Vorschriften des StGB aufgrund des Schriftenbegriffs des § 11 III StGB feststellen, dass diese grundsätzlich auf alle Inhalte in den Diensten des Internet sachlich anwendbar sind, sobald diese mittels eines Computers wiedergegeben werden

[157] Vgl. Ackermann, S. 104; Walther, NStZ 1990, 523, der insoweit von Angeboten via Bildschirmtext (Btx) spricht; ebenso Sieber, JZ 1996, 494, 495.
[158] Vgl. Herzog, S. 77; Sieber, JZ 1996, 494, 495.

bb) Inhaltsdelikte im Internet und das Territorialitätsprinzip

Problematischer ist die örtliche Anwendbarkeit des deutschen Strafrechts auf Inhalte, die im und über das Internet vorgehalten werden. Fragestellungen ergeben sich insoweit aus der bereits eingangs beschriebenen Internationalität des Internet.

(1) Das Territorialitätsprinzip

Seit dem 1.1. 1975 gilt für den Geltungsbereich des deutschen Strafrechts im Grundsatz (wieder) das Territorialitätsprinzip.[159] Nach diesem in § 3 StGB verankerten Grundsatz gilt das deutsche Strafrecht für alle Taten, die im Inland begangen wurden.[160] Diese Vorschrift wird durch § 9 StGB insofern ergänzt, als hier klargestellt wird, dass der im Sinne des § 3 StGB erhebliche Ort der Tat entweder der Handlungsort, oder aber der Erfolgsort ist.[161]

Hieraus könnten sich, angesichts der Globalität und Internationalität des Internets und seiner Dienste, Probleme bei der Anwendung des deutschen Strafrechts auf Fälle rechtswidriger Inhalte im Internet ergeben. So gelangt das deutsche Strafrecht hinsichtlich inhaltsbezogener Delikte im Internet unproblematisch zur Anwendung, wenn der Täter entweder in Deutschland handelt, oder aber im Ausland handelt, aber der Erfolg der Tat sich in Deutschland niederschlägt.

Einer differenzierten Betrachtung bedarf jedoch die Frage, ob deutsches Strafrecht zur Anwendung kommt, wenn der Täter rechtswidrige Inhalte im Internet auf ausländischen Rechnern zur Verfügung bereithält. Dies gilt insbesondere im Zusammenhag mit den abstrakten Gefährdungsdelikte z. B. des § 184 StGB. Diese Frage wird weiterhin dadurch verkompliziert, dass unter Umständen Inhalte nach dem jeweiligen Inlandsrecht gar nicht strafbar sind.

Zum Teil wird das Territorialitätsprinzip im Zusammenhang mit Delikten im Internet so ausgelegt, dass diese Delikte aufgrund der globalen Netzarchitektur niemals reine Auslandsdelikte, sondern immer auch strafrechtlich in Deutschland begangen worden sind.[162] Demnach käme deutsches Strafrecht bei jedem Delikt im Internet zur Anwendung.

Diese Ansicht übersieht jedoch, dass es auch und gerade im Internet von Bedeutung ist, wo rechtswidrige Handlungen begangen werden. Das deutsche Strafrecht kann und darf sich nicht die Stellung eines universellen Weltrechts anmaßen, das immer zur Anwendung kommt, sobald irgendwo auf der Welt ein strafrechtlich relevantes Verhalten begangen wird oder ein solcher Erfolg eintritt. Deshalb ist das Territorialitätsprinzip so zu verstehen, dass es – auch für den Bereich des Internet - die Anwendung des deutschen Strafrechts auf die Fälle beschränkt, bei denen entweder die Ursache oder der Erfolg in der Bundesrepublik liegen. Demzufolge kann das deutsche Strafrecht strenggenommen im Kampf gegen rechtswidrige Inhalte im Internet erst dann Anwendung finden, wenn Inhalte (aus dem Ausland) auf deutsche Rechner geladen wurden. Dann liegt eine Inlandstat durch den Nutzer vor. Gegen das bloße Bereithalten derarti-

[159] Vgl. Wessels/Beulke, AT, Rn. 65.
[160] Vgl. Schönke/Schröder/Eser, Vorbemerkungen zu §§ 3-7, Rn. 4.
[161] Sogenanntes Ubiquitätsprinzip, vgl. Wessels/Beulke, AT, Rn. 65.
[162] Vgl. Ernst, NJW-CoR 1997, 224, 228.

ge Inhalte im Ausland kann das deutsche Strafrecht somit nichts ausrichten. Dies schafft eine Lücke im Schutz des deutschen Strafrechtes. Wie eingangs dargestellt, ist eine der herausragendsten Eigenschaften des Internet seine Globalität. Für Anbieter rechtswidriger Inhalte bereitet es kaum Schwierigkeiten, diese von ausländischen Rechnern aus bereit zu halten. Hierfür gibt es – insbesondere in den USA – eine Reihe von teils sogar kostenlosen Host-Providern.[163] Insofern kann das deutsche Strafrecht bei strenger Anwendung des Territorialitätsprinzips von den Anbietern rechtswidriger Inhalte einfach umgangen werden.

(2) Ausnahmen vom Territorialitätsprinzip

Im Zusammenhang mit dem Territorialitätsprinzip der §§ 3, 9 StGB ist stets zu beachten, dass sich die Geltung des deutschen Strafrechts nach den §§ 4 – 7 StGB ausnahmsweise auch für im Ausland begangene Taten ergeben kann. Fraglich ist, inwieweit sich aus diesen Ausnahmen für das Problem der rechtswidrigen Inhalte in den Diensten des Internet etwas anderes ergibt.
Die erste Ausnahme vom Territorialitätsprinzip enthält § 4 StGB. Dieses erstreckt den Geltungsbereich des deutschen Strafrechts unabhängig vom Recht des Tatorts auch auf Schiffe, oder Luftfahrzeuge, die die deutsche Flagge oder das Staatsangehörigkeitszeichen der Bundesrepublik führen. Für die Bekämpfung rechtswidriger Inhalte im Internet bringt dies keinen messbaren Vorteil. Einzig in dem Fall, dass rechtswidrige Inhalte von einem deutschen Schiff oder Flugzeug außerhalb des deutschen Hoheitsgebietes in das Internet gespeist werden, kommt dieser Vorschrift insofern Bedeutung zu.
Weiterhin ist die Regelung des § 5 StGB interessant. Diese Regelung enthält das sogenannte Schutzprinzip.[164] Dieses unterstellt bestimmte Handlungen, die im Ausland begangen wurden, dem deutschen Strafrecht wenn bestimmte inländische Rechtsgüter hiervon gefährdet oder verletzt werden. Dabei werden hiervon sowohl staatliche Rechtsgüter[165] (Staatsschutzprinzip), als auch Individualrechtsgüter[166] (Individualschutzprinzip) geschützt. Für die Bekämpfung rechtswidriger Inhalte im Internet kann demnach das deutsche Strafrecht auch dann Anwendung finden, wenn die Tat im Ausland begangen wurde. Voraussetzung hierfür ist allein, dass zumindest ein im § 5 StGB enthaltenes Rechtsgut gefährdet wird.
Eine weitere Durchbrechung des Territorialitätsprinzips enthält § 6 StGB. Die als Weltrechtsgrundsatz bezeichnete Regelung ermächtigt zur Ahndung von Auslandstaten, die sich gegen übernationale Kulturwerte und Rechtsgüter richten, an deren Schutz ein gemeinsames Interesse aller (Kultur-) Staaten besteht.[167] Besonders interessant für die Bekämpfung rechtswidriger Inhalte im Internet sind insofern die in § 6 Nr. 5 und 6 StGB genannten Delikte. § 6 Nr. 5 StGB betrifft den unbefugten Vertrieb von Betäubungsmitteln. In den Diensten des Internet – insbesondere im Usenet und dem WWW - werden immer wieder Betäubungsmittel und Drogen von Nichtberechtigten zum Verkauf angeboten.

[163] Ein Beispiel hierfür ist www.geocities.com.
[164] Hoeren/Sieber/Sieber, 19, Rn. 392; Schönke/Schröder/Eser Vorbemerkung zu §§ 3-7, Rn. 7.
[165] Vgl. insoweit § 5 Nr. 1-5 und 10-15 StGB.
[166] Vgl. insoweit § 5 Nr. 6-8 StGB.
[167] Vgl. Wessels/Beulke, AT, Rn. 70; BGHSt 34, 2 ff; Collardin, CR 1995, 618, 620.

Für diese Delikte besitzt deutsches Strafrecht nach § 6 Nr. 5 StGB auch im Ausland Geltung.
Nach § 6 Nr. 6 StGB wird der Vertrieb pornographischer Schriften in den Fällen des § 184 III StGB dem deutschen Strafrecht unterstellt. Diese Norm ermöglicht die Anwendung des deutschen Strafrechts gegen Anbieter, die pornographische Schriften im Sinne des § 184 III StGB auf ausländischen Servern anbieten. Gerade auch solche harte Pornographie wird häufig über das Internet vertrieben. Bei der Bekämpfung rechtswidriger Inhalte im Internet kommt dieser Vorschrift insofern Bedeutung zu. Allerdings ist zu beachten, dass diese Regelung nur für die nach § 184 III StGB strafbaren Inhalte gilt. Für andere rechtswidrige Inhalte begründet § 6 Nr. 6 StGB keine Anwendbarkeit des deutschen Strafrechts.
Daneben enthält § 7 StGB eine weitere Erstreckung der deutschen Strafgewalt auf Straftaten, die im Ausland begangen wurden und noch nicht von den §§ 5 oder 6 StGB erfasst sind. Nach § 7 I StGB gilt das deutsche Strafrecht für Taten, die im Ausland gegen einen Deutschen begangen wurden (passives Personalitätsprinzip).[168] § 7 II Nr. 1 StGB erstreckt die deutsche Strafgewalt auf Fälle, in denen der Täter Deutscher ist (aktives Personalitätsprinzip).[169] Gerade letzteres ist für eine Bekämpfung rechtswidriger Inhalte im Netz interessant. Danach kann ein Täter die deutsche Strafgewalt nicht dadurch umgehen, dass er seine rechtswidrigen Inhalte vom Ausland aus anbietet. Voraussetzung hierfür ist allerdings, dass die Tat auch in dem jeweiligen Ausland unter Strafe gestellt ist. Dies entpuppt sich wiederum als Hemmschuh in Hinblick auf den Kampf gegen bestimmte rechtswidrige Inhalte. Gerade was nationalsozialistische Propaganda betrifft, fehlen dem deutschen Recht entsprechende Verbotsnormen oft ganz.[170]
Letztlich muss festgestellt werden, dass die Regelungen der §§ 4 – 7 StGB für eine absolut effektive Bekämpfung rechtswidriger Inhalte im Internet zu sehr auf Einzelfälle beschränkt sind. Um die Verbreitung nach deutschem Recht rechtswidriger Inhalte im Internet effektiver zu bekämpfen, müsste der Geltungsbereich des deutschen Strafrechts noch stärker ausgeweitet werden. Hierbei muss jedoch beachtet werden, dass jede Ausweitung des deutschen Strafrechts in Bereiche fremder Souveränitäten eingreift.[171] Erforderlich ist somit ein sinnvoller Kompromiss zwischen einer effektiven Bekämpfung rechtswidriger Inhalte im Internet einerseits und der Wahrung fremder Rechtssouveränität andererseits. Insofern bedarf der Geltungsbereich des deutschen Strafrechts für (Inhalts-) Delikte im Internet einer Einschränkung.

(3) Einschränkung des Geltungsbereichs des deutschen Strafrechts

Zum Teil wird diesbezüglich eine teleologische Reduktion des Territorialitätsprinzips, und hierbei insbesondere des § 9 StGB gefordert.[172] So soll das deutsche Strafrecht nur noch für solche im Ausland begangenen Taten gelten, die eine hauptsächlich auf Deutschland bezogene territoriale Spezifikation[173] auf-

[168] Vgl. Wessels/Beulke, AT, Rn. 71. Collardin, CR 1995, 68, 620.
[169] Vgl. Gercke, S. 19; Finke, S. 35.
[170] Vgl. Herzog, S. 75.
[171] Vgl. Herzog, S. 72.
[172] Vgl. Collardin, CR 1995, 618, 621.
[173] Vgl. Hilgendorf, NJW 1997, 1873, 1876 f, der dies allerdings nur für Erfolgsdelikte fordert.

weisen. Kriterien für eine derartige Spezifikation könnten die deutsche Sprache oder der Bezug auf deutsche Sachverhalte sein. Im Ergebnis ist diese Auffassung durchaus zu begrüßen. Ermöglicht sie doch eine strafrechtliche Verfolgung all derjenigen Delikte, die Deutschland und seine Bürger unmittelbar betreffen. Darüber hinaus wird nicht in fremde Souveränitäten eingegriffen.

Einzig der Ansatzpunkt für eine derartige Beschränkung des Geltungsbereichs des deutschen Strafrechts scheint fragwürdig. So wird übersehen, dass die Ursache der enormen Ausweitung des Geltungsbereiches des deutschen Strafrechts zu lasten fremder Rechtssouveränität nicht eine Folge der §§ 3, 9 StGB, sondern der Ausnahmen hiervon nach den §§ 4 – 7 StGB ist. Nach dem Territorialitätsprinzip endet der Geltungsbereich des deutschen Strafrecht dort, wo weder Tathandlung noch Erfolg im Inland eingetreten sind. Sobald eine Straftat in ihrer Ursache oder ihrem Erfolg die Grenzen der Bundesrepublik überschreitet, unterfällt sie deutscher Strafgewalt. Schließlich ist dann das deutsche (Straf-) Recht auch unmittelbar betroffen.

Die §§ 4 – 7 StGB aber weiten den Anwendungsbereich des deutschen Strafrechts über die Bundesgrenzen hinaus und damit zwangsläufig in fremde Souveränitäten aus. Insofern kann – auch im Zusammenhang mit Delikten im Internet – nur eine teleologische Reduktion dieser Vorschriften den gewünschten Kompromiss herbeiführen. Das deutsche Strafrecht soll nur dort über die Grenzen des Bundesgebietes hinaus wirken können, wo deutsche Rechtsgüter betroffen sind. Letztlich entspricht sich den Wertungen, die die Europäische Kommission im Herkunftslandprinzip der E-Commerce-Richtlinie getroffen hat.

cc) Fazit zur Geltung des deutschen Strafrechts für Inhaltsdelikte im Internet

Die sachliche Anwendbarkeit des deutschen Strafrechts auf (Inhalts-) Delikte im Internet ergibt damit sich aus der Legaldefinition des § 11 III StGB, spätestens seit dem auch Datenspeicher den Schriften im Sinne des StGB gleichgestellt sind. Dies gilt für alle Inhalte, die in irgendeiner verkörperten Form vorliegen. Bloße Bildschirmanzeigen fallen nicht hierunter.

Zu den Auswirkungen der §§ 3 – 9 StGB auf die Anwendbarkeit des deutschen Strafrechts auf (Inhalts-) Delikte im Internet gilt, dass Delikte jedenfalls der deutschen Strafgewalt unterfallen, wenn ihre Ursache oder ihr Erfolg im Inland eintritt. Daneben kommt nach den Regelungen der §§ 4 – 7 StGB auch eine Anwendung des deutschen Strafrechts auf Delikte im Ausland in Betracht, wenn und soweit dadurch Deutsche oder deutsche Rechtsgüter betroffen sind.

b) Einzelne inhaltsbezogene Regelungen des StGB

Im Folgenden soll ein Überblick über inhaltsbezogene Vorschriften des StGB gegeben werden und zugleich untersucht werden, inwieweit diese auch auf Inhalte im Internet anwendbar sind. Grundsätzlich ist zu beachten, dass der weit überwiegende Teil aller Inhalte in den Diensten des Internet strafrechtlich unbedenklich ist.[174] Strafrechtliche Relevanz besitzen insbesondere Informationen mit nationalsozialistischem, rassistischem, gewaltverherrlichendem, terroristischem oder pornogaphischem Charakter, sowie Ehrverletzungen aller Art.

---

[174] Nach seriösen Schätzungen soll der Anteil der rechtswidrigen Inhalte im Internet bei 1 % aller Inhalte liegen; vgl. Ladeur, in ZUM 1997, 372, 373; Ritz, S. 31.

aa) Verbreitung von Propagandamitteln, § 86 StGB

Zunächst kommt § 86 StGB in Betracht. Dieser stellt das Verbreiten von Propagandamitteln verfassungswidriger Organisationen unter Strafe. § 86 II verweist auf § 11 III StGB. Dies scheint für dessen Anwendbarkeit auf die Dienste des Internet zu sprechen. Fraglich ist jedoch, ob die Tatmodalitäten des § 86 StGB im Internet verwirklicht werden können. In Frage kommen könnte allenfalls eine Verwirklichung durch „verbreiten".

Nach allgemeiner Ansicht liegt ein Verbreiten in diesem Sinne in der mit einer körperlichen Weitergabe verbundenen Tätigkeit, die darauf gerichtet ist, Schriften ihrer Substanz nach – also nicht nur bezüglich deren Inhalt – einem größeren Personenkreis zugänglich zu machen.[175] Im Internet werden Inhalte allerdings nie körperlich übertragen. Vielmehr werden zu übertragende Inhalte stets kopiert und sodann diese Kopien übertragen. Egal ob Versendung per E-Mail oder Download in einem der Abrufdienste, ein Verbreiten im Sinne des StGB kann insofern nicht angenommen werden. Daraus ergibt sich, dass alle Tatbestände des StGB, die ein Verbreiten voraussetzen, insofern nicht auf das Internet anwendbar sind.

Was den § 86 StGB anbetrifft, so würde diese Lücke durch die Änderungen des IuKDG von 1997 geschlossen. Nach Art. 4 Nr. 3 IuKDG wurde zu der Tatmodalität des Verbreitens, die des öffentlichen Zugänglichmachens in Datenspeichern hinzu gefügt. Inhalte werden öffentlich zugänglich gemacht, wenn sie von einem größeren, individuell nicht feststehenden oder jedenfalls durch persönliche Beziehungen nicht verbundenen Personenkreis gleichzeitig wahrgenommen werden kann.[176] Veröffentlichungen im Internet sind somit öffentlich. Dies gilt auch dann, wenn Inhalte nur einem bestimmten Benutzerkreis zugänglich sind, zu dem Dritte problemlos Zugang erhalten.[177]

Damit ist § 86 StGB insoweit auch auf Inhalte in Diensten des Internet anwendbar, solange diese nicht nur einem exklusiven Kreis von Nutzern zugänglich sind.

bb) Verwenden von Kennzeichen verfassungswidriger Organisationen, § 86a StGB

Daneben kommt § 86a StGB für die Bekämpfung rechtsradikaler Inhalte im Internet in Betracht. Nach § 86a I Nr. 1 StGB ist die öffentliche Verbreitung von Kennzeichen verfassungswidriger Organisationen oder deren Verwendung verbreiteten Schriften unter Strafe gestellt. Solche Kennzeichen sind nach § 86a II namentlich Fahnen, Abzeichen, Uniformstücke, Parolen und Grußformen oder solche Kennzeichen, die den eben genannten zum Verwechseln ähnlich sind. Eine Verbreitung derartiger Kennzeichen in diesem Sinne durch das Internet scheidet nach obigen Ausführungen auch hier aus.

Ein Verwenden derartiger Kennzeichen im Sinne der Norm liegt vor, wenn sie derart gezeigt oder benutzt werden, dass dies als Bekenntnis zu den Zielen der

---

[175] Vgl. RG 16, 245 ff; BGHSt 18, 63, 64; BGH NJW 1977, 1695, 1696; Schönke/Schröder/Lenckner/Perron, § 86, Rn. 14 i. V. m. § 184, Rn. 57.
[176] Vgl. Schönke/Schröder/Lenckner/Perron, § 86, Rn. 14 i. V. m. § 184, Rn. 40.
[177] Vgl. Walther, NStZ 1990, 524.

verbotenen Organisation aufgefasst werden können.[178] Dabei fällt hierunter jeder Gebrauch, bei dem die Kennzeichen sinnlich wahrnehmbar werden,[179] insofern umfasst dies auch Darstellungen in den Diensten des Internet. Im Internet werden diese Kennzeichen auch öffentlich im Sinne der Norm verwendet, da sie von einem größeren, nach Zahl und Individualität unbestimmten oder durch nähere Beziehung nicht verbundenen Personenkreis unmittelbar wahrgenommen werden können.[180] Selbst wenn derartige Kennzeichen nur im Rahmen einer bestimmten geschlossenen Benutzergruppe veröffentlicht werden, ist das Merkmal der Öffentlichkeit erfüllt, wenn Dritte problemlos Zutritt zur Gruppe erhalten können.[181] Damit entfaltet § 86a StGB auch in den Diensten des Internet Geltung.

cc) Verunglimpfung von Staat und Verfassungsorganen, §§ 90, 90a, 90b StGB

In den §§ 90, 90a, 90b StGB ist das Verunglimpfen von Bundespräsident, Staat und Verfassungsorganen mit Strafe bewehrt. Diese Delikte können öffentlich, in einer Versammlung oder durch das Verbreiten von Schriften entsprechenden Inhaltes verwirklicht werden. Fraglich ist, was dies für Inhalte in den Diensten des Internet bedeutet.
Dass das Internet keine öffentliche Versammlung in diesem Sinne ist, liegt auf der Hand. Darüber hinaus liegt in der Veröffentlichung von Inhalten im Internet auch kein „verbreiten" von Schriften im Sinne der Norm. Schließlich fehlt es hierfür an der – wie oben festgestellt –erforderlichen substanziellen Übergabe. Insofern macht sich strafbar, wer derartige Inhalte in körperlichen Schriften verbreitet. Wer die selben Inhalte im Internet veröffentlicht, geht mangels körperlicher Weitergabe dieser Inhalte straffrei aus. Diese Differenzierung erscheint nicht nachvollziehbar. Zum Teil wurde versucht, dieses Dilemma dadurch zu lösen, dass der Verbreitungsbegriff weiter ausgelegt wurde.[182] Allerdings beruft sich der Gesetzgeber selbst auf die Tatsache, dass „Verbreiten" als körperliche Übergabe ausgelegt wird.[183] Für § 86 StGB hat er mit der Einfügung des Begriffes des „Zugänglichmachens" klargestellt, dass es insofern auf körperliche Übergabe nicht ankommt. Die Tatsache, dass er dies bei den §§ 90 ff StGB nicht geändert hat ist entweder gesetzgeberisches Versehen oder eine bewusste Beibehaltung der ursprünglichen Vorschrift. Wegen des Bestimmtheitsgebotes kann diese Lücke auch nicht mit Verweis auf § 86 StGB geschlossen werden. Somit gilt, dass solange der Gesetzgeber die §§ 90 ff StGB nicht in gleicher Weise ändert, diese keine Anwendung auf Inhalte im Internet finden können. Damit entfalten die §§ 90 – 90b StGB für Inhalte im Internet keine inhaltsregulierende Wirkung.

---

178 Vgl. Schönke/Schröder/Stree/Sternberg-Lieben, § 86a, Rn. 6; Rudolphi SK, § 86, Rn. 6.
179 Vgl. BGHSt 23, 264, 269 f.
180 Vgl. insoweit BGH NStZ 1994, 440; Schönke/Schröder/Lenckner, § 86a i.V.m. § 186, Rn. 19.
181 Vgl. Walther, NStZ 1990, 524.
182 Vgl. Derksen, NJW 1997, 1878, 1881.
183 Vgl. Begründung zum IuKDG, BT-Drucksache 13/7385, S. 36.

dd) Öffentliche Aufforderung zu Straftaten, § 111 StGB

Weiterhin könnte sich aus § 111 StGB eine inhaltliche Regulierung für Inhalte in den Diensten des Internet ergeben. Dieser stellt das öffentliche Auffordern zu Straftaten unter Strafe. Dies kann öffentlich, in einer Versammlung oder durch das Verbreiten von Schriften verwirklicht werden. Insofern wird auf den Schriftenbegriff des § 11 III StGB verwiesen. Wie auch schon im Rahmen der §§ 90 ff StGB ist hierbei problematisch, dass Veröffentlichungen im Internet weder das Merkmal einer Versammlung noch das der Verbreitung von Schriften erfüllen. Hierzu fehlt es an einer körperlichen Übergabe der verkörperten Schriften. Gerade diese Norm besitzt insofern einen gewissen aktuellen Bezug. In der Vergangenheit wurde des öfteren auf Seiten des WWW oder in einschlägigen Newsgroups zu Gewalt gegen Ausländer oder zu Anschlägen auf Asylbewerberwohnheime aufgerufen. Da aber auch § 111 StGB keiner Änderung durch das IuKDG unterzogen wurde, ist auch dieser Tatbestand in seiner jetzigen Form nicht auf Inhalte in den Diensten des Internet anwendbar. Auch insofern besteht Handlungsbedarf.

ee) Störung des öffentlichen Friedens durch Androhung von Straftaten, § 126 StGB

§ 126 StGB stellt die Androhung von Straftaten unter Strafe, sofern diese geeignet sind, den öffentlichen Frieden zu stören. Die Androhung von Straftaten ist über die Dienste des Internet ohne weiteres möglich. Zwar setzt die herrschende Meinung die Öffentlichkeit der Androhung nicht voraus[184], eine Störung des öffentlichen Friedens tritt aber regelmäßig erst nach der Veröffentlichung der Androhung ein[185]. Eine an einen Einzelnen gerichtete Drohung kann unter diesen Tatbestand fallen, wenn mit ihrer Veröffentlichung gerechnet werden kann.[186]

ff) Unterstützung und Werbung für eine terroristische Vereinigung, § 129a StGB

Das Unterstützen und Werben für terroristische Vereinigungen wird durch § 129a III StGB unter Strafe gestellt. Obwohl diese Norm nicht ausdrücklich auf § 11 III StGB verweist, können beide Alternativen ohne weiteres im Internet verwirklicht werden. Immerhin bietet sich das Internet - ob der insoweit enormen Reichweite und der verhältnismäßig geringen Kosten - als Werbeplattform für derartige Organisationen geradezu an. Hinzu kommt, dass Veröffentlichungen im Internet regelmäßig nicht von Dritter Stelle kontrolliert werden, wie dies regelmäßig bei Printmedien der Fall ist.[187] Im Internet kann jeder sein eigener Verleger sein. Diesen Vorteil machen sich auch die oben genannten Vereinigungen zu Nutze.

§ 129a III StGB ermöglicht, auch in den Diensten des Internet gegen derartige Inhalte und deren Urheber vorzugehen. Insofern hat diese Vorschrift eine inhaltsbezogene Wirkung.

---

[184] Vgl. Tröndle/Fischer, § 126, Rn. 10.
[185] Vgl. BGHSt 29, 27; 34, 332.
[186] Vgl. Tröndle/Fischer, § 126, Rn. 10.
[187] Vgl. Gercke, S. 15, Fn. 61.

gg) Volksverhetzung, § 130 StGB

Eine wachsende Bedeutung kommt § 130 StGB im Zusammenhang mit Äußerungsdelikten im Internet zu. Insbesondere auf Internet-Seiten rechtsradikaler Vereinigungen im WWW wird häufig zu Rassismus und Fremdenhass aufgerufen. § 130 StGB enthält diesbezüglich einige Tatbestände und stellt insoweit die zentrale Vorschrift zur Bekämpfung rechtsextremistischer Propaganda – auch in den Diensten des Internet - dar.[188] Zum Einen stellt § 130 I StGB das Aufstacheln zu Rassenhass oder zu Gewaltmaßnahmen gegen Teile der Bevölkerung, sowie die Verächtlichmachung von Teilen der Bevölkerung unter Strafe. Ähnlich wie auch schon in § 126 StGB stellt § 130 I StGB auf eine Störung des öffentlichen Friedens ab. Durch Veröffentlichungen entsprechender Inhalte in den Diensten des Internet tritt eine solche Störung ein. Zum Anderen wird die Veröffentlichung derartiger Inhalte von § 130 II StGB unter Strafe gestellt. Obwohl § 130 II Nr. 1a StGB wieder das Merkmal der „Verbreitung" enthält, ist diese Vorschrift über § 130 II Nr. 1b auch auf Dienste im Internet anwendbar. In der Veröffentlichung von Inhalten im Internet werden diese regelmäßig der Öffentlichkeit zugänglich gemacht. Eine Ausnahme bilden interne Dienste, die nur von einem bestimmten exklusiven Personenkreis genutzt werden können. Damit besitzt auch § 130 StGB inhaltsregulierende Wirkung in den Diensten des Internet.

hh) Anleitung zu Straftaten, § 130a StGB

Weiterhin kommt § 130a StGB in Betracht. Danach ist strafbar, wer Schriften im Sinne des § 11 III StGB verbreitet oder sonst veröffentlicht, die sich als Anleitung einer in § 126 StGB geahndeten Tat eignen und dazu bestimmt sind, die Tatbereitschaft anderer zu wecken oder zu fördern. § 130a StGB ist aber nicht anwendbar, wenn die Zielrichtung solcher Schriften eine andere ist, z. B. militärisches Schulungsmaterial oder Unterlagen der Kampfmitteldokumentation. Nachdem diese Norm auf § 11 II StGB verweist, entfaltet diese Vorschrift auch für die Dienste des Internet Wirkung. Interessant ist diese Vorschrift insbesondere im Zusammenhang mit Aufforderungen und Anleitungen zum Bombenbau, die sich in den Diensten des Internet finden lassen.[189] Die Urheber derartiger Inhalte machen sich damit nach § 130a StGB strafbar.

ii) Gewaltdarstellung, § 131 StGB

§ 131 StGB stellt Inhalte unter Strafe, die grausame oder sonst unmenschliche Gewalttätigkeiten gegen Menschen in einer verharmlosenden oder verherrlichenden Art schildern, oder die das Grausame oder Unmenschliche der Vorgangs in einer die Menschenwürde verletzenden Weise darstellen. Auch diese Vorschrift verweist wiederum ausdrücklich auf § 11 III StGB. Ob sie tatsächlich Wirkungen auf Inhalte im Internet entfaltet, ergibt sich aus den Tatmodalitäten. Ein Verbreiten im Sinne des § 131 Nr. 1 StGB ist insoweit wiederum anzulehnen. Nach Nr. 2 verwirklicht diesen Tatbestand jedoch auch, wer derartige Inhalte sonst zugänglich macht. Hiervon wird auch die Veröffentlichung im Internet erfasst. Auch diese Vorschrift ist ein wichtiger Baustein im Kampf gegen rechtswidrige Inhalte im Internet. Es ist eine Tatsache, dass sich derartige Inhal-

---

[188] Vgl. Ringel, CR 1997, 302, 305.

[189] Vgl. insoweit auch Ringel, CR 1997, 302, 306.

te auch und gerade in den Diensten des Internet finden lassen. Dies liegt erneut an den publizistischen Vorteilen dieses Mediums in puncto Schnelligkeit, Reichweite und Kosten. Teilweise existieren ganze Angebote in den Diensten des Internet, deren einziger Zweck in der Verbreitung perverser Grausamkeiten jeglicher Art und Weise liegt.[190] Angesichts der ohne weiteres zugänglichen Inhalte, mit denen Internet-Nutzer immer wieder – zum Beispiel durch Links - konfrontiert werden, tut gerade eine Regelung, die sich gegen derartige Inhalte wendet im Internet Not.

jj) Belohnung und Billigung von Straftaten, § 140 StGB

Nach § 140 StGB ist die nachträgliche Belohnung sowie die Billigung von Straftaten im Sinne der § 138 I Nr. 1 –5 und § 126 StGB unter Strafe gestellt.
Durch Inhalte im Internet können derartige Delikte nicht unmittelbar belohnt werden. Allerdings kommt die Verwirklichung des § 140 Nr. 2 StGB durch deren Billigung in Veröffentlichungen im Internet in Betracht. § 140 Nr. 2 StGB ist verwirklicht, wenn die Billigung öffentlich, in einer Versammlung oder durch Verbreiten von Schriften im Sinne des § 11 III StGB erfolgt. Wie bereits festgestellt, sind derartige Veröffentlichungen in den frei zugänglichen Diensten des Internets aufgrund der Reichweite dieses Mediums jedenfalls zur Störung des öffentlichen Friedens geeignet. Allerdings werden hierdurch – wie auch schon bei anderen oben genannten Vorschriften – nicht die Tatmodalitäten des § 140 Nr. 2 StGB erfüllt. Damit entfaltet auch diese Vorschrift für Inhalte im Internet keine unmittelbare Wirkung. Auch im Zusammenhang mit Äußerungen, die in Diensten des Internet z. B. nach erfolgten Ausschreitungen gegen ausländische Mitbürger, von vorwiegend rechtsradikalen Urhebern gemacht wurden und werden, ist insofern eine baldige Gesetzesänderung wünschenswert.

kk) Beschimpfung von Bekenntnissen, § 166 StGB

§ 166 StGB sanktioniert die öffentliche oder durch die Verbreitung von Schriften vorgenommene Beschimpfung der Inhalte religiöser oder weltanschaulicher Bekenntnisse. Insoweit ist hier die öffentliche Äußerung derartiger Inhalte selbst Tatmodalität. Was die Dienste des Internet angeht, so kommt eine Verwirklichung des § 166 I StGB allenfalls durch diese erste Tatvariante in Frage.[191] Veröffentlichungen im Internet sind regelmäßig öffentlich im Sinne dieser Vorschrift.[192] Darüber hinaus muss die Äußerung geeignet sein, den öffentlichen Frieden zu stören. Dies ist der Fall, wenn Äußerungen im Internet dazu geeignet

[190] Als Beispiel sei in diesem Zusammenhang die WWW-Domain http://www.rotten.com verwiesen. Hier werden Opfer von Unglücksfällen ebenso plakativ dargestellt, wie Opfer von Gewaltverbrechen. Das Angebot selbst brüstet sich mit den Worten „rotten.com – seit 1996 böse“. Der Sinn derartiger Angebote kann nur gemutmaßt werden und dürfte nach Art und Weise der Darstellung in der Befriedigung abartiger Neigungen und krankhaften Verlangen liegen.

[191] Ein Verbreiten von Schriften in diesem Sinne liegt wie bereits festgestellt im Internet nicht vor.

[192] Gerade die Öffentlichkeit ist in den frei zugänglichen Diensten des Internet meist unproblematisch, da die dargebotenen Informationen von einem größeren, unzusammenhängenden Personenkreis wahrgenommen werden können und zu befürchten ist, dass derartige Inhalte das Vertrauen in die öffentliche Rechtssicherheit erschüttert, Vgl insoweit OLG Nürnberg in NJW-CoR 1998, 365.

sind, eine nicht zu überschauende Zahl von Personen in der Art und Weise zu verunsichern, so dass diese nicht mehr frei von Angst in Bezug auf diese Äußerungen leben können.[193] Dies trifft auf Veröffentlichungen im Internet zu. So existieren gerade von rechtsextremen Vereinigungen im Internet sogenannte „Todeslisten".[194] Die hiervon Betroffenen leben in der ständigen Angst, einem Mordanschlag zum Opfer zu fallen. Gleiches ist auch im Zusammenhang mit der Beschimpfung von Bekenntnissen denkbar. § 166 StGB gibt auch gegen derartige Inhalte, bzw. deren Urheber eine Handhabe. Damit erfüllt auch diese Vorschrift eine wichtige Funktion in Hinblick auf eine Regulierung von Inhalten im Internet.

ll) Verbreitung pornographischer Schriften, § 184 StGB

Eine außerordentlich große Bedeutung im Kampf gegen rechtswidrige Inhalte im Internet kommt der Vorschrift des § 184 StGB zu. Diese Regelung enthält umfangreiche Verbote hinsichtlich pornographischer Inhalte in Schriften. Insofern wird auf den Schriftenbegriff des § 11 III StGB verwiesen. Damit sind diese Vorschriften grundsätzlich auch auf Inhalte in den Online-Diensten des Internet anwendbar.[195] Ebenso wie in § 86 StGB kommt auch bei § 184 StGB in den Online-Diensten des Internet der Tatmodalität des Verbreitens wenig Bedeutung zu. Mangels substanzieller Übergabe wird diese hier oftmals nicht erfüllt sein. Allerdings wird die dadurch entstehende Lücke auch hier durch die Modalität des Zugänglichmachens gefüllt. Diese ist auch bei der Bereithaltung und Weiterleitung derartiger Inhalte in den Diensten des Internet anzunehmen.

(1) Pornographische Inhalte und das Internet

Der Begriff der pornographischen Inhalte ist seit jeher umstritten und seine Definition ausgesprochen vielschichtig.[196] Unumstritten ist insoweit, dass es sich um Darstellungen sexuellen Inhalts handelt. Eine zumindest grobe Einteilung gibt die Regelung selbst vor. In § 184 III StGB werden Inhalte behandelt, die Gewalttätigkeiten, den sexuellen Mißbrauch von Kindern oder sexuelle Handlungen von Menschen mit Tieren zum Gegenstand haben. Für derartige Inhalte hat sich der Begriff der „harten Pornographie" durchgesetzt. Alle sexuellen Darstellungen, die in ihrer Intensität unter dem in Absatz 3 genannten verbleiben sind demnach der einfachen Pornographie zuzuordnen.

Gerade im Internet existieren eine große Anzahl pornographischer Angebote. Zum Teil wird der Anteil pornographischer Inhalte in den Diensten des Internet aber auch überschätzt. Insbesondere durch die Berichterstattung in den Medien über Pornographie im Internet ist vielerorts der Eindruck entstanden, Pornographie sei dem Internet quasi immanent.[197] Hinzu kommen ständig neue Berichte über die Verbreitung von kinderpornographischen Inhalten über oder durch das Internet. Dabei lässt sich die Problematik der pornographischen Inhalte im Internet nicht an einzelnen Diensten wie dem WWW fest machen. Zwar dürften

[193] Vgl. Schönke/Schröder/Lenckner, § 166, Rn. 12 i. V. m. § 126, Rn. 8.
[194] Vgl. Beitrag im ZDF „Rechtsradikale rüsten auf – Neonazis im Internet", gesendet im Juni 2001.
[195] So auch das AG München, MMR 1998, 429.
[196] Vgl. zum Meinungsstand nur Tröndle/Fischer, § 184 R, 6 ff.
[197] Vgl. Gercke, S. 38.

wohl die meisten derartigen Angebote aufgrund der technischen Möglichkeiten von Darstellung und Publizierung im WWW zu finden sein. Allerdings werden derartige Materialien oft auch via E-Mail[198] oder FTP verbreitet. Tatsache ist, dass die Technik und die technischen Eigenschaften des Internet die Verbreitung aller Inhalte begünstigt, deren Veröffentlichung in anderen Medien z. B. durch inhaltliche Anforderungen oder Kontrollen Schranken gesetzt sind. Dies gilt für extremistisches Gedankengut ebenso wie für Pornographie. Was den Anteil pornographischer Inhalte, oder zumindest solcher Inhalte, die eindeutig sexuell geprägt sind, in den Angeboten des Internet anbetrifft, so schwanken Schätzungen insoweit zwischen 1% und über 75%.[199] Exakte Zahlen sind insoweit angesichts der Schnelllebigkeit des Internets und der inzwischen nahezu unüberschaubaren Fülle von Inhalten nicht möglich. Festzustellen ist allerdings, dass Sexualität von jeher einen Platz in der Gesellschaft inne hatte und sie diesen nunmehr auch im Internet beansprucht. Entscheidend ist dabei, dass der Staat einerseits Vorkehrungen trifft, dass Kinder und Jugendliche mit derartigen Materialien, die für ihre Entwicklung schädlich sein können, nicht in Berührung kommen. Andererseits muss es Ziel staatlichen Handelns sein, rechtswidrige Inhalte, wie kinderpornographisches Material, sodomistische Inhalte oder sonstige der Rechtsordnung widersprechende Angebote auch aus dem Internet heraus zu halten.

(2) Die Regulierungsfunktionen des § 184 StGB

Für pornographische Inhalte bietet § 184 StGB ein differenziertes Regelungssystem. Wie bereits festgestellt unterscheidet diese Vorschrift zwischen einfacher (§ 184 I StGB) und harter Pornographie (§ 184 III StGB). Nach § 184 I StGB wird bei einfacher Pornographie nicht jedes Zugänglichmachen bestraft. Sanktioniert werden insofern nur die Verbreitung an Kinder und Jugendliche, sowie Fälle der ungewollten Konfrontation (§ 184 I Nr. 6 StGB) mit derartigen Inhalten. Für pornographische Inhalte in Computernetzwerken wie dem Internet sind insofern insbesondere die Regelungen des § 184 I Nr. 1 und 2 StGB interessant. Diese stellen das Zugänglichmachen derartiger Inhalte an Minderjährige oder an Minderjährigen zugänglichen Orten unter Strafe. Anbieter derartiger Inhalte müssen insofern Vorkehrungen treffen, dass ihre Angebote nur Erwachsenen zugänglich sind. Wie solche Vorkehrungen auszusehen haben, ergibt sich insoweit nicht aus der Vorschrift.[200] Zu beachten ist, dass diese Vorschrift nicht die Inhalte selbst pönalisiert, sondern lediglich deren Verbreitung an schutzbedürftige Teile der Gesellschaft.
Anders insoweit § 184 III StGB. Dieser enthält ein Totalverbot hinsichtlich der sogenannten „harten" Pornographie, d. h. wenn diese Gewalttätigkeiten, den sexuellen Missbrauch von Kindern oder sexuelle Handlungen von Menschen mit Tieren zum Gegenstand haben. Diese Vorschrift knüpft direkt an den einzelnen Inhalten an und sanktioniert insofern sogar deren Besitz. In den Diensten des Internet besitzt insofern der § 184 III Nr. 2 StGB eine hohe Bedeutung, da in der

[198] Vgl. Urteil des BayObLG zur Weiterleitung und Empfang kinderpornographischer Schriften per E-Mail in MMR 2000, 758 ff.
[199] Vgl. Gercke, S. 38.
[200] Auf die technischen Filter- und Kontrollprogramme, derer sich die Provider häufig bedienen, wird im Rahmen der Kontrolle von Online-Diensten eingegangen.

Übertragung über das Internet regelmäßig keine Substanzübertragung, wohl aber ein öffentliches Zugänglichmachen liegt.[201]
Problematisiert wird gerade die Bekämpfung und strafrechtliche Verfolgung derartiger Inhalte im Internet durch dessen Internationalität. So wirken sich hier Unterschiede in den nationalen Rechtsordnungen sehr deutlich aus. Beispielsweise sind sodomistische Inhalte in Schweden und den Niederlanden nicht verboten.[202] Damit sind derartige Angebote dort frei abrufbar. Für diese Fallkonstellationen gilt das oben Gesagte: der im Ausland niedergelassene Anbieter unterliegt nach dem Herkunftslandprinzip den Regelungen des jeweiligen Staates in dem sich seine Niederlassung befindet. Allerdings macht sich nach deutschem Strafrecht strafbar, wer von dort rechtswidrige Materialien auf deutsche Server kopiert.
Mit der Anwendbarkeit des § 184 StGB auch auf Inhalte in den Online-Diensten des Internet gilt einmal mehr der Grundsatz, dass alles was offline rechtswidrig ist, auch online rechtswidrig sein muss. Anbieter von pornographischen Inhalten im Internet unterliegen insofern den selben Auflagen und Verboten, wie ihre in traditionellen Medien publizierenden Kollegen. Der vergleichsweise hohe Schutzstandard, der im deutschen Strafrecht in Bezug auf Angebote pornographischen Inhalte gilt, lässt sich komplett auf die Dienste des Internet übertragen. Fraglich und problematisch ist allein die Überwachung dieser Regeln und die Verfolgung von Verstößen.

mm) Die Vorschriften zum Schutz der persönlichen Ehre, §§ 185–189 StGB

Weiterhin haben für eine inhaltliche Regulierung des Internet die Vorschriften zum Schutz der persönlichen Ehre große Bedeutung. Sämtliche Tatbestände aus diesem Zusammenhang können auch in den Diensten des Internet verwirklicht werden. Einzig § 188 I StGB setzt die Üble Nachrede im Rahmen einer öffentlicher Versammlung oder durch die Verbreitung von Schriften im Sinne des § 11 II StGB voraus. Dieser kann durch Inhalte im Internet insoweit nicht verwirklicht werden. Davon abgesehen kommen Verletzungen der persönlichen Ehre im Rahmen des WWW genauso in Betracht, wie durch die Versendung Schmähkritik enthaltender E-Mails oder der unmittelbaren Beschimpfung von anderen Nutzern im Rahmen der Diskussionsforen und Angeboten der Echtzeitkommunikation. Was die Anwendung der einschlägigen Strafvorschriften insoweit anbetrifft, ergeben sich keine grundsätzlichen Besonderheiten gegenüber der Nutzung klassischer Übermittlungsmedien.

c) Fazit zu den inhaltsbezogenen Regelungen des StGB

Zusammenfassend ist festzustellen, dass das StGB eine umfassende Sammlung inhaltsbezogener und inhaltsbeschränkender Vorschriften bereithält. Diese sind, sofern sie auf den Schriftenbegriff des § 11 III StGB verweisen, grundsätzlich auch auf Inhalte in den Online-Diensten des Internet anzuwenden.
Eine große Problematik birgt bei vielen inhaltsbezogenen Tatbeständen nach wie vor die Tatmodalität des „Verbreitens“. Die allgemeine Auslegung dieses Begriffes, der danach eine körperliche Substanzübertragung verlangt, verhindert

[201] Vgl. insofern Gercke, S. 69.
[202] Vgl. Gercke, S. 69, Fn. 314.

die Anwendung einiger Vorschriften im Kampf gegen rechtswidrige Inhalte in den Diensten des Internet. Zur Lösung dieses Problems bieten sich im Wesentlichen zweierlei Wege an. Zum Einen kommt die Änderung der entsprechenden Normen des StGB insofern in Betracht, als dass bei allen inhaltsbezogenen Tatbeständen die Tatmodalität des (öffentlichen) Zugänglichmachens eingefügt wird. Diesen Weg hat der Gesetzgeber bei § 86 I StGB beschritten und dessen Anwendungsbereich somit auch auf Inhalte in Datennetzen erweitert. Zum Anderen kommt eine Veränderung des Verbreitungsbegriffes in Betracht, wie dies schon zum Teil vorgeschlagen wurde.[203] Danach müsste auch das nichtkörperliche Verbreiten von Inhalten, z. B. durch Fernkopie über das Internet vom Verbreitungsbegriff erfasst sein. Dann wären insofern alle inhaltsbezogenen Vorschriften, die diese Tatmodalität enthalten, auch auf die Dienste des Internet anwendbar.

Gerade im Internet werden inhaltsbezogene Tatbestände – meist noch deutlich einfacher und billiger, als in der reellen Welt – verwirklicht. Insoweit besteht jedenfalls Handlungsbedarf. Sobald sämtliche inhaltsbezogenen Vorschriften, die das StGB bereithält, auch auf Inhalte im Internet anwendbar sind, wird das StGB zum zentralen Baustein im Kampf gegen rechtswidrige und schädliche Inhalte im Internet.

2. Die strafrechtlichen Nebengesetze

Darüber hinaus verdienen die strafrechtlichen Nebengesetze Erwähnung. Auch sie enthalten inhaltsbezogene Vorschriften. In Betracht kommen insbesondere das OWiG sowie das BtMG.

a) Das Gesetz über Ordnungswidrigkeiten, OWiG

Zunächst enthält das OWiG inhaltsbezogene Vorschriften. Diese finden sich in den §§ 116 – 126 OWiG.

aa) Öffentliche Aufforderung zu Ordnungswidrigkeiten, § 116 OWiG

Nach § 116 OWiG handelt ordnungswidrig, wer öffentlich zu einer mit Geldbuße bedrohten Handlung auffordert. Dieser Tatbestand kann in einer Versammlung, aber auch durch das Verbreiten von Abbildungen, Darstellungen oder auch Datenspeichern erfüllt werden. Fraglich ist, ob er auch im Internet verwirklicht werden kann. Hierfür ist zunächst das Merkmal des Datenspeichers interessant. Dieses wurde durch das IuKDG von 1997 neu in die Vorschrift eingefügt. Der Begriff ist so zu verstehen, wie in § 11 III StGB und umfasst technische Speichermedien, die einen gedanklichen Inhalt verkörpern, die nur unter Zuhilfenahme technischer Geräte, insbesondere eines Bildschirms wahrnehmbar sind.[204] Insofern scheinen Inhalte im Internet – d. h. solange sie zumindest kurzfristig auf Medien gespeichert sind – auch erfasst zu sein. Hiervon werden Speichermedien aller Art, d. h. Festplatten, CD-Roms, Disketten, Magnetbänder, usw. erfasst.[205]

---

[203] Vgl. insoweit die obigen Ausführungen zu den §§ 90 ff StGB, S. 27; Dercksen, NJW 1997, 1878, 1881.

[204] Vgl. Rebmann/Roth/Hermann, OWiG, § 116, Rn. 11.

[205] Vgl. Rebmann/Roth/Hermann, OWiG, § 116, Rn. 11.

Zweifelhaft ist aber, ob die Tatmodalität des Verbreitens in den Diensten des Internet überhaupt möglich ist. In den entsprechenden Vorschriften des StGB setzt das Verbreiten eine substanzielle Weitergabe der Sache voraus. Gleiches gilt auch für die Vorschriften des OWiG. Auch hier ist unter „Verbreiten" die mit einer Gewahrsamsübertragung verbundene Tätigkeit zu verstehen, die darauf gerichtet ist, die Schrift ihrer Substanz nach körperlich und nicht nur deren Inhalt einem größeren Personenkreis zugänglich zu machen.[206] Eine körperliche Weitergabe der Inhalte findet im Internet nicht statt. Vielmehr werden die Inhalte elektronisch kopiert und diese Kopien sodann übertragen. Inhalte werden demnach im Internet nicht verbreitet im Sinne des § 116 OWiG. Damit ist diese Norm auch nicht auf derartige Fallkonstellationen anwendbar. Für Inhalte in den Diensten des Internet ergeben sich aus § 116 OWiG somit keine inhaltlichen Regulierungen.

bb) Grob anstößige und belästigende Handlungen, § 119 OWiG

Die Regelung des § 119 I Nr. 2, III OWiG könnte für eine inhaltliche Regulierung in den Diensten des Internet Wirkungen entfalten. Danach wird das in grob anstößiger Weise vorgenommene Verbreiten von Inhalten oder das öffentliche Zugänglichmachen derartiger Inhalte auf Datenspeichern sanktioniert. Wie bereits festgestellt, kann die Tatmodalität des Verbreitens im Internet nicht verwirklicht werden. Hierfür wurde durch das IuKDG die Modalität des (auf Datenspeichern) öffentlichen Zugänglichmachens eingefügt. Sobald derartige Inhalte auf Servern im Internet frei zugänglich oder abrufbar sind, ist dieses Merkmal erfüllt. Wie bei den entsprechenden Normen des StGB, so gilt auch hier, dass ein derartiges veröffentlichen auch dann vorliegt, wenn die Inhalte nur einem bestimmten Personenkreis zugänglich sind, diesem jedoch unproblematisch beigetreten werden kann. Damit erfährt diese Vorschrift auch in den Diensten des Internet Geltung.

cc) Werbung für Prostitution, § 120 OWiG

Nach § 120 OWiG handelt ordnungswidrig, wer durch Verbreitung entsprechender Inhalte entgeltliche sexuelle Handlungen anbietet oder sonst für diese wirbt. Auch hier gilt, dass das Merkmal des Verbreitens im Internet nicht verwirklicht werden kann. Dafür wurde vom IuKDG der 2. Halbsatz hinzugefügt, der das sonstige öffentliche Zugänglichmachen der Tatmodalität des Verbreitens gleichstellt. Damit wurde der Anwendungsbereich der Norm auch auf die Dienste des Internet ausgeweitet.[207] Im Sinne dieser Norm werden Inhalte öffentlich zugänglich gemacht, sobald ein unbestimmter Personenkreis von ihnen Kenntnis erlangen kann, was im Internet stets der Fall ist. Somit ist die Werbung für Prostitution auch in den Diensten des Internet sanktioniert.

---

[206] Vgl. Rebmann/Roth/Hermann, OWiG, § 116, Rn. 10.
[207] Vgl. Rebmann/Roth/Hermann, OWiG, § 120, Rn. 12.

dd) Missbrauch staatlicher oder staatlich geschützter Zeichen, §§ 124, 125 OWiG

Nach den Vorschriften der §§ 124, 125 OWiG handelt ordnungswidrig, wer staatliche oder staatlich geschützte Zeichen unbefugt benutzt. Im Einzelnen werden hier Dienstflaggen und Wappen von Bund und Ländern, das Wahrzeichen des roten Kreuzes, sowie das Genfer Kreuz der Schweiz genannt. Nach § 125 III OWiG werden darüber hinaus auch Zeichen erfasst, die den vorgenannten zum Verwechseln ähnlich sind.

Fraglich ist, ob die Tatmodalität des „Benutzens“ in den Diensten des Internet verwirklicht werden kann. Derartige Zeichen werden benutzt, wenn sie der Täter für eigene Zwecke verwendet; hiervon werden alle Arten der Verwendung erfasst, in jeder Form zu einem bestimmten eigenen Zweck mit Außenwirkung in der Öffentlichkeit.[208] Die Weite dieser Definition erfasst damit auch die Verwendung derartiger Zeichen in Angeboten im Internet. Gerade hier muss diese Vorschrift Geltung erfahren, da im Internet die publizistischen Möglichkeiten um ein Vielfaches größer sind, als bei traditionellen Medien und insofern auch jeweils eine größere Öffentlichkeit von derartigen Zeichen betroffen wird.

ee) Fazit zu den inhaltsbeschränkenden Normen des OWiG

Abschließend lässt sich zu den inhaltsbeschränkenden Vorschriften des OWiG feststellen, dass diese durch die an ihnen vorgenommenen Veränderungen des IuKDG im Grundsatz auch für Inhalte in den Diensten des Internet gelten. Problematisch ist allerdings, dass nicht alle Normen konsequent für die Dienste des Internet verändert wurden. So erfährt § 116 OWiG mangels einer im Internet zu verwirklichenden Tatmodalität insoweit keine Geltung. Demnach kann das öffentliche Auffordern zu mit einer Geldbuße bedrohten Handlung nicht nach § 116 OWiG geahndet werden, wenn dies in den Diensten des Internet geschieht. Hier besteht insofern noch ein Änderungsbedarf.[209] Dennoch tragen auch diese Vorschriften schon heute zu einem System der inhaltlichen Regulierung in den Diensten des Internet bei.

b) Das Gesetz über den Verkehr mit Betäubungsmitteln

Weiterhin könnte das BtMG inhaltsbezogene Vorschriften enthalten, die auch für Inhalte im Internet Wirkungen entfalten. Nach § 14 V 1 BtMG darf für bestimmte Betäubungsmittel gar nicht, nach § 14 V 2 BtMG für andere nur eingeschränkt geworben werden. Diese Einschränkungen haben gerade für die Dienste des Internet Bedeutung. So existieren im Internet eine Reihe von Angeboten, bei denen die Folgen der Einnahme spezieller Betäubungsmittel positiv geschildert werden. Weiterhin finden sich Angebote, bei denen für spezielle Drogen (Heroin, Kokain, Extasy,...) geworben wird. Teilweise wird sogar deren Herstellung detailliert beschrieben und Ingredienzen aufgezählt. Da die Werbeverbote und Werbeeinschränkungen des § 14 V BtMG keiner Beschränkung auf bestimmte Medienformen unterliegen, müssen diese auch in den Diensten des Internet Geltung besitzen. Insofern werden derartige Angebote – auch wenn sie im

[208] Vgl. Rebmann/Roth/Hermann, OWiG, § 124, Rn. 6.
[209] Im übrigen sei auf das Fazit zu den Inhaltsbeschränkungen des StGB verwiesen.

Internet veröffentlicht werden – von dieser Vorschrift erfasst und ziehen die Sanktionen des § 29 I Nr.8 BtMG nach sich. Damit trägt auch das BtMG insoweit zur inhaltlichen Regulierung in den Diensten des Internet bei.

II. Die Pressegesetze der Länder

Neben den Vorschriften des Strafgesetzbuches und der strafrechtlichen Nebengesetze können sich inhaltsbezogene Vorschriften auch aus anderen Rechtsgebieten ergeben. Im Folgenden sollen die Pressegesetze der Länder daraufhin untersucht werden, inwieweit diese Regelungen für eine inhaltliche Regulierung der Dienste des Internet enthalten. Bevor auf einzelne Regelungen der Landespressegesetze eingegangen werden kann, muss geklärt werden, ob und inwieweit traditionelles Presserecht auf Inhalte in den Diensten des Internet überhaupt anwendbar ist. Sowohl im Rahmen der Landespressegesetze, als auch bei der grundrechtlichen Pressefreiheit nach Art. 5 I S. 2 Var. 1 GG fehlt eine gesetzliche Definition für „Presse". Die Literatur geht insoweit davon aus, dass „Presse" durch die Herstellungs- und Vervielfältigungstechnik definiert wird und insoweit alle zur Verbreitung geeigneten und bestimmten ***Druckwerke*** und Informationsträger erfasst werden, die nicht unter den Film- und den Rundfunkbegriff fallen.[210]

Die Pressegesetze der Länder wiederum enthalten Legaldefinitionen für „Druckwerke". So definiert Art. 6 I BayPrG den Begriff des Druckwerks als „alle mittels der Buchdruckerpresse oder eines sonstigen Vervielfältigungsverfahrens hergestellten und zur Verbreitung in der Öffentlichkeit bestimmte Schriften, bildlichen Darstellungen mit und ohne Schrift und Musikalien mit Text oder Erläuterungen".[211] Diese Definition entspricht im Wesentlichen dem Pressebegriff, wie ihn das Grundgesetz versteht.[212]

Unproblematisch erfasst werden damit Informationsträger wie Bücher, Zeitungen, Zeitschriften, Plakate, Flugblätter, oder Handzettel.[213] Hierfür ist es unerheblich, ob diese im herkömmlichen Druckverfahren oder in neueren technischen Formen der Vervielfältigung (etwa fotomechanisch oder im Rotaprintverfahren) hergestellt werden[214], erfasst werden vielmehr alle anderen durch mechanische oder chemische Mittel bewirkten Vervielfältigungen[215].

Ob auch Daten, die in elektronischer Form auf hierzu geeigneten Speichermedien abgelegt sind, unter diesen Pressebegriff fallen sollen, ist in der Literatur umstritten.

---

[210] Vgl. Bethge, in Sachs, GG, Art. 5, Rn. 68; Degenhart, in BK, Art. 5, Abs. 1 und 2, Rn. 397 ff; Starck, in v. Mangoldt/Klein/Starck, Art. 5, Rn. 6; Wendt, in v. Münch/Kunig, Art. 5, Rn. 30; Löffler/Ricker, Presserecht, Kap. 12, Rn. 3; Manssen, Staatsrecht I, Rn. 324.

[211] In allen Bundesländern bestehen mit den jeweiligen Landespressegesetzen weitgehend einheitliche Regelungen über das Pressewesen. Löffler/Ricker, Presserecht, Kap. 3, Rn. 14. Exemplarisch werden im Folgenden die Bestimmungen über das bayerische Gesetz ber die Presse (BayPrG) genannt.

[212] Vgl. Herzog in Maunz/Dürig, Art. 5, Abs. 1, 2, Rn. 129, sowie Fn. 3; Ipsen, Staatsrecht II, Rn. 411.

[213] Vgl. Manssen, Grundrechte, Rn. 300.

[214] Vgl. Wendt, in v. Münch/Kunig, Art. 5, Rn. 30, Herzog, in Maunz/Dürig, Art. 5, Abs. 1 und 2, Rn. 130.

[215] Vgl. BVerfGE 39, 159, 164.

Eine Ansicht verlangt für den Pressebegriff, dass die entsprechenden Inhalte stofflich verkörpert als Druckwerke oder in ähnlicher Form vorliegen.[216] Insoweit beruft sich diese Ansicht auf die Rechtsprechung, die in der stofflichen Verkörperung ein wesentliches Merkmal eines Druckwerkes sieht.[217] Elektronisch gespeicherte Daten würden dies nicht erfüllen und deshalb sei der Begriff des Druckwerkes auch generell nicht anwendbar auf Inhalte im Internet. Diese Ansicht verkennt jedoch, dass derartige Inhalte sehr wohl stofflich verkörpert werden, wenn sie auf entsprechenden Medien gespeichert werden. Der elektronische Datenspeicher ersetzt insoweit lediglich das Papier in dessen Eigenschaft als Informationsträger. Damit kann diese Ansicht hier nicht überzeugen. Eine andere Ansicht sieht den Pressebegriff deutlich weiter und bezieht auch Ton- und Bildträger, wie Schallplatten, Ton- und Videokassetten, ebenso wie moderne Speichermedien wie CD-Roms und Disketten in den Begriff des Druckwerkes mit ein.[218] Begründet wird dies mit der Notwendigkeit, dem bedeutsamen technischen und gesellschaftlichen Wandel Rechnung zu tragen.[219] Unbestritten ist, dass durch die technische Entwicklung und die breite gesellschaftliche Akzeptanz moderner Informationsverbreitung eine Entwicklung begonnen hat, die traditionelle Regelungsformen nicht unberührt lässt. Zweifelhaft ist aber, ob dieser Tatsache dadurch Rechnung getragen werden kann, dass überkommene Regelungen einfach in ihrem Anwendungsbereich ausgedehnt werden, um auch die neuen Entwicklungen zu erfassen. Art. 6 I BayPrG beschreibt Druckwerke wie oben dargestellt. Hieraus ergibt sich, dass der Verkörperung von Informationen in diesem Sinne deren Schriftlichkeit zugrunde liegt. Daran fehlt es jedoch bei Informationsträgern wie Schallplatten, Audiokassetten und CD-Roms, bzw. Disketten. Hätte der Gesetzgeber eine Erstreckung der presserechtlichen Vorschriften – auch in Art. 5 GG – auch auf nicht-schriftliche Informationsträger gewollt, so hätte er schon 1997 mit Verabschiedung der einschlägigen Multimediagesetze die Chance gehabt, dies in den Pressegesetzen eindeutig klar zu stellen, z. B. durch die Ergänzung des Begriff des Druckwerks um elektronische Inhalte auf Datenträgern. So wurde beispielsweise auch der Anwendungsbereich des Gesetz über die Verbreitung jugendgefährdender Schriften ausdrücklich auch auf Datenspeicher erweitert. Diese Chance wurde bei den Pressegesetzen nicht genutzt. Damit dürfte der Wille des Gesetzgebers klar sein, unter Presseerzeugnisse nur tatsächlich verkörperte Schriften u.ä. zu fassen.

Hinzu kommt, dass die Erstreckung des Pressebegriffs auf elektronisch gespeicherte Informationen und damit auch auf Inhalte im Internet zur Folge hätte, dass auch diese der für Druckwerke geltenden Ablieferungspflicht unterfielen.[220] Angesichts des enormen Datenvolumens im Internet und dessen Schnelllebigkeit

---

[216] Vgl. Flechsig in Becker, S. 57, 69; Schaar, CR 1996, S. 171, 175.

[217] Vgl. BayVerfGH, AfP 1987, 394, 408.

[218] Vgl. Pieroth/Schlink, Rn. 567; Wendt, in v. Münch/Kunig, Art. 5, Rn. 30; Starck in v. Mangoldt/Klein/Starck, Art. 5, Rn. 59; zumindest für Schallplatten auch Jarass in Jarass/Pieroth, Art. 5, Rn. 20.

[219] Vgl. Bullinger, HdBStR VI, S. 688 f.

[220] Vgl. Löffler/Ricker, Presserecht, 15. Kap. Rn. 1; beachte diesbezüglich in Hessen § 9, in Berlin, Mecklenburg-Vorpommern, Nordrhein-Westfalen, Rheinland-Pfalz, Saarland, Schleswig-Holstein und Thüringen § 11, sowie Brandenburg § 13 der jeweiligen Pressegesetze. Bayern, Hamburg und Baden-Württemberg haben hierfür eigene Regelungskataloge erlassen.

scheint dies jedoch kaum praktikabel. Außerdem würden damit deutsche Anbieter von Inhalten im Internet gegenüber ausländischen Konkurrenten benachteiligt, die keiner solchen Pflicht unterliegen. Aus diesen Gründen ist somit der Ansicht zu folgen, die den Pressebegriff vom visuellen Eindruck des gedruckten Wortes abhängig macht.[221] Presse sind damit all jenen Druckwerke, die ohne zusätzliche Hilfsmittel die Rezeption der jeweils verkörperten Informationen zulassen. Hierfür ist es unerheblich, ob diese im herkömmlichen Druckverfahren oder in neueren technischen Formen der Vervielfältigung (etwa fotomechanisch oder im Rotaprintverfahren) hergestellt werden[222], erfasst werden vielmehr alle anderen durch mechanische oder chemische Mittel bewirkten Vervielfältigungen[223]. Nicht erfasst werden Informationen, die auf andere Weise, z. B. elektronisch auf Magnetbändern oder anderen Datenspeichern verkörpert sind. Damit unterfallen auch Inhalte im Internet, da sie elektronisch gespeichert sind, nicht dem Pressebegriff. Zum gleichen Ergebnis kommt auch eine andere Ansicht, die davon ausgeht, dass sich die presserechtlichen Vorschriften der Länder einzig auf die Vervielfältigung von Informationsträgern beziehen, im Internet aber nicht die Informationsträger, sondern vielmehr die Inhalte selbst vervielfältigt werden.[224] Da aber die Vervielfältigung des Informationsträgers ein wesentliches Merkmal von Druckwerken und damit von Presse ist,[225] fänden die presserechtlichen Vorschriften somit Grund keine Anwendung auf Inhalte im Internet. Ein Sonderfall wird zum Teil in bestimmten Inhalten im Internet gesehen, die im Wege des *„online publishing“*, bzw. des *„electronic publishing“* in den Diensten des Internet, vor allem dem WWW, veröffentlicht werden. So bieten etwa Tageszeitungen wie z. B. die Süddeutsche Zeitung[226] oder die FAZ[227] ihr Informationsangebot vermehrt nicht nur in gedruckter Form, sondern inhaltsgleich auch elektronisch im Internet an. Diese Angebote sollen nach einer Ansicht dem Pressebegriff und damit einerseits der grundrechtlichen Pressefreiheit, andererseits den presserechtlichen Vorschriften der Länder unterliegen.[228] Diese Ansicht beruft sich darauf, dass Verlage heute dieselbe Funktion erfüllen, wie seit jeher, mit dem Unterschied, dass heute eben auch neue technische Möglichkeiten genutzt würden, um einen kostengünstigen Vertrieb zu gewährleisten.[229] Waren sie bisher noch auf Druckwerke im klassischen Sinne zur Verbreitung ihrer Informationen angewiesen, fiele dieses Erfordernis mit Einsatz der neuen Technik u.a. des Internet weg. Insofern habe sich lediglich der Verbreitungsmodus für diese Informationen geändert. Da sich die Angebote in Druckform und im Internet inhaltlich weitgehend entsprechen, müssten auch die presserechtlichen Vorschriften entsprechend gelten.

---

[221] Vgl. Herzog in Maunz/Dürig, Art. 5, Abs. 1 und 2, Rn. 130 f; Degenhart in BK, Art. 5, Rn. 400 f.
[222] Vgl. Wendt, in v. Münch/Kunig, Art. 5, Rn. 30, Herzog, in Maunz/Dürig, Art. 5, Abs. 1 und 2, Rn. 130.
[223] Vgl. BVerfGE 39, 159, 164.
[224] Vgl. Herzog, S. 45 f.
[225] Vgl. Löffler/Ricker, Presserecht, Kap. 1, Rn. 22.
[226] Abrufbar unter http://www.sueddeutsche.de.
[227] Vgl. Schaar, CR 1996, S. 170, 175; Herzog, S. 46.
[228] Vgl. Mylaeus, in: Schwarz, S. 3; Sieber, Strafrechtliche Verantwortlichkeit für den Datenverkehr (Teil 2), JZ 1996, S. 494, 499; Herzog, S. 45.
[229] Vgl. hierzu Bullinger, AfP 1996, S. 1, 3.

Jedoch verkennt diese Ansicht, dass auch diese inhaltsgleichen Veröffentlichungen im Internet keine Druckwerke im presserechtlichen Sinne sind. Die Tatsache, dass Inhalte im Internet bestimmten Druckwerken inhaltlich weitgehend entsprechen, ändert nichts an deren Form der Veröffentlichung. Allein diese ist es jedoch, die über die Anwendbarkeit presserechtlicher Regelungen entscheidet, der Inhalt spielt hierfür anerkanntermaßen keine Rolle.[230] Somit unterfallen auch die genannten Online-Ausgaben von Tageszeitungen oder Magazinen nicht dem Pressebegriff. Die grundgesetzliche Pressefreiheit in Art. 5 GG, wie auch die Pressegesetze der Länder finden somit auch auf solche Angebote in den Diensten des Internet keine Anwendung. Inhaltsbeschränkungen für Angebote im Internet ergeben sich aus dem Presserecht somit nicht.

III. Das Rundfunkrecht

Das Rundfunkrecht und hierbei insbesondere der Rundfunkstaatsvertrag der Länder (RStV) enthält eine Reihe inhaltsbezogener und auch inhaltsbeschränkender Vorschriften. So sind nach § 3 RStV Sendungen verboten, die gegen das StGB verstoßen, die kriegsverherrlichend sind, oder offensichtlich dazu geeignet, Kinder und Jugendliche sittlich schwer zu gefährden, oder die Menschenwürde verletzen.[231] Diese Regelungen könnten auch für Inhalte im Internet Wirkungen entfalten. Wie auch schon bei den Landespressegesetzen, setzt dies die Anwendbarkeit des RStV für Inhalte, die über das Internet verbreitet werden, voraus. Entscheidend hierfür ist, ob solche Inhalte vom Rundfunkbegriff erfasst werden.

1. Der Rundfunkbegriff

Um einzelne Angebotsformen diesem Begriff unterordnen zu können, ist es zunächst erforderlich, zu klären was überhaupt unter dem Begriff „Rundfunk" zu verstehen ist. Hierbei ist zwischen unterschiedlichen Rundfunkbegriffen zu unterscheiden. Sowohl aus dem europäischen Gemeinschaftsrecht, wie auch aus der Verfassung und einfachgesetzlichen Normen ergeben sich bisweilen unterschiedliche Definitionen von „Rundfunk".

a) Der Rundfunkbegriff des europäischen Gemeinschaftsrechts

Zunächst soll insofern ein Blick in das supranationale Gemeinschaftsrecht geworfen werden. Zwar findet sich dort keine allgemeine Definition des Begriffes „Rundfunk", die für das gesamte Gemeinschaftsrecht einheitlich gilt. Jedoch enthält die Fernsehrichtlinie eine sehr praxisrelevante Vorgabe für den Rundfunkbegriff im europäischen Recht.[232] Dort wird in Art. 1 lit. a der Begriff der Fernsehsendung als „drahtlose oder drahtgebundene, erdgebundene oder durch

---

[230] Vgl. Jarass in Jarass/Pieroth, Art. 5, Rn. 21; Wendt, in v. Münch/Kunig, Art. 5, Rn. 22; Starck in v. Mangoldt/Klein/Starck, Art. 5, Rn. 39; Herzog in Maunz/Dürig, Art. 5, Rn. 128.

[231] Vgl. Rundfunkstaatsvertrag vom 31. 8. 1991 in der Fassung des 5. Rundfunkänderungsstaatsvertrages, in Kraft seit dem 1. 1. 2001; abrufbar unter http://www.artikel5.de/gesetze/rstv.html.

[232] Richtlinie 89/552/EWG des Rates zur Koordinierung bestimmter Rechts- und Verwaltungsvorschriften der Mitgliedstaaten über die Ausübung der Fernsehtätigkeit, ABlEG Nr. L 298 v. 17. 10. 1989, S. 23, in der Fassung der Berichtigung gem. ABlEG Nr. L 331, v. 16. 11. 1989, S. 51.

Satelliten vermittelte, unverschlüsselte oder verschlüsselte Erstsendung von Fernsehprogrammen definiert, die zum Empfang durch die Allgemeinheit bestimmt sind". Dabei sind ausdrücklich „Kommunikationsdienste, die auf individuellen Abruf Informationen oder andere Inhalte übermitteln, wie Fernkopierdienste, elektronische Datenbanken und ähnliche Dienste" nicht mit eingeschlossen. Daraus lässt sich schließen, dass ein europarechtliches Verständnis von Rundfunk wohl jedenfalls eine Übertragung nach dem Schema „one-tomany" oder auch „point-to-multipoint", also von einem Sender zu einer unbestimmten Vielzahl von Empfängern zugrunde legt.[233] Darüber hinaus lassen sich aus dieser Definition, die lediglich den Anwendungsbereich der Richtlinie umschreiben soll aber keine weiterführenden Rückschlüsse auf Tatbestandsmerkmale eines einheitlichen europäischen Rundfunkbegriffes ziehen.[234]

b) Der verfassungsrechtliche Rundfunkbegriff des Grundgesetzes

Auch das Grundgesetz definiert „Rundfunk" nicht ausdrücklich. Trotzdem gewährleistet Art. 5 I S. 2 GG die Freiheit der Berichterstattung durch u.a. Rundfunk. Dieses Grundrecht der Rundfunkfreiheit hat laut Bundesverfassungsgericht im Wesentlichen dienende Funktion, schütz gleichsam die freie Meinungsbildung.[235] Nach Ansicht des Gerichts existiert kein statischer Rundfunkbegriff, der ein für allemal Gültigkeit besäße. Vielmehr sei der Rundfunkbegriff dynamischer Natur und passe sich somit technischen und gesellschaftlichen Veränderungen an.[236] Dies spiegelt sich zudem in der Aussage wieder, Art. 5 I S. 2 GG gehe von einem „funktionalen Rundfunkbegriff" aus. Trotzdem hat das Bundesverfassungsgericht einen Katalog an Tatbestandsmerkmalen erarbeitet, der eine Einordnung kommunikativer Dienste unter den Rundfunkbegriff ermöglichen soll.

aa) Bestimmung für die Allgemeinheit

Als erstes Tatbestandsmerkmal des Rundfunkbegriffs lässt sich die Bestimmung dieses Mediums für die Allgemeinheit anführen. Dieses Merkmal ergibt sich schon aus dem Wortlaut des Art. 5 I S. 2 GG. Rundfunk kommt von „Rundum"-Funken, was eine gezielte Übermittlung an einen bestimmten Empfänger ausschließt.[237] Auch aus der Systematik des Art. 5 I S. 2 GG lässt sich dieses Merkmal entnehmen. So zeigt ein Vergleich dieser Vorschrift mit Satz 1 der Regelung, dass die dortigen Regelungen sich auf die Individualkommunikation beziehen, während die Freiheiten des Satz 2 an ein Massenmedium (Presse, Rundfunk Film) anknüpfen.[238] Ein kommunikativer Dienst muss somit an eine beliebige Öffentlichkeit gerichtet sein, um als Rundfunk in diesem Sinne gelten

233 Vgl. Hoeren/Sieber/Holznagel, 3.2, Rn. 9 f.
234 Vgl. Gersdorf, Der verfassungsrechtliche Rundfunkbegriff, S. 68; Hoffmann-Riem, Pay-TV im öffentlich-rechtlichen Rundfunk, S. 40.
235 Vgl. BVerfGE 57, 295, 320; 83, 238, 296, sowie Burmeister in FS Klaus Stern, S. 835, 839 ff, insbes. 862 ff.
236 BVerfGE 83, 238, 302; oder BVerfGE 74, 297, 350; ebenso Hoeren/Sieber/Holznagel, 3.2, Rn. 13.
237 Im Gegensatz dazu der sogenannte Richtfunk; vgl. Lent, Rundfunk, Medien-, Teledienste, S. 97; Ricker/Schiwy, Rundfunkverfassungsrecht, S. 62.
238 Vgl. Hoeren/Sieber/Holznagel, 3.2, Rn. 15.

zu können, der Adressatenkreis muss unbestimmt und beliebig zusammengesetzt sein.[239] Kommunikative Dienste, die im Rahmen geschlossener Benutzergruppen, im familiären Kreis oder zwischen Personen, die eine bestimmte berufliche, mitgliedschaftliche, oder vertragliche Beziehung zu einander haben fallen damit aus dem Rundfunkbegriff nach Art. 5 I S. 2 GG heraus. Der Kommunikator darf somit keinen absoluten Ausschließungswillen gegenüber der Allgemeinheit haben, wie dies z. B. beim Polizei- oder Rettungsfunk der Fall ist.[240]

bb) Redaktionelle „Darbietung“ der Kommunikation

Weiterhin besteht Einigkeit darüber, dass die Kommunikation in Form einer redaktionellen Darbietung erfolgen muss. Dieses Merkmal grenzt den Rundfunk von der bloßen Meinungsäußerung ab, die in Art. 5 I S. 1 GG geschützt ist und umfasst demnach nur solche Angebote, die auf eine öffentliche Meinungsbildung gerichtet oder geeignet sind.[241] Dabei ist zu beachten, dass der Inhalt für die Qualität eines Angebotes als Darbietung unerheblich ist. Entscheidend ist, dass Informationen in irgendeiner Form für den Rezepienten aufbereitet und präsentiert werden.[242]

cc) Fernmeldetechnische Verbreitung

Außerdem ist für die Rundfunkqualität eines Angebotes seine fernmeldetechnische Verbreitung erforderlich.[243] Die fernmeldetechnische Verbreitung lässt sich schon aus dem Rundfunkbegriff selbst herleiten, da dieser sich aus „Rund“ und „Funk“ zusammensetzt. Funk umfasst dabei die Übermittlung von Informationen über größere räumliche Distanzen unter Verwendung elektromagnetischer Schwingungen.[244] Ob diese Signale dabei entlang eines Leiters, oder gänzlich ohne Leiter, oder via Satellit übertragen werden ist hierfür unerheblich, entscheidend ist allein die Verwendung elektromagnetischer Trägerwellen.[245] Hinsichtlich dieser Tatbestandsmerkmale des Rundfunks besteht in Literatur und Rechtsprechung im Grundsatz weitgehend Einigkeit.

dd) Einseitige Übertragung in Programmform

Einige Autoren verlangen darüber hinaus noch die kontinuierliche Übertragung in Programmform, da erst hierdurch eine besondere Faszinationskraft und damit eine erhöhte meinungsbildende Funktion geschaffen wird.[246] Es gehört zur Eigenart des Rundfunks, dass laufende Einzelsendungen inhaltlich so gestaltet und verkettet werden, dass der Rezepient stärker an das jeweilige Programm gebun-

---

239 Vgl. Lerche, Rundfunkmonopol, S. 28; BVerfGE 74, 297, 352 über die „unbestimmte Vielzahl“; Paptistella, DÖV 1978, 495, 500.

240 Vgl. Lent, Rundfunk, Medien-, Teledienste, S. 98.

241 Vgl. Hartstein/Ring/Kreile/Dörr/Stettner, § 2 Rn. 8; Schroeder, ZUM 1994, 471, 476; Stettner/Tresenreiter, ZUM 1994, 669, 672.

242 Vgl. Hoeren/Sieber/Holznagel, 3.2, Rn. 19.

243 Vgl. BVerfGE 83, 238, 313; Jarass/Pieroth, GG, Art. 5, Rn. 29.

244 Nach Duden geht der Begriff „Rundfunk“ auf Hans Bredow zurück, vgl. Duden, Das Herkunftswörterbuch, 2. Auflage 1989.

245 Vgl. Hoeren/Sieber/Holznagel, 3.2, Rn. 21.

246 So z. B. Bullinger, JZ 1996, 385, 387, ders., AfP 1996, 1, 6 ff sowie Lent, Rundfunk, Medien-, Teledienste, S. 116 ff.

den, zum Einschalten angeregt, bzw. vom Ausschalten abgehalten wird.[247] Dies erklärt sich zum Teil aus der Abhängigkeit von Teilnehmerzahlen, in der sich Rundfunk bis zu einem gewissen Maße befindet. Letztlich sind es Zuschauer-, bzw. Zuhörerzahlen, die über Werbeeinnahmen – auch und sogar in wachsenden Maße bei den öffentlich-rechtlichen Sendern – und damit über Wohl und Wehe des Senders entscheiden.
Hinzu kommt, dass erst durch einen programmatischen Sendeablauf in Form einer planmäßigen, zeitlich strukturierten Abfolge von Sendungen ein leichter Zugang, quasi „auf Knopfdruck" zum Medium Rundfunk ermöglicht wird.[248] Anhand eines Programms ist der Teilnehmer erst in der Lage, Auswahlentscheidungen durch bloßes Ein- und Ausschalten zu treffen, wie dies das Bundesverfassungsgericht zu recht festgestellt hat.[249] Deshalb kommt gerade heute dem spezifischen Programm eines jeden Senders ein erhöhtes Gewicht zu. Letztlich definieren und individualisieren sich alle Sender über ihr Programm. Angesichts der enormen Bedeutung, der programmatische Gestaltung von Sendungen heute zukommt, ist der Auffassung, die Verbreitung in Programmform zum Tatbestandsmerkmal für Rundfunk zu machen, zuzustimmen.
Anhand dieser Tatbestandsmerkmale ist es möglich, festzustellen wann Kommunikations- und Informationsangebote als Rundfunk, im Sinne der Rundfunkfreiheit des Grundgesetzes einzustufen sind.

c) Der einfachgesetzliche Rundfunkbegriff

Angesichts dieser stark entwickelten Definition des verfassungsrechtlichen Rundfunkbegriffes bedarf der Klärung, wie „Rundfunk" im Rahmen einfachgesetzlicher Regelungen einzuordnen ist. Hierbei spielt insbesondere die Begrifflichkeit des Rundfunkstaatsvertrages eine Rolle. Dieser definiert in § 2 I RStV „Rundfunk" als jede „für die Allgemeinheit bestimmte Veranstaltung und Verbreitung von Darbietungen aller Art in Wort, in Ton und in Bild unter Benutzung elektromagnetischer Schwingungen ohne Verbindungsleitung oder längs oder mittels eines Leiters". Diese Regelung gleicht im Wesentlichen dem o.g. verfassungsrechtlichen Rundfunkbegriff mit dessen Tatbestandsmerkmalen, weil die Landesgesetzgeber die Definitionen und Tatbestandsmerkmale des verfassungsrechtlichen Rundfunkbegriffes in den einfachgesetzlichen Rundfunkvorschriften weitgehend übernommen haben.[250] Aus der Normenhierarchie ergibt sich, dass verfassungsrechtliche Bestimmungen stets einfachgesetzlichen vorgehen. Daraus folgt, dass einfachrechtliche Vorschriften verfassungsrechtliche Vorgaben nicht fixieren und diese somit technischen Veränderungen entziehen. So ist auch der einfachgesetzliche Rundfunkbegriff dynamisch zu verstehen. Dabei ist aber anerkannt, dass der einfachrechtliche Gesetzgeber nicht zwangsläufig den Rundfunkbegriff, so wie er im Verfassungsrecht entwickelt wurde, zu übernehmen.[251] Art. 5 I S. 2 GG implementiert vielmehr ein gewisses Schutzniveau zu Gunsten der freien Meinungsbildung, das die Landesgesetzge-

[247] Vgl. Bullinger, JZ 1996, 385, 387.
[248] Lent, Rundfunk, Medien-, Teledienste, S. 119.
[249] Vgl. BVerfGE 74, S. 297, 352.
[250] Vgl. Hoeren/Sieber/Holznagel, 3.2, Rn. 26.
[251] So auch BVerfGE 74, S. 297, 351 f; Hoffmann-Riem, AfP 1996, 9, 15; Gersdorf, AfP 1995565, 573 f; Kresse/Heinze, AfP 1995, 574, 577 ff.

ber bei der Legislation zu beachten haben. Davon abgesehen sind sie frei, eigene Definitionen für „Rundfunk“ zu schaffen. Da § 2 I RStV sich dennoch stark am verfassungsrechtlichen Rundfunkbegriff orientiert, wird dieser als angemessene Konkretisierung dessen verstanden.[252]

d) Der Rundfunkbegriff und die neuen Online-Dienste des Internet

Um die inhaltsbeschränkenden Normen des RStV auch auf Dienste des Internet anwenden zu können, müsste es sich somit bei Angeboten, die Inhalte über das Internet verbreiten, um Rundfunk in diesem Sinne handeln. Dies ist jedoch äußerst fraglich.

Unproblematisch ist die rundfunkrechtliche Einordnung der Dienste des Internet hinsichtlich der Art und Weise ihrer Verbreitung. Wie beim traditionellen Rundfunk, wird auch das Informationsangebot des Internet mittels Fernmeldetechnik, unter Ausnutzung elektromagnetischer Schwingungen entlang eines Leiters (meist einem Telefon- Glasfaser- oder Breitbandkabels) oder auch ohne physischen Leiter (entsprechende Internetzugänge via Funk werden bereits angeboten) übertragen. Insoweit bestehen keine Bedenken, die Dienste des Internet einheitlich dem Rundfunkbegriff und damit dem Regelungskatalog des RStV zuzuordnen. Nur bedingt erfüllen die Online-Dienste des Internet das Merkmal der „Verbreitung an die Allgemeinheit“. Zwar sind eine Vielzahl der Angebote im Internet öffentlich zugänglich und damit für die Allgemeinheit bestimmt. Daneben existiert aber auch eine erhebliche Zahl von Angeboten, die exklusiv einem bestimmten Benutzerkreis vorbehalten sind. Hier hat der Anbieter unbedingten Ausschließungswillen gegenüber Dritten. Solche Angebote finden sich in allen Diensten des Internet, so zum Beispiel im WWW (Angebote zum Tele- oder Homebanking) oder auch bei den Echtzeitdiensten (bei Video- oder auch Telefonkonferenzen über das Internet).[253] Hierunter sind auch all jenen Anwendungen zu fassen, bei denen geschlossene Benutzergruppen in lokalen Computernetzwerken (LANs) arbeiten.[254] Derartige Dienste fallen mangels Verbreitung an die Allgemeinheit aus dem Rundfunkbegriff i. S. d. RStV.

Aber auch Dienste, die öffentlich über das Netz angeboten werden, entsprechen nicht per se diesem Verständnis von „Rundfunk“. Wie gezeigt, zeichnet sich dieser durch das Merkmal der redaktionellen Darbietung aus, besitzt insoweit meinungsbildende Relevanz. Die Vielseitigkeit der Palette der Angebote im Internet verbietet eine pauschale Zuordnung. Allein im WWW existieren Angebote, wie privaten Homepages, deren publizistische Wirkung meist in der Funktion eines multimedialen „who is who“ des Anbieters liegt, bis hin zu komplexen Informationsangeboten professioneller Informationsanbieter, eine unüberschaubare Vielzahl von Angeboten zu finden. All zu unterschiedlich sind diese Angebote in ihrer Gestaltung, die von persönlicher Meinungsäußerung bis hin zum redaktionellen Angebot reichen. Dementsprechend unterschiedlich ist auch deren publizistische und meinungsbildende Funktion. Hier kann keine einheitliche Antwort gefunden werden, die für alle Angebote des Internet Gültigkeit besitzt.

---

[252] Vgl. nur Hoeren/Sieber/Holznagel, 3.2, Rn. 26.

[253] Vgl. Gersdorf, Rundfunkbegriff, S. 107, 110; Libertus, K&R 2000, 119 f; Lent, Rundfunk, Medien- und Teledienste, S. 99.

[254] Vgl. Gersdorf, Rundfunkbegriff, S. 107, 110; Libertus, K&R 2000, 119 f; Lent, Rundfunk, Medien- und Teledienste, S. 99.

Vielmehr ist eine dienstespezifische Zuordnung dieser Angebote je nach ihrem speziellen Informationsinhalt und dessen Darbietung zu treffen.
Jedenfalls ein Großteil der insofern verbliebenen öffentlichen Angebote im Internet, besitzt nicht das Merkmal der redaktionellen Darbietung bzw. der meinungsbildenden Relevanz. Nur selten weisen Angebote im Internet eine Abgrenzung von persönlicher Meinungsäußerung und öffentlicher Meinungsbildung auf. Weiterhin fehlt den meisten Angeboten in Internet-Diensten die besondere Authentizität und Suggestivkraft, wie sie Rundfunkangebote aufweisen, etwa in Form eines bewegten Fernsehbildes.[255] Allenfalls einzelne Anwendungen, wie zum Beispiel das Web-TV könnten in Zukunft eine dem Rundfunk vergleichbare Suggestivkraft entwickeln. Derzeit ist jedoch festzustellen, dass im Internet übertragene herkömmliche Rundfunksendungen aufgrund der technischen Entwicklung der Netzdienste, dem infrastrukturellen Ausbau des Netzes und der technischen Ausstattung des Endnutzers (noch) keine dem Rundfunk vergleichbare Qualität und damit Suggestivkraft besitzt. Über das Internet übertragene Sendungen kommen in der Regel in einer deutlich schlechteren Auflösung und Bildqualität als beim Fernsehen und meist – aufgrund der meist noch begrenzten Übertragungsraten der Leiterbahnen – ruckelnd beim Konsumenten an.[256] Die besondere qualitative Form von Aktualität, die insbesondere akustischen und audiovisuellen Darbietungen zukommt[257], können Übertragungen über das Internet (noch) nicht erfüllen.
Allerdings bleibt abzuwarten, wann die technischen Möglichkeiten des Internet sich so weit entwickelt haben, dass Übertragungsqualitäten wie sie heute Fernsehen und Hörfunk bieten, erreicht werden. Insbesondere in der oftmals beschworenen Konvergenz der Dienste (Fernsehen und Internet) liegt insoweit Potential. Ist diese Entwicklung abgeschlossen, müssen auch die oben getroffenen Entscheidungen einer Überprüfung. Inwieweit dann noch eine Differenzierung zwischen Online-Diensten einerseits und Rundfunk andererseits möglich ist, bleibt abzuwarten. Ob derartige Dienste dann unter den Rundfunkbegriff des RStV gefasst werden können oder ob die Entwicklung gänzlich neuer Regelungsansätze nötig wird, bleibt der rechtswissenschaftlichen Forschung der Zukunft überlassen.
Dagegen, schon heute den Rundfunkbegriff des RStV auf Online-Dienste im Internet zu erstrecken, spricht weiterhin die Art und Weise der Darbietung. Online-Dienste orientieren sich regelmäßig nicht an einem „programmhaften Ablaufschema“, wie dies regelmäßig bei Rundfunkdarbietungen der Fall ist. Viele Angebote im Internet entziehen sich grundsätzlich einem schematischen, programmhaften Ablauf. Meist werden die Inhalte einmal im Internet angeboten und dann nur noch im Bedarfsfall aktualisiert. Zwar finden sich durchaus bestimmte Angebote die einen solchen Ablauf aufweisen (etwa das o.g. Webradio oder das Web-TV), dennoch fallen auch diese derzeit (noch) wegen den oben genannten, technischen Unzulänglichkeiten aus dem Rundfunkbegriff im Sinne des RStV heraus.
Letztendlich zeigen diese Ausführungen zweierlei: Zum Einen wird deutlich, dass es eine generell einheitliche Zuordnung aller Dienste des Internet zum

[255] Vgl. Herzog, S. 51.
[256] Vgl. Herzog, S. 51; Hochstein, NJW 1997, S. 2977, 2980.
[257] Vgl. Lent, Rundfunk, Medien-, Telledienste, S. 92.

Rundfunk oder zu anderen Medienformen nicht geben kann. Vielmehr ist jeweils eine bisweilen detaillierte Untersuchung konkreter Angebote erforderlich, inwieweit dieses rundfunktypische Tatbestandsmerkmale aufweist und damit als „Rundfunk“ dem Geltungsbereich des RStV zuzuordnen ist. Zum Anderen lässt sich feststellen, dass auch für eng mit Rundfunkdarbietungen verwandte Angebote, angesichts der gegenwärtigen technischen Bedingungen im Internet (zumindest was den Zugang der breiten Öffentlichkeit anbelangt) die Zuordnung zum Anwendungsbereich des RStV (noch) ausscheidet. Damit entfaltet derzeit weder Art. 5 I S. 2 GG, noch der RStV und dessen inhaltlichen Regelungen unmittelbare Wirkungen in Bezug auf die Online-Dienste des Internet.

IV. Die traditionellen Mediengesetze der Länder

Auch die traditionellen Mediengesetze des Länder enthalten inhaltsbezogene Regelungen. Art. 6 BayMG (beispielhaft für andere Landesmediengesetze) definiert unzulässige Inhalte, indem er auf Art. 3 I RStV verweist. Insoweit gelten die gleichen inhaltlichen Maßstäbe.
Ursprünglich waren die Landesmediengesetze anwendbar auf Rundfunk und rundfunkähnliche Dienste. So enthielt beispielsweise Art. 34 BayMG eine Definition, nach der „rundfunk-ähnliche Dienste“ solche Angebote waren, bei denen Bildangebote, Filme, Musik- oder Sprechdarbietungen von einem Speicher auf Anforderung an den Teilnehmer übermittelt werden, ohne dass sie Rundfunk sind oder vom Bildschirmtextstaatsvertrag (BtxStV) erfasst werden.[258] Insofern hätten Online-Dienste solche rundfunkähnlichen Dienste sein können und somit dem Wirkungsbereich des BayMG unterfallen. Jedoch sollte nach damaligem Verständnis die Speicherung von Angeboten im Sinne der Landesmediengesetze nur die Speicherung von Daten beim Anbieter selbst umfassen.[259] So waren diese Regelungen folglich nur auf geschlossene Kommunikationssysteme anwendbar, nicht jedoch auf die Dienste des „offenen“ Internet.[260]
Spätestens mit Erlass des Mediendienstestaatsvertrages (MDStV) wurde diese Unterscheidung hinfällig, da solche rundfunkähnlichen Dienste von nun an dem Anwendungsbereich des MDStV unterliegen sollten. Dementsprechend wurde auch das BayMG geändert, und der Begriff des „rundfunkähnlichen Dienste“ aufgehoben.[261] Dessen Anwendungsbereich beschränkt sich damit auf den in Art. 1 I und II BayMG beschriebenen Bereich des Rundfunks. Da der Rundfunkbegriff des BayMG dem des RStV entspricht, gilt insoweit das oben Gesagte. Online-Dienste im Internet sind insoweit nicht erfasst.
Die Vorschriften des BayMG (stellvertretend für alle traditionellen Landesmediengesetze) können deshalb auf Dienste im Internet keine Anwendung finden.

---

[258] Vgl. Art. 34 BayMG, in der Fassung vom 24. 11.1992 (BayGVBl. S. 584), geändert durch Gesetz vom 23. 7. 1993 (BayGVBl. S. 498).
[259] Vgl. Herzog, S. 52.
[260] Vgl. Sieber, Verantwortlichkeit für den Datenverkehr (Teil 2), JZ 1996, S. 494, 498.
[261] Vgl. Gesetz zur Änderung des BayMG, BayGVBl. 1997, 843, 848.

V. Die Gesetze zum Schutze der Jugend

Außer aus diesen speziell medienrechtlichen Vorschriften des RStV oder den Landesmediengesetzen könnten sich inhaltsbeschränkende Vorschriften auch aus anderen Regelungskatalogen, zum Beispiel aus besonderen Schutzgesetzen ergeben. Insofern könnten die Gesetze zum Schutze der Jugend in Betracht kommen. Hierbei ist zu beachten, dass der Jugendschutz als Teil der öffentlichen Fürsorge nach Art. 74 I Nr. 7 GG der konkurrierenden Gesetzgebung unterworfen ist.[262] Der Bund hat vornehmlich durch zwei eigenständige Regelungswerke von dieser Kompetenz Gebrauch gemacht, dem Gesetz über die Verbreitung jugendgefährdender Schriften und Medieninhalte (GjSM) und dem Gesetz zum Schutz Jugendlicher in der Öffentlichkeit (JÖSchG). Insofern gilt es im Folgenden diese Regelungswerke hinsichtlich präventiv inhaltsbeschränkender Normen zu untersuchen.

1. Gesetz über die Verbreitung jugendgefährdender Schriften und Medieninhalte

Durch den Regelungskatalog des GjSM wurde ein Verfahren etabliert, bei dem bestimmte Medieninhalte daraufhin untersucht werden, ob sie geeignet sind, Jugendliche sittlich zu gefährden. Hierfür zuständig ist die Bundesprüfstelle[263], wie sich aus §§ 8 ff GjSM ergibt. Stuft diese Stelle einen bestimmten Inhalt als jugendgefährdend ein, so wird dieser nach § 17 GjSM in eine Liste jugendgefährdender Inhalte aufgenommen.[264] Inhalte, die auf dieser Liste geführt werden, unterliegen bestimmten Verbreitungsverboten und Werbebeschränkungen und -verboten nach den §§ 3 – 5 GjSM.

Das GjSM ist demnach nicht unmittelbar inhaltsregulierend, weil es keine bestimmten Inhalte per se verbietet, sondern wirkt vielmehr indirekt, indem es die Verbreitung bestimmter Inhalte reguliert, um zu verhindern, dass Jugendliche damit in Kontakt kommen. Hinzu kommt, dass das GjSM durch das Indizierungsverfahren lediglich einen nachträglichen Schutz gewährt. Schriften und Darstellungen werden i.d.R. erst nach deren Veröffentlichung überprüft und gegebenenfalls indiziert. Insoweit besteht hier eine Schutzlücke in den indirekt inhaltsbeschränkenden Vorschriften. Im Folgenden soll zunächst untersucht werden, inwiefern diese indirekten inhaltlichen Beschränkungen überhaupt auf Inhalte in den Online-Diensten des Internet anwendbar sind.

a) Anwendungsbereich des GjSM

Der Anwendungsbereich des GjSM und damit auch der Zuständigkeitsbereich der BPjSM ergibt sich aus § 1 I . V. m. Abs. III GjSM. Hiernach gilt dieser Regelungskatalog zunächst einmal für Schriften. Dieser Begriff wird in § 1 III S. 1 GjSM auch auf „Ton- und Bildträger, Datenspeicher, Abbildungen und andere Darstellungen" erweitert. Aus dem Wortlaut des § 1 III S. 1 GjSM ergibt sich,

---

[262] Vgl. BVerfGE 31, 113, 117; Pieroth in Jarass/Pieroth, Art. 74, Rn. 18.

[263] Bundesprüfstelle für jugendgefährdende Schriften und Medieninhalte (BPjSM).

[264] In Ausnahmefällen ist auch eine Indizierung kraft Gesetzes nach den Vorschriften des § 6 GjSM möglich.

dass der Oberbegriff die Darstellung, nicht die Schrift ist.[265] Darstellungen werden definiert als sinnlich wahrnehmbare, körperliche Gegenstände, die von gewisser Dauer sind und einen Vorgang oder einen Gedanken ausdrücken.[266] Grundsätzlich umfasst der Anwendungsbereich des GjSM somit Darstellungen aller Art. Für die Indizierung von Inhalten kommt es grundsätzlich nicht darauf an, welcher Begriff des § 1 III S.1 GjSM erfüllt ist, entscheidend ist, dass es sich überhaupt um eine Darstellung handelt. Die Existenz der anderen Begriffe, die den der Darstellung ergänzen, erklärt sich daraus, dass der Begriff der „Darstellung“ alleine dem Gesetzgeber „allzu farblos“ erschien.[267]

aa) Darstellungen des Internet und § 1 III S. 1 GjSM

Voraussetzung für die Anwendbarkeit des GjSM ist damit, dass auch Inhalte in den Diensten des Internet Darstellungen im Sinne des § 1 III GjSM sind. Insoweit kommt dem Begriff der „Datenspeicher“ in § 1 III S. 1 GjSM eine gesonderte Bedeutung zu, der durch Art. 6 Nr. 2 IuKDG[268] 1997 eingefügt wurde. Hierdurch stellte der Gesetzgeber klar, dass entgegen der verwaltungsrechtlichen Rechtsprechung zu der Vorschrift in ihrer alten Fassung, nun auch solche Inhalte erfasst werden sollen, die „für eine gewisse Dauer“[269] gespeichert sind und nur mittels eines Computers in Worte, Laute oder Bilder umgesetzt werden können. Ausdrücklich sind „Datenspeicher“ demnach elektronisch, elektromagnetisch, optisch, chemisch oder auf sonstigem Wege funktionierende Gegenstände, auf denen Gedanken oder Vorgänge zumindest vorübergehend abgelegt sind und unter Zuhilfenahme eines Computers wahrnehmbar gemacht werden können.[270] Hierunter fallen demnach alle Speichermedien, unter anderem auch jene, denen sich die Dienste des Internet bedienen. Welche Funktion das einzelne Speichermedium dabei erfüllt ist gleichgültig, so dass auch Arbeits-, Zwischen-, Proxy- (z. B. bei Routern), oder Festspeichermodule erfasst werden[271]. Inhalte, die über das Internet übertragen werden, werden auf verschiedene Weise zwischen- und endgespeichert. Dies beginnt beim Versender, beim Vermittler, bis hin zum Endnutzer. All diese Speichermedien sind grundsätzlich vom § 1 GjSM erfasst, zumindest, soweit sie sich auf dem Gebiet der Bundesrepublik Deutschland befinden. Betrachtet man das gesetzgeberische Ziel hinter der Aufnahme des Wortes „Datenspeicher“ in den § 1 III GjSM, so ist zu erkennen, dass damit die Möglichkeit geschaffen werden sollte, auch für solche Inhalte, die auf Speichern zur Verfügung stehen, die Möglichkeit der Indizierung zu schaffen.[272] Insoweit können Inhalte grundsätzlich, auch wenn sie über das Internet angebo-

---

[265] Vgl. Gödel in Löffler, § 1 GjS, Rn. 124; Potrykus, § 1 GjS Anm. 22c; Walther, BPjS-Aktuell 1/1997, 3, 5.
[266] So BT-Drucksache 13/7385, 36; Walther, BPjS-aktuell, 1/1997, S. 3, 5; Gödel in Löffler, § 1 GjS, Rn. 120 f.
[267] Dies ergibt sich aus einer Begründung zum Regierungsentwurf eines StGB, 1962, 121, siehe auch Altenhain, in Roßnagel, § 1 GjS, Rn. 16.
[268] BGBl. 1997 I, S. 1870, 1876.
[269] Vgl. BT-Drucksache 13/7385, S. 37.
[270] So BT-Drucksache 13/7385, S. 36, Altenhain in Roßnagel, § 1 GjS, Rn. 31.
[271] Vgl. Altenhain in Roßnagel, § 1 GjS, Rn. 31.
[272] Vgl. Bröhl, CR 1997, 73, 77; Herzog, S. 54; ebenso Reinwald, ZUM 1997, 450, 461, Fn. 75.

ten, oder über das Internet übermittelt werden, dem Anwendungsbereich des GjSM unterfallen.[273]

Ein Sonderproblem stellt in diesem Rahmen die Frage dar, inwieweit auch bloße Bildschirmanzeigen unter den Begriff der Darstellung im Sinne des GjSM fallen. Nach der hier vertretenen Ansicht setzen Darstellungen in diesem Sinne eine zumindest vorübergehende Speicherung (z. B. auf eine Proxy-Server, oder im Arbeitsspeicher des Endnutzers) voraus.[274] Dies hat zur Folge, dass bloße Abbildungen auf dem Bildschirm die weder end- noch zwischengespeichert werden, z. B. wenn sie in Echtzeit übertragen wurden und ohne Zwischenspeicherung wieder verschwinden, nicht vom Anwendungsbereich des GjSM erfasst sind. Insoweit besteht eine weitere rechtliche Lücke. Hierbei ist jedoch zu beachten, dass dies nur in Einzelfällen – zum Beispiel bei der undokumentierten Echtzeitkommunikation - der Fall ist. Ansonsten finden Zwischenspeicherungen laufend, in der Regel sogar ohne Auftrag des Nutzers im Cache-Verzeichnis seines Rechners oder auf dem Proxy-Server des Access-Providers statt. Unter diesen Voraussetzungen scheinen die Vorschriften des GjSM auch auf Inhalte in den Online-Diensten des Internet anwendbar zu sein.

bb) Ausnahmen nach § 1 III S. 2 GjSM

Allerdings ist diesbezüglich die Ausnahmevorschrift des § 1 III S 2 GjSM zu beachten. Danach sind Rundfunksendungen, sowie Mediendienste nach dem § 2 MDStV aus dem Anwendungsbereich des GjSM ausgenommen. Diese Vorschrift entspricht der „Klarstellungsklausel" des § 2 IV Nr. 2, 3 TDG, die dort das TDG einerseits vom MDStV abgrenzen soll, andererseits (im TDG!!) klarstellen soll, dass das Übermitteln der Informationen an sich nicht dem Anwendungsbereich des MDStV, sondern nur dem TDG unterfällt.[275] Auch hier im GjSM soll diese Vorschrift eine einheitliche Abgrenzung zwischen Bundes- und Landesrecht herbeiführen.[276]

In der Literatur wird zum Teil die Ansicht vertreten, dass diese Klarstellungsvorschrift systematisch falsch eingeordnet wurde, und nicht in § 1 GjSM, sondern vielmehr dem Willen des Gesetzgebers entsprechend, als Ausnahmevorschrift in die §§ 3 – 5 GjSM hinein zu lesen ist.[277] Wo auch immer der systematische Standort dieser Regelungen vermutet wird, jedenfalls werden hierbei Angebotsformen aufgezählt, die nicht von den Regelungen des GjSM erfasst werden sollen. Angesichts der Ausklammerung von Rundfunksendungen und bestimmter Verteil- und Abrufdienste aus dem Anwendungsbereich des GjSM bleibt zu klären, was für Online-Dienste in dessen Anwendungsbereich verblei-

[273] A.A. diesbezüglich ist wohl Reinwald, ZUM 1997, 450, 456 ff, 461, der eine Anwendung des GjSM auf die neuen elektronischen Medienformen auch des Internet schon aus kompetenzrechtlichen Gründen ablehnt. Diese Auffassung steht jedoch in Gegensatz zum Willen des Bundesgesetzgebers, der solche Dienste ausdrücklich auch vom GjSM erfasst sehen will.

[274] Vgl. Gödel in Löffler, § 1 GjS, Rn. 122; Walther, BPjS-aktuell 1/97, 3, 5; ebenso zu § 11 III StGB Schönke/Schröder/Eser, § 11, Rn. 78; SK/StGB/Rudolphi, § 11 Rn. 39.

[275] Dies ergibt sich so aus BT-Drucksache 13/7934, 46 f.

[276] Vgl. Engel-Flechsig/Maennel/Tettenborn, NJW 1997, 2981, 2991; Altenhain in Roßnagel, § 1 GjS, Rn. 33.

[277] So jedenfalls Altenhain in Roßnagel, § 1 GjS, Rn. 34 f; Schulz, MMR 1998, 182, 184.

ben. Hierzu muss zunächst geklärt werden, was genau die Ausnahmen des § 1 III S. 2 GjSM umfassen.

(1) Rundfunksendungen

Zu den Rundfunksendungen sei im Wesentlichen auf obige Ausführungen zum Rundfunkbegriff verwiesen, da § 1 III S. 2 GjSM ausdrücklich auf § 2 RStV verweist. Solche Angebote besitzen aufgrund ihrer spezifischen Art der Verbreitung eine erhöhte Suggestivkraft und damit auch eine hohe Relevanz für die öffentliche Meinungsbildung.

Deshalb bedarf es für Inhalte, die dergestalt verbreitet werden auch ein diesbezüglich abgestimmtes Regelungsinstrumentarium. Dieses hält der Rundfunkstaatsvertrag, nicht aber die besonderen Jugendschutzgesetze bereit. Aus diesem Grund und der Tatsache, dass für einen Online-Dienst auch immer nur ein Regelungskatalog eingreifen kann, sind solche Angebote dem RStV zugewiesen.

Anders verhält es sich dann, wenn Aufzeichnungen von Rundfunksendungen oder Teilen hiervon über Online-Dienste vertrieben werden. Dann handelt es sich hierbei nicht mehr um Rundfunk im (heute noch) anerkannten Rundfunkbegriff, sondern um Informations- und Kommunikationsdienste, die je nach der Art und Weise ihrer Verbreitung sehr wohl dem GjSM unterfallen können.

(2) Abruf- und Verteildienste mit redaktioneller Gestaltung

Einer weiteren Betrachtung bedarf die Gruppe derjenigen Verteil- und Abrufdienste, deren redaktionelle Gestaltung für die öffentliche Meinungsbildung im Vordergrund steht.

Verteildienste sind solche Angebote, die Inhalte an bestimmte Nutzer zu einem vom Anbieter festgelegten Zeitpunkt verbreiten. Abrufdienste dagegen zeichnen sich dadurch aus, dass ein Anbieter Inhalte bereithält, die die Nutzer individuell abrufen können. Um für die öffentliche Meinungsbildung relevant zu sein, müssen solche Dienste an die Allgemeinheit adressiert sein. Dies ist der Fall, wenn sie sich an eine unbestimmte Anzahl von Empfängern richten, unbeschadet von allgemeinen Zugangsvoraussetzungen wie ein Abonnement oder Anmeldung. Entscheidend ist, dass grundsätzlich jeder Empfänger dieser Inhalte werden kann. Dieses Merkmal entspricht im Wesentlichen der grundsätzlichen Abgrenzung zwischen den im IuKDG geregelten, individualkommunikativen (Tele-) Diensten und den massenkommunikativen (Medien-)Diensten, die der MDStV regelt und auf die im Folgenden noch gesondert einzugehen sein wird.[278] Im Ergebnis hat das Kriterium der Adressierung an die Allgemeinheit zur Folge, dass das GjSM nur für solche Informations- und Kommunikationsdienste des Internet Geltung besitzt, die auch dem Teledienstegesetz (TDG) des Bundes unterfallen. Somit findet das GjSM nur auf Teledienste im Sinne des § 2 TDG Anwendung. Das Kriterium der redaktionellen Gestaltung zeigt erneut die Parallelen zum Rundfunkbegriff. Sobald Inhalte derart redaktionell aufbereitet sind, besitzen sie eine erhöhte Meinungsbildungsrelevanz. Das solche Inhalte angesichts Schlagwörtern, wie verfassungsrechtlicher Presse- oder Rundfunkfreiheit, einer differenzierteren Behandlung bedürfen, als Inhalte, die im Rahmen einer Individualkommunikation ausgetauscht werden, liegt auf der Hand. Genau diese Dienste

[278] Vgl. BT-Drucksache 13/7385, S. 17, 69; BT-Drucksache 13/7934, 30.

sollen deshalb entweder dem Rundfunkrecht oder dem Recht der neuen Mediendienste (MDStV) unterfallen, da diese Normkataloge differenziertere Vorschriften enthalten, wie mit solchen Inhalten zu verfahren ist.

cc) Zwischenergebnis zum Anwendungsbereich des GjSM

Somit lässt sich als Zwischenergebnis festhalten, dass das GjSM seit seiner Änderung durch das IuKDG von 1997 grundsätzlich auch auf Darstellungen und damit auf Inhalte Anwendung findet, die über das Internet vertrieben werden. Hierbei ist jedoch § 1 II S. 2 GjSM zu beachten, der insbesondere solche Dienste des Internet aus dem Anwendungsbereich des GjSM herausnimmt, die an die Allgemeinheit gerichtet sind und deren redaktionelle Gestaltung zur Meinungsbildung im Vordergrund steht.

Letztendlich verbleiben damit nur solche Internet-Dienste im Anwendungsbereich des GjSM, die individueller Natur sind (Teledienste). Dies schafft eine Abgrenzung zu den Regelungskatalogen für massenkommunikative Informations- und Kommunikationsdienste wie zum Beispiel dem Rundfunk. Im Folgenden wird aber zu klären sein, inwieweit der Anwendungsbereich des GjSM mit dem anderer Vorschriften, die sich mit dem individuellen Informationsverkehr beschäftigen, interagiert und gegebenenfalls überschneidet.

b) Die inhaltsregulierende Wirkung des GjSM

Wie bereits eingangs festgestellt, handelt es sich bei den Regelungen des GjSM nicht um unmittelbar inhaltsbeschränkende Normen in dem Sinne, dass dort definiert sei, welche Inhalte zulässig und welche dies nicht sind. Allerdings enthält dieses Gesetz gewisse Verbreitungs- und Werbeverbote und –beschränkungen, die wirksam werden, wenn Darstellungen indiziert wurden im Sinne des § 1 I S. 1 GjSM. Genannt seien insoweit die Vorschriften der §§ 3 – 5 GjSM. Grundsätzlich ist die Anwendung dieser Normen auch bei Darstellungen im Internet denkbar. So können beispielsweise Web-Seiten im WWW, die jugendgefährdende Darstellungen beinhalten, anhand ihrer Adresse, der sogenannten URL[279] eindeutig identifiziert werden. Diese Adresse könnte sodann in die Liste aufgenommen werden. Gleiches gilt für den Dienst des Usenet. Sollten sich hier einzelne Newsgroups durch jugendgefährdende Inhalte hervortun, so können deren Namen in die Liste aufgenommen werden. Für Verstöße gegen die einzelnen Verbreitungs- und Werbeverbote hält § 21 GjSM Sanktionen von Geldstrafe bis hin zur (maximal einjährigen) Freiheitsstrafe bereit.

aa) Die Verbreitungs- und Werbeverbote des § 3 I Nr. 4 GjSM

Für die Informations- und Kommunikationsdienste des Internet ist in diesem Zusammenhang § 3 I Nr. 4 GjSM ausschlaggebend. Diese Vorschrift verbietet die Verbreitung indizierter Inhalte durch elektronische Informations- und Kommunikationsdienste. Selbiges Verbot gilt darüber hinaus für Darstellungen im Sinne des § 6 GjSM, bei denen es ob ihres schwer jugendgefährdenden Inhalts keiner Indizierung bedarf. Ebenso entfaltet diese Vorschrift gem. § 18 I GjSM Wirkung gegenüber Darstellungen, die im Wesentlichen inhaltsgleich mit einer indizierten Schrift sind oder deren pornographischer, volksverhetzender oder

[279] Uniform Resource Locator, vgl. hierzu Hage/Timm in Loewenheim/Koch, S. 37.

gewaltdarstellender Inhalt in einer rechtskräftigen gerichtlichen Entscheidung festgestellt wurde. Damit werden auch Kopien von Dateien indizierten Inhaltes, wie auch sogenannte Mirror-Sites[280] erfasst. Im Einzelnen untersagt § 3 I Nr. 4 GjSM, indizierte Inhalte zu verbreiten, bereitzuhalten oder sonst zugänglich zu machen.

Die *Verbreitung* solcher Inhalte liegt dann vor, wenn der Anbieter eine Tätigkeit unternimmt, die darauf abzielt über Informations- und Kommunikationsdienste einem größeren (im Sinne von unbestimmbaren) Personenkreis die Kenntnisnahme dieser Inhalte zu ermöglichen.[281] Eine tatsächliche Kenntnisnahme Dritter ist nicht erforderlich. Derartige Inhalte werden *bereitgehalten*, wenn sie für die Kenntnisnahme durch andere „im eigenen Dienstbereich" oder „im eigenen Verfügungsbereich" vorrätig gehalten werden.[282] Ausreichend hierfür ist bereits, wenn eine Person Zugriff auf solche Inhalte erlangen kann. Anders hingegen, wenn derjenige, der indizierte Inhalte besitzt, diese nur zum eigenen Gebrauch, zur Löschung oder zur Weiterleitung an Behörden hat. In diesem Fall soll kein Bereithalten in diesem Sinne gegeben sein.[283] Ein *Zugänglichmachen* dieser Schriften liegt vor, wenn Dritten die Möglichkeit der Kenntnisnahme über Informations- und Kommunikationsdienste verschafft wird.[284]

In dieser Vorschrift wird die indirekt inhaltsregulierende Struktur des GjSM deutlich. Aus dem GjSM geht nicht hervor, welche Darstellungen unzulässig sein sollen. Dies ist auch nicht Zweck dieses Gesetzes. Zweck des GjSM ist der Jugendschutz. Und dieser gebietet, dass Darstellungen, die jugendgefährdend sind – unabhängig davon, ob sie im übrigen rechtswidrig oder nur schädlich sind – Kindern und Jugendlichen vorenthalten werden. Deshalb setzt das GjSM am Umgang mit derartigen Inhalten an. Pönalisiert werden somit keine Inhalte per se, sondern lediglich deren Verbreitung (an Jugendliche). Gerade aber auch hierin liegt eine – indirekte – Inhaltsregulierung. Denn ob Darstellungen frei zugänglich sind, bzw. frei verbreitet werden können, hängt letztlich allein von der Qualität deren Inhalte ab. Die Verbreitungsverbote des § 3 I Nr. 4 GjSM schaffen somit eine umfassende Zugangssperre zu jugendgefährdenden Inhalten, zumindest für die durch diese Inhalte gefährdeten Jugendlichen.

bb) Der Ausnahmetatbestand des § 3 II S. 2 GjSM

Allerdings ist der Ausnahmetatbestand des § 3 II S. 2 GjSM zu beachten. Danach findet die Vorschrift des § 3 I Nr. 4 GjSM dann keine Anwendung, wenn durch technische Vorkehrungen Vorsorge getroffen ist, dass das Angebot oder die Verbreitung im Inland auf volljährige Nutzer beschränkt werden kann.

---

[280] Mirror-Sites sind Seiten im WWW, die den Inhalt einer anderen Seite exakt wiedergeben, sich jedoch auf einem anderen Server befinden. Dadurch wird die ursprüngliche Originalseite auf ein anderes Speichermedium „gespiegelt".

[281] Vgl. Bullinger in Löffler, Presserecht, Einleitung, Rn. 30; ebenso Altenhain in Roßnagel, § 3 GjS, Rn 10.

[282] Vgl. BT-Drucksache 13/7385, 20.

[283] Vgl. SK/StGB/Horn, § 184, Rn. 58; Altenhain in Roßnagel, § 3 GjS, Rn. 12.

[284] Vgl. Altenhain in Roßnagel, § 3 GjS, Rn. 12.

(1) Verfassungsrechtlicher Kontext des § 3 II S. 2 GjSM

Bei unreflektierter Begegnung mit dieser Vorschrift erstaunt diese. Immerhin schafft sie einen Ausnahmetatbestand, der den Schutz des GjSM im Bereich der elektronischen Informations- und Kommunikationsdienste erheblich einschränkt. So dürfte eine vollkommene Zugangssperre zu indizierten Inhalten ein höheres Schutzniveau für Kinder und Jugendliche etablieren und damit auch einen effektiveren Jugendschutz bieten. Allerdings gilt es, auch diese Norm im verfassungsrechtlichen Kontext zu sehen. Der Zweck dieser Vorschrift besteht darin, zu verhindern, dass auch Erwachsenen der Zugang zu Informationen abgeschnitten wird, obwohl diese lediglich als für Kinder und Jugendliche gefährdend eingestuft sind.[285] Dementsprechend wird in Rechtsprechung und Literatur die Ansicht vertreten, dass Erwachsenen der Zugang zu bestimmten Informationen nicht gänzlich verwehrt werden darf, selbst wenn die fraglichen Informationen als jugendgefährdend eingestuft sind.[286] Eine umfassende Zugangssperre zu derartigen Inhalten, die auch für Erwachsene gilt, käme einer Zensur und damit einem Verstoß gegen Art. 5 I 3 GG gleich.[287] Einer anderen Ansicht zufolge soll Art. 3 I Nr. 4 GjSM, verfassungskonform ausgelegt, die Verbreitung von Informationen über Computernetze nicht erfassen, sondern nur die dieser Verbreitung zugrundeliegenden CD-Roms, Disketten, u.ä..[288] Diese Ansicht steht jedoch in ausdrücklichem Widerspruch zum erklärten Willen des Gesetzgebers, der durch die Einfügung der Nr. 4 eine Erstreckung der Wirkung des § 3 gerade auch auf die neuen Online-Dienste des Internet verfolgte. Deshalb verdient erstere Ansicht Zustimmung finden. Erwachsenen muss es selbst überlassen bleiben, zu entscheiden, welche Inhalte sie sich zuführen möchten und welche nicht, solange es sich nicht um Inhalte handelt, die gegen andere (z. B. Straf-) Vorschriften verstoßen. Hinzukommt, dass viele der Informationen, die über elektronische Informations- und Kommunikationsdienste erhältlich sind, ausschließlich über diese Medien verbreitet werden. Eine total Zugangssperrung zu diesen Informationen wäre damit auch mit Art. 5 I 1 GG unvereinbar.[289]

Obwohl die freie Informationsbeschaffung nach Art. 5 I 1 GG Grundrechtscharakter hat, so unterliegt auch sie der Schrankentrias des Art. 5 II GG. Danach sind Einschränkungen in die Informationsfreiheit nach Gesetzen zum Schutze der Jugend grundsätzlich möglich. Aus den selben Gründen aber auch Erwachsenen den Zugang zu indizierten Informationen mit Verweis auf den Jugendschutz zu verwehren, käme einer unangemessenen Ausweitung des Jugendschutzes gleich. Insofern geht die Informationsfreiheit und das Zensurverbot dem Jugendmedienschutz vor.

[285] Vgl. Altenhain in Roßnagel, § 3 GjS, Rn. 15.

[286] Vgl. BverwGE 85, 169, 174 f; Sieber, Verantwortlichkeit für den Datenverkehr (Teil 2), JZ 1996, 494, 497; von Hartlieb, Kap. 11, Rn. 14; Weides, NJW 1987, 224, 232.

[287] Vgl. Herzog, S. 57.

[288] Vgl. Herzog, S. 57.

[289] Vgl. Altenhain, Altenhain in Roßnagel, § 3 GjS, Rn. 16 ff.

(2) Umfang des Ausnahmetatbestandes

§ 3 II S. 2 GjSM nimmt solche Informations- und Kommunikationsdienste aus den Verbreitungsverboten des § 3 I Nr. 4 GjSM aus, bei denen durch technische Vorkehrungen sichergestellt ist, dass das Angebot dieser Dienste nur Volljährigen zur Verfügung steht. Der Gesetzgeber lässt offen, wie derartige Vorrichtungen beschaffen sein müssen. Der reichlich unbestimmte Begriff der „technischen Vorkehrungen" soll nach seinem Willen die Norm vielmehr für technische Weiterentwicklung und Neuerungen offen halten.[290]

Im Grundsatz kommen für eine derartige Schutzvorrichtung im Wesentlichen zwei Konzepte in Betracht.[291] Zum Einen besteht die Möglichkeit, eine solche Vorrichtung beim Anbieter zu installieren, auf dass dieser den Zugang nur Erwachsenen gewährt. Zu diesen Systemen zählen die herkömmlichen Altersverifizierungs-Systeme, die es in verschiedenen Ausführungen bereits im Netz gibt. Diese Systeme gewähren den Zugang zu bestimmten Materialien erst nach Überprüfung der Zugangsberechtigung – also letztlich des Alters – des Nutzers. Zum Anderen kommen Systeme in Betracht, die auf der Seite der Nutzer oder zumindest des zugangsvermittelnden Access-Providers installiert sind und sich dadurch auszeichnen, dass sie Dateien erst bei Vorliegen bestimmter Zugangsmerkmale beim Nutzer (Alter) weiterleiten (sog. Filterprogramme). Aus § 3 II S. 2 GjSM geht dabei nicht hervor, welches dieser Systeme der Gesetzgeber bevorzugt. Entscheidend ist allein, dass eine altersabhängige Zugangskontrolle gewährleistet ist.

cc) Das Erfordernis eines Jugendschutzbeauftragten, § 7 a GjSM

Außerdem ist § 7 a GjSM für Anbieter elektronischer Informations- und Kommunikationsdienste erheblich. Nach dieser Vorschrift ist jeder, der gewerbsmäßig derartige Dienste anbietet, verpflichtet, einen Jugendschutzbeauftragten zu bestellen, sofern sein Dienst jugendgefährdende Inhalte enthalten kann. Diese Vorschrift ist Ausdruck des Strebens des Gesetzgebers, nicht nur legislativ Inhalte im Internet zu regulieren, sondern auch die Beteiligten zu einer Selbstregulierung zu bringen. Der Jugendschutzbeauftragte hat die Funktion, als „jugendschutzrechtliches Gewissen" des Anbieters zu fungieren. Ihm kommt eine koordinierende, beratende Aufgabe im Gewerbe des Anbieters zu.

Die Verpflichtung, einen Jugendschutzbeauftragten zu beschäftigen, kann der Anbieter auch dadurch erfüllen, dass er sich einer Organisation der freiwilligen Selbstkontrolle anschließt.[292] Letztlich wird der Staat hierbei nicht hoheitlich-inhaltsbezogen tätig, sondern appelliert vielmehr an die Fähigkeit der Anbieter zu inhaltlichen Selbstkontrolle.

---

[290] Vgl. BT-Drucksache 13/7385, 38.

[291] Vgl. hierzu Altenhain in Roßnagel, § 3 GjS, Rn. 16 ff.

[292] Eine solche Organisation stellt beispielsweise die FSM, die Freiwillige Selbstkontrolle Multimedia dar. In diesem Verbund sind die bedeutenden Unternehmen der deutschen Internet-Wirtschaft organisiert. Den Jugendschutz betreffende Handlungen werden von dort für die Mitglieder koordiniert.

c) Grenzen der Inhaltsregulierung durch das GjSM

Trotz allem sind der Inhaltsbeschränkung des GjSM bei den Diensten im Internet relativ enge Grenzen gesteckt. Diese ergeben sich zum Einen schon aus den technischen Parametern des Netzwerkes. Wie oben dargestellt ist die Indizierung von Web-Seiten oder ganzen Newsgroups durchaus denkbar. Zweifelhaft bleibt jedoch, inwieweit dadurch ein ausreichender Schutz vor jugendgefährdenden Inhalten geboten wird. Durch geringfügige Variationen in der URL, oder aber durch Spiegelung der Daten auf andere Server, wird die Liste der indizierten Inhalte in kürzester Zeit obsolet.[293] Gleiches gilt für den Newsdienst, wo indizierte Newsgroups binnen Minuten durch Gruppen gleichen Inhaltes aber unterschiedlichen Namens „ersetzt" werden können. Gerade jene Attribute der Dienste des Internet, die seine größten Vorzüge darstellen, wie Geschwindigkeit, Flexibilität, Massenreichweite, Globalität, erweisen sich hier als die größten Hemmnisse für inhaltliche Regulierung.

Weiterhin wird die inhaltsregulierende Wirkung des GjSM durch den Ausnahmetatbestand des § 3 II S. 2 GjSM eingeschränkt. Zwar erscheint die Idee einer altersabhängigen Zugangskontrolle im Internet zunächst durchaus plausibel, und immerhin funktioniert Jugendschutz auch in der realen Welt zu großen Teilen über Alterskontrollen anhand von Paß oder Ausweis. Allerdings ist dies im Internet und seinen Diensten nur äußerst eingeschränkt möglich. Einen offiziellen (fälschungssicheren) Ausweis für Internetnutzer gibt es (noch) nicht. Nur anhand einer IP-Adresse oder eines (zumeist frei wählbaren) Benutzernamens lassen sich weder die tatsächliche Identität eines Nutzer noch dessen Alter erkennen. Insofern besteht die Gefahr, dass Jugendliche, die sich als Erwachsene ausgeben, wegen der Ausnahme des § 3 II S. 2 GjSM mit jugendgefährdenden Inhalten in Berührung kommen, obwohl das GjSM sie vor genau diesen Inhalten eigentlich schützen sollte. Gleiches wird durch die Erfahrungen bestätigt, die in der Praxis mit oben genannten altersabhängigen Zugangskontrollen – egal ob auf Seiten des Anbieters oder des Nutzers - gewonnen wurden. So bringen derartige Systeme, die häufig auf Methoden, wie der rein formalen Altersabfrage oder auch dem Erfordernis einer Kreditkartennummer[294] basieren, meist keine zuverlässigen Ergebnisse.[295]

Durch den technischen Fortschritt werden künftig Systeme realisiert werden können, die vergleichbar mit einem Trustcenter für elektronische Signaturen arbeiten. Nach der Angabe persönlicher Daten, wie z. B. der Registrierungsnummer des Personalausweises, erhält man dort einen persönlichen Ziffern- oder Zahlencode. Nachdem die Angaben überprüft wurden, wird dieser Code freigeschaltet, und ermöglicht fortan als persönliche (altersbezogene) Identifikation den Zugang zu Angeboten im Internet, die nur Erwachsenen vorbehalten sein

---

[293] Vgl. Dittler, in Schwarz, S. 24; Herzog, S. 54 f.

[294] Ein Beispiel hierfür ist „Adult-Check", im Internet aufzufinden unter http://www.adultcheck.com. Hierbei werden nach unternehmenseigenen Angaben über 200.000 Pornoseiten im WWW zugänglich. Einzige Voraussetzung ist die Angabe einer Kreditkartennummer, über welche eine „Verwaltungsgebühr" abgebucht wird. Angesichts der zum Teil kinderleichten Erhältlichkeit von Kreditkartennummern scheint hierdurch keine effektive Alterkontrolle möglich.

[295] Vgl. Herzog, S. 56.

sollen. Allerdings sind derartige Systeme noch nicht ausgereift und auch die sich ergebenden datenschutzrechtlichen Probleme sind noch nicht gelöst.[296] Bislang ist jedenfalls davon auszugehen, dass es derzeit im Internet kein zuverlässiges Mittel gibt, mit dessen Hilfe ein absolut effektiver altersabhängiger Zugang zu Angeboten ermöglicht worden wäre.[297]
Zum Erfordernis eines Jugendschutzbeauftragten lässt sich feststellen, dass hierdurch keine direkte Inhaltsregulierung im Sinne einer Kontrolle von Inhalten etabliert wird. Der Jugendschutzbeauftragte fungiert nicht als Überwacher, sondern als Berater in Jugendschutzfragen, der in das Unternehmen des Anbieters integriert ist, gleichsam als dessen Hilfsorgan.[298] Dass seine tatsächliche Tätigkeit auch wirklich hierauf beschränkt bleibt, ergibt sich daraus, dass der Gesetzgeber ihn weder mit Weisungsfreiheit, Unterstützungspflicht, Benachteiligungsverbot oder einem besonderen Kündigungsrecht ausgestattet hat. Ebenso wenig verlangt § 7 a GjSM besondere fachliche Qualifikationen. Er besitzt lediglich ein Vorschlagsrecht für Modifikationen des Angebotes, ohne dass der Anbieter hieran gebunden wäre. Dementsprechend gering und nur mittelbar ist die inhaltsregulierende Wirkung des Jugendschutzbeauftragten in diesem Sinne bei Inhalten im Internet. Allerdings ist anzuerkennen, dass der Gesetzgeber die gewerblichen Anbieter damit zu einem offenen Bekenntnis für den Jugendschutz zwingt, und damit dem Jugendschutz auch in der Gesellschaft zu einer erhöhten Akzeptanz verhilft.

d) Zwischenergebnis

Insofern muss das GjSM ob seiner inhaltsregulierenden Wirkung in den neuen Informations- und Kommunikationsdiensten des Internet differenzierend betrachtet werden. Zum Einen hält es mit der Indizierung von Inhalten Maßnahmen bereit, die für die traditionellen (Print-) Medien entwickelt wurden. Diese sind für die neuen Online-Dienste nur bedingt tauglich. Zum Anderen setzt das GjSM mit altersabhängigen Zugangskontrollen in § 3 II S. 2 GjSM auf Kontrollmechanismen, deren Tauglichkeit und insbesondere deren Effektivität (zumindest derzeit noch) angezweifelt werden darf. Schließlich muss angesichts der enormen publizistischen Möglichkeiten, die die Dienste des Internet Anbietern von Inhalten und den Nutzern zur Verfügung stellen, bezweifelt werden, ob das GjSM für diesen hochmodernen Bereich ein insgesamt taugliches Regulierungsinstrument darstellt. Zu ungenau passen hier die bereitgehaltenen Maßnahmen, die augenscheinlich für weniger komplexe Medienformen entwickelt worden waren. Gerade bei Medien, die eine bisher nicht gekannte Vielfalt an Möglichkeiten der Verbreitung von Inhalten bieten, muss eine indirekte Inhaltskontrolle, wie sie das GjSM bietet angezweifelt werden. Hier versprechen Methoden, die direkt bei den Inhalten selbst ansetzen, mehr Erfolg.

---

[296] Hierzu sei nur das Stichwort „gläserner Internetnutzer“ erwähnt.
[297] Vgl. Derksen, NJW 1997, 1878, 1882; Herzog, S. 55.
[298] Vgl. Hoeren/Sieber/Altenhain, 20, Rn. 263.

2. Das Gesetz zum Schutze Jugendlicher in der Öffentlichkeit, JÖSchG

Neben dem GjSM könnte auch noch das JÖSchG hinsichtlich inhaltsbeschränkender Vorschriften in Betracht kommen. Ebenso wie das GjSM ist auch das JÖSchG ein Jugendschutzgesetz des Bundes. Dabei stellt dieser Regelungskatalog eigene Mittel des Jugendschutzes zur Verfügung. So ist z. B. in § 7 JÖSchG normiert, dass bespielte Bildträger einer Vorprüfung hinsichtlich ihrer etwaigen jugendgefährdenden Wirkung durch die obersten Landesbehörden unterliegen.[299] Der Ansatz hierbei ist ein völlig anderer als beim GjSM. Denn im Gegensatz zu der dort ermöglichten, nachträglichen Indizierung von Inhalten, etabliert das JÖSchG eine **Vor**prüfung. Dies hat zur Folge, dass die Inhalte kontrolliert werden, bevor sie öffentlich erscheinen. Damit besteht insoweit nicht die Gefahr, dass bestimmte Inhalte bereits zwischen Bekanntmachung und Indizierung Kindern und Jugendlichen zugänglich werden. Das JÖSchG lässt somit keine Schutzlücke zwischen dem Zeitpunkt der Veröffentlichung und dem der inhaltlichen Kontrolle, wie dies beim GjSM der Fall ist.

Zweifelhaft ist jedoch, ob die Vorschriften des JÖSchG auf Inhalte im Internet Anwendung finden. Grundsätzlich ist denkbar, dass auch Inhalte im Internet einer vorgezogenen Prüfung durch die obersten Landesbehörden unterliegen, bevor sie der Öffentlichkeit zugänglich gemacht werden. Demzufolge wird eine Anwendung des JÖSchG auch auf Angebote in Informations- und Kommunikationsdiensten, wie zum Beispiel die Dienste des Internet vereinzelt befürwortet.[300] Fraglich ist, ob dieser Ansicht gefolgt werden kann. Nach der Definition in § 7 I JÖSchG gilt diese Vorschrift für Inhalte, die auf Videokassetten, Bildplatten und vergleichbaren Bildträgern verkörpert sind. Aus dieser Aufzählung lässt sich schließen, dass lediglich Bewegtbilddarstellungen erfasst sein sollen.[301] Dies allein spricht nur bedingt gegen eine Anwendung des JÖSchG auf Internet-Inhalte. Schließlich sind über das Internet grundsätzlich auch solche Bewegtbilddarstellungen abrufbar (Web-TV, Videoclips, Filmausschnitte, usw.). Allerdings enthält das JÖSchG keine dem § 1 III GjSM entsprechende Vorschrift, in der der Geltungsbereich des Gesetzes ausdrücklich ausgeweitet wird. Außerdem gebietet auch die systematische Auslegung des Gesetzes eine restriktive Handhabung. Schließlich werden laufend enorme Datenmengen in das Internet eingespeist und dort abgerufen. Die Anwendbarkeit des JÖSchG auch auf die Dienste des Internet hätte zur Folge, dass Daten nicht ohne Freigabe nach § 6 III S. 1 Nr. 1 JÖSchG ins Netz gegeben werden dürften.[302] Angesichts der Datenmengen und der Möglichkeiten, diese ins Internet zu bringen, wäre dies ein aussichtsloses Unterfangen.

Hinzu kommt, dass durch eine derartige Vorprüfung von Inhalten auch Erwachsenen den Zugang zu bestimmten Inhalten verwehrt würde. Dies würde wiederum einen Verstoß gegen Art. 5 I S. 3 GG darstellen. Immerhin müssten von der

---

[299] Hierfür wurde eigens die „Freiwillige Selbstkontrolle Filmwirtschaft" (FSK) ins Leben gerufen; vgl. BVerfG NJW 1993, 1457, 1459 f.

[300] Vgl. Hoeren/Sieber/Altenhain, 20, Rn. 27.

[301] Vgl. Sieber, Verantwortlichkeit für den Datenverkehr (Teil 2), JZ 1996, 494, 498; ebenso ders. in Hoeren/Sieber, 19, Rn. 643.

[302] Vgl. Sieber, Verantwortlichkeit für den Datenverkehr (Teil 2), JZ 1996, 494, 498; Herzog, S. 58 f.

Behörde beanstandete Inhalte mangels eines tauglichen Alterskontrollsystems als Konsequenz ganz aus dem Netz genommen werden. Darin läge eine unzulässige Vorzensur. Schließlich verstößt die in den §§ 6, 7 JÖSchG geregelte Vorprüfung nur deshalb nicht gegen das Zensurverbot, weil sie Erwachsenen den Zugang zu Filmen und Bildträgern nicht gänzlich verwehrt und insofern nur eine „partielle Vorzensur" erfolgt.[303]

Letztlich spricht auch die Gesetzgebungsgeschichte gegen eine Anwendung des JÖSchG auf Computernetze. So wurde im Rahmen der Gesetzgebungsaktivitäten zum IuKDG vom Bundesrat angeregt, nicht nur das GjSM auf Angebote im Internet auszuweiten, sondern auch den Anwendungsbereich des JÖSchG auf solche Dienste zu erstrecken.[304] Die Bundesregierung lehnte dies jedoch wegen eines fehlenden Regelungsbedarfes ab.[305] Aus alledem ergibt sich folglich, dass das JÖSchG auf die Kommunikation in Computernetzen keine Anwendung findet. Insofern können sich aus dessen Vorschriften auch keine inhaltsregulierenden Wirkungen für Inhalte in den Diensten des Internet ergeben.

---

303 Vgl. BVerfG NJW 1993, 1457, 1459 f; von Hartlieb, Handbuch des Film-, Fernseh-, und Videorechts, Kap. 10 Rn. 17, 23, 28; ebenso Sieber, Verantwortlichkeit für den Datenverkehr (Teil 2), JZ 1996, 494, 498, m. w. N.

304 Vgl. Hoeren/Sieber/Sieber, 19, Rn. 644.

305 Vgl. BT-Drucksache 13/7385, S. 73, wo ausdrücklich festgestellt wird, dass insbesondere jugendgefährdende Telespiele ausreichend über die Vorschriften des StGB, des OWiG und des GjSM erfasst sind. Ebenso Engel-Flechsig/Maennel/Tettenborn, Neue gesetzliche Rahmenbedingungen für Multimedia, S. 33.

B. Inhaltsbeschränkende Normen in den spezifischen Multimediagesetzen

Gerade in jüngerer Zeit wurden Vorschriften speziell in Hinblick auf die neuartigen Informations- und Kommunikationsdienste erlassen. Hierbei spielen insbesondere der Mediendienstestaatsvertrag der Länder (MDStV) und das Teledienstegesetz des Bundes (TDG), das als Art. 1 des Informations- und Kommunikationsdienstegesetzes (IuKDG) erlassen wurde, eine große Rolle. Beide Gesetze traten nach einem umfangreichen Kompetenzstreit zwischen Bund und Ländern am 1. 8. 1997 zeitgleich in Kraft.

I. Gesetzgebungskompetenz für die neuen Informations- und Kommunikationsdienste

Vor dem Erlass neuartiger Regelungen ist jeweils als erstes zu klären, wem die Regelungskompetenz für den jeweiligen Bereich obliegt. Dies hat um so mehr zu gelten, wenn es um den ersten Versuch einer umfassenden Regulierung eines neuen Bereiches geht. Angesichts des gesellschaftlichen, wirtschaftlichen, technischen und sonstigen Potentials, das den neuen Informations- und Kommunikationsdiensten immer wieder zugesprochen wird, hat die kompetenzrechtliche Zuweisung dieser Materie an Bund oder Länder weitreichende Folgen. Die Art. 70 ff GG sind Grundlage für jegliche Gesetzgebungszuständigkeit in der Bundesrepublik. Bisher war somit auch im Bereich von Information und Kommunikation die Aufgabenverteilung klar: Nach Art. 73 Nr.7 GG besitzt der Bund die ausschließliche Regelungskompetenz für den Bereich des Postwesens und der Telekommunikation. Diese Kompetenz sollte rein technisch verstanden werden[306] und auch nach Aussage des Bundesverfassungsgerichtes nur die technische Seite des Übermittlungsvorganges im Kommunikationswesen umfassen.[307] Nach dem in Art. 30 und Art. 70 I GG festgelegten Primat der Länderzuständigkeit[308] mussten demnach alle Regelungen, die über die rein technische Übermittlung von Informationen hinausgingen, der Zuständigkeit der Länder unterfallen. Was die Regelung der neuartigen Multimediadienste betrifft, sollte nichtsdestotrotz ein bisweilen leidenschaftlicher Streit um die Regelungszuständigkeit für diese neuen Dienste zwischen Bund und Ländern entflammen.
Um die neuen Möglichkeiten in ihrer gesamten Bandbreite nutzen zu können und Hindernisse für ihre Entwicklung zu beseitigen, setzte die Bundesregierung im Frühjahr 1995 einen Rat für Forschung, Technologie und Innovation ein. In dessen Ende 1995 vorgelegten Bericht, wurde unter anderem die Schaffung eines national einheitlichen Medienordnungsrechtes empfohlen, da nur auf diese Weise ein optimales Entwicklungsumfeld für die neuen Medien geschaffen werden könne.[309] Mit diesem Vorschlag wurde die Frage der Gesetzgebungskompetenz für die neuen Dienste erstmals in die öffentliche Diskussion gerückt. Durch neue technologische Entwicklungen waren im Informations- und Kommunikationsbereich echte Mehrwertdienste möglich geworden, die schon bald eine ansehnliche wirtschaftliche Bedeutung erlangen sollten. Seit Mitte der neunziger

[306] So der BT-Drucksache 12/7269, S. 4 zu entnehmen.
[307] Vgl. BVerfGE 12, 205, 225 ff.
[308] So schon BVerfGE 10, 89, 101; 12, 205, 228; Maunz/Dürig/Herzog/Scholz, Art. 74, Rn. 15 ff. m.w.N.
[309] Vgl. Roßnagel, in Roßnagel, Einführung, Rn. 15.

Jahre wurde das Potential dieser neuen Informations- und Kommunikationsdienste erkannt. In einer Informationsgesellschaft wie der Bundesrepublik Deutschland wurde diesem Bereich ein enormes Wirtschaftswachstum vorausgesagt, sogar eine vom Bruttosozialprodukt her gesehene Überflügelung der Automobilindustrie wurde in Aussicht gestellt.[310] Angesichts der Bedeutungsschwere dieses Mediums beanspruchten zunächst sowohl der Bund einerseits, als auch die Länder andererseits, die Gesetzgebungskompetenz für diesen Sektor.

1. Die Position der Länder

a) Primat der Länderzuständigkeit und dynamischer Rundfunkbegriff

Die Argumentation der Länder ob ihrer allgemeinen Zuständigkeit für die neuen Informations- und Kommunikationsdienste, insbesondere auch des Internets, fußte im Wesentlichen auf zwei Positionen. Als Hauptargument wurde angeführt, dass die Art. 73 ff GG keine ausdrückliche Zuweisung der Regelungskompetenz an den Bund, weder für multimediale Kommunikations- und Informationsdienste, noch für Telekommunikationsinhalte im Allgemeinen enthielten.[311] Aus dem Grundsatz der Länderzuständigkeit aus Art. 30, 70 I GG ergebe sich deshalb hier die Länderkompetenz.

Daneben wurde auch darauf verwiesen, dass der Rundfunkbegriff i. S. d. Art. 5 I GG dynamischer Natur sei und sich wechselnden Gegebenheiten anpassen müsse.[312] Insoweit sei auch die Rundfunkkompetenz der Länder hier zuständigkeitsbegründend. Diese Ausgangsposition vertraten die Länder in einem Zwischenbericht der Bund-Länder-Arbeitsgruppe „Multimedia“, den diese am 8. 2. 1996 anlässlich eines Treffens des Bundeskanzlers mit den Regierungschefs der Länder vorlegte, differenziert dar. Insbesondere zum Rundfunkbegriff finden sich hierin Ausführungen. So sei die Zuordnung einzelner Dienste unter den Rundfunkbegriff für die Frage der Regelungskompetenz zwischen Bund und Ländern ohne Bedeutung, da dieser durch die Verfassung vorgegeben und von der Rechtsprechung des Bundesverfassungsgerichtes konkretisiert sei. Diese Rechtsprechung wiederum orientiere sich an den Schutzerfordernissen des Artikels 5 GG und leite sich nicht aus der bisherigen Technik ab, sondern sei vielmehr dynamischer Natur und insofern an die laufenden Entwicklungen anzupassen.[313] Dabei sei bei jedem Multimediadienst gesondert festzustellen, ob und inwieweit Schutzgüter des Art. 5 GG betroffen werden können und insoweit die Notwendigkeit bestimmter Regelungen besteht. Diese Ansicht der Länder beruht insofern auf einer technikoffenen Ausweitung des Rundfunkbegriffes auch auf neue Informations- und Kommunikationsdienste, soweit sie noch im weitesten Sinne als Rundfunk i. S. d. Art. 5 I GG zu verstehen sind. Ähnlich der – unbestrittenen – Länderkompetenz für den Rundfunk, die selbst nicht ausdrücklich im Grundgesetz genannt ist, sollte sich auch die Regelungskompetenz für die neuen In-

[310] Vgl. Meier, in Roßnagel, § 2 MDStV, Rn. 3.

[311] Vgl. hierzu nur die Begründung zum MDStV, Teil A, abgedruckt beispielsweise in: LT-Drucksachen NW, 12/1954, S. 33.

[312] Vgl. Spindler, in Roßnagel, § 2 TDG, Rn. 11.

[313] Zwischenbericht der Bund-Länder-Arbeitsgruppe „Multimedia“ (unveröffentlicht), in Auszügen abgedruckt unter Roßnagel, § 2 MDStV, Rn. 4, 8.

formations- und Kommunikationsdienste inzident aus Art. 70 I GG ergeben, da sich aus den Art. 73 ff GG keine Bundeskompetenz für die Regelung von Multimedia, Internet oder neuen Medienformen ergibt.[314] Im Rahmen dieser Diskussion wurde häufig auch auf die Neuregelungen des Art. 72 I und II GG verwiesen. Diese Vorschriften wurden 1994 mit dem Ziel eingefügt, die Wahrnehmung der konkurrierenden Gesetzgebungskompetenzen des Bundes strenger zu begrenzen.[315] Auch deshalb beharrten die Länder auf einer restriktiven Auslegung der Bundeskompetenzen im Bereich der neuen Informations- und Kommunikationsdienste. Abgesehen vom Primat der Länderzuständigkeit und der unumstrittenen Zuständigkeit zur Regelung rundfunkrechtlicher Fragen beriefen sich die Länder auf ihre Kulturhoheit[316]. Immerhin wurde gerade dem Internet aufgrund seiner darstellerischen Möglichkeiten auch ein nicht unerheblicher kultureller Aspekt beigemessen.

b) Der Sonderfall Sachsen

Nachdem bislang stets von einem einheitlichen Länderstandpunkt die Rede war, scheint der Vollständigkeit halber der Umstand erwähnenswert, dass der Freistaat Sachsen zunächst eine Sonderposition bezüglich der Kompetenzverteilung im Bereich der neuen Informations- und Kommunikationsdienste vertrat. Seine Vertreter gingen ursprünglich davon aus, dass die neuen Medien wegen ihres in vielfältiger Weise vorhandenen individuell nutzbaren und wirtschaftlichen Charakters im weitesten Sinn dem Recht der Wirtschaft nach Art. 74 I Nr. 11 GG und damit der Zuständigkeit des Bundes zuzuordnen seien.[317] Weiterhin wurde die Begrifflichkeit der „neuen Medien" gerügt. Hierbei handele es sich nicht um neue Medien, sondern vielmehr um eine neuartige Kombination aus Verbreitungsweg und traditionellen Medien. Angesichts dieses Begriffsverständnisses sei eine neue rechtliche Einordnung dieser Dienste nicht erforderlich. Dieser Ansicht zufolge musste schon der BtxStV einer Daseinsberechtigung in Form einer lauteren Rechtsgrundlage entbehren. Folgerichtig hatte Sachsen diesen schon mit Schreiben an alle Länder vom 28. Oktober 1996 fristgemäß bis zum 31. Dezember 1998 gekündigt. Mit Blick auf eine gemeinsame Länderposition gab der Freistaat Sachsen schließlich dennoch seine ursprüngliche Ansicht auf und schloss sich der Auffassung an, dass den Ländern die Regelungskompetenz aus den Art. 30, 70 GG zustünde[318].

c) Die Negativliste der Rundfunkreferenten der Länder

Obwohl die Ansicht der Länder, allein sie besäßen die Gesetzgebungskompetenz für den Bereich der neuen Informations- und Kommunikationsdienste, wie oben dargestellt unter anderem auf einem dynamischen Rundfunkbegriff aufbaute, waren sich die Länder dennoch der Tatsache bewusst, dass nicht alle neuen Dienste unter den Rundfunkbegriff im Sinne des Grundgesetzes und der Recht-

---

[314] Vgl. Kuch, ZUM 1997, 225, 227.
[315] Vgl. Gerstorf, Hubertus, AfP 1997, 424 ff; ders. in epd Nr. 44, 1996, S. 22; Röger, ZRP 1997, 203, 207.
[316] Vgl. Mayer, S. 139.
[317] Vgl. Meier, in Roßnagel, § 2 MDStV, Rn. 6.
[318] Vgl. den Erinnerungsvermerk der Staatskanzlei Rheinland-Pfalz zum Bund-Länder-Gespräch vom 22. 10. 1996; wie auch Meier, in Roßnagel, § 2 MDStV, Rn. 6.

sprechung des Bundesverfassungsgerichtes zu fassen sein sollten. Vielmehr waren sie sich dem Erfordernis einer Abgrenzung bestimmter Dienste vom Rundfunk in differenzierter Weise durchaus bewusst.[319] Dies ergibt sich zum Einen aus der Regelung des § 20 II RStV. Hierin werden bewusst nur solche Mediendienste einer Zulassungspflicht unterworfen, die auch dem Rundfunk zuzuordnen sind. Daneben muss es also auch solche geben, die sich nicht unter den Rundfunkbegriff subsumieren lassen. Deutlicher formulierte dies noch die sogenannte Negativliste[320]. Diese Liste wurde von den Rundfunkreferenten der Länder aufgrund eines Auftrages der Rundfunkkommission vom 2. Juni 1995 erstellt und enthält eine Aufstellung von Diensten, die entweder nicht dem verfassungsrechtlichen Rundfunkbegriff unterfallen oder zumindest nicht dem Rundfunkrecht unterliegen sollen.[321] Sie teilte die neuen Dienste sodann in zwei Gruppen auf.

Die erste Gruppe sollte all diejenigen multimedialen Angebote umfassen, die trotz fernmeldetechnischer Verbreitung nicht als Rundfunk eingestuft werden sollten. Hierunter sollten „der Austausch von individuellen Informationen und Daten" (elektronische Post), „Fernwirkdienste zum Messen, Steuern oder Regeln, elektronische Verkaufskataloge, Telebanking, elektronische Buchungsdienste, Telearbeit, Telemedizin, Videokonferenzen sowie Telelearning" fallen. Die zweite Gruppe sollte solche Angebote enthalten, die zwar eigentlich dem Rundfunkbegriff unterfallen, von ihrer publizistischen Ausrichtung und Wirkung, sowie von ihrer Bedeutung für die öffentliche Meinungsbildung her aber derart hinter dem traditionellen Rundfunk zurückbleiben, so dass für sie jedenfalls nicht oder nicht in vollem Umfang die engen rundfunkrechtlichen Regelungen des RStV gelten sollten.[322] Hier wurden Datendienste unterschiedlicher Ausrichtung (z. B. Wetter-, Umwelt- oder Börsendaten), Teleshopping als reine Verkaufsveranstaltung mit direkter Bestellmöglichkeit, Abrufdienste im Audio- und Videobereich, sowie Telespiele aufgezählt. Demnach sollte diese Negativliste ein abgestuftes Regelungssystem für die neuen Dienste etablieren.[323]

In der Literatur wurde die hier getroffene Einteilung jedoch nur mit geteilter Begeisterung aufgenommen worden. So wurde sie teils als zu weitgehend, teils als zu eng gescholten.[324] Nichtsdestotrotz wurde sie auf der Ministerpräsidentenkonferenz vom 25. - 27. 10. 1995 im Grundsatz zustimmend zur Kenntnis genommen. Jedenfalls wurde die Notwendigkeit eines Regelungssystems erkannt, das abgestuft genug ist, um detaillierte Unterschiede in Inhalt und Präsentationsformat der neuen Angebote zu erkennen und entsprechend zu behandeln. Eine einheitliche Zuordnung der neuen Dienste zum Rundfunk oder zu gänzlich neuen Angeboten von Information und Kommunikation war und ist bis heute - wie dargestellt - nicht möglich. Einzig mögliche Lösung dieses Problems von staat-

---

[319] Vgl. Meier, in Roßnagel, § 2 MDStV, Rn. 7.

[320] Bericht der Rundfunkreferenten der Länder, „Rundfunkbegriff", zur Sitzung der Chefs der Staats- und Senatskanzleien am 9./10. 4. 1994, abgedruckt in Auszügen z. B. in Meiner in: Roßnagel, § 4 MDStV, Rn. 7.

[321] Vgl. Kuch, ZUM 1997, 225, 226.

[322] Vgl. Hoeren/Sieber/Holznagel, 3.2, Rn. 31.

[323] Vgl. Knothe, AfP 1997, 494, 496; mehr zu abgestuften Regelungsintensität bei Gersdorf, Neue Dienste zwischen Gesetzgebungskompetenz von Bund und Ländern, in Festschrift für Engelschall, 1996, S. 163 ff, Fn. 26.

[324] Vgl. Hoffmann-Riem, Pay-TV im öffentlich-rechtlichen Rundfunk, S. 43, m.w.N.

licher Seite bestand somit im Erlass eines neuen Gesetzes, das Regelungen speziell für die neuen Dienste enthielt. Diese Negativliste ist somit kennzeichnend für das differenzierte Auseinandersetzen der Länder mit den neuen Diensten. Insoweit war der Kompetenzanspruch der Länder schon frühzeitig weitgehend individualisiert und dienstespezifisch festgelegt. Letztlich wurde mit Erstellen der Negativliste ein Vorläufer des Staatsvertrages der Länder über die neuen Mediendienste erarbeitet.

2. Die Position des Bundes

Ungeachtet der von den Ländern vorgebrachten Argumente beharrte auch der Bund auf seiner ausschließlichen Gesetzgebungskompetenz in diesem Bereich. Dieser berief sich insoweit auf einzelne konkurrierende Regelungszuständigkeiten, die in den Bereich der Medien, einschließlich der neuen Dienste hinein reichten. Hinsichtlich der einzelnen Dienste war der Kompetenzanspruch des Bundes weniger detailliert und differenziert. Nichtsdestotrotz führte der Bund in der Kompetenzdiskussion schlagkräftige Argumente zur Untermauerung seiner Zuständigkeit für die neuen Dienste ins Feld.

a) Gesamtkompetenz aus einzelnen Teilkompetenzen

Der Bund berief sich im Rahmen dieser Diskussion nicht von vorne herein auf eine grundsätzliche Kompetenz für die neuen Dienste. Zu stark war insoweit das Primat der Länderzuständigkeit. Um aber dennoch die Regelungshoheit für die zukunftsträchtigen Informations- und Kommunikationsdienste zu bekommen, beschritt der Bund einen anderen Weg. Er berief sich vielmehr auf eine Reihe von einzelnen Spezialkompetenzen, die ihm von der Verfassung unzweideutig zugeteilt waren. Diese Spezialkompetenzen sollten demnach in so elementarer Weise von den neuen Diensten betroffen sein, dass dies eine alleinige Kompetenz des Bundes rechtfertige. Im Besonderen berief sich der Bund dabei auf seine Zuständigkeiten aus Art. 73 Nr. 7 GG (Recht der Telekommunikation), Art. 74 I Nr. 11 GG (Recht der Wirtschaft), Art. 73 Nr. 9 GG (gewerblicher Rechtsschutz und Urheberrecht), Art. 74 I Nr. 1 GG (Strafrecht) sowie aus Art. 74 I Nr. 7 GG (Jugendschutz).[325] Darüber hinaus machte der Bund die besondere Bedeutung der neuen Informations- und Kommunikationstechnologien für den Wirtschaftsstandort Deutschland geltend, die zusammen mit den grenzüberschreitenden Wirkungen dieser neuen Dienste eine bundeseinheitliche Regelungskompetenz im gesamtstaatlichen Interesse erforderlich mache.[326]

b) Das Gutachten von Bullinger und Mestmäcker

Angesichts der unterschiedlichen Rechtsauffassungen, was die Kompetenzen bezüglich der neuen Informations- und Kommunikationsdienste angeht, gab der Bundesforschungsminister ein Rechtsgutachten in Auftrag, welches die Zuständigkeiten für die Regelung dieser neuen Dienste nach dem Grundgesetz klären

[325] So insbesondere der amtlichen Begründung zum IuKDG entnehmen, BT-Drucksache 13/7385 vom 9.4.1997, Abschnitt A. Allgemeiner Teil, Gesetzgebungskompetenz des Bundes.

[326] Vgl. BT-Drucksache 966/96, S. 19.

sollte.[327] Das Gutachten sollte letztlich die Rechtsauffassung des Bundes untermauern und insoweit von einer zumindest vorrangigen Kompetenz des Bundes bezüglich der neuen Dienste ausgehen.
Die Ersteller des Gutachtens haben in umfangreicher Weise zur Frage der Kompetenzen Stellung bezogen. Sie setzen schon an der funktionalen Definition der neuen Informations- und Kommunikationsdiensten an. Die neuen Multimediadienste werden definiert als Dienste, die lediglich gestückelte Informationen zur Verfügung stellen, zu individueller, nicht gesteuerter Auswahl.[328] Gerade aber der gestückelte Vertrieb einzelner Informationen ist gerade typisch für den wirtschaftlichen Austausch von Gütern und Dienstleistungen, solange er entgeltlich erfolgt. Für derartige entgeltliche Informations- und Kommunikationsdienste, die einzig dem wirtschaftlichen Austausch dienen, besitzt gerade der Bund die Regelungskompetenz aus Art. 74 I Nr. 11 GG. Die Wirtschaftskompetenz des Bundes wird in diesem Zusammenhang zur Hauptkompetenz. Daran ändere nach Bullinger und Mestmäcker sich auch dann nichts, wenn Gegenstand dieses Austausches kulturelle Güter wie Bücher, Gemälde oder Skulpturen sind. Auch in diesen Fällen ginge die Wirtschaftskompetenz des Bundes der Kultur- und Medienhoheit der Länder als Hauptkompetenz vor.[329]
Aber auch für nicht-wirtschaftliche Dienste, d. h. für solche, die nicht auf Gewinnerzielung ausgerichtet sind, kommt das Gutachten zu einer Bundeskompetenz. Schließlich unterlägen auch solche Dienste, die nicht-wirtschaftlicher Art, d. h. nicht auf Gewinnerzielung ausgerichtet sind, wegen ihrer individualkommunikativen Ausrichtung der Telekommunikation, welche eindeutig Bundeszuständigkeit darstelle.[330] Dabei gehen Bullinger und Mestmäcker davon aus, dass Multimediadienste in diesem Sinne ausschließlich voll interaktive Abrufdienste sind.[331]
Weiterhin stellt das Gutachten fest, dass durch die Einführung des Art. 87 f GG die privatrechtliche Erbringung von Telekommunikationsdiensten mittlerweile verfassungsrechtlich garantiert ist.[332] Dies hat weitreichende Konsequenzen für die rechtliche Einordnung der neuen Multimediadienste. Im Ergebnis verbiete die verfassungsrechtliche Gewähr im Zusammenwirken mit den Wirtschaftsfreiheiten (insbesondere Art. 12 GG sowie Art. 2 I GG) eine Ausweitung des Rundfunkbegriffs auch auf die neuen Informations- und Kommunikationsdienste.[333] Vielmehr seien die strengen Vorschriften der Rundfunkregulierung, insbesondere was die Zulassung von Diensten, die Medienkonzentration und Programminhalte betrifft, für die Regulierung der neuen Informations- und Kommunikationsdiensten gänzlich ungeeignet, da sie die Pflege gesellschaftlicher Ausgewogenheit bezwecken.[334] Im Bereich der neuen Dienste bedarf es aber vielmehr

---

[327] Vgl. Bullinger, Martin/Mestmäcker, Ernst-Joachim, Multimediadienste – Aufgabe und Zuständigkeit von Bund und Ländern, Rechtsgutachten, veröffentlicht in erweiterter Form in dies., Multimediadienste, Struktur und staatliche Aufgabe nach deutschem und europäischem Recht.
[328] Vgl. Bulinger/Mestmäcker, S. 6 ff, 11 ff.
[329] Vgl. hierzu Meier, in Roßnagel, § 2 MDStV, Rn. 9.
[330] Vgl. Bullinger/Mestmäcker, S. 198.
[331] Vgl. dazu Bullinger/Mestmäcker, S. 45 ff, sowie S. 48 und S. 71.
[332] Vgl. Bullinger/Mestmäcker, S. 73.
[333] Vgl. Bullinger/Mestmäcker, S. 79 f.
[334] Vgl. Mayer, S. 137.

einer zugangsoffenen Regulierung, die auch neuen Diensten ausreichend Entwicklungsspielraum lässt. Eine solche Offenheitspflege sei telekommunikations- und wettbewerbsrechtlich zu sichern, schon deshalb sei die Regelungskompetenz für die neuen Dienste primär dem Bund zuzuweisen.[335] Nur ausnahmsweise komme im Bereich der neuen Informations- und Kommunikationsdienste eine Regulierung nach dem Rundfunkrecht der Länder in Betracht, nämlich dann, wenn die Dienste wegen ihrer Funktion wirklich dem Rundfunk zuzuordnen seien.[336] Insofern kommen zum Beispiel Angebote in Betracht, bei denen im Internet Teile von Rundfunkprogrammen zum Abruf angeboten würden (sog. Webradio). Auch jüngere Erscheinungsformen, wie das Internet-Fernsehen dürften demnach der Regulierung durch die Länder zuzuordnen sein.
Zusammenfassend kommt das Gutachten damit zu dem (vom Auftraggeber erwünschten) Ergebnis, dass Rundfunk einerseits und die neuen Informations- und Kommunikationsdienste andererseits derart grundlegende Unterschiede aufweisen, dass sie nicht aus der selben Kompetenznorm geregelt werden können.[337] Insoweit könne sich eine Regelungskompetenz für die neuen Dienste nicht aus der Rundfunkhoheit der Länder ergeben. Vielmehr soll der Bund über die Wirtschafts- und Telekommunikationskompetenzen des Grundgesetzes die primäre Gesetzgebungszuständigkeit in diesem Sektor besitzen, die Länder sollen daneben nur ausnahmsweise zu Regelung befugt sein.

c) Stellungnahme zum Gutachten

Auch diesem Gutachten gelang es nicht, den Kompetenzstreit zwischen Bund und Ländern endgültig zu entscheiden. Vielmehr stieß es sowohl in Politik, als auch der einschlägigen Literatur auf geteilte Reaktionen. Insbesondere die Länder waren natürlich nicht bereit, das Ergebnis des Gutachtens, das die Gesetzgebungskompetenz für die neuen Dienste primär dem Bund zusprach, widerstandslos hin zu nehmen. Daneben fand dieses Gutachten auch in der Literatur keine einhellige Unterstützung. Unterschiedlich wurde es sowohl mit Blick auf das Ergebnis, als auch im Detail bewertet. Größter Kritikpunkt der Literatur war, dass sich das Gutachten nur unzureichend mit der Frage beschäftigt hatte, inwiefern Multimediadienste als neuartige Ausprägungen der Massenkommunikation zu begreifen sind und damit Gegenstand der Länderhoheit nach Art. 30, 70, 72 II GG wären.[338] Diese Kritik nährt sich aus der Tatsache, dass das Gutachten die neuen multimedialen Dienste pauschal aus dem Bereich der Kommunikation herausnimmt, um sie weitestgehend dem Bereich der Wirtschaft und damit der Bundeskompetenz zuzuordnen.[339] Angesichts der mannigfaltigen Angebote im Internet, insbesondere der vielen presse- und rundfunkähnlichen und –gleichen Seiten des Internetdienstes WWW, ist dieser Kritik am Gutachten zuzustimmen.
Eine der Grundaussagen dieses Gutachtens war, die neuen Multimediadienste seien pauschal der Individualkommunikation nahestehend.[340] Zwar mag diese Einschätzung auf einige Teilbereiche, wie die Internetdienste E-Mail, Videokon-

[335] Vgl. Bullinger/Mestmäcker, S. 75 f.
[336] Vgl. Bullinger/Mestmäcker, S. 48.
[337] Vgl. Mayer, S. 138.
[338] Vgl. Mayer, S. 143.
[339] Vgl. Bullinger/Mestmäcker, S. 61.
[340] Vgl. Meier, in Roßnagel, § 2 MDStV, Rn. 9, Ziff. 5 lit. a.

ferenz, Internet-Telefonie oder auch Textkommunikation in Echtzeit (chat) zutreffen, sofern der Datenaustausch „one to one“, d. h. privat, meist zwischen nur wenigen Teilnehmern erfolgt. Doch schon diese Dienste arbeiten mitunter „one to many“, d. h. wie Massenkommunikationsmedien z. B. in Form von Mailinglisten oder auch öffentlichem Chat. Hier dürfte ein individualkommunikativer Charakter kaum anzunehmen sein. Gleiches gilt für die anderen Anwendungen, die das Internet bietet. Insbesondere der populärste Internetdienst, das WWW, kann als „one to many-Anwendung“ nicht pauschal der Individualkommunikation untergeordnet werden. Vielmehr dient die überragende Mehrheit der dort veröffentlichten Seiten ausschließlich oder zumindest weitgehend massenkommunikativer Kommunikation.[341] Auch insofern ist die Kritik am Gutachten durchaus berechtigt. Weiterhin kritikwürdig ist die Feststellung des Gutachtens, der netzgestützte Vertrieb gestückelter Information sei quasi als neuartige „Hightech-Facette“ des einfachen Warenverkaufs zu begreifen. Auch wenn dem Internet mehr und mehr wirtschaftliche Relevanz und kommerzieller Charakter zugesprochen wird, so bleibt es dennoch in erster Linie ein Informations- und Kommunikationsmedium. Auch wenn die Kommunikation oft wirtschaftlichen Tätigkeiten dient oder sogar deren Grundlage bildet, so wird aus dem Internet und seinen einzelnen Anwendungen dadurch noch kein pauschaler Marktplatz, der ausschließlich dem Recht der Wirtschaft unter zu ordnen ist. Hinzu kommt, dass etliche Angebote von sogenannter gestückelter Information im Internet nach wie vor für den Nutzer kostenlos sind. Hierbei seien nur die Online-Ausgaben der meisten deutschen Tageszeitungen, sowie nahezu aller Fernseh- und Radiosender zu nennen. Auch wenn das Gutachten die These vom netzgestützten Informationsverkauf nicht auf Rundfunkangebote, die lediglich über das Internet verbreitet werden, angewendet wissen will, dürfte diese Prämisse gerade mit Blick auf die immer stärkere Verschmelzung von neuen Online-Diensten und klassischem Rundfunk kaum haltbar bleiben.
Zudem stieß das Gutachten mit der Feststellung, der verfassungsrechtliche Rundfunkbegriff erlaube keine Abstufungen[342], auf berechtigte Kritik. Diese Aussage verwundert insbesondere deshalb, weil *Bullinger* im Rahmen seiner Mitwirkung am baden-württembergischen Landesmediengesetz in der Fassung von 1986[343] bewiesen hat, dass eine abgestufte Regelung insoweit durchaus möglich ist.[344] Insgesamt ist somit festzustellen, dass es dem Gutachten nicht gelungen ist, die Diskussion um die Kompetenzzuweisung für die neuen Multimediadienste allgemein gültig zu entscheiden.

3. Die Position des Bundesverfassungsgerichtes

Das Bundesverfassungsgericht hat nie ausdrücklich zu der Frage Stellung genommen, wessen Regelungskompetenz die neuen Informations- und Kommunikationsdienste, insbesondere die Anwendungen des Internets unterfallen. Jedoch enthalten Entscheidungen zu rundfunk- und telekommunikationsrechtlichen Fragen Wertungen, die auch für die neuen Dienste Gültigkeit besitzen dürften.

---

[341] Vgl. Mayer, S. 144.
[342] Vgl. Bullinger/Mestmäcker, S. 30 ff, 45.
[343] Landesmediengesetz Baden-Württemberg vom 16. 12. 1985, BWGBl. S. 539.
[344] Vgl. Bullinger/Gödel, S. 78 ff; Mayer, S. 145.

Zunächst sei hierbei das sogenannte *„erste Rundfunkurteil“*[345] genannt. Dort hat das Gericht festgestellt, dass Rundfunk soweit dem Begriff des Fernmeldewesens unterfällt, als die technische Übermittlung von Nachrichten gemeint ist. Demnach umfasst die nach Art. 73 Nr. 7 GG dem Bund zugewiesene Regelungskompetenz im Bereich des Fernmeldewesens auch die Regelung technischer Voraussetzungen, wie die Zuteilung bestimmter Wellenbereiche, Festlegung von Standort und Sendestärke von Fernmeldesendern und andere technische Fragen.[346]

Der Begriff des Fernmeldewesens wurde inzwischen vom Gesetzgeber durch den der Telekommunikation ersetzt. Der Gesetzgeber hat klargestellt, dass mit dieser neuen Nomenklatur keine Änderung in der inhaltlichen Bedeutung einhergeht.[347]

Neben den rein technischen Belangen im Zusammenhang mit der Übermittlung von Rundfunk, werfen diese auch organisatorisch-inhaltlicher Fragen auf. Dieser Bereich fällt mangels ausdrücklicher Zuweisung an den Bundesgesetzgeber nach der allgemeinen Zuständigkeitsverordnung zugunsten der Länder diesen anheim. Eine Einflussnahme des Bundes auf die übertragenen Inhalte selbst ist demnach ausgeschlossen.[348] Vielmehr hat das Bundesverfassungsgericht betont, dass das Fernmeldewesen (Telekommunikation) gegenüber dem Rundfunk eine rein dienende Funktion aufweist, die sich auf den Vorgang der Übermittlung beschränkt.[349] Für die neuen Informations- und Kommunikationsdienste des Internet könnte dies darauf hindeuten, dass das Bundesverfassungsgericht auch insoweit für eine eindeutige Zuweisung hinsichtlich der Kompetenzen plädiert.[350] Unter Bundeszuständigkeit fielen insoweit die technischen Grundlagen der Übermittlung von Informationen. Regelungen, die den Inhalt der Übermittlungen anhand von Informations- und Kommunikationsdiensten betreffen, müssten demnach grundsätzlich in den Aufgabenbereich der Länder fallen. Nur ausnahmsweise kann sich aus den allgemeinen Gesetzen, insbesondere dem Strafrecht oder anderen nicht spezifisch medienbezogenen Kompetenznormen, wie etwa dem Recht der Wirtschaft eine Bundeskompetenz ergeben. Eine eigenständige und ausschließliche Bundeskompetenz zur Regelung von Inhalten telekommunikativer Übermittlungen erkennt das Gericht danach nicht.[351]

4. Die Beilegung des Kompetenzstreites

Zur Lösung dieses kompetenzrechtlichen Dilemmas wurden verschiedenste Ansätze besprochen. Zum Teil wurde eine Änderung der grundgesetzlichen Kompetenzen eingefordert.[352] Angeregt wurde dabei, die Regelungskompetenz für die neuen Informations- und Kommunikationsdienste einschließlich des Internets ausdrücklich und ausschließlich *einem* Gesetzgeber, vorrangig dem Bund

[345] Vgl. BVerfGE 12, 205 ff.
[346] Vgl. BVerfGE 12, 205, 227; wie auch Jarass/Pieroth, Art. 73, Rn. 17.
[347] Vgl. BT-Drucksache 12/7269, S. 4.
[348] Vgl. BVerfGE 12, 205, 225 ff.
[349] Vgl. hierzu Gerstorf, in: AfP 1997, 424 ff.
[350] Vgl. Mayer, S. 147.
[351] Ebenso Scherer, AfP 1996, 213 ff.
[352] Vgl. Glotz/Thomas, epd/Kirche und Rundfunk, 12/1996, 3 ff; Tauss, FR vom 6. 3. 1997; Recke, TA-Datenbanknachrichten, 1/1997, 24.

zuzuweisen. Trotz der offensichtlichen Vorteile einer solchen Lösung, zumindest was die Regelungszuständigkeit für die neuen Dienste angeht, war eine derartige Grundgesetzänderung politisch aussichtslos.[353] Zu stark verharrten sowohl Bund als auch Länder auf ihren verfassungsrechtlichen Ausgangspositionen. Erschwerend kam noch hinzu, dass beide Positionen – sowohl die der Länder als auch die des Bundes - rege Unterstützung im Schrifttum fanden.[354]
Der einzige Ausweg lag in der Entwicklung eines politischen Kompromisses hinsichtlich der Kompetenzabgrenzung im Bereich der neuen Multimediadienste, um überhaupt zu einem Regelungsrahmen für die neuen Dienste und insbesondere des Internets und seiner Anwendungen zu gelangen. Um einem langjährigem Verfassungsstreit zwischen Bund und Ländern ob dieser Kompetenzen zu vermeiden, wurde eine Bund-Länder-Arbeitsgruppe „Multimedia" eingesetzt. Deren Aufgabe bestand darin, die grundgesetzliche Kompetenzverteilung bezüglich der neuen Dienste angesichts deren einzelnen Tatbestandsmerkmalen und Erscheinungsformen zu klären. Anschließend sollten die gefundenen Ergebnisse den Regierungschefs zur Entscheidung vorgelegt werden.[355] Unabhängig davon hatten Bund und Länder bereits mit der Vorbereitung eigener Regelungskataloge begonnen. Die Länder hatten den Rundfunkrat mit der Entwicklung eines Mediendienstestaatsvertrages beauftragt, der den überholten Btx-Staatsvertrag ablösen sollte. Der Bund befand sich bereits in den Vorbereitungen für ein Informations- und Kommunikationsdienstegesetzes. Zugunsten eines Kompromisses in dieser Angelegenheit sprach, dass die Differenzen von Bund und Ländern weitestgehend kompetenzrechtlicher und nicht grundsätzlicher Natur waren, so dass jedenfalls hinsichtlich der meisten inhaltlichen Fragen ohnehin keine Unterschiede bestanden.[356]
In Hinblick auf diese Vorbereitungen einigten sich Vertreter von Bund und Ländern am 1. 7. 1996, dass beide, sowohl Bund als auch die Länder eigenständige Regelungen im Bereich ihrer Kompetenzen erlassen würden. Dabei sollten die Länder die Dienste der Massenkommunikation, der Bund die Dienste der Individualkommunikation regeln.[357] Individualkommunikation in diesem Sinne umfasst demnach Dienste elektronischer Post, Telebanking, Telemedizin, Videokonferenzen, Telelearning in geschlossenen Benutzergruppen, sowie elektronische Buchungsdienste. Diese Dienste unterfallen der Bundeskompetenz und damit dem Anwendungsbereich des TDG. Den Ländern wurde die Kompetenz für all jenen Dienste zugesprochen, die sich – ähnlich dem traditionellen Rundfunk - an die Allgemeinheit richten. Außerdem wurden PayTV, Pay-per-view, sowie Near-Video-on-Demand-Dienste ferner als Rundfunk eingestuft. Diese sollten demnach einvernehmlich dem Kompetenzbereich der Länder unterfallen.

---

353 Vgl. Roßnagel, NVwZ 1998, 2; sowie ders. in Roßnagel, Einführung, Rn. 20.
354 Zu den unterschiedlichen Positionen vgl. nur Bullinger, JZ 1996, 390 f; Bullinger/Mestmäcker, a. a. O.; Engel-Flechsig/Maennel/Tettenborn, NJW 1997, 2982, Scholz, in Ziemske, B., Staatsphilosophie und Rechtspolitik, Festschrift für M. Kriele, München 1997, S. 523 ff einerseits und Knothe, AfP 1997, 494 ff; Kuch, ZUM 1997, 226 ff, Röger, ZRP 1997, 207 ff andererseits;
355 Vgl. Meier, in Roßnagel, § 2 MDStV, Rn. 3.
356 Vgl. Gounalakis, NJW 1997, 2993; sowie Punkt 1 der Protokollerklärung aller Länder, abgedr. u.a. in Berl.AbgHaus-Dr 13/1663, 8;
357 Vgl. Bröhl, CR 1997, 73, 74; Engel-Flechsig, ZUM 1997, 231 ff; Roßnagel, in Roßnagel, Einf, Rn. 21.

Aus dem Grenzbereich zwischen Individual- und Massenkommunikation wurden dem Bund Datendienste und Telespiele, den Ländern elektronische Pressedienste und Video-on-Demand zugeordnet, unter der Voraussetzung derer Zugangsfreiheit.[358] Die übergeordneten Begrifflichkeiten hierfür waren bald mit den Termini „Teledienste" und „Mediendienste" gefunden.
Der Begriff der „Teledienste" sollte dabei all jenen Dienste umfassen, die eine individuelle Nutzung anbieten und damit der Bundeskompetenz unterfallen. All jene Dienste, die sich an die Allgemeinheit richten, sollten dem Begriff der „Mediendienste" unterfallen und somit der Regelungskompetenz der Länder. In konsequenter Umsetzung dessen traten zeitgleich am 1. 8. 1997 das Informations- und Kommunikationsdienstegesetz des Bundes (IuKDG) und der Mediendienstestaatsvertrag der Länder (MDStV) in Kraft. Das IuKDG war als Artikelgesetz konzipiert, wobei Art. 1 das neue Teledienstegesetz (TDG) beinhaltete.
Nachdem Bund und Länder in inhaltlichen Fragen weniger kontroverse Positionen inne hatten, verwundert nicht, dass insbesondere das TDG und der Mediendienstestaatsvertrag inhaltlich sehr dicht beieinander liegen. Was diese inhaltliche Ausrichtung, insbesondere in Hinblick auf die Zuordnung einzelner Dienste betrifft, erstaunt, dass das Gutachten von Bullinger und Mestmäcker gerade im Rahmen der Bundesgesetzgebung offensichtlich kaum eine Rolle gespielt hat. Vielmehr zeigen die neuen Regelungswerke – insbesondere der MDStV – eine deutlich größere inhaltliche Nähe zur Negativliste der Länder und dem hier entwickelten abgestuften Regelungssystem.[359]

5. Fazit zur aktuellen Verteilung der Regelungskompetenzen im Online-Bereich

Zur Frage, wer die Gesetzgebungskompetenz für die neuen Informations- und Kommunikationsdienste im Allgemeinen besitzt, lässt sich wie dargestellt keine eindeutige Antwort treffen. Bund und Länder besitzen nach derzeitigem Stand der Verfassung Kompetenzen in diesem Bereich. Je nach der spezifischen Ausrichtung eines jeden Dienstes ist zu klären, ob er der Regelungskompetenz der Länder oder des Bundes unterfällt.
Die Regelungen, die von Bund und Ländern in Hinblick auf diese Thematik erlassen wurden, haben dies noch verstärkt. Jeder Dienst kann erst dann dem richtigen Regelungskatalog zugeordnet werden kann, wenn festgestellt wurde, ob dieser der Individualkommunikation, oder der Massenkommunikation dient, und insofern einen Tele- bzw. Mediendienst darstellt. Dementsprechend finden entweder die Regelungen des TDG oder aber die des MDStV Anwendung. Eine kumulative Anwendung beider Regelungskataloge ist nach der (verfassungsrechtlichen) Kompetenzverteilung ausgeschlossen. Dies wird auch durch die Klausel in § 2 IV Nr. 3 TDG deutlich, die Abruf- und Verteildienste im Sinne des § 2 MDStV ausdrücklich aus dem Anwendungsbereich des TDG ausnimmt.
Feststeht, dass der Gesetzgeber mit dieser Lösung versucht hat, einen Kompromiss zu finden, mit dem sowohl Bund wie auch Länder leben können. Leider hat dies den Nebeneffekt, dass die einschlägigen Regelungen und ihr Anwendungsbereich den Anbietern, wie auch den Nutzern neuer Dienste, weitgehend ver-

---

358 Vgl. Roßnagel, in Roßnagel, § 2 MDStV, Rn. 11.
359 Vgl. Meier, in Roßnagel, § 2 MDStV, Rn. 10.

schlossen bleiben. Selbst Rechtsexperten tun sich bisweilen bei der kompetenzrechtlichen Einordnung bestimmter Dienste und demzufolge auch mit der Bestimmung des einschlägigen Regelungskataloges schwer. Hinzu kommt, dass das Phänomen der Konvergenz fortbesteht. Auch für die Zukunft sind daher neue Medienformen und Kombinationen derselben zu erwarten. Dabei können Dienste entstehen, die sich einer Einordnung nach dem heutigen Schema, so wie es durch TDG und MDStV vorgegeben ist, absolut entziehen. Insofern sind für die Zukunft neue Regelungsansätze in diesem Bereich nötig und auch unausweichlich. Einzig erfolgversprechende Lösung in dieser Problematik scheint in einer Verfassungsänderung zu liegen, die die Kompetenzen für den gesamten Bereich der traditionellen wie modernen Informations- und Kommunikationsdienste eindeutig und ausdrücklich zuweist. Jede andere Lösung, die Kompetenzen in diesem Bereich aufteilt und unterschiedlich verteilt, führt in einer konvergierenden Medienlandschaft zu Rechts- und Anwendungsunsicherheit. Insbesondere für Anbieter derartiger Dienste, wie auch für deren Nutzer und Verbraucher im Allgemeinen ist die derzeitige Regelung kaum durchschaubar und nicht nach zu vollziehen. Insofern ist hier der Gesetzgeber gefordert, zugunsten einer besseren Überschaubarkeit und damit einher gehenden Anwendungsbreite solcher Regelungen, Modifikationen vorzunehmen.
Die uneinheitliche Lösung der Kompetenzfrage im Multimediabereich hat fast zwangsläufig auch eine Zersplitterung der jeweiligen Behördenzuständigkeiten in diesem Bereich zur Folge. Als Beispiel hierfür wurde gerade in jüngster Zeit des öfteren der später eingängig behandelte § 22 MDStV (ehem. § 18 MDStV) mit seiner dreigeteilten Behördenzuständigkeit im Bereich der Mediendienste diskutiert.[360] Was die Problematik der multiplen Zuständigkeiten im Multimediabereich, und damit auch im Bereich der Online-Dienste des Internet anbelangt, so enden Untersuchungen hierzu regelmäßig mit der Empfehlung, eine eigene Bundesbehörde oder neutrale Länderanstalt für den Multimediabereich zu schaffen.[361] Nichtsdestotrotz handelt es sich beim TDG und MDStV um derzeit geltendes Recht. Insofern ist es notwendig, auch und gerade diese Regelungskataloge darauf hin zu untersuchen, inwieweit hierdurch eine präventive Regulierung von Inhalten im Internet etabliert worden ist.

---

[360] Vgl. Manssen, in Kloepfer, S. 241, 252; Thomas Fischl, Die Wettbewerbsaufsicht im Medienbereich zwischen Entwicklung und Neuorientierung; Gounalakis, NJW 1997, 2993, 2999.
[361] Vgl. Manssen, in Kloepfer, S. 241, 252; Koenig, Regulierungsoptionen für die Neuen Medien in Deutschland, Beilage zu MMR 12/ 998, 12 ff; Ladeur, ZUM 1997, 372, 382; Holznagel, ZUM 1999, 425, 435; Koenig/ Roeder, K&R 1998, 417 ff.

II. Die Anwendungsbereiche von TDG und MDStV

Zunächst ist die Bestimmung der Anwendungsbereiche dieser Gesetze erforderlich. Entscheidende Anhaltspunkte ergeben sich insoweit aus den Gesetzen selbst.

1. Teledienste im Sinne des § 2 TDG

Nach § 2 I TDG gelten die Vorschriften dieses Gesetzes für alle Teledienste, d. h. elektronische Informations- und Kommunikationsdienste, die für eine individuelle Nutzung von kombinierbaren Daten wie Zeichen, Bilder und Töne bestimmt sind und denen eine Übermittlung durch Telekommunikation zugrunde liegt. Darüber hinaus enthält Abs. 2 der Vorschrift noch eine Reihe von Regelbeispielen für Teledienste in diesem Sinne. So umfasst § 2 II Nr. 1 TDG Angebote im Bereich der Individualkommunikation. Hier sind solche Dienste gemeint, bei denen die individuelle Nutzung zu Zwecken der Kommunikation im Vordergrund steht.[362] Beispielhaft hierfür wird das Telebanking angeführt. Der tatsächliche Anwendungsbereich dieses Beispiels ist jedoch viel weiter und umfasst auch die Teilbereiche Telearbeit, Telelernen, Telemedizin, Telematik und andere individualkommunikative Dienste.

§ 2 II Nr. 2 TDG umfasst die gesamte Bandbreite individueller Datendienste. Entscheidend ist, dass diese nicht vorrangig der öffentlichen Meinungsbildung dienen, sondern der Austausch von Daten im Vordergrund steht.[363] Hierbei ist zu beachten, dass diese Vorschrift nur solche Datendienste umfasst, die Informationen unkommentiert anbieten. Sobald bestimmte Informationen ausgewertet und dementsprechend redigiert präsentiert werden, steht die Meinungsbildung im Vordergrund und der betreffende Datendienst ist somit kein Teledienst mehr.[364] Beispielhaft werden in dieser Vorschrift u.a. Datendienste mit Verkehrs-, Wetter- und Umwelt-, sowie Börsendaten genannt.

In § 2 II Nr. 3 TDG werden Dienste zur Nutzung des Internets und anderer Netze genannt. Zu beachten ist hierbei, dass hiermit Dienste in solchen Computernetzen erfasst werden, nicht die Netze selbst. So werden insbesondere Angebote wie Suchmaschinen oder Navigationshilfen für Computernetze umfasst.[365] Dies entspricht auch dem Willen des Gesetzgebers.[366] Die Dienste von Access-Providern fallen nach dem Willen des Gesetzgebers nicht unmittelbar unter diese Vorschrift, obwohl sie dennoch Teledienste darstellen.[367]

§ 2 II Nr. 4 TDG bezieht sich auf Dienste zur Nutzung von Telespielen. Hierbei ist nur entscheidend, dass es sich um Online-Angebote handelt. Dies ist zum Beispiel der Fall, wenn Spieler über das Internet online mit- und gegeneinander spielen. Diesem Bereich werden für die Zukunft ein hohes technologisches und

---

[362] Vgl. Engel-Flechsig, ZUM 1997, 231, 235.
[363] Vgl. Beucher/Leyendecker/von Rosenberg, § 2 TDG, Rn. 5.
[364] Vgl. Mylaeus, in Schwarz, Recht im Internet, 7-2.1, Rn. 2; ebenso Bullinger, CR 1997, 261, 266; sowie ders. in AfP 1996, 1, 3.
[365] Vgl. Manssen, E § 2, Rn. 6.
[366] Vgl. BT-Drucksache 13/7385, S. 19;
[367] Vgl. Engel-Flechsig/Maennel/Tettenborn, S. 11; König, Beilag zu MMR 12/1998, 1, 7; Manssen, E § 2, Rn. 6; anderer Ansicht diesbezüglich Beucher/Leyendecker/von Rosenberg, § 2 TDG, Rn. 6, die insbesondere auch Accessproviding-Dienste erfasst sehen wollen.

insbesondere wirtschaftliches Potential zugesprochen.[368] In § 2 II Nr. 5 TDG werden Angebote genannt, bei denen Waren und Dienstleistungen in elektronisch abrufbaren Datenbanken mit interaktivem Zugriff und unmittelbarer Bestellmöglichkeit bereitgehalten werden. Dies betrifft den Bereich des Online-Shoppings, d. h. elektronische Bestell-, Buchungs- und Maklerdienste aller Art. Wichtig ist in diesem Zusammenhang der Unterschied zum Teleshopping, das dem Anwendungsbereich des MDStV unterfällt. Im Unterschied hierzu zeichnet sich Online-Shopping durch einen interaktiven Informationsaustausch aus, bei dem unmittelbar – d. h. ohne das Hinzukommen anderer Aktivitäten – Waren und Dienstleistungen geordert werden können.[369]

2. Mediendienste im Sinne des § 2 MDStV

Dem gegenüber umfasst der Anwendungsbereich des MDStV den Sektor der Mediendienste. Nach § 2 I MDStV beinhaltet dieser Begriff das Angebot und die Nutzung von an die Allgemeinheit gerichteten Informations- und Kommunikationsdiensten, in Text, Ton oder Bild, die unter Benutzung elektromagnetischer Schwingungen ohne Verbindungsleitung oder längs oder mittels eines Leiters verbreitet werden.

Ebenso wie im TDG enthält auch die Vorschrift im MDStV im Rahmen des 2. Absatzes eine Reihe von Beispielen. Demnach sind Mediendienste insbesondere Verteil- und Abrufdienste.

Verteildienste sind klassische Erscheinungsformen der Massenkommunikation[370] und dabei insbesondere dadurch gekennzeichnet, dass Informationen an eine unbestimmte Anzahl von Empfängern verbreitet werden und der Veranstalter den Zeitpunkt der Ausstrahlung einseitig festlegt.[371] Abrufdienste hingegen zeichnen sich dadurch aus, dass die Initiative der Informationsübermittlung vom Empfänger ausgeht, er sich die gewünschten Informationen gleichermaßen abholt. Bei diesen Diensten bestimmt der Empfänger sowohl das „Wann" der Datenübertragung, als auch das „Was".[372]

Die Anwendungsbereiche von TDG und MDStV überschneiden sich nur insofern, als dass sie beide Informations- und Kommunikationsdienste regeln, die mittels Telekommunikation übertragen werden. Jedoch ist dabei zu beachten, dass ein Dienst entweder dem Bereich des TDG oder dem des MDStV zuzuordnen ist. Eine kumulative Anwendung beider Regelungskataloge auf den selben Dienst ist ausgeschlossen.[373] Da die beiden Regelungskataloge im Detail unterschiedliche Anforderungen an die jeweiligen Dienste stellen und möglicherweise zu unterschiedlichen Rechtsfolgen führen, ist es daher notwendig, beide Anwendungsbereiche, das heißt Tele- und Mediendienste eindeutig voneinander und auch von anderen Informations- und Kommunikationsdiensten abzugrenzen.

---

[368] Vgl. Engel-Flechsig, ZUM 1997, 231, 235.
[369] Vgl. Engel-Flechsig/Maennel/Tettenborn, S. 11; Manssen, E § 2, Rn. 8.
[370] Vgl. Gersdorf, AfP 1995, 565, 566, sowie Kuch, ZUM 1997, 225, 228.
[371] Vgl. Beucher/Leyendecker/von Rosenberg, § 2 MDStV, Rn. 2; ebenso Hoffmann-Riem, AfP 1996, 9, 13; Gounalakis, NJW 1997, 2993, 2994.
[372] Vgl. Gersdorf, Verfassungsrechtlicher Rundfunkbegriff, S. 32; Hoffmann-Riem, AfP 1996, 9, 13.
[373] Vgl. Manssen, D § 2, Rn. 3.

3. Abgrenzung von TDG und MDStV

Entscheidend ist die Abgrenzung der Anwendungsbereiche von TDG und MDStV.

a) Abgrenzung über das Merkmal der öffentlichen Meinungsbildung

Zum Teil wird im Schrifttum die Ansicht vertreten, entscheidendes Abgrenzungsmerkmal zwischen TDG und MDStV sei die öffentliche Meinungsbildung.[374] Dieser Ansicht zu folge ist für die Zuordnung eines Dienstes zum Geltungsbereich des MDStV erforderlich, dass dieser eine „meinungsbildende Funktion" besitzt.

Hochstein[375] beispielsweise geht noch einen Schritt weiter. Nach seiner Ansicht lässt sich der Bereich der Informations- und Kommunikationsdienste im Wesentlichen in 3 Sektoren unterteilen. Zunächst dem Bereich der Individualkommunikation und der publizistisch nicht relevanter Datendienste. Dieser soll als Bereich ohne jegliche öffentlich-meinungsbildende Funktion der Regulierung durch das TDG unterfallen.

Daneben existiert der Bereich der Massenkommunikation mit herkömmlichen Rundfunkangeboten. Dieser soll als „klassisches Medium und Faktor der öffentlichen Meinungsbildung weiterhin dem RStV unterfallen, der angesichts der meinungsbildenden Relevanz das geeignete, ausdifferenzierte Regelungsinstrumentarium besitzt. Für den MDStV verbleibt demnach das sogenannte „Mittelfeld" der Informations- und Kommunikationsdienste die zwar Massenkommunikation darstellen, die aber nur im geringen Maß der öffentlichen Meinungsbildung dienen, oder denen die Suggestivkraft der bewegten Bilder fehlt.

Für eine derartige Abgrenzung könnte sprechen, dass in § 2 IV Nr. 3 TDG ausdrücklich solche Dienste aus dem Anwendungsbereich des TDG ausgenommen sind, bei denen die redaktionelle Gestaltung zur Meinungsbildung für die Allgemeinheit im Vordergrund steht.[376] Ebenso scheint die Begründung zum TDG dies zu bestätigen, nach der „Zielrichtung der Informations- und Kommunikationsdienste nicht die auf öffentliche Meinungsbildung angelegte massenmediale Versorgung ist, sondern die durch den Nutzer bestimmbare Kommunikation".[377] Hier wird auch das Kriterium der öffentlichen Meinungsbildung erwähnt. Allerdings ist hierbei zu beachten, dass der Wortlaut bei der Auslegung von Regelungen stets das größte Gewicht besitzt. Das Kriterium der öffentlichen Meinungsbildung kommt in § 2 I TDG/MDStV nicht vor. Hiernach ist lediglich danach abzugrenzen, ob ein Dienst eine rein individuelle Nutzung bietet oder aber sich an die Allgemeinheit richtet. Zwar können gerade Mediendienste ein meinungsbildendes Potential besitzen, dennoch ist dies kein Kriterium für einen Mediendienst.

Nur weil ein Dienst sich an die Allgemeinheit richtet, muss dieser nicht notwendigerweise meinungsbildende Funktion haben.[378] Vielmehr existieren eine Reihe von Angeboten, die sich zwar an die Allgemeinheit richten, die aber keine öf-

---

[374] Vgl. Manssen, D § 2, Rn. 3; sowie Spindler in Hoeren/Sieber, 29, Rn. 49; Engel-Flechsig/Maennel/ Tettenborn, NJW 1997, 2981, 2983;

[375] Vgl. Hochstein, NJW 1997, 2977, 2979.

[376] Insofern ist § 2 II Nr. 2 TDG fast wortgleich.

[377] Vgl. BT-Drucksache 13/7385, S. 17.

[378] Vgl. Lohse, Verantwortung im Internet, S. 174.

fentliche Meinungsbildung bezwecken oder bewirken. So richten sich zum Beispiel Verteildienste im Sinne des § 2 II Nr. 1 MDStV unbestreitbar an die Öffentlichkeit. Dennoch wird einem Angebot zum Teleshopping keine öffentlich meinungsbildende Funktion entnehmen zu sein. Nach dieser Ansicht aber wären solche Dienste – obwohl sie als Regelbeispiele für Mediendienste im Gesetz aufgeführt sind – keine Mediendienste, sondern als Teledienste im Sinne des TDG zu klassifizieren.
Gleiches lässt sich für Dienste im Sinne des § 2 II Nr. 2 MDStV feststellen. Dienste deren Aufgabe einzig in der Verbreitung von Rohdaten an die Öffentlichkeit, z. B. über das Wetter, oder den Ozongehalt der Luft liegt, wären mangels einer öffentlich-meinungsbildenden Funktion der Gruppe der Teledienste zuzuordnen. Hinzu kommt, dass selbst bei Angeboten im herkömmlichen Rundfunk, der nach der Begründung zum TDG immerhin „klassisches Medium und Faktor öffentlicher Meinungsbildung" ist[379], eine öffentliche Meinungsbildung bisweilen stark bezweifelt werden muss.[380] So dürften insbesondere sogenannte Game-Shows, der Wetterbericht oder Verkehrsnachrichten einer öffentlich-meinungsbildenden Funktion regelmäßig völlig entbehren. Insofern ist diese Ansicht, nach der es für die Abgrenzung zwischen TDG und MDStV auf das Kriterium der öffentlichen Meinungsbildung ankommt, abzulehnen.

b) Abgrenzung nach dem Wortlaut der Vorschriften

Nach anderer Ansicht hat die Abgrenzung allein anhand des Wortlaut der betreffenden Vorschriften stattzufinden.[381] Ein Vergleich der Legaldefinitionen von Tele- und Mediendiensten in den § 2 von TDG und MDStV zeigt, dass hiernach für die Zuordnung eines Dienstes zur Gruppe der Tele- oder Mediendienste allein entscheidend ist, ob er für eine individuelle Nutzung bestimmt ist (dann Teledienst) oder ob er sich an die Allgemeinheit richtet (dann Mediendienst). Dabei richtet sich ein Dienst an die Allgemeinheit, sobald er einer beliebigen Öffentlichkeit zugänglich ist[382] und somit eine massenkommunikative Komponente besitzt. Dies ergibt sich zunächst daraus, dass sie sich ausdrücklich am Wortlaut der entscheidenden Normen orientiert. Der Wortlaut ist im Rahmen der Auslegung von Gesetzestexten das greifbarste Kriterium. Weiterhin entstehen nach dieser Ansicht auch keine Widersprüche zu den Regelbeispielen, die den jeweiligen Definitionen nachgeordnet sind. Allerdings setzt diese Ansicht voraus, dass eine derartige Abgrenzung auch tatsächlich möglich ist. Hieran hegt *Lohse* neben anderen gewisse Zweifel.[383] Diese Zweifel nähren sich hauptsächlich aus der Tatsache, dass im Rahmen der immer weiter fortschreitenden Konvergenz im Medienbereich, sowie im Bereich der Individual- und Massenkommunikation, eine eindeutige Trennung nach diesen Kriterien unmöglich wird.[384]

---

[379] Vgl. BT-Drucksache 13/7385, S. 19.
[380] Vgl. Lohse, Verantwortung im Internet, 175.
[381] So auch Bullinger, ZUM 1996, 749, 751; Flechsig/Gabel, CR 1998, 351, 353; Gounalakis, NJW 1997, 2993, 2994; Koch, CR 1997, 193, 194; Kröger/Moos, ZUM 1997, 462, 466; Müller-Using/Lücke, ArchivPT 1997, 101, 108.
[382] Vgl. Gounalakis, NJW 1997, 2993, 2994; sowie Hoffmann-Riem, AfP 1996, 9, 10.
[383] Vgl. Lohse, Verantwortung im Internet, S. 176 f; Klöck, CR 1999, 456, 458.
[384] Dieses Problem erkennt auch Gounalakis an; vgl. ders. in NJW 1997, 2993, 2995.

Sicherlich verwischen im Zuge der fortschreitenden Konvergenz viele Grenzen, anhand derer Informations- und Kommunikationsdienste früher oder auch noch heute eindeutig abzugrenzen waren. Auch aus diesem Grund erweisen sich die oben genannten Kriterien, rund um die öffentliche Meinungsbildung, für die Abgrenzung in diesem Bereich als ungeeignet. Ob sich ein Dienst jedoch an den einzelnen persönlich richtet und diesem sodann die Möglichkeit einer individuellen Nutzung eröffnet, oder ob ein Dienst offen zugänglich für jedermann im Sinne eines massenkommunikativen Mediums ist, dürfte auch in Zukunft zu unterscheiden sein. Sobald ein Dienst private Kommunikation und Information zwischen genau bestimmbaren Teilnehmern bietet, ist er der Individualkommunikation zuzuordnen und richtet sich insoweit nur an die einzelnen Teilnehmer der jeweiligen Kommunikation. Ist ein Dienst dagegen frei und öffentlich für jedermann in gleichem Maße zugänglich, und werden Inhalte in diesem Dienst offen zugänglich verbreitet, so handelt es sich um einen Dienst der Massenkommunikation, der sich an die Allgemeinheit richtet. Zum selben Ergebnis kommt letztendlich auch *Lohse*, der den Anwendungsbereich von TDG und MDStV letztlich trotzdem danach bestimmt, ob sich die Inhalte der jeweiligen Dienste an eine unbestimmte Vielzahl von Personen richtet oder einen begrenzten Kreis von Anwendern.[385]
Feststeht nach dem Wortlaut der Vorschriften, dass eine Überschneidung der jeweiligen Anwendungsbereiche in jedem Falle eindeutig ausgeschlossen, soweit ein und dasselbe Angebot betroffen ist.[386] Dies ergibt sich nicht zuletzt aus den Abgrenzungsklauseln der § 2 IV Nr. 3 TDG und § 2 I MDStV. Damit ist festzuhalten, dass für die Abgrenzung der Anwendungsbereiche von TDG und MDStV der Wortlaut dieser Vorschriften, und damit entscheidend ist, ob sich einzelne Dienste an die Allgemeinheit oder an Einzelne zum Zwecke individueller Nutzung richtet.

c) Unterscheidung für jede Einzelleistung?

Des Weiteren besteht in der Literatur Uneinigkeit hinsichtlich der Frage, was Gegenstand dieser Abgrenzung sein kann. Immerhin werden gerade im Internet ganze Bündel von Diensten angeboten. In diesem Zusammenhang kommt tatsächlich die Frage auf, was als „Dienste" im Sinne der beiden Regelungskataloge definiert sein soll.
Zum Einen könnte in Betracht kommen, anbieterspezifisch, d. h. für jeden Anbieter gesondert eine Gesamtschau aller insoweit angebotenen Dienste anzustellen und dann nach dem Schwerpunkt dieser Dienste deren Ausrichtung an die Allgemeinheit oder individuelle Nutzer festzustellen.[387] Demnach wären beispielsweise alle Angebote gleich zu behandeln, die unter ein und der selben Homepage (Eingangseite) im WWW angeboten werden. Hiergegen spricht jedoch die detaillierte Auflistung im Rahmen des § 2 II TDG. Käme es dem Gesetzgeber auf eine zusammenfassende Einordnung aufgrund einer Gesamtschau an, so hätte er sich nicht die Mühe einer derart detaillierten Auflistung einschlä-

---

385 Vgl. Lohse, Verantwortung im Internet, S. 178 f.
386 Vgl. Engel-Flechsig/Maennel/Tettenborn, NJW 1997, 2981, 2984.
387 So Waldenberger, MMR 124, 125, der eine dienstespezifische Unterscheidung ablehnt mit Verweis auf deren praktische Undurchführbarkeit; ebenso im Ergebnis Lohse, Verantwortung im Internet, S. 177 f.

giger Dienste gemacht. Vielmehr ist für jedes einzelne Angebot spezifisch festzustellen, ob es sich an die Allgemeinheit oder an den individuell kommunizierenden Einzelnen richtet.[388] Dies berücksichtigt Besonderheiten der jeweiligen Dienste angemessen und führt in der Praxis zu sachgerechten Lösungen.

d) Zwischenergebnis

Die Zuordnung der einzelnen Dienste zu den Anwendungsbereichen der Regelungskataloge bestimmt sich damit vorrangig nach dem Wortlaut der Vorschriften, d. h. danach, ob sich ein Angebot an die Allgemeinheit (dann MDStV) oder an den Einzelnen zum Zwecke individueller Kommunikation (dann TDG) richtet. Diese Unterscheidung muss für jedes einzelne Angebot gesondert getroffen werden und kann nicht im Wege einer Gesamtschau aller Angebote z. B. eines bestimmte Online-Anbieters im Internet nach dem Schwerpunkt dieser Angebotsmasse getroffen werden. Eine Zuordnung von Diensten in den jeweiligen Anwendungsbereich von TDG oder MDStV ist somit nicht einfach und „en gros" durchzuführen. Sie bedarf vielmehr einer detaillierten und differenzierten Auseinandersetzung mit jedem einzelnen Angebot. Hierdurch wird eine grundsätzliche Zuordnung konkreter Dienste zu den jeweiligen Regelungswerken möglich.

4. Abgrenzung von TDG und TKG

Daneben bedarf es noch der Klärung anderer Abgrenzungsfragen. Zunächst ist es erforderlich, Teledienste von Telekommunikationsdienstleistungen zu unterscheiden. Teledienste regelt das TDG, Telekommunikationsdienstleistungen werden im Telekommunikationsgesetz (TKG) reguliert. Insofern muss der Anwendungsbereich des TDG von dem des TKG abgegrenzt werden.
Für (Tele-) Dienste im Sinne des Teledienstegesetzes ist nach § 2 I TDG kennzeichnend, dass sie mittels Telekommunikation übertragen werden. Insofern berühren sich hier die Bereiche der Nutzung von Telediensten und die der Nutzung von Telekommunikationsdiensten im Sinne des TKG. Fraglich ist demnach, wie der Begriff der Telekommunikation zu verstehen ist. Dieser wird in § 3 Nr. 16 TKG legaldefiniert. Danach umfasst dieser Begriff den technischen Vorgang des Aussendens, Übermittelns und Empfangens von Nachrichten jeglicher Art in Form von Zeichen, Sprache, Bildern oder Tönen mittels Telekommunikationsanlagen. Telekommunikation ist demnach der rein technische Vorgang der Fernübermittlung von Informationen mittels elektromagnetischer Schwingungen. Genauso ist der Begriff der Telekommunikation auch im TDG zu verstehen.[389] Insofern umfasst der Anwendungsbereich des TKG hauptsächlich rein technische Vorgänge.[390] Gegenüber dem Inhalt ist das TKG jedoch neutral. Dagegen umfasst der Anwendungsbereich des TDG wie bereits dargestellt, gerade die inhaltlichen Details, sowie die nutzungsrelevanten Komponenten der ange-

---

[388] So auch die Mehrheit der Ansichten im Schrifttum, wie Engel-Flechsig/Maennel/Tettenborn, NJW 1997, 2981, 2982; Engel-Flechsig, ZUM 1997, 231, 234; Pichler, MMR 1998, 79, 80; Tettenborn, MMR 1999, 516, 518.

[389] Vgl. Kröger/Moos, ZUM 1997, 462, 466, mit Verweis auf die Begründung zum IuKDG, BT-Drucksache 13/7385, S. 5.

[390] Vgl. Engel-Flechsig/Maennel/Tettenborn, S. 14; Manssen, E § 2, Rn. 9; Schuster in Beck´scher TKG Kommentar, § 1, Rn. 22.

botenen Informations- und Kommunikationsdienste. Teledienste zeichnen sich gerade dadurch aus, dass sie den Nutzern Inhalte bieten, d. h. Leistungen, die über die Bereitstellung der rein technischen Möglichkeiten hinausgehen. Die Geltungsbereiche des TDG und des TKG lassen sich demnach wie folgt von einander abgrenzen: das TDG regelt Inhalt und die damit einhergehenden Fragen von Telekommunikation und Teleinformation, das TKG hingegen regelt allein die technischen Aspekte, wie den Transport der Daten.[391] Eine derartige Abgrenzung zwischen Transport und Inhalt ist bereits aus dem Rundfunkrecht bekannt.[392] Der Zusammenhang zwischen Telediensten und Telekommunikation beschränkt sich damit im Wesentlichen darauf, dass Teledienste Telekommunikation notwendigerweise voraussetzen, diese den Telediensten gleichsam wesensimmanent zugrunde liegt.

Eine Sonderstellung nimmt insoweit das Phänomen der Internet-Telefonie ein. Diese könnte einen Sprachtelefondienst im Sinne des § 3 Nr. 15 TKG darstellen und insoweit dem Anwendungsbereich des TKG unterfallen. Immerhin wird dieser Dienst im Internet gewerblich bereit gestellt und ist hierbei zudem der Öffentlichkeit zugänglich.[393] Jedoch ist für einen Sprachtelefondienst im Sinne des § 3 Nr. 15 erforderlich, dass dieser in Echtzeit stattfindet. Echtzeit liegt jedoch nur dann vor, wenn der jeweilige Dienst eine maximale Verzögerung des gesprochenen Wortes von 400 Millisekunden nicht überschreitet.[394] Im Internet wird dieser Wert aufgrund der spezifischen Versandmethode derzeit (noch) nicht erreicht, jedenfalls nicht als Standardwert. Insofern kann bei Internet-Telefonie derzeit auch noch nicht von einem Sprachtelefondienst im Sinne des § 3 Nr. 15 TKG gesprochen werden.[395] Deshalb fällt die Internet-Telefonie (zumindest derzeit noch) als individuell nutzbarer Informations- und Kommunikationsdienst unter den Anwendungsbereich des Teledienstegesetzes.

5. Abgrenzung zum Rundfunk

Außerdem werfen die Regelungswerke MDStV und RStV Abgrenzungsfragen auf. Anders als die Teledienste, richten sich Mediendienste, wie festgestellt, an eine unbestimmte Öffentlichkeit, weshalb sie auch der Massenkommunikation zuzuordnen sind. Dies bringt jedoch neuerliche Abgrenzungsschwierigkeiten mit Rundfunkdiensten mit sich. Der Rundfunk ist das klassische Mittel der Massenkommunikation schlechthin. Außerdem besitzen Mediendienste bisweilen ein meinungsbildendes Potential, was sie erneut dem Rundfunk als Medium der öffentlichen Meinungsbildung Nummer 1 nahe bringt.

Dennoch ist, nicht zuletzt wegen der Klausel des § 2 I Satz 2 MDStV aber eine trennscharfe Abgrenzung zwischen Mediendiensten und Rundfunkdiensten erforderlich. Schließlich tragen Mediendienste – wenn überhaupt – nur in sehr eingeschränktem Maße zur öffentlichen Meinungsbildung bei. Letztlich fehlt

---

391 Vgl. hierzu Manssen, E § 2, Rn. 9; sowie Koenig, Beilage zu MMR 12/1998, 1, 4.

392 Vgl. nur Hermann, Rundfunkrecht, § 3, Rn. 17 ff.

393 Vgl. Manssen, C § 3 Rn 25; Müller-Terpitz, MMR 1998, 65, 66. Als Beispiel lässt sich hierfür der Internet-Telefon-Dienst des Online-Anbieters web.de anführen. Hier können Nutzer jede Nummer im deutschen Festnetz über das Internet anwählen.

394 Vgl. Manssen, C § 3, Rn 25.

395 Vgl. Manssen, C § 3, Rn. 25; sowie RegTP, Beschluss vom 16.6.1999, MMR 1999, 557, 559; Mertens, MMR 2000, 77, 79; Göckel, K&R 1998, 250, 253.

ihnen meist die durch Originaltöne und Bewegtbilder hervorgerufene Authentizität und Suggestivkraft.[396] Gerade diese Eigenschaften des Rundfunks begründen aber dessen rundfunktypische Gefährdungspotentiale für die öffentliche Meinungsbildung.[397] Insofern stellen Mediendienste gegenüber dem Rundfunk ein Minus dar. Deshalb erscheint es auch nicht gerechtfertigt, diese Dienste dem strengen Regelungssystem des RStV zu unterwerfen.[398] Insofern bedarf es hier eines ausreichend trennscharfen Kriteriums, das eine möglichst eindeutige Zuordnung bestimmter Dienste zum Rundfunk oder zu den Mediendiensten ermöglicht. Dementsprechend finden dann entweder die Vorschriften des Rundfunkstaatsvertrages oder des Staatsvertrages über Mediendienste Anwendung.
Eine kumulative Anwendung von RStV und MDStV scheidet aus. Hiergegen sprechen schon die jeweiligen Ausschließungsklauseln in § 2 I S. 3 RStV und § 2 I S. 2 MDStV. Ein Vergleich der jeweiligen Dienstdefinitionen im Rahmen des MDStV und des RStV zeigt, dass sich die Definition der Mediendienste stark an der des Rundfunks in § 2 I S. 1 RStV orientiert. Im Gegensatz zur Definition der Mediendienste enthält § 2 I RStV jedoch das Merkmal der „Darbietung". Insofern könnte dieses Merkmal zur Abgrenzung zwischen Mediendiensten und Rundfunk dienen.[399] Wie bereits dargestellt sind die Inhalte, die über Mediendienste verbreitet werden regelmäßig nicht redaktionell aufbereitet, so dass es sich hierbei um eine „Darbietung" im engeren Sinne handelt. Demzufolge kann auch bei Mediendiensten ein Gefährdungspotential für die öffentliche Meinungsbildung, in der Art wie es die Rundfunkdienste besitzen, nicht festgestellt werden.[400] Dies ergibt sich auch aus der Begründung zum MDStV. Dort wird ausdrücklich betont, welch besondere Rolle das Merkmal der „Darbietung" bei Rundfunkdiensten für die öffentliche Meinungsbildung spielt und dass genau dieses Merkmal bei den Mediendiensten gänzlich fehle.[401]
Ein Sonderproblem stellen in diesem Zusammenhang diejenigen Informations- und Kommunikationsdienste dar, die ausdrücklich dem Rundfunk nachempfunden sind. So finden sich gerade im WWW des Internet etliche Angebote des sogenannten Internet-Radio und Internet-TV. Hierbei handelt es sich in der Regel um Angebote, die Rundfunksendungen im Wege einer Zweitverwertung im Internet anbieten. Daneben sind jedoch auch reine Internet-Radio- oder -Fernsehprogramme denkbar. Grundsätzlich können solche Dienste die Merkmale des Rundfunks erfüllen.[402] Wie jedoch bereits im Rahmen des Rundfunkbegriffs erläutert, fehlt es diesen Diensten derzeit (noch) an der audiovisuellen Qualität, die herkömmliche Rundfunkdienste bieten. Diese leidet zum Einen unter der dem Internet immanenten Paketversendung, die bisweilen zu einer abgehackten oder unvollständigen Darstellung führt. Zum Anderen verschlechtert sich die Qualität dadurch, dass diese Informationen auch nach der Digitalisie-

---

[396] Vgl. BVerfGE 31, 314, 325;90, 60, 87; ebenso Eberle, CR 1996, 193, 194 sowie 197; Schulz ZUM 1996, 487, 492.
[397] Vgl. BVerfGE 31, 314, 325; 57, 295, 323; vgl. auch Wallraf, AfP 196, 41, 42; Hoffmann-Riem, AfP 1996, 9, 14.
[398] Vgl. Gounalakis/Rhode, CR 1998, 487, 491.
[399] Vgl. Beucher/Leyendecker/von Rosenberg, § 2 MDStV, Rn. 1; Gersdorf, Rundfunk und E-Commerce, Rtkom 1999, 75, 77; vgl. die Ausführungen zum Rundfunkbegriff.
[400] Vgl. Gounalakis/Rhode, CR 1998, 487, 491.
[401] So Fechner, Medienrecht, Rn. 744.
[402] Vgl. Manssen, D § 2, Rn. 7.

rung ein erhebliches Datenvolumen darstellen, dem Teile der Infrastruktur des Internet sowie einige Endgeräte (Computer) (noch) nicht gewachsen sind. Hierdurch werden u.U. lange Ladezeiten, Pausen zum Zwischenspeichern während der Darbietung oder Abstriche bei Ton und Grafik erforderlich.
Insofern scheint es vertretbar, solche Dienste (noch) nicht dem Rundfunkbegriff des § 2 I Satz 1 RStV unterzuordnen.[403] Für den Fall, dass derartige Hindernisse aufgrund des technischen Fortschritts hinweg fallen, enthält § 20 II RStV die sogenannte „Aufwärtsklausel". Danach fallen Mediendienste, die an sich nach § 4 MDStV zulassungsfrei sind, unter die rundfunkrechtliche Zulassungspflicht, soweit sie dem Rundfunk zuzuordnen sind. Ob und wann ein Mediendienst dem Rundfunk zuzuordnen ist, entscheidet die zuständige Landesmedienanstalt im Einvernehmen mit den restlichen Landesmedienanstalten. Sollte eine derartige Einscheidung einen Mediendienst dem Rundfunk zuordnen, so kann der Anbieter dieses Dienstes nach seiner Wahl binnen 6 Monate entweder den Antrag auf Zulassung dieses Dienstes im Sinne des § 20 I RStV stellen, oder den Dienst so verändert anbieten, dass er nicht mehr dem Rundfunkrecht unterfällt.
Natürlich birgt dieser Rechtssatz Unsicherheiten für die Anbieter von Mediendiensten. Um zu verhindern, dass sie von einer derartigen Entscheidung der Landesmedienanstalten überrascht werden, räumt § 20 II RStV ihnen das Recht ein, auch schon vor Aufnahme eines Mediendienstes[404] einen Antrag auf rundfunkrechtliche Unbedenklichkeit zu stellen.
Eine derartige Unbedenklichkeitsbescheinigung bindet die Verwaltung, solange der Dienst unverändert angeboten wird. Durch dieses System soll sichergestellt werden, dass die medienrechtlichen Regelungen, insbesondere der Mediendienstestaatsvertrag und der Rundfunkstaatsvertrag technikoffen sind und auch mit einer sich rasant weiter entwickelnden Materie Schritt halten können. Insofern werden auch Rechtslücken vermieden, wenn ein Mediendienst aufgrund des technischen Fortschritts fortan als Rundfunk einzustufen ist. Damit lassen sich demnach auch Mediendienste und Rundfunk eindeutig voneinander abgrenzen. Die Anwendungsbereiche von MDStV und RStV überschneiden sich somit nicht.

6. Sonstige Abgrenzungsfragen

In Kürze lassen sich die restlichen Abgrenzungsfragen klären. Zur Frage inwieweit MDStV und TKG von einander abzugrenzen sind, sei auf die Ausführungen zu der Abgrenzung TDG und TKG verwiesen.[405] Ebenso wie dort gilt auch für das Verhältnis von Mediendiensten und Telekommunikation, dass letztere Mittel der Verbreitung für die Mediendienste darstellt. Ebenso wie oben umfasst das TKG auch hier den rein technischen Ablauf der Übermittlung von Inhalten und dessen Details, wohingegen der MDStV die inhaltlichen und anbietungsrechtlichen Details von Mediendiensten regelt. Für die Abgrenzung zwischen Telediensten und Rundfunk gilt, dass Teledienste kein Rundfunk sind.[406] Die Anwendungsbereiche von TDG und RStV berühren sich im Gegensatz zum Verhältnis RStV – MDStV nicht. Anders als Mediendienste sind Teledienste

[403] Vgl. auch Koenig/Röder, K&R 1998, 417, 418; Manssen, D § 2, Rn. 7.
[404] Vgl. Beucher/Leyendecker/von Rosenberg, § 20 RStV, Rn. 29.
[405] Vgl. insoweit Punkt B. II. 4, S. 126 f.
[406] Vgl. Manssen, E § 2, Rn. 11.

keine Massenmedien. Ebenso wenig besitzen sie ein rundfunktypisches Gefährdungspotential für die öffentliche Meinungsbildung. Teledienste sind vielmehr individuell, autonom und interaktiv ausgestaltete Abrufangebote, die durch die „stückweise“ Verbreitung von Informationen gekennzeichnet sind.[407] Demgegenüber bietet der Rundfunk ein zeitlich geplant ablaufendes Gesamtprogramm, bei dem der Zuschauer in seiner Interaktion auf das bloße Ein- oder Ausschalten beschränkt ist. Insofern besteht bei Telediensten und Rundfunk nicht die Gefahr der falschen Zuordnung, zu unterschiedlich sind diese Dienste in ihrem Aufbau, Nutzungsmöglichkeiten und Wirkspektrum.

7. TDG und MDStV und die neuen Online-Dienste des Internet

a) Die Anwendbarkeit von TDG und MDStV auf Internet-Dienste

Hinsichtlich der grundsätzlichen Anwendbarkeit von TDG und MDStV auch auf die Dienste des Internet bestehen kaum Zweifel.[408] Bei diesen handelt es sich um elektronische Informations- und Kommunikationsdienste im Sinne der beiden Regelungskataloge. Insoweit besitzen TDG und MDStV grundsätzlich auch für alle Dienste des Internet Geltungskraft.

b) Versuch einer pauschalen Zuordnung einzelner Internet-Dienste

Angesichts der großen Vielfalt von Angeboten im Internet soll im Folgenden der Versuch unternommen werden, die wichtigsten Dienste, die Thema dieser Arbeit sind, jeweils zum Anwendungsbereich des TDG oder des MDStV zuzuordnen. Hierbei ist zu beachten, dass wie bereits dargestellt, eine definitive Zuordnung einzelner Angebote nur nach einer detaillierten und differenzierten Prüfung dieses Angebotes erfolgen kann. Dennoch soll hier eine pauschalen Zuordnung versucht werden, anhand derer dann auch Rückschlüsse über die tatsächliche Praxistauglichkeit dieser Regelungswerke gezogen werden.

aa) Der E-Mail-Dienst

Grundsätzlich handelt es sich bei E-Mails um die individuelle Kommunikation zwischen meist 2 Teilnehmern. E-Mails werden zielgerichtet versandt und sind somit für eine individuelle Nutzung bestimmt. Als ein Dienst, bei dem der individuelle Austausch im Vordergrund steht, ist der E-Mail-Dienst als Teledienst dem Anwendungsbereich des TDG zuzuordnen.[409] Dies gilt auch dann noch, wenn E-Mails z. B. zu Werbezwecken massenhaft mit gleichem Inhalt versandt werden. Nur aus dem Umstand, dass eine bestimmte Mail an unbestimmt viele Empfänger versandt wird, ergibt sich noch keine Richtung an die Allgemeinheit. Auch wenn sehr viele E-Mails gleichen Inhalts verschickt werden, richtet sich jede einzelne individuell an einen bestimmten Empfänger. Dessen Adresse ist einzigartig und somit individualisiert. Damit bleiben auch massenhaft versandte E-Mails Teledienste im Sinne des § 2 TDG.

---

[407] Vgl. Engel-Flechsig/Maennel/Tettenborn, S. 13.
[408] Vgl. Kröger/Moos, ZUM 1997, 462, 467
[409] Ebenso Kröger/Moos, ZUM 1997, 462, 468; Gercke, S. 35, 36.

bb) Der Newsdienst

Größere Schwierigkeiten verursacht eine Zuordnung beim Newsdienst. Hinsichtlich einzelner Newsgroups ist danach zu unterscheiden, ob diese öffentlich zugänglich oder einem bestimmten Benutzerkreis vorbehalten sind. Solche Newsgroups bei denen sich Jedermann unbeschränkt an der Diskussion beteiligen kann, richten sich an die Allgemeinheit. Insofern handelt es sich hierbei um Mediendienste, die dem Anwendungsbereich des MDStV unterfallen.

Daneben existieren jedoch auch Newsgroups, bei denen eine Teilnahme von bestimmten Bedingungen, z. B. der Mitgliedschaft in einem Club oder einer besondere Arbeitsgruppe abhängt. Derartige Angebote sind auf eine individuelle Nutzung von Daten ausgerichtet. Damit handelt es sich bei solchen Diensten um Teledienste, die dem TDG unterfallen.

Kröger und *Moos* wollen die Zuordnung solcher Dienste nach der Anzahl der Teilnehmer vornehmen.[410] Dies ist jedoch abzulehnen. Es kann nicht sein, dass diese Zuordnung an einer bestimmten Teilnehmerzahl hängt, so dass bei Erreichen dieser Zahl sich der Charakter des ganzen Dienstes und seine rechtliche Einordnung ändert. Gerade die Dienste des Internet zeichnen sich durch eine hohe Flexibilität und damit auch durch eine ebenso hohe Fluktuation von Nutzer aus. So kann die Teilnehmerzahl nie eindeutig bestimmt werden. Vielmehr ist sie andauernd Schwankungen unterworfen. Deshalb muss für die dienstespezifische Zuordnung einzig ausschlaggebend sein, ob sich die jeweilige Newsgroup an die Allgemeinheit und damit an potentiell jeden Internet-Nutzer oder nur an einen bestimmten – u.U. auch größeren – Kreis von Teilnehmern richtet.

cc) Der Dienst Telnet

Beim Dienst Telnet werden Computer zu besseren Ressourcennutzung miteinander verbunden. Jede einzelne Verbindung dient dabei einem besonderen, individuellen Ziel. Zwischen den in der Regel 2 beteiligten Rechnern (dem Hauptrechner (Server), auf dessen Ressourcen zugegriffen wird und dem Client-Rechner, der diese Ressourcen nutzt) entsteht ein individueller Datenaustausch in Form einer individuellen Computerkommunikation. Damit richtet sich dieser Dienst nicht an die Allgemeinheit, sondern ist vielmehr als Teledienst im Sinne des § 2 I TDG zu verstehen. Der Dienst Telnet unterfällt somit dem Anwendungsbereich des TDG.

dd) Die Echtzeitkommunikationsdienste

Interessant wiederum ist die Einordnung der sogenannten Echtzeitkommunikationsdienste. Unabhängig davon, ob es sich um bild-, sprach-, oder videobasierte Systeme handelt, hängt die Zuordnung dieser Angebote von ihrer nutzerseitigen Ausrichtung ab. Dienen solche Systeme der öffentlichen Kommunikation, wie dies zum Beispiel bei einem öffentlichen Chat im Rahmen des IRC der Fall ist, so sind diese Systeme als Mediendienste einzustufen. Hierbei ist nicht entscheidend, dass alle Internetnutzer gleichzeitig daran teilnehmen, was aus rein technischer Sicht schon nicht möglich ist. Auch wenn die Teilnehmerzahl technisch bedingt nur einige Dutzend Teilnehmer umfassen kann, kann es sich dabei um

[410] Vgl. Kröger/Moos, ZUM 1997, 462, 468.

einen Mediendienst handeln. Entscheidend ist nicht, dass die Allgemeinheit gleichzeitig teilnimmt, sondern, dass jedermann grundsätzlich die Möglichkeit hat, an der Kommunikation teilzunehmen. Dann richtet sich dieser Dienst an die Allgemeinheit im Sinne des § 2 MDStV.[411] Derartige Angebote sind derzeit nur im Bereich der textbasierten Systeme zu finden. Sprach- oder videobasierte Systeme sind rein technisch und tatsächlich nur für die Kommunikation eines sehr eingeschränkten Teilnehmerkreises denkbar. Andererseits müssen solche Kommunikationssysteme dem TDG unterfallen, wenn und soweit sie der meist 2 oder 3-seitigen Kommunikation dienen, ähnlich den herkömmlichen Telefongesprächen. In diesem Fall handelt es sich um Angebote im Sinne des § 2 II Nr. 1 TDG. Als Beispiel hierfür lassen sich Chat-verbindungen innerhalb eines separaten Kanals oder aber zweiseitige sprach- oder videobasierten Kommunikationen nennen.
Die Zuordnung hängt von der Kommunikationsstruktur der Teilnehmer ab. So ist die Kommunikation zweier Nutzer, die an der öffentlichen Kommunikation teilnehmen, als Nutzung eines Mediendienstes einzustufen. Öffnen die selben Nutzer jedoch einen neuen, privaten Kanal um hier ihre Kommunikation unter Ausschluss der anderen fortzuführen, schlägt ihr Verhalten in die Nutzung eines Teledienstes um.[412] Entscheidend ist somit allein die Zuordnung anhand des einzelnen Angebotes.

ee) Die Abrufdienste des Internet

Was den FTP-Dienst betrifft, so kann weitestgehend auf die Ausführungen zum Telnet-Dienst verwiesen werden. Auch beim FTP verbinden sich mehrere Computer. Hier dient dies allerdings meist ausschließlich dem (einseitigen) Datentransfer. Zwar richten sich manche FTP-Server auch an die Allgemeinheit. Entscheidend hierbei ist jedoch, dass es sich bei der einzelnen (Down- oder Upload-Verbindung) um eine individuelle Nutzung handelt. Jeder Client-Rechner greift individuell und von anderen unabhängig auf die Datenbestände eines FTP-Servers zu.
Ausgesprochen schwierig ist die Zuordnung des populärsten Internet-Dienstes, des WWW. Dies liegt zum Einen daran, dass dieser Dienst in der Lage ist, nahezu alle anderen Dienste mit einzubinden, zum Anderen daran, dass hier nahezu unerschöpfliche Kombinationen von Verteil- und Abrufdiensten, Kommunikation, Information und anderen Anwendungen existieren. Insofern ist hier eine pauschale Zuordnung nicht ohne weiteres möglich. Allerdings lässt sich mit der „Homepage" an sich ein Anwendungsbeispiel des WWW herausgreifen. Solange sich diese an die Öffentlichkeit richtet, indem sie frei zugänglich ist, liegt es nahe, sie als Mediendienst einzustufen. Dagegen spricht jedoch die Begründung zum IuKDG, die Homepages ausdrücklich und grundsätzlich den Telediensten zuordnet.[413] Angesichts der vielen verschiedenen Angebote die das WWW in

---

411 Ebenso Gercke, S. 35; Kröger/Moos, ZUM 1997, 462, 468; im Wesentlichen zustimmend Bleisteiner, S. 131.
412 Zu gleichen Ergebnis kommt auch Bleisteiner, S. 131.
413 Vgl. BT-Drucksache 13/7385, S. 19.

dieser Richtung bietet, erscheint diese Einstufung als äußerst fraglich.[414] So kann dies sicher nicht für redaktionell aufwendig gestaltete Angebote, wie Informationsseiten von politischen Parteien oder die Online-Ausgaben von journalistischen Druckerzeugnissen gelten. Für die Praxistauglichkeit von MDStV und TDG bedeutet dies, dass beide Regelungswerke anhand der erarbeiteten Kriterien durchaus voneinander abgrenzbar sind. So können zum Beispiel ganze Dienste, ob ihrer eindeutig individuellen Ausrichtung, pauschal dem Anwendungsbereich des TDG zugeschrieben werden (E-Mail). Dagegen bestehen bei anderen Diensten mitunter große Abgrenzungsprobleme. Letztlich kann hier eine Zuordnung nur anhand des einzelnen Angebotes, unter Berücksichtigung seiner Ausrichtung und seines Inhaltes, auch anhand der Regelbeispiele aus TDG und MDStV erfolgen.

III. Die inhaltsbezogenen Standards des TDG

1. Allgemeines zur Inhaltsregulierung durch das TDG

Zunächst muss zum TDG festgestellt werden, dass es keine Vorschriften enthält, die sich gegen bestimmte Inhalte richten, indem sie bestimmte Inhalte explizit verbieten oder sonst wie ächten. Hierin wird der Unterschied zu GjSM deutlich. Wie bereits festgestellt, gilt auch dieser Regelungskatalog nur für Teledienste. Anders als das TDG nimmt das GjSM in § 1 GjSM aber ausdrücklich Bezug auf bestimmte Inhalte. Jedoch enthält das TDG Vorschriften, die die allgemeine Verantwortlichkeit für Inhalte in Telediensten regeln. Die Frage der Verantwortlichkeit für Inhalte in den Diensten des Internet steht notwendigerweise in engem Zusammenhang zur Frage nach der Regulierung von bestimmten Inhalten im Internet. Insofern ist das TDG stets zu berücksichtigen, wenn es um Inhalte in Telediensten geht. Aus diesem Grund sollen diese Regelungen im Folgenden etwas genauer betrachtet werden, so dass deren Funktion im Rahmen einer Inhaltsregulierung von Online-Diensten richtig eingeschätzt werden kann.
In der ursprünglichen Fassung des TDG waren diese Regelungen im § 5 TDG a. F. untergebracht. Diese Vorschrift, sowie die insoweit inhaltsgleiche Norm des § 5 MDStV, waren bereits Gegenstände intensiver Diskussionen.[415] Mit der Änderung des TDG durch das Gesetz über den elektronischen Geschäftsverkehr (EGG), das aus einer Umsetzung der sog. E-Commerce Richtlinie[416] (ECRL) hervorging, wurden diese Regelungen weiter differenziert und an die entsprechenden Regelungen im EG-Recht angepasst. Fortan ist die Verantwortlichkeit für Inhalte in Telediensten in den §§ 8 –11 TDG geregelt. Zunächst soll daher ein Überblick über die entsprechenden Vorschriften in ihrer überholten, wie auch in der aktuellen Form eingegangen werden und sodann die Änderungen erarbeitet werden.

---

[414] Vgl. hierzu auch Bleisteiner, S. 132, der diese Zuordnung ebenso kritisiert; ebenso Gola/Müthlein, RDV 197, 193, 194; wie auch Müthlein/Gola/Jaspers, IT-Sicherheit Heft 5, 1997, 3, 7.
[415] Vgl. nur Manssen, in Kloepfer, S. 241, 254 m. w. N.
[416] RL 2000/31/EG v. 8.6.2000, AblEG 2000, L 178, 1 ff.

2. Die Verantwortlichkeitstatbestände des § 5 TDG a. F.

Wie dargestellt, war die Verantwortlichkeit für Inhalte in Telediensten mit Inkrafttreten des IuKDG und damit des TDG ursprünglich in dessen § 5 geregelt. Diese Vorschrift war weitestgehend übersichtlich, und in 4 Absätze unterteilt.

a) Verantwortlichkeit für eigene Inhalte, § 5 I TDG a. F.

§ 5 I TDG a. F. enthielt den Grundsatz, dass Diensteanbieter für eigene Inhalte, die sie zur Nutzung bereithalten, auch selbst verantwortlich nach den allgemeinen Gesetzen sind. Letztlich stellte diese Vorschrift nur Selbstverständliches klar[417], und manifestierte insoweit den Grundsatz, dass alles, was „offline" unzulässig ist, auch „online" unzulässig sein muss.[418] Erfasst wurden von dieser Vorschrift alle Content-Provider. Allerdings ist hierbei zu beachten, dass „eigene Inhalte" nicht notwendigerweise auch vom Anbieter selbst geistig herrühren müssen. Für eigene Inhalte ist einzig erforderlich, dass der Anbieter diese vollständig in sein Angebot integriert.[419] Demnach sind auch Inhalte, die von Dritten herrühren, eigene Inhalte des Anbieters, wenn ihr eigentlicher Ursprung nicht mehr zu erkennen ist, beziehungsweise wenn der Eindruck entsteht, die Inhalte rührten tatsächlich vom Anbieter her.
Ein „Bereithalten" im Sinne dieser Vorschrift liegt dann vor, wenn die Informationen auf einem Server des Anbieters liegen, von wo sie durch Nutzer abgerufen werden können. Der jeweilige Speicherort muss dem Diensteanbieter zuzuordnen sein.[420] Durch die Bereitstellung eines Links auf bestimmte Angebote, werden die dort veröffentlichten Inhalte noch nicht zu eigenen Inhalten des verweisenden Anbieters. Erst, wenn Inhalte völlig in das eigene Angebot des Anbieters integriert sind, trifft ihn hierfür auch die volle Verantwortlichkeit, so wie sie die allgemeinen Gesetze vorsehen.

b) Verantwortlichkeit für fremde Inhalte, § 5 II TDG a. F.

In § 5 II TDG a. F. war die Verantwortlichkeit für fremde Inhalte geregelt. Insofern waren alle Host- und Service-Provider angesprochen. Demnach waren solche Diensteanbieter im Grundsatz für fremde Inhalte nicht verantwortlich. Eine Verantwortlichkeit für fremde Inhalte bestand lediglich dann, wenn der Diensteanbieter von diesen Kenntnis hatte und es ihm technisch möglich und zumutbar war, deren Nutzung zu verhindern. „Kenntnis" im Sinne der Vorschrift umfasst allein das positive Wissen um die Inhalte.[421] Ein „Kennenmüssen" statuiert diese Vorschrift nicht. Immerhin hätte dies eine aktive Kontrollpflicht der Anbieter hinsichtlich aller angebotenen Inhalte bedeutet. Gerade dies wollte der Gesetzgeber den Diensteanbietern nicht auferlegen.[422] Nur sobald ein Anbieter Kenntnis von einem bestimmten Inhalt - egal auf welchem Weg - erlangte, wurde die Folge des § 5 II TDG a. F. in Gang gesetzt. Die so begründete

---

[417] Vgl. Manssen, E § 5, Rn. 6.
[418] Vgl. Spindler in Roßnagel, § 5 TDG, Rn. 67 f.
[419] Vgl. Altenhain, AfP 1998, 457, 460.
[420] Vgl. auch insoweit Altenhain, AfP 1998, 457, 459.
[421] Vgl. Becher/Leyendecker/von Rosenberg, § 5 TDG, Rn. 17; Engel-Flechsig/Maennel/Tettenborn, NJW 1997, 2981, 2985; Spindler, NJW 1997, 3193, 3196; Sieber, CR 1997, 581, 583; Pilcher, MMR 1998, 79,80.
[422] Vgl. Sieber, CR 1997, 581, 583.

Verantwortlichkeit für fremde Inhalte wurde allerdings durch den Zusatz beschränkt, dass es dem Anbieter auch möglich und zumutbar sein muss, die Nutzung der Inhalte zu verhindern. Die technische Möglichkeit ist insoweit ein objektives Kriterium und am jeweiligen Inhalt anhand des Stands der Technik zu klären. In Frage kommen könnten als derartige Maßnahmen beispielsweise manuelle oder automatische Filterprogramme, die das Angebot nach bestimmten Kriterien durchsuchen. Deren Effektivität und Verlässlichkeit ist unmittelbar an den Stand der Technik gekoppelt.
Anders hingegen das Merkmal der Zumutbarkeit. Dieses Kriterium ist relativ und danach zu bestimmen, ob der zu verfolgende Aufwand für den Diensteanbieter in einem vertretbaren Verhältnis zum angestrebten Erfolg steht. Hierdurch sollte der Fall vermieden werden, dass ein Diensteanbieter, der verpflichtet ist, jeden nur erdenklichen Aufwand zu betreiben, um den Zugriff auf fremde rechtswidrige Inhalte zu verhindern, wegen der damit verbundenen Kosten und sonstigem Aufwand in seiner Existenz bedroht wird.[423] Die Regelung ließ offen, wie genau solche Maßnahmen zu Zugangs- oder Nutzungsverhinderung aussehen sollten. Dies ergibt sich jedoch vielmehr aus dem Schutzzweck der Vorschrift.[424] So kommt diesbezüglich entweder die Löschung derartiger Inhalte vom Server des Host- oder Service-Providers oder aber die Sperrung jeglichen Zugriffs auf solche Inhalte in Betracht. Andere Maßnahmen zur Verhinderung der Nutzung rechtswidriger Inhalte sind insoweit nicht ersichtlich.

c) Verantwortlichkeit für die Zugangsvermittlung, § 5 III TDG a. F.

aa) Die Regelung des § 5 III 1 TDG a. F.

Der Absatz 3 des § 5 TDG a. F. regelte in seinem Satz 1 die Verantwortlichkeit derjenigen Diensteanbieter, die lediglich den Zugang zu fremden Inhalten vermitteln und betrifft insoweit insbesondere die Access-Provider. Daneben vermitteln aber auch Angebote im Internet, wie zum Beispiel Suchmaschinen oder Webverzeichnisse letztendlich Zugang zu fremden Inhalten.[425] Anbieter solcher Angebote sollten danach nie für die einzelnen Inhalte, zu denen sie den Zugang vermitteln, verantwortlich sein. Insoweit enthielt diese Regelung eine Ausnahme von den in den Regelungen des § 5 I und II TDG a. F. aufgestellten Grundsätzen.
Letztlich kommt diese Regelung damit dem Charakter des Internet entgegen. Ein rein zugangsvermittelnder Anbieter kann keinen Überblick darüber haben, zu welchen Angeboten im Einzelnen er aktuell den Zugang vermittelt. Zu groß ist das Datenvolumen des Internet, zu schnelllebig ist das Internet selbst und dessen Informationsangebote. Inhalte, zu denen ein Anbieter heute noch - um deren unbedenklichen Charakter wissend – den Zugang vermittelt, können binnen Stunden zu rechtswidrigen oder sonst unerwünschten Inhalten verändert werden. Auch hier kann eine gesetzliche Regelung demnach keine aktive Kontrollpflicht für den Diensteanbieter begründen. Nach den derzeitigen Aussichten ist eine solche Kontrollpflicht auch nicht an den Stand der Technik gekoppelt,

---

[423] Vgl. hierzu auch Koch, CR 1997, 193, 199.
[424] Vgl. Koch, CR 1997, 193, 200.
[425] Vgl. Manssen, E § 5, Rn. 15.

sondern dürfte angesichts des Datenvolumens im Internet und der mannigfaltigen Datenformate auch in ferner Zukunft schon rein technisch und personell unmöglich sein.

bb) Das Sonderproblem der Links

Ein Sonderproblem in diesem Zusammenhang stellen die Eingangs erwähnten Links dar. Mittels dieser elektronischen Querverweise können Inhalte im WWW untereinander direkt verknüpft werden und damit zwischen diesen ein unmittelbarer Zusammenhang begründet werden. Fraglich ist nunmehr, ob solche Links eine Zugangsvermittlung im Sinne des § 5 III 1 TDG a. F. darstellen. Hierbei dürfte wohl hinsichtlich der einzelnen technischen Spielarten von solchen Querverweisen zu unterscheiden sein.

(1) Hyperlinks

Eine Gruppe solcher Querverweise sind die sogenannten Hyperlinks.[426] Durch das Aktivieren eines solchen Querverweises gelangt der Nutzer automatisch weiter zu demjenigen Angebot, auf das der Link verweist. Dabei ist der Link selbst eindeutig als solcher zu erkennen. Hierfür begründete § 5 III 1 TDG a. F. keine Verantwortlichkeit des verweisenden Anbieters für die fremden Inhalte, auf die dessen Link verwies. Letztlich unterscheidet sich diese Fallkonstellation nicht von sonstigen Zugangsvermittlern oder Suchdiensten. Ist der Hyperlink einmal etabliert, so kann das Angebot, mit dem dieser verknüpft ist, sich rasch ändern. Auf die verlinkten Inhalte hat der Anbieter des Hyperlinks regelmäßig keinen Einfluss.[427]
Ebenso wenig kommt eine Verantwortlichkeit nach § 5 I TDG a. F. in Betracht.[428] Schließlich will der Anbieter die – zweifellos fremden –Inhalte sich mit einem Hyperlink nicht zu eigen machen. Die Tatsache, dass es sich bei dieser Art von Link um einen Verweis auf fremde Angebote handelt, ist für jedermann offensichtlich. Nur durch das – zugegeben willentliche – Setzen eines solchen Hyperlinks werden die Inhalte, auf die der Link verweist aber nicht zu eigenen Inhalten des verweisenden Anbieters. Dieser bietet durch den Link lediglich einen „kurzen Weg" zu meist inhaltlich verwandten, aber dennoch fremden Informationsangeboten. Des Weiteren scheidet auch eine Verantwortlichkeit nach § 5 II TDG a. F. für Inhalte, die mittels Hyperlinks mit dem Ausgangsangebot verbunden sind aus.[429] Durch das bloße Setzen eines Links werden noch keine Inhalte bereitgehalten. Wie bereits dargestellt, wäre hierfür ein Vorhandensein der Inhalte auf Servern des verlinkenden Anbieters nötig. Dies ist aber gerade nicht der Fall. Die Links verweisen regelmäßig auf Daten, die auf anderen Rechner liegen. Zwar sind auch Hyperlinks zu anderen eigenen Angeboten auf eigenen Servern möglich. Für diese haftete der Anbieter jedoch bereits aus § 5 I TDG a. F. Darüber hinaus ist eine Haftung für den Link nach § 5 II TDG a. F. überflüssig. Für Hyperlinks lässt sich daher, aufgrund deren spezifischen Ei-

---

[426] Hierbei sei auf die obigen Ausführungen zu Hyperlinks verwiesen, S. 19.
[427] Vgl. Bettinger/Freytag, CR 1998, 545, 549.
[428] So aber Flechsig/Gabel, CR 1998, 351, 354.
[429] Anders hierzu aber Bettinger/Freytag, CR 1998, 545, 550; Waldenberger, MMR 1998, 124, 128 f.

genschaften, feststellen, dass diese nach § 5 TDG a. F. für den verweisenden Anbieter keine Verantwortlichkeit für diejenigen fremden Inhalte begründen, auf die sie verweisen. Sie bieten lediglich die Möglichkeit für einen erleichterten Zugang zu den Informationsangeboten, auf die sie verweisen. Insofern waren sie auch allenfalls als bloße Zugangsvermittlung im Sinne des § 5 III 1 TDG a. F. zu verstehen. Hierfür begründet § 5 III 1 TDG a. F. ausdrücklich keine Verantwortlichkeit.

(2) Inline-Links

Anders stellt sich die Situation jedoch hinsichtlich der sogenannten Inline-Links, oder auch Deep-Links dar.[430] Diese zeichnen sich gerade dadurch auf, dass sie den Nutzer nicht vom Angebot des verweisenden Anbieters zu einem neuen Angebot bringen, sondern vielmehr fremde Angebote zum Nutzer auf die Seite des verweisenden Anbieters holen.
Für den Nutzer wird dieser Vorgang regelmäßig gar nicht deutlich. Obwohl er Inhalte von Dritten betrachtet, befindet er sich gleichwohl noch im Rahmen des Ausgangsinformationsangebotes. Hierfür kann nicht das selbe wie für Hyperlinks gelten. Inline-Links unterscheiden sich von diesen gerade dadurch, dass der Anbieter nicht ausdrücklich und offensichtlich auf ein fremdes Angebot verweist, sondern vielmehr dieses fremde Angebot in das eigene – oft für den Nutzer ununterscheidbar – integriert. Für den Nutzer entsteht hierbei der Eindruck, dass auch diese Inhalte eigene Inhalte des Ausgangsanbieters sind. Für Inhalte, die ein Anbieter derart in sein Angebot integriert, dass sie wie seine eigenen erscheinen, muss der Anbieter auch die Verantwortung tragen.[431] Zum Teil wurde argumentiert, dass sich diese Verantwortung hier aus § 5 II TDG a. F. ergeben solle.[432] Dem ist aber nicht zu folgen, da ein Bereithalten in diesem Sinne, wie bereits festgestellt, eine Speicherung auf Medien des jeweiligen Anbieters zur Abrufung durch dessen Nutzer voraussetzt. Die Verantwortlichkeit der Anbieters für Inhalte in Inline-Links ergibt sich vielmehr direkt aus dem Grundsatz des § 5 I TDG a. F.
Die Haftungsbefreiung des § 5 III 1 TDG a. F. kann hier nicht greifen. Auch wenn es sich – rein technisch – noch um Zugangsvermittlung in diesem Sinne handelt, muss auch zum Schutz des Nutzers derartiger Angebote der verweisende Anbieter verantwortlich für solche Inhalte sein. Diensteanbieter, denen diese Verantwortung ob der rasch wechselnden Inhalte im Internet zu groß oder zu unkalkulierbar ist, steht weiterhin die Möglichkeit offen, anstelle von Inline-Links Hyperlinks zu benutzen und damit in den Genuss der Haftungsbefreiung von § 5 III 1 TDG a. F. zu kommen.

cc) Die Regelung des § 5 III 2 TDG a. F.

Weiterhin verdient die Regelung des § 5 III 2 TDG a. F. Beachtung. Diese erweitert den Haftungsausschluss des § 5 III 1 TDG a. F. für Zugangsvermittler auch auf Anbieter, die fremde Inhalte automatisch und kurzzeitig auf Grund von

---

[430] Vgl. hierzu die Ausführungen bezüglich der Links, S. 19 f.
[431] Im Ergebnis ebenso Engel-Flechsig/Maennel/Tettenborn, NJW 1997, 2981, 2985; sowie Spindler, NJW 1997, 3193, 3198.
[432] Vgl. Beucher/Leyendecker/von Rosenberg, § 5 TDG, Rn. 35.

Nutzerabfragen bereithalten. Das Anwendungsbeispiel in der Praxis hierfür sind die sogenannten Proxy-Cache-Server. Beim sogenannten Caching werden Daten, die von Nutzern abgerufen werden, technisch automatisiert auf die (Proxy-Cache-) Server des Diensteanbieters geladen und dort – zeitlich begrenzt – gespeichert.[433] Hierdurch werden die gewünschten Inhalte beim erneuten Aufruf durch den Kunden schneller zugänglich, sowie etwaige Downloads von dieser Seite beschleunigt.

Nach den Buchstaben des Gesetzes liegt hierin ein Bereithalten von fremden Inhalten im Sinne des § 5 II TDG a. F. Da dieser Vorgang, wie gesagt, ein automatisierter, rein technischer Vorgang ist, der sich dem Willen des Diensteanbieters entzieht und die tatsächliche Speicherung der Daten jeweils nur zeitlich begrenzt ist, würde es eine übertriebene Härte darstellen, Diensteanbieter für Inhalte, die durch Abrufe von Kunden auf deren (Proxy-Cache-) Server gelangen, verantwortlich zu machen. Letztlich dient der Vorgang des Proxy-Cachings auch der Entlastung der Datenübertragungs-Infrastruktur und damit dem Wohl aller Internetnutzer. Aus diesen Gründen hat der Gesetzgeber dem technischen Vorgang des Proxy-Cachings Rechnung getragen und die Verantwortlichkeitsbefreiung des § 5 III 1 TDG a. F. auch auf solche Dienste durch § 5 III 2 TDG a. F. ausgedehnt.[434]

Eine Kenntnis des Diensteanbieters von Inhalten auf seinem Proxy-Cache-Server ist im Rahmen der vorübergehenden Speicherung unschädlich. Hierbei ist zu beachten, dass diese Fiktion, entsprechend dem Wort „kurzzeitig" in der Regelung an eine zeitliche Komponente anknüpft. Erforderlich für eine derartige Befreiung von der Verantwortlichkeit ist, dass es sich auch tatsächlich nur um eine kurzzeitige Zwischenspeicherung im Sinne eines Proxy-Caching handelt. Eine exakte Zeitgrenze, nach deren Ablauf zwischengespeicherte Inhalte der Verantwortlichkeitsregelung des § 5 II TDG a. F. unterfallen, existiert insoweit nicht. Die amtliche Begründung zum Entwurf des IuKDG ging hierbei aber ausdrücklich von Stunden, nicht von Tagen aus.[435] Verweilen Inhalte demnach für längere Zeit auf den Servern eines Diensteanbieters, so ist dieser für diese Inhalte nach den Maßgaben des § 5 II TDG a. F. verantwortlich.[436]

dd) Die Klarstellungsfunktion des § 5 IV TDG a. F.

Weiterhin ist auch die Vorschrift des § 5 IV TDG a. F. interessant. Demnach sollten die Verantwortlichkeitsregelungen des § 5 TDG a. F. Verpflichtungen zur Sperrung der Nutzung rechtswidriger Inhalte unberührt lassen, soweit sich diese unabhängig aus allgemeinen Gesetzen ergaben. Hiermit sollte das Verhältnis der §§ 5 I – III TDG a. F. zu den sonstigen (allgemeinen) Gesetzen klargestellt werden. Als allgemeine Gesetze in diesem Sinne kommen etwa das allgemeine Polizei- und Ordnungsrecht in Betracht. Gerade hier besteht die Möglichkeit, Störer zur Unterlassung, bzw. Beseitigung der Störung der öffentlichen Sicherheit und Ordnung zu verpflichten.[437]

433 Vgl. Koch, Internet-Recht, S. 229.
434 Vgl. Beucher/Leyendecker/von Rosenberg, § 5 TDG, Rn. 29.
435 Vgl. BT-Drucksache 13/7385, S. 7.
436 Vgl. Engel-Flechsig/Maennel/Tettenborn, NJW 1997, 2981, 2985.
437 Vgl. Köster/von Bonin, ZUM 1999, 821, 826.

Weiterhin ist insoweit die gesamte zivilrechtliche, verschuldensunabhängige Störerhaftung, (z.B. aus § 1004 BGB) erfasst.[438]
Nach der Regelung des § 5 IV TDG a. F. konnte ein Anbieter von Telediensten zur Sperrung eines Angebotes verpflichtet sein, obwohl ihn nach den Vorschriften des § 5 I –III TDG a. F. keine Verantwortlichkeit für diese Inhalte traf. Dies erstaunt auf den ersten Blick. Dennoch führte dies nicht zu sinnwidrigen Ergebnissen.[439] Bevor eine Sperrungsanordung einer Behörde an einen Diensteanbieter ergeht, muss dieser regelmäßig nach § 28 I VwVfG angehört werden. Hierdurch, jedenfalls aber durch die Sperrungsanordnung selbst, falls es ausnahmsweise keiner Anhörung bedurft hatte, erlangt der Diensteanbieter auch Kenntnis vom jeweiligen Inhalt und ist somit – die technische Möglichkeit der Sperrung vorausgesetzt – auch nach den Vorschriften des TDG verantwortlich. Der Geltungsbereich des § 5 IV TDG a. F. ist allerdings nicht nur auf Verpflichtungen zu Sperrungen beschränkt, wie dies der Wortlaut der Vorschrift suggeriert. Vielmehr soll nach dem Willen des Gesetzgebers der gesamte Bereich der verschuldensunabhängigen Haftung erfasst werden.[440] Diese Vorschrift ist somit auch Grundlage für andere Unterlassungs- und Beseitigungsansprüche. Insoweit verdient die Auffassung Spindlers Zustimmung, dass neben einer Sperrungsverpflichtung u.U. auch weitere Ansprüche in Betracht kommen können.[441]

ee) Zwischenergebnis

Betrachtet man demnach die Verantwortlichkeitsregelungen des § 5 TDG a. F., so fällt auf, dass – obwohl dies der erste Regelungsvorstoß in den Sektor der neuen Medien weltweit war – hier ein durchaus abgestuftes Regelungssystem hinsichtlich der Verantwortlichkeit für Inhalte in Telediensten geschaffen wurde. Sowohl der Evaluierungsbericht der Bundesregierung[442], als auch die Stimmen im Schrifttum[443] kommen daher zu dem Ergebnis, dass diese Regelungen tauglich, als auch zukunftsoffen sind. Aus der Wirtschaft wurde vermehrt angeregt, den Begriff der „Kenntnis“, sowie die unbestimmten Rechtsbegriffe „technisch möglich“ und „zumutbar“ in den Regelungen der § 5 II und IV TDG a. F. zu konkretisieren bzw. klarzustellen.[444] Diese Punkte sind dabei aber mehr Ausdruck einzelfallbezogener Anwendungsprobleme, als grundsätzlicher Natur. Insgesamt lässt sich zu den Verantwortlichkeitsregelungen des TDG in ihrer alten Fassung aber dennoch feststellen, dass diese Vorschriften durchaus zu sachgerechten und auch einzelfallbezogenen Lösungen führen können.[445]

---

[438] Vgl. Spindler, K&R 1998, 177, 178.
[439] So aber Spindler, K&R 1998, 177, 178.
[440] Vgl. BT-Drucksache 13/7385, S. 7 ff.
[441] Vgl. Spindler, K&R 1998, 177, 178.
[442] Vgl. BT-Drucksache 14/1191.
[443] Vgl. Tettenborn, MMR 1999, 516, 519.
[444] Vgl. Evaluierungsbericht der Bundesregierung, BT-Drucksache 14/1191, S. 6 f.
[445] Vgl. Tettenborn, MMR 1999, 516, 519; Sieber, MMR-Beilage 2/1999, S. 15 f; sowie auch Freytag, ZUM 1999, 185, 195; oder Lehmann, ZUM 1999, 180 ff.

3. Die Verantwortlichkeitstatbestände nach den Änderungen durch das EGG

Gerade die Verantwortlichkeitsregelungen des TDG haben durch das EGG äußerlich erhebliche Veränderungen erfahren. Zunächst fällt auf, dass der schlanke Regelungsansatz des § 5 TDG a. F. abgelöst von einem deutlich umfangreicheren Regelungskomplex. Schon vor ihrer Verkündung trafen diese Regelungen auf deutliche Kritik. Ob und inwieweit der Vorwurf tatsächlich zutrifft, die neuen Verantwortlichkeitstatbestände des TDG orientierten sich an der schwerfälligen und detailversessenen Kasuistik des US-amerikanischen *Digital Millenium Copyright Act* von 1998,[446] soll im Folgenden untersucht werden.

a) Allgemeine Grundsätze zur Verantwortlichkeit, § 8 TDG

§ 8 TDG stellt in zwei Absätzen allgemeine Grundsätze für die Verantwortlichkeit für Informationen auf. Nach § 8 I TDG sind Diensteanbieter für eigene Informationen, die sie zur Nutzung bereithalten, nach den allgemeinen Gesetzen verantwortlich. Insoweit sind keine Änderungen zu § 5 I TDG a. F. festzustellen. Der Content-Provider ist nach den allgemeinen Gesetzen für seine, von ihm angebotenen Informationen verantwortlich. Aus dem TDG ergeben sich insoweit auch nach dessen Änderung durch das EGG keine Einschränkungen. Hier wird deutlich, wie stark die ECRL zumindest in Hinblick auf die Regelungen der Verantwortlichkeit vom deutschen TDG inspiriert war. Die Nomenklatur hat sich zwar insofern geändert, als dass im § 8 TDG nunmehr von Informationen, und nicht mehr wie im § 5 TDG a. F. von Inhalten die Rede ist. Dies liegt allerdings nur daran, dass die ECRL den Begriff der Informationen verwendet. Inhaltlich entspricht dieser dem der „Inhalte".[447] Daraus ergibt sich, dass § 8 I TDG in seinem Geltungsbereich dem des § 5 I TDG a. F. entspricht.
§ 8 II TDG enthält einen Grundsatz, der so ausdrücklich nicht in den entsprechenden Regelungen des TDG vorhanden war. In § 8 II 1 TDG wird klargestellt, dass Anbieter von Telediensten im Sinne der §§ 9 – 11 TDG keine aktive Überwachungspflicht hinsichtlich der Informationen, mit denen sie in Kontakt kommen, sei es durch Speicherung oder bloße Übermittlung, trifft. Auch insoweit ergeben sich keine großen Änderungen zu den Regelungen des § 5 TDG a. F.. Zwar wurde dort nicht ausdrücklich erwähnt, dass den Anbieter keine aktive Überwachungspflicht trifft. Dies ergab sich aber nichtsdestotrotz aus der Tatsache, dass dort jeweils lediglich eine „Kenntnis" im Sinne eines positiven Wissens und kein „Kennenmüssen" verlangt war, welches de facto eine solche Überwachungspflicht bedeutet hätte. Diese legislative Klarstellung ist jedoch mit Blick auf die bisweilen unterschiedlichen Ausdeutungen des Begriffes „Kenntnis" im § 5 II TDG a. F. durchaus zu begrüßen.[448]
Auch die Sätze 2 und 3 des § 8 II TDG enthalten Regelungen, die so bereits in § 5 TDG a. F., genauer gesagt in § 5 IV TDG a. F. enthalten waren. So wird nun in § 8 II 2 TDG klargestellt, dass Sperrungs- oder Entfernungsverpflichtungen aus den allgemeinen Gesetzen durch die §§ 9 – 11 TDG unberührt bleiben. Diese Regelung ist insoweit eine direkte Umsetzung des Art. 12 III der ECRL. Inso-

---

[446] Vgl. Tettenborn, K&R 1999, 252, 258; Bröhl, MMR 2001, 67, 71.
[447] Vgl. Begründung zum EGG-Entwurf, BT-Drucksache 14/6098, S. 23.
[448] Vgl. insoweit Bröhl, MMR 2001, 67, 71.

fern ist auch hier davon auszugehen, dass § 8 II 2 und 3 TDG nicht nur Verpflichtungen zur Sperrung und Entfernung bestimmter Inhalte umfassen, sondern vielmehr auch den gesamten Bereich der verschuldensunabhängigen Haftung beinhalten. Die Ausführungen *Spindlers* hierzu lassen sich direkt auf die Vorschrift des § 8 II 2 TDG übertragen.[449] Entfallen ist bei der Neuregelung des § 5 IV TDG a. F. das Erfordernis der technischen Möglichkeit und Zumutbarkeit etwaiger Sperrungen. § 8 II 2 TDG bedarf dieser Einschränkungen auch nicht, denn Gesetze dürfen ohnehin weder technisch Unmögliches noch Unzumutbares verlangen. Dies ergibt sich aus den übergeordneten, allgemeinen Vorschriften. Wann eine Verpflichtung unmöglich oder unzumutbar ist, muss anhand des Einzelfalles abgewogen werden, wobei die Möglichkeiten des Diensteanbieters den schutzwürdigen Rechtsgütern gegenübergestellt werden müssen, die ohne eine Sperrung u. U. verletzt werden.[450]

Die neuen Regelungen des § 8 TDG weichen somit von ihrem Normgehalt her nicht wesentlich von den entsprechenden Regelungen des § 5 TDG a. F. ab.

b) Verantwortlichkeit für die Durchleitung von Informationen, § 9 TDG

Die Regelungen des § 9 TDG betreffen die Verantwortlichkeit derjenigen Diensteanbieter, die fremde Informationen übermitteln oder den Zugang zu solchen Informationen vermitteln. Hierdurch wurden die Regelungen des Art. 12 I und II der ECRL umgesetzt. Demnach sind Anbieter für fremde Informationen, mit denen sie zwangsläufig im Wege der Durchleitung in Kontakt kommen, grundsätzlich nicht verantwortlich. Ausnahmen hiervon gelten nur dann, wenn sie die Übermittlung veranlasst, den Adressaten der übermittelten Daten ausgewählt oder die übermittelten Informationen selbst ausgewählt oder verändert haben.

Abgesehen vom Hinzukommen dieser negativen Tatbestandsmerkmale entspricht der § 9 I TDG somit im Wesentlichen der Vorschrift des § 5 III 1 TDG a. F.. Allerdings begründen diese einzelnen Merkmale keine Ausweitung oder Einschränkung des Tatbestandes im Vergleich zu dem des § 5 III TDG a. F., denn auch dort musste im Einzelfall anhand der näheren Umstände geklärt werden, ob tatsächlich nur eine Zugangsvermittlung im Sinne der Vorschrift vorlag.[451] Diese Haftungsbefreiung für Access- und auch Network-Provider kommt auch der Praxis entgegen. Schließlich ist der Kontakt, den solche Anbieter mit den durchgeleiteten Inhalten regelmäßig rein technischer und nur vorübergehender Natur. Eine Haftung für derartig durchgeleitete Inhalte wäre unverhältnismäßig. Die Haftungsbefreiung des § 9 I TDG wird in dessen Absatz 2 – entsprechend der ursprünglichen Regelung des § 5 III 2 TDG – auch auf die kurzzeitige Zwischenspeicherung von solchen Informationen erstreckt, soweit diese Speicherung nur im Rahmen der Übermittlung geschieht und zeitlich auf den tatsächlichen Übermittlungsvorgang beschränkt ist. Diese Art des Zwischenspeicherns ist vom sogenannten Proxy-Caching zu unterscheiden. Im Gegensatz dazu werden bei den hier behandelten Zwischenspeicherungen, die ausschließlich zur Übertragung vorgenommen werden, die durchgeleiteten Informationen vorüber-

---

[449] Vgl. hierzu die Ausführungen oben, sowie Spindler, K&R 1998, 177, 178.
[450] Vgl. Begründung zum EGG-Entwurf, BT-Drucksache 14/6098, S. 23.
[451] Vgl. Begründung zum EGG-Entwurf, BT-Drucksache 14/6098, S. 24.

gehend kopiert. Zu diesen Kopien haben die Nutzer jedoch keinerlei Zugang.[452] Beim Proxy-Caching, wo Informationen nur aus dem Grunde auf die Server des Anbieters kopiert werden, um den erneuten Abruf dieser Inhalte oder deren Download zu vereinfachen und zu beschleunigen, stehen diese Kopien den Nutzern direkt zur Verfügung. Solange die Zwischenspeicherung aber nur der Durchführung des Datentransfers im Kommunikationsnetz dient, trifft die Provider keine Verantwortlichkeit für diese Inhalte.

c) Verantwortlichkeit im Rahmen des Proxy-Caching, § 10 TDG

§ 10 TDG regelt die Verantwortlichkeit für Inhalte, die im Rahmen einer automatischen, zeitlich begrenzten Zwischenspeicherung ausschließlich zu Vermittlungszwecken zwischengespeichert werden. Damit betrifft diese Norm den Bereich des Proxy-Caching. Im Rahmen der Änderungen des TDG durch das EGG wurde dem Proxy-Caching eine ganze Vorschrift gewidmet. Der Grund hierfür liegt in der Tatsache, dass das Caching über die reine Durchleitung von Informationen hinausgeht und insofern auch anderen Regelungen unterworfen sein muss, insbesondere mit Blick auf das Urheberrecht.[453]
Inhalte, die im Rahmen des Proxy-Caching zwischengespeichert werden, lösen demnach grundsätzlich keine Verantwortlichkeit für den Betreiber des jeweiligen Speichermediums aus. Diese Haftungsprivilegierung lässt sich auch hier darauf zurück führen, dass das Caching ein rein technischer Vorgang ist, der regelmäßig von kurzer Dauer ist und insoweit nicht dem Willen des Diensteanbieters unterworfen ist. Um gerade nur solche Informationen dem Haftungsprivileg des § 10 TDG zu unterwerfen, müssen aber die Voraussetzungen der Nummern 1 – 5 erfüllt sein, damit sich der Diensteanbieter auf § 10 TDG berufen kann.
Die Informationen dürfen nach Nummer 1 durch den Diensteanbieter nicht verändert werden. Hiervon werde keine technischen Veränderungen erfasst, die sich durch den Vorgang des Übermittelns ergeben. Vielmehr muss die Kopie inhaltlich zu jedem Zeitpunkt dem Original entsprechen.[454] Nach Nummer 2 muss der Diensteanbieter die Bedingungen für den Zugang zu Informationen beachten. Hierdurch soll vermieden werden, dass durch das Caching Zugangskontrollen unterlaufen werden, die andere Anbieter vor ihre Angebote geschaltet haben.[455] Wozu diese Zugangskontrollen dienen, ist dabei im Einzelnen unerheblich. Dies gilt jedoch – anders als die Begründung zum EGG vermuten lässt – nicht nur für Webseiten, und damit für den Dienst WWW. Vielmehr umfassen die Regelungen des TDG die Teledienste in allen Informations- und Kommunikationsdiensten und damit auch in allen Diensten des Internet.
Der Nummer 3 zufolge muss der Diensteanbieter, auf dessen Server Informationen im Wege des Proxy-Cachings zwischen gespeichert werden, die weithin anerkannten Industriestandards beachten, in denen die Regeln für die Aktualisierung von Informationen festgelegt sind. Diese Regelung betrifft ausschließlich Inhalte, bei denen die Aktualität eine besondere Rolle spielt und die deshalb regelmäßig aktualisiert werden müssen, wie zum Beispiel Börsennachrichten. Durch diese Regelung soll sichergestellt werden, dass Proxy-Cache-Server keine

[452] Vgl. Begründung zum EGG-Entwurf, BT-Drucksache 14/6098, S. 24.
[453] Vgl. Begründung zum EGG-Entwurf, BT-Drucksache 14/6098, S. 24.
[454] Vgl. Begründung zum EGG-Entwurf, BT-Drucksache 14/6098, S. 25.
[455] Vgl. Begründung zum EGG-Entwurf, BT-Drucksache 14/6098, S. 25.

Informationen enthalten, die den Eindruck erwecken, aktuell zu sein, obwohl sie in Wirklichkeit veraltet oder sonst überholt sind.[456]
Die Nummer 4 der Norm verbietet die Beeinträchtigung von Technologien zur Sammlung von Daten über die Nutzung von Informationen. Diese Vorschrift soll verhindern, dass statistische Werte, wie z. B. Zugriffszahlen auf bestimmte Informationen im Internet durch das Proxy-Caching verfälscht werden.[457] Solche Werte haben vor allem für solche Angebote Bedeutung, deren finanzieller Ertrag von der Häufigkeit der Nutzung anderer Angebote abhängt, wie Werbeangebote auf Webseiten.
Nach Nummer 5 muss der Diensteanbieter unverzüglich handeln und entsprechende Inhalte aus seinem Angebot entfernen oder den Zugang zu diesen sperren, sobald er Kenntnis davon erhält, dass diese Informationen am ursprünglichen Ausgangsort der Übertragung aus dem Netz entfernt wurden oder der Zugang zu ihnen gesperrt wurde oder ein Gericht oder eine Verwaltungsbehörde die Entfernung oder Sperrung angeordnet hat.
Durch diese Regelung ist es dem Diensteanbieter im Falle der Kenntniserlangung möglich, dennoch der Verantwortlichkeit nach dem TDG zu entgehen, wenn er nur unverzüglich die entsprechenden Maßnahmen einleitet.[458] Dies setzt natürlich wiederum voraus, dass die entsprechenden Maßnahmen auch tatsächlich möglich und zumutbar sind. Solange Anbieter, auf deren Servern Daten in Wege des Proxy-Cachings abgelegt werden, diese Voraussetzungen erfüllen, sind sie nach § 10 TDG für die so auf ihre Rechner gelangten Inhalte nicht verantwortlich. Im Gegensatz zur ursprünglichen Regelung des Caching im Rahmen des § 5 III 2 TDG ist die Vorschrift des § 10 TDG detaillierter und besser an die technischen Bedürfnisse, die im Rahmen des Caching entstehen, angepasst. Im Rahmen dieser Vorschrift ist ein echter Fortschritt gegenüber den ursprünglichen Regelungen des § 5 TDG a. F. sichtbar.

d) Verantwortlichkeit für die Speicherung fremder Daten, § 11 TDG

§ 11 TDG regelt die Verantwortlichkeit für die Speicherung fremder Informationen und wendet sich damit insbesondere an alle Service- und Host-Provider. Die Verantwortlichkeit dieser Anbieter war ursprünglich im § 5 II TDG a. F. geregelt. Demnach sind und waren solche Diensteanbieter für die fremden Inhalte ihrer Nutzer im Grundsatz nicht verantwortlich. Dieser Haftungsbefreiung kann jedoch die Kenntnis bestimmter Fakten schaden.

aa) Die Kenntnis des Diensteanbieters

Schon nach dem § 5 II TDG a. F. schadete der Haftungsbefreiung des Diensteanbieters die (positive) Kenntnis von den einzelnen Inhalten. Nach nahezu einhelliger Ansicht war hierfür nicht erforderlich, dass er auch um die Rechtswidrigkeit der einzelnen Inhalte wusste.[459] Die Privilegierung setzte vielmehr voraus, dass er seinen Kontrollpflichten Genüge getan hatte.[460]

---

[456] Vgl. Begründung zum EGG-Entwurf, BT-Drucksache 14/6098, S. 25.
[457] Vgl. Begründung zum EGG-Entwurf, BT-Drucksache 14/6098, S. 25.
[458] Vgl. Begründung zum EGG-Entwurf, BT-Drucksache 14/6098, S. 25.
[459] Vgl. Spindler, MMR 2001, Beilage 7, 4, 17.
[460] Vgl. Pichler, MMR 1998, 79, 87 f; Hoeren/Pichler in Loewenheim/Koch, S. 381, 412 ff.

§ 11 Nr. 1 TDG geht hier deutlich weiter. So schadet der Haftungsbefreiung des Diensteanbieters nicht nur seine Kenntnis von den Inhalten, sondern auch die Kenntnis der diesen zugrundeliegenden rechtswidrigen Handlung. Darüber hinaus dürfen dem Diensteanbieter im Falle von Schadensersatzansprüchen auch keine Tatsachen oder Umstände bekannt sein, aus denen die rechtswidrige Handlung oder die Information offensichtlich wird.
Nach einer Ansicht wird durch diese Regelung die Haftungsbefreiung der Host-Provider erweitert. So soll sich sie nur dann entfallen, wenn der Diensteanbieter um die Inhalte und deren Rechtswidrigkeit gewusst hat.[461] Dies hätte aber zur Folge, dass auch derjenige Diensteanbieter, der einem – grob fahrlässigen – Verbotsirrtum unterliegt, in den Genuss der Haftungsbefreiung kommt.[462] Fraglich ist, ob Wortlaut und gesetzgeberische Intention eine solche Auslegung zulassen. Zu beachten ist, dass die Vorschrift entweder Kenntnis von den Inhalten, *oder* von der Rechtswidrigkeit der Handlung verlangt. Dies legt den Schluss nahe, dass die Rechtswidrigkeit sich nur auf die Handlung, nicht aber auf die Inhalte beziehen soll. Hätte der Gesetzgeber gewollt, dass der Diensteanbieter seine Haftungsprivilegierung nur bei Kenntnis der Rechtswidrigkeit der Inhalte verliert, so hätte er dies dadurch ausgedrückt, dass er keine Kenntnis von der *Rechtswidrigkeit* der Handlung oder der Information haben darf. Das Wort „rechtswidrigen" im Rahmen des § 11 Nr. 1 TDG bezieht sich jedoch nur auf die Handlung.
§ 11 Nr. 1 TDG umfasst damit zwei Fallkonstellationen: Einerseits Fälle, in denen die Information als solche bereits zu beanstanden ist. Hier lässt die (positive) Kenntnis von der Information bzw. von diesbezüglichen Tatsachen oder Umständen die Haftungsprivilegierung entfallen, auf die Kenntnis der Rechtswidrigkeit kommt es insofern nicht an. Andererseits sind auch solche Fälle erfasst, in denen die Information als solche nicht zu beanstanden ist, sondern die insoweit entfaltete Tätigkeit, nämlich (insbesondere) die Verwendung von Informationen ohne Erlaubnis des Rechteinhabers. Da sich insoweit die Kenntnis auch auf den Umstand beziehen muss, dass eine Erlaubnis fehlt, wird insoweit auf die Kenntnis von der *rechtswidrigen* Handlung abgestellt.[463] Insofern kann der Ansicht, die hierin eine Ausweitung der Haftungsbefreiung sieht, nicht gefolgt werden. Vielmehr werden die Voraussetzungen, um in den Genuss einer Haftungsbefreiung zu kommen, für Host-Provider deutlich höher gesteckt. Nicht nur aus der positiven Kenntnis der Inhalte oder rechtswidrigen Handlung, sondern auch aus der Kenntnis von Tatsachen, aus denen die Inhalte offensichtlich werden, kann sich eine Verantwortlichkeit ergeben. Was die Kenntnis der Diensteanbieter betrifft, so ist die Vorschrift des § 11 Nr. 1 TDG insofern deutlich strenger, als es die Regelung des ursprünglichen § 5 II TDG war.

---

[461] Vgl. Spindler, MMR 2001, Beilage 7, 4, 17; Freytag, CR 2000, 600, 608.
[462] Vgl. Holznagel/Holznagel, K&R 1999, 103, 105.
[463] Vgl. Begründung zum EGG-Entwurf, BT-Drucksache 14/6098, S. 25.

bb) Weitere Voraussetzungen für das Eingreifen der Haftungsbefreiung

Darüber hinaus bedarf es noch weiterer Voraussetzungen, damit die Haftungsbefeiung eingreifen kann. Nach der ursprünglichen Vorschrift des § 5 II TDG musste es den Diensteanbietern auch technisch möglich und zumutbar sein, den Zugang zu problematischen Inhalten zu verhindern. Dieses Erfordernis hat § 11 Nr. 2 TDG aufgegeben. Dass ein Gesetz nichts technisch unmögliches oder unzumutbares verlangen kann, ergibt sich bereits aus den übergeordneten Rechtmäßigkeitsanforderungen.[464] Vielmehr wurde auch die Voraussetzung des § 11 Nr. 2 TDG erheblich verschärft. Danach ist nunmehr für die Haftungsbefreiung des Host-Providers erforderlich, dass dieser unverzüglich tätig wird, um die Information zu entfernen, oder den Zugang zu ihr zu sperren.

Hier wird der Unterschied zur ursprünglichen Regelung deutlich: war es nach dieser für die Haftungsbefreiung noch ausreichend, dass der Diensteanbieter – die Zumutbarkeit und die technische Möglichkeit einer Zugangsvermittlung zu den einschlägigen Inhalten vorausgesetzt – nichtwissend die Hände in den Schoß gelegt hat, so macht § 11 Nr. 2 TDG ein zielgerichtetes Verhalten des Diensteanbieters erforderlich, sobald er Kenntnis von den Inhalten erlangt. Ein konkreter Erfolg ist nach der Vorschrift nicht erforderlich. Auch legt § 11 Nr. 2 TDG nicht fest, wie ein solches Tätigwerden auszusehen hat. Insofern muss, auch was die weitere Voraussetzung der Haftungsbefreiung für Host-Provider angeht, festgestellt werden, dass diese durch die Änderungen des EGG deutlich verschärft wurde.

Mit Blick auf den Kampf gegen problematische Inhalte in Datennetzen, ist dieses Votum des Gesetzgebers zu begrüßen. Hierdurch werden die Tatnächsten, nämlich diejenigen, auf deren Servern die problematischen Inhalte liegen, mit in den Kampf gegen diese Inhalte eingebunden. Diesen Anbietern wird damit eine große Verantwortung im Kampf gegen rechtswidrige und sonst unerwünschte Inhalte im Internet zu teil. Eine aktive Überwachungspflicht der Provider wird nicht begründet. Allerdings werden sie haftbar, wenn sie (z.B. durch Nutzer oder staatliche Stellen) auf entsprechende Inhalte aufmerksam werden und dennoch nichts gegen diese unternehmen. Insofern kann künftig kein Provider wissentlich die Augen vor brisanten Inhalten verschließen, ohne damit selbst haftbar zu werden.

4. Sonstige für eine Inhaltsregulierung erhebliche Änderungen des TDG

Auch andere Regelungen als die bezüglich der Verantwortlichkeit von Diensteanbietern im TDG haben durch das EGG gewisse Änderungen erfahren. Für eine Inhaltskontrolle in den Diensten des Internet ist auch insbesondere die (Neu-) Regelung des § 4 TDG interessant. Hier wurde in Umsetzung der ECRL das sogenannte Herkunftslandprinzip neu eingefügt. Dieses ergibt sich in der Richtlinie aus Art 3, der Bestimmungen zum Binnenmarkt enthält und insoweit auch oft als die Kernvorschrift der ganzen ECRL bezeichnet wird.[465] Dieses Prinzip wurde letztlich durch die Rechtsprechung des EuGH und die Praxis der EU-Kommission entwickelt. Durch die Aufnahme in Art. 3 der ECRL wurde es

[464] Vgl. hierzu auch die Begründung zum EGG-Entwurf, BT-Drucksache 14/6098, S. 25.
[465] Vgl. Bröhl, MMR 2001, 67, 69; Karenfort/Weißgerber, MMR-Beilage 7/2000, 38, 39.

von einem konstitutiven Grundsatz für den freien Warenbereich im europäischen Binnenmarkt auch auf den Bereich der Dienstleistung übertragen.[466]
§ 4 I TDG legt demnach fest, dass ein in Deutschland niedergelassener Anbieter von Telediensten auch dann (nur) dem deutschen Recht unterfällt, wenn er Teledienste in anderen EU-Mitgliedstaaten anbietet. Hierin liegt für deutsche Diensteanbieter wohl die Kernaussage des § 4 TDG. Letztlich stellt diese Regelung einen Günstigkeitsvergleich dar. Sobald auf unternehmerisches Handeln von in Deutschland niedergelassenen Diensteanbietern, das im EU-Ausland erbracht wird, ausländisches Recht anwendbar ist, soll das jedoch nicht für solche Vorschriften gelten, die den Anbieter im Vergleich zu den deutschen Regelungen schlechter stellen. Der Diensteanbieter soll vielmehr darauf vertrauen können, dass ihn deutsche Gerichte nicht an ausländischen Rechtsnormen messen, die für ihn unter Umständen härter sind, als die des deutschen Rechts.[467]
§ 4 II TDG stellt klar, dass Anbieter von Telediensten, die außerhalb der Bundesrepublik in einem der anderen Mitgliedstaaten niedergelassen sind, ihre Dienste aber (auch) in der Bundesrepublik anbieten, grundsätzlich (nur) dem Recht desjenigen Mitgliedstaates unterworfen sind, in dem sich die Niederlassung befindet. Diese Regelungen werden auch als der Grundsatz der gegenseitigen Anerkennung bezeichnet.[468] Dies hat zur Folge, dass das deutsche Recht und damit auch das TDG und der MDStV nur auf diejenigen Diensteanbieter Anwendung findet, die im Staatsgebiet der Bundesrepublik niedergelassen sind. Dadurch wäre gerade was eine inhaltliche Regulierung von Angeboten im Internet angeht, eine erhebliche Rechtslücke im Schutz vor unerwünschten Inhalten geschaffen. Anbieter solcher Inhalte bräuchten diese lediglich aus dem europäischen Ausland über das Internet auch in Deutschland zur Verfügung stellen und wären dann lediglich den u.U. milderen Regelungen des jeweiligen Niederlassungsstaates unterworfen. Um eine solche „Staatenflucht" von Unternehmen zu verhindern, enthalten die Absätze 3 bis 5 des § 4 TDG Ausnahmen vom Prinzip der gegenseitigen Anerkennung für bestimmte Tätigkeiten, Regelungsbereiche und Schutzziele.
Für eine inhaltliche Kontrolle von Online-Diensten ist hierbei insbesondere § 4 V TDG interessant. Angebote von Anbietern aus anderen Mitgliedstaaten unterfallen dem deutschen Recht, wenn dies dem Schutz der öffentlichen Ordnung, insbesondere in Hinblick auf die Verhütung, Ermittlung, Aufklärung und Verfolgung von Straftaten, einschließlich des Jugendschutzes und der Bekämpfung der Hetze aus Gründen der Rasse, des Geschlechts, des Glaubens oder der Nationalität sowie von Verletzungen der Menschenwürde einzelner Personen oder der öffentlichen Sicherheit, insbesondere der Wahrung nationaler Sicherheits- und Verteidigungsinteressen dient.
Damit kommt dieser Vorschrift der Charakter einer gesetzlichen „Notbremse" zu. Teledienste unterliegen entgegen Abs. 2 Einschränkungen, soweit sie Angebote im Sinne dieser Vorschrift enthalten. Gerade mit Blick auf die Verhinderung rechtswidriger Inhalte ist insofern der Geltungsbereich des TDG durch die Aufnahme des Herkunftslandprinzips nicht eingeschränkt worden. Vielmehr

---

[466] So Bröhl, MMR 2001, 67, 69; Tettenborn, K&R 1999, 255, 256; Waldenberger, EuZW 1999, 296, 298;
[467] Vgl. Härting, CR 2001, 271, 272.
[468] Vgl. Bröhl, MMR 2001, 67, 69.

wird durch Abs. 1 der Vorschrift der (hohe) deutsche Schutzstandard auch insoweit ins Ausland „exportiert“, als Teledienste von in Deutschland niedergelassenen Firmen ihr Dienste im EU-Ausland anbieten und dabei deutschem Recht unterliegen. Zu beachten ist jedoch, dass diese Regelung nicht gegenüber Diensteanbietern mit Sitz in (außereuropäischen) Drittstaaten gilt.[469] Wie die Richtlinie, so hat auch die Regelung des § 4 TDG lediglich den Binnenmarkt im Sinn.

5. Zwischenfazit zu den wichtigsten Änderungen des TDG

Zunächst fällt bei einem Vergleich zwischen dem TDG in seiner ursprünglichen und seiner neuen Fassung auf, dass das Herkunftslandprinzip neu hinzu kam. Diese Regelung besitzt gerade für die Regulierung von Inhalten im Internet eine erhebliche Bedeutung. Immerhin werden hierdurch die (hohen) inhaltlichen Standards des deutschen Rechts gewissermaßen ins Ausland „exportiert“, da sie auch dort für Teledienste Anwendung finden, die von einem Anbieter mit Niederlassung in Deutschland angeboten werden. Die „Notbremse“ des § 4 V TDG verhindert, dass Deutschland wehrlos gegenüber unerwünschten Inhalten in aus dem EU-Ausland angebotenen Telediensten ist. Solange eine Gefahr von Inhalten ausgeht, können diese trotz Herkunftslandprinzip nach deutschem Recht behandelt werden. Weiterhin dürften die Ausnahmetatbestände in § 4 III bis V TDG die Gefahr vermindern, dass Anbieter problematischer Inhalte einfach ins (europäische) Ausland flüchten, um von u.U. weniger strengen Vorschriften zu profitieren.

Wenige Veränderungen hat das System der Verantwortlichkeit für Teledienste durch das EGG erfahren. Bei näherer Betrachtung der Vorschriften ergibt sich aber, dass die meisten Änderungen tatsächlich nur systematischer Natur sind. Die ursprünglichen Regelungen wurden im Wesentlichen aufgegliedert und als solche in einzelne Paragraphen verpackt. Die inhaltlichen Änderungen halten sich dabei im Wesentlichen in Grenzen. Hierbei wird deutlich, wie stark die Regelungen zur Verantwortlichkeit in der ECRL und dadurch auch in deren Umsetzung durch das EGG von den deutschen Regelungen des § 5 TDG/MDStV inspiriert waren.[470]

Einzig entscheidend verändert hat sich allerdings die Verantwortlichkeit der Host- und Service-Provider. Die Neuregelung in § 11 TDG hat die Voraussetzungen für deren Haftungsbefreiung – sowohl was die Kenntnis, als das eigene Verhalten dieser Provider anbetrifft – deutlich verschärft. Angesichts der Tatsache, dass diese aber auch am engsten mit den problematischen Inhalten in Betracht kommen, scheint dies gerechtfertigt.

Leider enthalten die Vorschriften zur Verantwortlichkeit auch nach den Änderungen durch das EGG keine separaten Regelungen über die Verantwortung von Links. Dies ist angesichts der enormen Bedeutung, die diese Querverweise im WWW besitzen, bedauerlich. Hier hat der Gesetzgeber – sowohl auf EU- als auch auf bundesdeutscher Ebene - eine Chance zur ausdrücklichen Regelung eines akuten Problems ungenutzt verstreichen lassen. Insofern muss hierbei auf die Überlegungen zurückgegriffen werden, die auch schon im Rahmen des § 5

---

[469] Vgl. Spindler, MMR 2000, Beilage 7, 4, 8.

[470] Vgl. insofern nur KOM (98) 586 endg. v. 18.11.1998; Tettenborn, MMR 1999, 516, 519; Maennel, MMR 1999, 187, 191; Spindler, MMR 1999, 199, 200 ff.

TDG a. F. in Bezug auf Links entwickelt wurden. Entscheidend wird hierbei auch weiterhin sein, zu welchem Grad fremde Inhalte durch Links in das eigene Angebot eines Anbieters integriert werden.[471] Aus Gründen der Rechtsklarheit und –sicherheit bleibt eine ausdrückliche Regelung zu Links in Online-Diensten jedoch wünschenswert.

6. Inhaltsregulierung durch die Verantwortlichkeitsregelungen des TDG

Der Begriff der Verantwortlichkeit findet sich weder im Allgemeinen Straf- oder Deliktsrecht noch wird er im Rahmen des TDG näher erläutert.[472] Insofern ist dessen Gehalt an sich und damit auch die Funktion der Verantwortlichkeitsregelungen des TDG in Hinblick auf eine Regulierung von Inhalten im Internet unklar. Zunächst steht fest, dass sich aus diesen Regelungen selbst keine direkten Rechtsfolgen für das Anbieten rechtswidriger oder sonst unerwünschter Inhalte ergibt. Darüber hinaus wurde bereits festgestellt, dass diese Vorschriften auch keine inhaltlichen Standards setzen, die eine direkte Regulierung von Inhalten in Online-Diensten ermöglichen würde. Allerdings ist die Frage der Verantwortlichkeit für Inhalte – in den neuen Online-Medien, wie auch in traditionellen Medienformen – untrennbar mit der Frage nach einer Regulierung von Inhalten verbunden. Letztlich kann nur die Verantwortlichkeit klären, wer Subjekt regulierender Maßnahmen oder Vorschriften ist.

a) Rechtsdogmatische Einordnung der Verantwortlichkeitsregelungen des TDG

In der Literatur ist nach wie vor heftig umstritten, als was die Verantwortlichkeitsregelungen im TDG rechtsdogmatisch zu begreifen sind. Im Folgenden soll daher ein Überblick über den aktuellen Meinungsstand gegeben und ein Lösungsansatz herausgearbeitet werden.

aa) Regelung des Verschuldens

Die Lektüre der Begründung zum Regierungsentwurf des TDG legt die Vermutung nahe, dass die Regelungen zur Verantwortlichkeit insoweit Regelungen über das Verschulden von Anbietern darstellen.[473] Immerhin wird hier der Begriff der Verantwortlichkeit ausdrücklich auf das „Einstehen müssen für eigenes Verschulden“ bezogen.[474] Zudem wird an dieser Stelle auch festgestellt, dass derjenige, der Inhalte in Form von Telediensten zur Verfügung stellt, insofern auch die Verantwortung für diese zu tragen habe. Insofern wird in der Literatur vereinzelt angenommen, dass die Verantwortlichkeitsregelungen des TDG die Verschuldensebene modifizieren, mit den entsprechenden Folgen für Fragen der Teilnahme oder hinsichtlich Irrtümern.[475]

---

[471] Im übrigen sei hierzu auf die entsprechenden Ausführungen im Rahmen des § 5 TDG a. F. verwiesen.
[472] Vgl. Spindler, MMR 1998, 639.
[473] Insoweit Spindler, MMR 1998, 639, wo dies zunächst für die Regelungen des § 5 TDG a. F. angenommen wird. Angesichts der geringen inhaltlichen Veränderungen durch die Neuregelung des TDG muss dies jedoch auch genauso für die §§ 8 ff TDG gelten.
[474] Vgl.BT-Drucksache 13/7385, 19 f.
[475] Vgl. Spindler, MMR 1998, 639, mit weiterem Verweis auf Vassilaki, MMR 1998, 630, 634.

Hiergegen spricht jedoch die vom zuständigen Referenten des Regierungsentwurfs selbst betonte „Filter" - Funktion des § 5 TDG a. F., die keineswegs zwingend nur der Verschuldensebene innerhalb einer Norm zuzuordnen wäre.[476] Auch der Bundesrat hat in seiner Stellungnahme zum TDG ausgeführt, dass die Prüfung der Verantwortlichkeit nur der erste Schritt sei und dass hierauf die straf- und zivilrechtliche Beurteilung vorzunehmen sei. Nur insoweit besäßen die Grundsätze über Täterschaft und Teilnahme Gültigkeit.[477]
Aus den Unterlagen zur Gesetzgebung ergibt sich damit nicht, dass die Regelungen des TDG als Regelungen des Verschuldens zu begreifen sind. Der Begriff des Verschuldens ist regelmäßig ein Terminus technicus, der auch als solcher verwendet wird. Daraus folgt, dass der Gesetzgeber mit dem reichlich unbestimmten Begriff der Verantwortlichkeit gerade nicht nur den Bereich des Verschuldens regeln wollte, sondern vielmehr eine Querschnittsregelung treffen wollte, die über alle Rechtsbereiche hinweg, alle denkbaren zivil-, straf- und öffentlich-rechtlichen „Verantwortlichkeiten" von Internet-Teilnehmern erfassen sollte.[478] „Verantwortlichkeit" in diesem Sinne ist deshalb zu verstehen als das Einstehen müssen des Diensteanbieters für verschiedenste Rechtsverletzungen, gleich aus welchen Rechtsgebieten auch immer.[479] Damit kann der dogmatischen Einordnung als Verschuldensregelung nicht gefolgt werden.

bb) Inhaltsdelikte im Rahmen von Telediensten

Des Weiteren werden die Vorschriften der §§ 8 ff TDG als Regelungen über Inhaltsdelikte im Rahmen von Telediensten angesehen.[480] Ausgangspunkt dieser Ansicht ist die Behauptung, dass § 5 I TDG a. F. eine Art Klarstellung zur Täterschaft bei Inhaltsdelikten im Rahmen von Telediensten ist.[481] Daneben soll dem § 5 II TDG a. F. die Funktion einer Vorschrift über die Teilnahme an Inhaltsdelikten bei Telediensten, insbesondere mit Regelungen zur Beihilfe, zukommen. Diesem Ansatz ist zugute zu halten, dass damit die Probleme bei der Einordnung des § 5 TDG a. F. in allgemeine strafrechtliche Kategorien wie Irrtümer oder Teilnahme dogmatisch einfacher zu bewältigen wären.[482] Allerdings findet sich für diese Interpretation der Verantwortlichkeitsregelungen kein Anhaltspunkt im Wortlaut der Normen. Hinzu kommt, dass das TDG auch keinerlei Rechtsfolgen für die Verwirklichung eines derartigen „Teledienste-Inhaltsdeliktes" bereithält. Für diese wäre dann wohl auf die allgemeinen Gesetze zurückzugreifen. Hätte der Gesetzgeber die Verantwortlichkeitsregelungen des TDG als „Teledienste-Inhaltsdelikte" konzipiert, so hätte er auch die notwendigen Rechtsfolgen und Sanktionen im Rahmen des TDG geregelt oder zumindest insoweit eine konkrete Verweisung auf andere Vorschriften vorgenommen. In dem Verweis auf die allgemeinen Gesetze in § 5 I TDG a. F., respektive

---

[476] Spindler, MMR 1998, 639; Engel-Flechsig/Maennel/Tettenborn, NJW 1997, 2981, 2984; Eichler, K&R 1998, 412, 413 f.
[477] Vgl. BT-Drucksache 13/7385, 51.
[478] Vgl. Spindler, MMR 1998, 639, 640.
[479] Vgl. Koch, CR 1997, 193, 196; Engel-Flechsig/Maennel/Tettenborn, NJW 1997, 2981, 2984.
[480] So im Ergebnis Vassilaki, MMR 1998, 630, 633 f.
[481] Vgl. Spindler, MMR 1998, 639, 641; Vassilaki, MMR 1998, 630, 633 f.
[482] Vgl. Spindler, MMR 1998, 639, 641.

§ 8 I TDG ist dies nicht zu finden. Dem ist vielmehr der bereits besprochene Querschnittscharakter dieser Vorschriften zu entnehmen. Die Regelungen zur Verantwortlichkeit von Diensteanbietern beinhalten somit keine Kodifizierung spezieller „Inhaltsdelikte" in Telediensten.

cc) Akzessorische Tatbestandselemente

Spindler[483] begreift die Regelungen TDG zur Verantwortlichkeit als akzessorische Tatbestandselemente, die die allgemeinen Regeln bereits auf der Tatbestandsebene modifizieren. Insoweit stellen die betreffenden Regelungen des TDG weder eine eigenständige Haftungsgrundlage, noch eine neuartige Begehungsform von Inhaltsdelikten dar. Die jeweils in Betracht kommenden Tatbestände des allgemeinen Straf- und Haftungsrechts würden insoweit um die Regelungen des TDG ergänzt, diese wären gleichsam in die allgemeinen Vorschriften hinein zu lesen. Insofern entspricht dieses Verständnis der Verantwortlichkeitsregelungen des TDG der sogenannten Integrationslösung, die insbesondere für die Anwendung des § 5 TDG a. F. im Bereich des allgemeinen Strafrechts entwickelt wurde.[484] Die entsprechende Norm des TDG verliert dabei gänzlich seinen eigenständigen Charakter und wird völlig in den Tatbestand des anzuwendenden allgemeinen Gesetzes eingebunden.
Gerade hierauf gründet aber auch die Kritik an dieser Ansicht. Durch die Aufgabe der eigenständigen Bedeutung der Verantwortlichkeitsregelungen des TDG würde die beabsichtigte Rechtssicherheit und –klarheit schaffende Wirkung des TDG, insbesondere für den juristisch meist nicht geschulten Diensteanbieter weitgehend entfallen.[485] Gerade juristischen Laien kann und darf nicht zugemutet werden, den Regelungsgehalt der Regelungen zur Verantwortlichkeit im TDG in die – für Laien ohnehin oft unübersichtlichen – Tatbestände des allgemeinen Rechts zu integrieren. Die vom Gesetzgeber intendierte „präventive" Wirkung dieser Verantwortlichkeitsregelungen, die vor allem durch ihre Existenz und weniger durch ihre (straf-)rechtliche Durchsetzung den Diensteanbieter zu Rechtstreue anhalten will, wäre hierdurch erheblich eingeschränkt.[486] Insofern ist auch diese dogmatische Einordnung der Regelungen über die Verantwortlichkeit der Diensteanbieter abzulehnen.

dd) (Vor-) Filter vor der Prüfung allgemeiner Normen

Richtigerweise sind die einzelnen Regelungen zur Verantwortlichkeit als eigenständige Vorschriften zu verstehen, die in der Funktion eines (Vor-) Filters stets vor den einschlägigen allgemeinen Normen zu prüfen sind.[487] Hierfür spricht zunächst der Willen des Gesetzgebers, nach dem die Verantwortlichkeitsregelungen des TDG für sämtliche Verantwortlichkeitsvorschriften der gesamten Rechtsordnung relevant sein sollen. Die Prüfung dieser TDG-Vorschriften solle

---

483 Vgl. Spindler, MMR 1998, 639, 643; ders. in NJW 1997, 3193, 3194.
484 Vgl. hierzu Hoeren/Sieber/Sieber, 19, Rn. 234 f; Bleisteiner, S. 153 ff.
485 Vgl. Bleisteiner, S. 156.
486 Vgl. Bleisteiner, S. 156 f.
487 So Bleisteiner, S. 154, 156 f; Manssen, E § 5, Rn. 3; Hoeren/Sieber/Sieber 19, Rn. 235, der allerdings auch auf die Parallelen dieser Ansicht mit der vorgenannten hinweist; ders. CR 1997, 581, Fn. 17; von Bonin/Köster, ZUM 1997, 821, 823; Engel-Flechsig, NJW 1997, 2981, 2984.

vielmehr der Prüfung im jeweiligen Einzelfall wie ein Filter vorgelagert werden.[488] Diese Einordnung dient auch nachhaltig der Rechtsklarheit, da auch für Laien die Filterfunktion dieser Regelungen einsichtig und nachvollziehbar ist. Für die Prüfungspraxis bedeutet dies, dass erst, wenn die Prüfung der einschlägigen Regelung des TDG ergibt, dass eine Verantwortlichkeit besteht, eine Prüfung der Tatbestandsmerkmale der allgemeinen Vorschriften in Betracht kommt. Besteht nach dem TDG keine Verantwortlichkeit, so ist auch eine Prüfung der allgemeinen Gesetze ausgeschlossen. Insofern wird das Recht, bzw. die Rechtsanwendung auch deutlich vereinfacht. Allerdings muss auch beachtet werden, dass es im Einzelfall auch bei dieser Variante zu rechtsdogmatischen Problemen kommen kann. Eine solche Situation kann sich insbesondere dann ergeben, wenn sich aus den Verantwortlichkeitsregelungen des TDG isoliert betrachtet eine weitergehende Verantwortlichkeit des Diensteanbieters ergibt, als aus dem zur Anwendung gelangenden allgemeinen Gesetz.[489] Hier können die Regelungen des TDG unter Umständen keine Filterfunktion erfüllen, sondern lediglich eine folgenlose Umleitung.

Trotz dieser Schwierigkeiten stellt die (Vor-)Filterlösung, wie sie vermehrt im Schrifttum vertreten wird, die vorzugswürdige Variante unter den rechtsdogmatischen Einordnungsversuchen dar. Zum Teil wird eine sogenannte modifizierte Vorfilterlösung verlangt, bei der die Verantwortungsvorschriften des TDG rechtsgebietsspezifisch auszulegen sind.[490] Hierbei sollen einzelne Tatbestandsmerkmale der Vorschriften des TDG – wie z. B. das der „Kenntnis"- mit Blick auf das allgemeine Gesetz, das letztendlich zur Anwendung gelangt, ausgelegt werden. Obwohl diese Lösung auch Probleme aufwirft, gerade im Zusammenspiel mit dem Strafrecht, stellt sie die derzeit bestmögliche rechtsdogmatische Einordnung der Verantwortlichkeitsregelungen des TDG dar.

b) Zwischenergebnis zur Inhaltsregulierung durch das TDG

Wie festgestellt, hat das TDG grundsätzlich in zweierlei Hinsicht Einfluss auf die Regulierung von Inhalten in Telediensten. Auf der einen Seite funktionieren die Regelungen zur Verantwortlichkeit für Inhalte in Telediensten wie ein Filter, der vor einer Prüfung der allgemeinen Gesetze überwunden werden muss. Schließlich entscheidet erst eine Prüfung dieser Vorschriften, ob ein Anbieter von Telediensten überhaupt für den jeweiligen Inhalt verantwortlich ist. Scheidet eine Verantwortlichkeit nach den Grundsätzen des TDG aus, so entfällt auch jegliche weitere Prüfung der spezifischen Regelungen der allgemeinen Gesetze. Insofern sind die Vorschriften des TDG somit wichtig für die Verfolgung von rechtswidrigen und sonst unerwünschten Inhalten in Telediensten. So gesehen kommt ihnen ein repressiver Charakter zu.

Daneben haben sie auch präventive Wirkung. Wie bereits oben angesprochen, sollen diese Vorschriften auch erreichen, dass ihr Adressat, d. h. jeder Anbieter von Telediensten im Netz, sich von vorne herein rechtstreu verhält. Anhand der Vorschriften des TDG zur Verantwortlichkeit kann jeder Diensteanbieter feststellen, ob und wann er für Inhalte, die er bereithält nach den allgemeinen Ge-

---

488 Vgl. BT-Drucksache 13/7385, S. 51; BT-Drucksache 13/8153, S. 8.

489 Vgl. Bleisteiner, S. 155.

490 Vgl. hierzu Moritz, Anmerkung zum Urteil des AG München vom 28. 5. 1998, in CR 1998, 505, 506.

setzen – und hierbei insbesondere dem Strafrecht – zur Verantwortung gezogen werden kann und wird. Egal ob ein Diensteanbieter detaillierte Kenntnis vom Strafrecht oder anderen eventuell einschlägigen Rechtsgebieten besitzt, anhand des TDG kann er gezielt für sich feststellen, ob ihn überhaupt eine Verantwortung trifft, die sich in ihren Auswirkungen und Konsequenzen schließlich aus den allgemeinen Gesetzen ergibt.
Allerdings ist diese inhaltsregulierende Wirkung nicht zu überschätzen. Schließlich wird eine effektive Regulierung – in allen Bereichen – nicht nur durch die Zuweisung von Verantwortlichkeiten, sondern letztlich erst durch die Aufstellung von gezielten Vorschriften und deren Durchsetzung erreicht. Insofern besitzt das TDG für sich genommen nur eine geringe inhaltsregulierende Wirkung. Es hält weder inhaltliche Standards in Form von Verboten oder Beschränkungen bereit, noch besitzt es Vorschriften zur Durchsetzung derartiger Verbote. Die inhaltlichen Standards, die für den Bereich der Teledienste Wirkung entfalten, stammen damit entweder aus dem GjSM oder direkt aus dem Strafrecht. Erst im Zusammenspiel mit diesen Regelungskatalogen erhält auch das TDG einen greifbaren, inhaltsregulierenden Charakter.

IV. Die inhaltsbezogenen Standards des MDStV

1. Allgemeines zur Inhaltsregulierung durch den MDStV

Gerade mit den Vorschriften der §§ 7, 8 und 9 MDStV enthält dieser Reglungskatalog Normen, die direkt auf die inhaltliche Regulierung von Informationen gerichtet sind. Während § 7 MDStV im Wesentlichen allgemeine Sorgfaltspflichten enthält, wird in § 8 MDStV festgelegt, welche Inhalte im Rahmen von Mediendiensten unzulässig sein sollen. Hinzu kommen in § 9 MDStV einige Beschränkungen für Werbung und Sponsoring. Weiterhin sind mit Blick auf eine inhaltliche Regulierung die Vorschriften des § 18 MDStV interessant. Hier wird die Aufsicht über Mediendienste geregelt. Daneben hält der MDStV in § 20 Sanktionen für die Nichtbeachtung der inhaltlichen Maßstäbe bereit.
Die Unterschiede zum TDG sind offensichtlich. Während dort nur einige Aspekte einer inhaltlichen Beschränkung von Informations- und Kommunikationsdiensten geregelt sind (Verantwortlichkeit), erweckt der MDStV insoweit einen kompletteren Eindruck. Neben den Regelungen über die Verantwortlichkeit für Inhalte enthält er unmittelbar inhaltsbezogene Vorschriften, sowie Regelungen zur Aufsicht und Sanktionen für den Fall der Nichtbeachtung dieser Vorschriften. Inwieweit hierdurch ein höheres Maß an Inhaltsregulierung erreicht wird, wird im Folgenden zu klären sein.

2. Die Verantwortlichkeitsregelungen des § 5 MDStV

Wie auch das TDG, so wird auch im MDStV die Verantwortlichkeit von Anbietern für die angebotenen Inhalte geregelt.

a) Parallelität der Verantwortlichkeitsregelungen in TDG und MDStV

Ein Vergleich der entsprechenden Regelungen zeigt, dass § 5 MDStV weitestgehend dem Wortlaut des § 5 TDG a. F. entspricht. Die einzigen Unterschiede liegen darin, dass das TDG von „Diensteanbietern“, der MDStV von „Anbietern“ spricht, und dass dem § 5 MDStV insoweit die Regelung des § 5 IV TDG

fehlt. Ebenso wie § 5 I TDG a. F., bzw. § 8 I TDG , so gilt auch für Mediendienste nach § 5 I MDStV der Grundsatz, dass Anbieter von eigenen Inhalten auch für diese verantwortlich sind.
§ 5 II und III MDStV enthalten, wie die entsprechenden Vorschriften des TDG Haftungsprivilegierungen für die Anbieter fremder Inhalte. Insoweit entsprechen sich die Regelungen des TDG und die des MDStV in ihrem Wortlaut völlig. Angesichts dieser hohen Vergleichbarkeit der Vorschriften kann für den § 5 MDStV insoweit nur dasselbe gelten, was auch für die entsprechenden Regelungen des TDG gilt.[491] Zu beachten sind jedoch die Unterschiede, die sich aus den unterschiedlichen Anwendungsbereichen beider Regelungskataloge ergeben. Solche werden so zum Beispiel im Rahmen der § 5 III TDG/MDStV sichtbar, sofern man diesen in Kontext mit den anderen Vorschriften setzt. Nominal richten sich beide Normen an die gleichen Adressaten, d. h. die Zugangsvermittler im Internet-Datenverkehr. Damit werden insbesondere Access-Provider erfasst. Problematisch ist jedoch, dass Access-Provider ihre Dienste regelmäßig im Rahmen einer gewerblichen Tätigkeit erbringen und insofern eigentlich der Bundeskompetenz für Wirtschaft, d. h. dem TDG unterfallen. Dies bestätigt auch ein Blick in § 2 II Nr. 4 HS 2 MDStV, der die reine Übermittlung von Daten – was reines Access-Providing unmittelbar erfasst - aus dem Geltungsbereich des MDStV ausnimmt. Access-Provider, wie auch die anderen Zugangsvermittler, die ihre Dienste im Rahmen einer gewerblichen Tätigkeit anbieten, unterfallen damit nicht dem Anwendungsbereich des MDStV.[492] Insoweit ist auch § 5 III MDStV zu begrenzen. Vielmehr entfaltet diese Norm nur gegenüber allen nicht-kommerziellen Anbietern, die etwa im Rahmen des Proxy-Cachings zugangsvermittelnde Dienste anbieten, Wirkung. Abgesehen davon entsprechen sich die Verantwortlichkeitstatbestände in TDG und MDStV aber völlig. Insoweit sei auf die Ausführungen zur Verantwortlichkeit für Inhalte in Telediensten verwiesen. Dies gilt sowohl für die einzelnen Vorschriften zur Verantwortlichkeit im Allgemeinen, wie auch zu Sonderproblemen wie der Verantwortlichkeit für Links.
Zusammenfassend ist festzustellen, dass § 5 MDStV, wie auch die entsprechenden Vorschriften im TDG in puncto Verantwortlichkeit einen Vorfilter darstellen, der einer straf- oder zivilrechtlichen Prüfung vorgelagert ist.[493]

b) Verfassungsmäßigkeit des § 5 MDStV

Genau in diesem Punkt aber begegnet der § 5 MDStV verfassungsrechtlichen Bedenken. Immerhin enthalten die Vorschriften der § 5 II und III MDStV Haftungsprivilegierungen, bei deren Eingreifen eine Prüfung der allgemeinen Haftungstatbestände des Straf- und Zivilrechts entfällt. § 5 I MDStV ist insofern nur klarstellender Natur.[494] Hierbei ist jedoch zu beachten, dass sowohl das bürgerliche Recht wie auch das Strafrecht nach Art. 74 I Nr. 1 GG Gegenstand der konkurrierenden Gesetzgebung von Bund und Ländern sind. Nach Art. 72 I GG besitzt in solchen Fällen der Bund die alleinige Kompetenz, soweit er hiervon

[491] Vgl. Manssen, D § 5, Rn. 1; Ukrow in Roßnagel, § 5 MDStV, Rn. 4.
[492] Vgl. hierzu Koenig, MMR-Beilage 12/1998, S. 1, 8 f.
[493] Vgl. Begründung zum MDStV, abgedruckt beispielsweise in: LT-Drucksachen NW, 12/1954, S. 33.
[494] Vgl. Müller-Terpitz, MMR 1998, 478, 479, Fn. 6.

Gebrauch macht. Das bürgerliche Recht hat eine so umfassende Regelung durch Bundesrecht erfahren, dass für landesrechtliche Regelungen kaum noch etwas von Bedeutung verblieb.[495] Gleiches gilt sinngemäß für den Bereich des Strafrechts.[496] Daraus folgert eine Ansicht in der Literatur, dass die Regelungen des § 5 II und III MDStV insofern ohne die erforderliche Kompetenz erlassen wurden und damit verfassungswidrig sind.[497] Schließlich würde das bisherige Haftungsrecht des Zivil- und Strafrechts durch diese Regelungen erheblich modifiziert. Diese Ansicht wird allerdings dahingehend eingeschränkt, dass § 5 MDStV ebenso wie § 5 TDG auch eine Querschnittsregelung für alle Rechtsgebiete darstelle.[498] Insofern müsse auch hinsichtlich der einzelnen Bereiche differenziert werden. So könne die Vorschrift auf dem Gebiet des Presse- und Rundfunkrechts zur Anwendung kommen.[499] Daneben kommt auch eine Anwendung im Rahmen der Störerhaftung in Betracht, da insoweit die entsprechende Kompetenz der Länder unbestritten sei.[500] Für die Bereiche der straf- oder zivilrechtlichen Haftung, das heißt, dort wo der Bund seine Kompetenzen weitestgehend ausgeschöpft hat, könne § 5 MDStV dagegen nicht gelten und sei insofern verfassungswidrig. Für das Straf- und Zivilrecht müsse vielmehr der Bundesgesetzgeber selbst eine Haftungsprivilegierung normieren, sollten Mediendienste insoweit den Telediensten gleich bevorzugt werden.[501] Zum Teil wird – diese Verfassungswidrigkeit des § 5 MDStV vorausgesetzt – angeregt, die dadurch entstehende Lücke im Bereich der Verantwortlichkeit für Mediendienste durch eine analoge Anwendung des § 5 TDG zu schließen.[502] Hiergegen bestehen jedoch gewichtige Bedenken. So fehlt es bereits an der erforderlichen, planwidrigen Regelungslücke. Immerhin war es den Gesetzgebern sowohl beim Erlass des TDG als auch des MDStV durchaus bewusst, dass dieses Problem im Rahmen der Kompetenzen besteht.[503] Eine derartige Analogie scheidet daher aus. Auch die in diesem Zusammenhang entwickelte These, § 5 MDStV besitze insoweit nur „deklaratorische“ Bedeutung und § 5 TDG greife deshalb hier auch für Mediendienste[504], kann nicht überzeugen. Eine derartige Umdeutung von Rechtsnormen gegen ihren Wortlaut und den erklärten Willen des Gesetzgebers kann keine Grundlage für eine Analogie oder eine Klarstellung in diesem Sinne sein.[505]

---

[495] Vgl. Maunz in Maunz/Dürig, Art. 74 GG, Rn. 55.
[496] Vgl. BVerfGE 23, 113, 124; Maunz in Maunz/Dürig, Art. 74 GG, Rn. 63 f;
[497] Vgl. Koch, CR 1997, 193, 198; ders. NJW-CoR 1997, 302. Dem scheint sich wohl auch Pichler in MMR 1998, 79, 80 angeschlossen zu haben.
[498] Vgl. Spindler, K&R 1998, 177, 179.
[499] Koch, CR 1997, 193, 198.
[500] Vgl. Ukrow in Roßnagel, § 5 MDStV, Rn. 10.
[501] Vgl. Gounalakis, NJW 1997, 2993, 2995; Koch, CR 1997, 193, 198.
[502] So Engel-Flechsig/Maennel/Tettenborn, S. 17.
[503] Hierbei sei nur auf die Aufzeichnungen über die Beratungen und Sachverständigenanhörungen des Ausschusses für Bildung, Wissenschaft, Forschung, Technologie und Technikfolgenabschätzung im Rahmen der Erarbeitung des IuKDG verwiesen, BT-Drucksache 13/7934, S. 35, 38. Daneben hat auch Koch seinen Vorwurf der Verfassungswidrigkeit vor Verabschiedung des Gesetzes erhoben, siehe Koch CR 1997, 193, 194, 198.
[504] Vgl. Engel-Flechsig, ZUM 1997, 231, 239.
[505] Vgl. Spindler, NJW 1997, 3193, 3194; Ukrow in Roßnagel, § 5 MDStV, Rn. 11.

Andererseits wird die Ansicht vertreten, dass sich aus Art. 70 I GG und der daraus folgenden Regelungskompetenz der Länder für den „Rundfunk“ eine Annexkompetenz der Länder auch für den Bereich der Verantwortlichkeit für Inhalte in Mediendiensten ergibt.[506] Die Rundfunkkompetenz der Länder ist verfassungsgerichtlich festgestellt,[507] und insofern unbestritten. Argumentiert wird diesbezüglich mit einem Verweis auf das Presserecht. Hier können die Länder – obwohl dies sogar der Rahmengesetzgebungskompetenz des Bundes nach Art. 75 I Nr. 2 GG unterliegt – Regelungen erlassen, die die strafrechtliche Haftung der Presse beschränken. Auch das Bundesverfassungsgericht hat sich dem angeschlossen, indem es die entsprechenden Vorschriften nicht zu der Materie des „Strafrechts“ sondern zu der des „Presserechts“ zählt.[508] Insofern ergibt sich auch keine Problematik mit der Kompetenz des Bundes für das Strafrecht, wie sie sich aus den Art. 74 I Nr. 1 GG i.V.m. Art. 72 I GG ergibt. Gleiches solle nun auch für die Verantwortlichkeit für Mediendienste gelten, da diese entsprechend durch das verfassungsrechtliche Rundfunkrecht geprägt sind.[509]
Allerdings begegnen auch dieser Ansicht Bedenken. Eine Annexkompetenz zugunsten der Länder könne nicht zu einer, alle straf- und zivilrechtlichen Sanktionen umfassenden Verantwortlichkeitsregelung ermächtigen.[510] Immerhin wird hinsichtlich der Haftung für Inhalte in Mediendiensten durch die Regelung des § 5 MDStV das Straf- und Zivilrecht gänzlich modifiziert. Außerdem spricht gegen diese Ansicht, dass eine Regelung des MDStV auch bei Annahme einer solchen Annexkompetenz niemals die haftungsrechtlichen Normen aus den Bereichen der ausschließlichen Gesetzgebung des Bundes (gewerblicher Rechtsschutz; Urheberrecht) modifizieren könne.[511] Genau darauf liefe aber eine unbeschränkte Annexkompetenz der Länder im Bereich der Verantwortlichkeit für Mediendienste hinaus.
Letztendlich muss im Rahmen der Beurteilung des § 5 MDStV und seiner Verantwortlichkeitsregelungen auch die Entstehungsgeschichte dieser Norm berücksichtigt werden. TDG und MDStV wurden als Folge der kompetenzrechtlichen Streitigkeiten auf dem Gebiet der neuen Informations- und Kommunikationsdienste parallel entwickelt, inhaltlich abgeglichen und traten zeitgleich in Kraft. Insbesondere in Hinblick auf die Regelungen zur Verantwortlichkeit für Inhalte in Informations- und Kommunikationsdiensten wurde in der Bund-Länder-Erklärung vom 18.12.1996 vereinbart, insoweit wortgleiche Regelungen zu erlassen.[512] Aus dem Umstand, dass dennoch sowohl der Bund als auch die Länder ihre (identischen) Verantwortlichkeitsregeln aufstellten folgt, dass beide sich der kompetenzrechtlichen Situation durchaus bewusst waren.
In der Tatsache, dass der Bund die Reichweite seines TDG auf Teledienste beschränkt, und Mediendienste in § 2 IV Nr. 3 ausdrücklich aus diesem Anwen-

[506] In diese Richtung argumentiert Waldenberger, MMR 1998, 124, 126; siehe hierzu auch Ukrow in Roßnagel, § 5 MDStV, Rn. 14 ff; sowie Bullinger/Mestmäcker, S. 139.
[507] Dies ergibt sich vor allem aus dem 1. Fernsehurteil des BverfG in BVerfGE 12, 205, 225, 228 f.
[508] Vgl. BVerfGE 7, 29, 36 ff; ebenso Löffler, Presserecht, § 24, Rn. 86.
[509] Vgl. Ukrow in Roßnagel, § 5 MDStV, Rn. 17.
[510] Vgl. Pichler, MMR 1998, 79, 80; Spindler, NJW 1997, 3193, 3194; ders. MMR 1998, 23, 24.
[511] Vgl. Koch, CR 1997, 193, 203; Lehmann, CR 1998, 232, 234.
[512] Diese Erklärung ist abgedruckt bei Engel-Flechsig/Maennel/Tettenborn, S. 9.

dungsbereich ausgenommen hat, liegt die Lösung des Kompetenzproblems. Hierdurch hat der Bundesgesetzgeber den Ländern, gleichsam im Wege einer stillschweigenden Ermächtigung, einen Gesetzgebungskorridor für die Regelung auch der Verantwortlichkeit für Mediendienste geöffnet.[513] Dadurch, dass der Bund diesen Bereich ausdrücklich nicht geregelt hat, hat er insoweit auch keinen erschöpfenden Gebrauch von seiner Gesetzgebungskompetenz im Sinne des Art. 72 I GG gemacht. Dies lässt Raum für eine Gesetzgebung der Länder.

Danach besitzen die Länder für den Bereich der Verantwortlichkeit für Mediendienste die Regelungskompetenz, sogar falls dies Auswirkungen auf straf- oder zivilrechtliche Vorschriften hat, weil der Bund seine Kompetenzen insoweit nicht vollständig ausgeschöpft hat.

Etwas anderes gilt jedoch für den Bereich der ausschließlichen Gesetzgebung. Derartige Fragen stellen sich regelmäßig im Zusammenhang mit dem gewerblichen Rechtsschutz oder dem Urheberrecht (Art. 73 Nr. 9 GG). Hier besitzen die Länder von vorne herein keinerlei Gesetzgebungskompetenz, eine ausdrückliche Ermächtigung nach Art. 71 GG im Zusammenhang mit Informations- und Kommunikationsdiensten liegt nicht vor. Daher können die Verantwortlichkeitsregelungen des § 5 MDStV in diesem Bereich mangels Kompetenz auch keine Wirkung entfalten. In diesen Fällen scheint ausnahmsweise eine entsprechende Anwendung der Vorschriften des § 5 TDG angebracht.[514] Es ist nicht einzusehen, warum Sachverhalte, die der ausschließlichen Kompetenz des Bundes unterliegen, nicht auch durch die Regelungen des TDG erfasst werden sollen. Dies hätte zur Folge, dass auch solche Anbieter von Mediendiensten, die z. B. durch das unwissentliche Bereithalten fremder Inhalte (z. B. im Wege des Caching) gegen urheberrechtliche Vorschriften verstoßen, nicht in den Genuss der Haftungsprivilegierungen kommen, die MDStV und TDG bereithalten. Die Tatsache, dass der Bereich des Urheberrechts der ausschließlichen Gesetzgebung des Bundes unterliegt, dürfte diese Ungleichbehandlung kaum rechtfertigen. Insofern kann zur Verantwortlichkeitsregelung des § 5 MDStV festgestellt werden, dass diese grundsätzlich verfassungsgemäß ist, in den Bereichen des gewerblichen Rechtsschutzes sowie des Urheberrechtes aber keine direkte Anwendung findet. Insoweit werden die Regelungen, die TDG und MDStV bereithalten, entsprechend angewandt. Für die inhaltsbeschränkende Wirkung des § 5 MDStV gilt im Wesentlichen das Gleiche, was auch schon zu den entsprechenden Regelungen des TDG festgestellt wurde. Die Norm hat insofern hauptsächlich Bedeutung für die Verfolgung von Verstößen gegen inhaltliche Standards. Ebenso wie beim TDG kommt auch dieser Norm eine gewisse präventive Wirkung zu. Diese ist in ihrem Umfang und ihrer Reichweite jedoch ebenso beschränkt, wie die im Rahmen des TDG.

---

[513] So Manssen, D § 5, Rn. 4; Müller-Terpitz, MMR 1998, 478, 480.
[514] Vgl. Manssen, D § 5, Rn. 4; Müller-Terpitz, MMR 1998, 478, 480.

3. Inhaltsbeschränkende Vorschriften des MDStV

Weitere Bedeutung für die Regulierung von unerwünschten und rechtswidrigen Inhalten im Internet besitzen die Vorschriften der §§ 7 – 9 MDStV.

a) Inhalts- und Sorgfaltspflichten bei Mediendiensten, § 7 MDStV

aa) Inhaltliche Mindestanforderungen, § 7 I MDStV

§ 7 I MDStV statuiert eindeutig inhaltsbezogene Anforderungen. Nach Satz 1 haben Angebote von Mediendiensten die verfassungsmäßige Ordnung einzuhalten. Der Begriff der verfassungsmäßigen Ordnung entspricht dem des Art. 2 I GG und umfasst somit die gesamte Rechtsordnung, soweit sie im Einklang mit der Verfassung steht.[515] Insofern regelt diese Vorschrift nichts neues. Es liegt vielmehr auf der Hand, dass die verfassungsgemäße Rechtsordnung auch für Inhalte in Mediendienste gelten muss. Ansonsten befänden sich Inhalte in Mediendiensten gleichsam in einem rechtsfreien Raum. Dies kann nicht nur angesichts der wachsenden Bedeutung derartiger Angebote schon aus Gründen der Rechtstaatlichkeit nicht sein. Insofern besitzt die Vorschrift deklaratorischen Charakter.[516]

In Satz 2 werden Inhalte in Mediendiensten auch den allgemeinen Gesetzen, sowie den Regeln zum Schutz der persönlichen Ehre unterworfen. Diese Vorschrift ist an sich überflüssig, da sowohl die allgemeinen Gesetze, als auch die Bestimmungen zum Schutz der persönlichen Ehre, Teil der verfassungsgemäßen Rechtsordnung sind und insofern bereits von Satz 1 erfasst werden. Dasselbe gilt auch für die Bestimmungen zum Schutz der persönlichen Ehre. Die Tatsache, dass der Gesetzgeber diese Regelung dennoch aufgenommen hat, spricht dafür, dass diese Vorschriften nach Auffassung der Bundesländer eine besondere Bedeutung für den Bereich der Mediendienste haben[517] und sie insofern betont werden sollten. Unklar ist, inwieweit der Begriff der „allgemeinen Gesetze" dem aus Art. 5 II GG entspricht.

Einiges spricht dafür, auch im Rahmen des MDStV den Begriff so zu verstehen, dass nur meinungsneutrale Vorschriften erfasst sein sollen, d. h. Regelungen, die sich nicht gegen eine bestimmte Meinung im Besonderen richten.[518] Andererseits könnte diese Vorschrift auch lediglich so zu verstehen sein, dass schlichtweg alle Vorschriften, die inhaltsbezogen sind, auch auf Inhalte in Mediendiensten Anwendung finden sollen. Letztlich ist diese Unterscheidung unerheblich, da unter dem Gesichtspunkt der verfassungsmäßigen Ordnung in § 7 I 1 MDStV ohnehin alle Gesetze – und insofern auch die allgemeinen Gesetze im Sinne des Art. 5 II GG – erfasst werden.[519] Jedenfalls stellt diese Vorschrift – wenn auch nur deklaratorisch – klar, dass Inhalte die über Mediendienste verbreitet werden, nicht grundsätzlich anders zu behandeln sind, als Inhalte in den traditionellen

---

[515] Vgl. Ukrow in Roßnagel, § 7 MDStV, Rn. 26; mit Verweis auf BVerfGE 6, 32, 36 ff; 50, 256, 262; 63, 88, 108 f.
[516] Vgl. Manssen, D § 7, Rn. 1.
[517] Vgl. Beucher/Leyendecker/von Rosenberg, § 7 MDStV, Rn. 3.
[518] Vgl. zum verfassungsrechtlichen Begriff der allgemeinen Gesetze in Art. 5 II GG: BVerfGE 7, 198, 209 f; 62, 230, 243 f; 71, 162, 175.
[519] Ebenso Manssen, D § 7, Rn. 2.

Medien. Alle unterliegen den Vorschriften der Rechtsordnung. Insofern klingt in dieser Vorschrift der Grundsatz an, dass das, was offline (d. h. in den traditionellen Medien) unerwünscht ist auch online (das heißt in den Mediendienste, die durch die neuen Informations- und Kommunikationstechnologien ermöglicht wurden) unerwünscht sein muss. Angesichts der deklaratorischen Bedeutung dieser Vorschrift ist ihre effektive inhaltsregulierende Wirkung eher gering.

bb) Journalistische Sorgfaltspflichten, § 7 II MDStV

§ 7 II MDStV betrifft ausschließlich die Verteildienste im Sinne des § 2 II Nr. 1 – 3 MDStV, soweit diese der Berichterstattung dienen und sie Informationsangebote enthalten. Diese Einschränkung macht deutlich, dass es sich bei diesen Angeboten grundsätzlich nur um journalistisch gestaltete Angebote handeln kann.[520] Die Anbieter solcher Angebote werden durch § 7 II MDStV den sogenannten anerkannten journalistischen Grundsätzen unterworfen. Hierbei handelt es sich um einen auslegungsbedürftigen unbestimmten Rechtsbegriff, der aus der Vorschrift des § 41 RStV entnommen wurde. Dies zeigt wieder die Nähe der Mediendienste zum Rundfunk. Nach der Begründung des MDStV handelt es sich hierbei um solche Grundsätze, die aus allen rundfunk- und presserechtlichen Vorschriften, sowie aus den Richtlinien des Deutschen Presserates zu ermitteln sind.[521] Ausdrücklich werden in der Vorschrift der Grundsatz der Wahrheit, der Grundsatz der inhaltlichen Trennung von Kommentar und Bericht, sowie das Erfordernis der Nennung des Verfassers genannt. Auffällig ist insoweit, dass die Vorschrift die Wahrheitspflicht scheinbar nur auf tagesaktuelle Angebote bezieht. Hieraus kann jedoch nicht geschlossen werden, dass Angebote, die nicht tagesaktuell sind, nicht der Wahrheitspflicht unterfallen.[522] Vielmehr muss gelten, dass auch bei tagesaktuellen Meldungen, die insoweit einem größeren Zeitdruck und damit auch einem größeren Risiko hinsichtlich ihrer Wahrheit unterliegen, eine sorgfältige Überprüfung stattzufinden hat. Bei Angeboten, die einen längerfristigen Zeitraum abdecken, muss dies erst recht gelten.
Auch die inhaltsregulierende Wirkung dieser Regelung ist nur sehr beschränkt. Letztlich werden die Anbieter von Mediendiensten dadurch nicht angehalten, bestimmte Inhalte nicht zu verbreiten, sondern lediglich einige Regeln bezüglich der Präsentation von Inhalten zu beachten. § 7 II MDStV verbietet insoweit nicht ausdrücklich, auch Angebote jugendgefährdenden Inhaltes zu verbreiten. Aus dieser Vorschrift ergibt sich lediglich die Pflicht, bei der Veröffentlichung die entsprechende Sorgfalt walten zu lassen. Offengelassen wird insoweit, wann ein Angebot aufgrund seines Inhaltes journalistischen Grundsätzen nicht mehr genügt.

---

[520] Vgl. Beucher/Leyendecker/von Rosenberg, § 7 MDStV, Rn. 5.
[521] Vgl. Begründung zum MDStV, Ausf. zu § 7, abgedruckt z. B. in Hess. LT-Drucksachen, 14/2783, S. 8.
[522] Vgl. Gounalakis, NJW 1997, 2993, 2996.

cc) Sorgfalt bei Meinungsumfragen, § 7 III MDStV

Nach § 7 III MDStV ist bei der Wiedergabe von Meinungsumfragen in Mediendiensten, die der Diensteanbieter durchführt, anzugeben, ob diese repräsentativ sind. Auch diese Vorschrift stammt aus dem Rundfunkrecht. § 10 II RStV enthält eine insoweit nahezu wortgleiche Regelung. Diese Regelung gilt einheitlich für alle Mediendienste. Meinungsumfragen in diesem Sinne können alle Angelegenheiten zum Gegenstand haben, die auch von der Meinungsfreiheit im Sinne des Art. 5 GG erfasst sind.[523] Auch diese Vorschrift erklärt sich aus der Verwandtschaft der Mediendienste zum Rundfunk. Dort sind Meinungsumfragen ein klassisches Instrument der öffentlichen Meinungsbildung. Da Mediendienste zumindest potentiell auch zur öffentlichen Meinungsbildung beitragen, soll durch diese Vorschrift sichergestellt sein, dass die veröffentlichten Ergebnisse auch tatsächlich die öffentliche Meinung mit hinreichender Sicherheit wiedergeben. Einen spezifisch inhaltsbezogenen Bezug weist diese Vorschrift darüber hinaus nicht auf. Damit besitzt sie auch keine nennenswerte, direkt inhaltsregulierende Funktion.

b) Unzulässige Mediendienste, § 8 MDStV

Nach der amtlichen Begründung zum MDStV, soll durch § 8 MDStV ein abgestuftes Regelungssystem für Inhalte in Mediendiensten etabliert werden.[524] Insofern erinnert die Vorschrift des § 8 MDStV an die Bestimmungen der §§ 1, 3 GjSM, da auch hier inhaltliche Standards - allerdings für Teledienste - gesetzt werden. Nach dem Vorbild des Rundfunkstaatsvertrages enthält diese Vorschrift inhaltliche Verbote und Beschränkungen für Mediendienste. Dabei sind die einzelnen Vorschriften bisweilen wortgleich mit den entsprechenden Vorschriften des RStV. Die Tatsache, dass es sich hierbei um ein abgestuftes Regelungssystem handelt, ergibt sich aus den verschiedenen Absätzen des § 8 MDStV.

aa) Absolut unzulässige Inhalte in Mediendiensten, § 8 I MDStV

Aus § 8 I MDStV ergibt sich, welche Angebote in Mediendiensten inhaltlich ausnahmslos unzulässig sind. Der Begriff des Angebotes kann insoweit gleichbedeutend mit „Inhalt“ verwendet werden, da Mediendienste erst durch ihr spezifisches Angebot, d. h. ihren Inhalt unzulässig werden. Insofern werden hier inhaltliche Totalverbote aufgestellt. Inhalte, die hier aufgelistet sind, dürfen in Mediendiensten nicht angeboten werden. Bei einem Verstoß gegen dieses Verbot droht nach § 20 I und II MDStV eine Geldbuße von bis zu 1.000.000.- DM. Obwohl erst Mitte 1997 in Kraft getreten, wurde gerade diese Vorschrift schon durch den vierten Rundfunkänderungsstaatsvertrag (RÄStV)[525] grundlegend verändert.

---

[523] Vgl. Ukrow, in Roßnagel, § 7 MDStV, Rn. 125.
[524] Vgl. Begründung zum MDStV, Ausf. zu § 8, abgedruckt z. B. in Hess. LT-Drucksachen, 14/2783, S. 10 f.
[525] Abgedruckt z. B. unter GVBL Berlin 2000, S. 268 ff.

(1) Verstöße gegen Bestimmungen des StGB, § 8 I Nr. 1 MDStV

Deutlich werden die Veränderungen durch den vierten RÄStV insbesondere an § 8 I Nr. 1 MDStV. Während diese Vorschrift ursprünglich nur bestimmte, im weitesten Sinne volksverhetzende Inhalte ächtete, sind seit deren Änderung nun alle Mediendienste unzulässig, die gegen (irgendwelche) Bestimmungen des StGB verstoßen. Dadurch wurde die Reichweite dieser Vorschrift erheblich erweitert. Sämtliche inhaltsbezogenen Vorschriften, die das StGB bereithält, erfahren damit auch im Rahmen des MDStV Geltung. Dies reicht von dem Verbot pornographischer Inhalte (§ 184 StGB) bis hin zu den Delikten der §§ 130 f StGB. Zu den einzelnen strafrechtlichen Delikten sei insoweit auf die Ausführungen zu den inhaltlichen Standards des StGB verwiesen. Natürlich ist auch hierbei zu beachten, dass es sich beim MDStV um Länderrecht handelt. Die Übernahme der strafrechtlichen Standards hat jedoch zur Folge, dass unabhängig davon, ob ein strafrechtliches Verhalten im Sinne des StGB vorliegt, die jeweiligen Tatbestandsmerkmale auch noch einmal im Rahmen des MDStV zu prüfen sind. Insofern wird der Schutz dieser Vorschriften dadurch erweitert, dass er auch in einem anderen Prüfungsmaßstab zur Anwendung gelangt. Daneben bietet die Übernahme dieser strafrechtlichen Verbote einen weiteren Vorteil: so wird hierdurch auch die Ahndung fahrlässiger Verstöße ermöglicht.[526] Nach der ursprünglichen Regelung war jeweils ein vorsätzliches Verhalten vorausgesetzt.

(2) Kriegsverherrlichende Inhalte, § 8 I Nr. 2 MDStV

Nach § 8 I Nr. 2 MDStV sind Angebote unzulässig, die den Krieg verherrlichen. Diese Vorschrift war so auch schon in der ursprünglichen Fassung des MDStV enthalten, allerdings als Nummer 3 im § 8 I MDStV. In ihrer inhaltlichen Reichweite entspricht diese Regelung der Vorschrift des § 1 GjSM. Demnach sind nach der überwiegenden Auffassung in Rechtsprechung und Schrifttum Inhalte kriegsverherrlichend in diesem Sinne, wenn darin der Krieg irgendwie qualifiziert als positiv bewertet wird.[527]

(3) Offensichtlich jugendgefährdende Inhalte, § 8 I Nr. 3 MDStV

§ 8 I Nr. 3 MDStV erklärt solche Angebote für unzulässig, die offensichtlich geeignet sind, Kinder oder Jugendliche sittlich schwer zu gefährden. Auch diese Vorschrift besitzt ein Pendant im § 1 I GjSM. Wie dort, so gilt auch hier, dass Inhalte dann sich zur sittlichen Gefährdung eignen, wenn wahrscheinlich ist, dass allein durch seine Kenntnisnahme bei zumindest einem Teil der Jugendlichen – die für schädliche Einflüsse besonders anfällig sind – eine sozialethische Begriffsverwirrung eintritt.[528] Ähnliches lässt sich der Rechtsprechung des BGH entnehmen. Demnach ist von einer derartigen Wirkung auszugehen, wenn Inhalte nach deren mutmaßlicher Wirkung auf junge Menschen den Aufbau der christlich-abendländischen Weltanschauung und der staatlichen und gesellschaftlichen Ordnung entsprechenden sittlichen Wertvorstellungen und der ihrer Verwirklichung zustrebenden Willenskräfte erschwert und dadurch die Jugend-

---

[526] Vgl. insoweit § 20 I MDStV, sowie Hoeren/Sieber/Altenhain, 20, Rn. 230.
[527] Vgl. Altenhain, in Roßnagel, § 1 GjS, Rn. 74.
[528] Vgl. Altenhain, in Roßnagel, § 8 MDStV, Rn. 14.

lichen in die Gefahr der sittlichen Verwahrlosung bringt.[529] Eine *schwere* Jugendgefährdung ist nach der Auffassung des BGH gegeben, wenn die Erziehung der jungen Menschen zu sittlich verantwortungsbewussten Persönlichkeiten unmittelbar dadurch in Frage gestellt wird, dass die Jugendlichen durch die Konfrontation mit den jeweiligen Inhalten eine diesem Erziehungsziel entgegen gerichtete Haltung einnehmen.[530] Daneben ist diese jugendgefährdende Wirkung *offensichtlich* im Sinne der Vorschrift, wenn sie klar zutage liegt und deshalb für jedermann ohne besondere Mühe erkennbar ist.[531]

Allerdings enthält diese Vorschrift keine Angaben darüber, welche Inhalte im Einzelnen derartige Wirkungen auf Jugendliche haben können. Vielmehr besitzen Gerichte und Behörden eine Einschätzungsprärogative, wann die jeweiligen Tatbestandsmerkmale erfüllt sind. Hieraus wird zum Teil die Ansicht genährt, dass diese Vorschrift – wie auch die entsprechende Regelung im GjSM – verfassungswidrig sei. Schließlich läge hierin ein Verstoß gegen das Bestimmtheitsgebot, das sich letztlich aus dem Rechtstaatsprinzip ergibt.[532] Nach dieser Ansicht sollen Inhalte dann dem Totalverbot des § 8 I MDStV unterfallen, wenn sie zu der Gattung von Inhalten gehören, die nach der generellen Einschätzung des Gesetzgebers jugendgefährdend sind. Insofern sollen nur Inhalte erfasst werden, die unsittlich sind, verrohend wirken, oder zu Gewalttätigkeit, Verbrechen oder Rassenhass anreizen im Sinne des § 1 I 2 GjSM. Ob ein Inhalt nach dieser Auffassung unzulässig ist, unterliegt letztendlich aber auch dem Urteil von Gerichten und Behörden.

Letztlich liegt es in der Natur der Sache, dass gesetzliche Regelungen, die inhaltsbezogen sind, nicht sämtliche spezifischen Inhalte wiedergeben können. Hier ist eine Typisierung anhand von Tatbestandsmerkmalen nötig, die möglichst objektiv, sodann von Behörden und Gerichten mit inhaltlichem Gehalt ausgestattet werden. Genau das hat der Gesetzgeber mit der Regelung des § 8 I Nr. 3 MDStV versucht. Hieraus kann daher kein Verstoß gegen das Bestimmtheitsgebot abgeleitet werden. Immerhin bedient sich der Gesetzgeber dieser Möglichkeit überall dort, wo eine spezifische Auflistung der unerwünschten Zustände sich aus deren Komplexität verbietet. Letztlich ist auch die polizeirechtliche Generalklausel Ergebnis eines derartigen Vorgehens. Insofern kann der Meinung, die die Regelung des § 8 I Nr. 3 für verfassungswidrig hält, nicht gefolgt werden.[533] Die große Bedeutung, die der Gesetzgeber dem Schutz Jugendlicher und Kinder beimessen, wird auch durch § 20a MDStV deutlich. Demnach ist § 8 I Nr. 3 MDStV als einziger Tatbestand strafbewehrt mit bis zu einem Jahr Freiheitsstrafe. Daneben wird hierin auch fahrlässiges Handeln im Sinne des § 8 I Nr. 3 MDStV mit einer Freiheitsstrafe von bis zu 6 Monaten bestraft. Insofern kommt dieser Vorschrift gerade im Kampf gegen jugendgefährdende Inhalte in den Diensten des Internet eine besondere Bedeutung zu.

---

[529] Vgl. BGHSt 8, 80, 82 f.
[530] Vgl. BGHSt 8, 80, 83.
[531] Vgl. BGHSt 8, 80, 87; ebenso Hartstein/Ring/Kreile/Dörr/Stettner, § 3, Rn. 28.
[532] Vgl. Altenhain, in Roßnagel, § 8 MDStV, Rn. 14; ders., in Roßnagel, GjS, Einl., Rn. 46.
[533] Vgl. hierzu ebenso BVerfGE 83, 130, 140 ff, wo die Einschätzungsprärogative der BPjSM nach § 1 I GjSM bestätigt wird.

(4) Grausame Inhalte, § 8 I Nr. 4 MDStV

Inhalte, in denen Menschen, die sterben oder schweren körperlichen oder seelischen Leiden ausgesetzt sind oder waren, in einer die Menschenwürde verletzenden Weise dargestellt werden und die ein tatsächliches Geschehen wiedergeben, sind nach § 8 I Nr. 4 MDStV unzulässig. Dies gilt dann nicht, wenn ein berechtigtes Interesse gerade an dieser Art der Berichterstattung vorliegt.

Dieses Verbot dient dem Schutz der Menschenwürde. Darstellungen im Rahmen von fiktiven Geschehnissen reichen hierfür nicht aus. Gewicht bekommt die Vorschrift insbesondere mit Blick auf Nachrichten- und sonstige Informations-Mediendienste, die das tagesaktuelle Geschehen zum Gegenstand haben. So werden von diesem Verbot beispielsweise all jenen Dienste erfasst, die aus bloßer Sensationsgier oder ausschließlich zur Befriedigung etwaiger perverser voyeuristischer Neigungen der Konsumenten Darstellungen bereithalten, in denen alle erdenklichen Todesarten, insbesondere auch Opfer von Gewaltverbrechen in Wort und Bild bereitgehalten werden.[534] Durch derartige Angebote wird der Achtungsanspruch, der sich aus der Menschenwürde der jeweils dargestellten ergibt[535], verletzt, wenn dieser in seinem Leid und Sterben unter Ausklammerung aller sonstigen menschlichen Bezüge zu einer Attraktion gemacht wird.[536] Auch eine Einwilligung des Dargestellten wäre nach § 8 I Nr. 4 HS 3 MDStV unbeachtlich, da der sich aus der Menschenwürde ergebende Achtungsanspruch unverzichtbar ist.

Das sogenannte Berichterstatterprivileg des § 8 I Nr. 4 HS 2 MDStV schränkt den Tatbestand dabei ein. Leider ist dieser Zusatz missverständlich formuliert. Erweckt er doch den Eindruck, als wäre auch eine Verletzung der Menschenwürde durch ein überwiegendes berechtigtes Interesse gerechtfertigt.[537] Angesichts der Tatsache, dass die Menschenwürde als höchstes Gut unverletzlich und unverzichtbar ist, kann diese Interpretation nicht richtig sein.

Vielmehr muss dieser Zusatz als Verweis auf die in Art. 5 I GG verbürgte Meinungs- und Informationsfreiheit gewertet werden.[538] Auch diese Freiheit stellt eine der elementaren Grundfreiheiten dar. Für das Verhältnis von Menschenwürde und Meinungsfreiheit muss daher gelten, dass eine Berichterstattung im dokumentativen Stil, so wie sie § 8 I Nr. 4 HS 2 MDStV versteht, die Menschenwürde gar nicht verletzen kann.[539] Erst wenn der berichterstattende Charakter eines Angebotes dadurch überlagert wird, dass hauptsächlicher Zweck der Darstellung menschlichen Leidens die Schaffung einer Attraktion ist, greift das Verbot des § 8 I Nr. 4 MDStV.

---

[534] Als Beispiel hierfür ist erneut die Homepage http://www.rotten.com anzuführen.

[535] Vgl. hierzu Altenhain, in Roßnagel, 20, Rn. 234; mit Verweis auf BVerfGE 87, 209, 228.

[536] Vgl. Altenhain, in Roßnagel, 20, Rn. 234.

[537] Ebenso wird dieses Berichterstatterprivileg im Rahmen des gleichlautenden § 3 I Nr. 4 RStV abgelehnt; vgl. Hartstein/Ring/Kreile/Dörr/Stettner, § 3 RStV, Rn. 34, wo dieser Zusatz als „völlig verunglückt" bezeichnet wird.

[538] So jedenfalls zum Berichterstatterprivileg des § 131 StGB III LK/von Bubnoff, § 131 StGB, Rn. 35; Sch/Sch/Lenckner, § 131 StGB, Rn. 15.

[539] Vgl. Altenhain, in Roßnagel, 20, Rn. 235.

(5) Die Menschenwürde verletzende Inhalte, § 8 I Nr. 5 MDStV

Nach § 8 I Nr. 5 MDStV sind darüber hinaus all jenen Angebote unzulässig, die in sonstiger Weise die Menschenwürde verletzen. Nach dem Willen der Gesetzgeber soll dies ein Auffangtatbestand darstellen, der dann einschlägig sein soll, wenn Inhalte in Mediendiensten zwar keine Verstöße im Sinne der Nummern 1 – 4 darstellen, die aber dennoch die Menschenwürde verletzen.[540] Dabei erscheint problematisch, dass Nr. 5 insofern wohl voraussetzt, dass auch die anderen Tatbestände des § 8 I MDStV die Menschenwürde schützen („in sonstiger Weise"). Dies ist jedoch notwendigerweise nur im Rahmen des § 8 I Nr. 4 MDStV der Fall. Kriegsverherrlichende Inhalte verletzen nicht notwendigerweise die Menschenwürde. Insofern ist § 8 I Nr. 5 MDStV tatsächlich nur als Auffangtatbestand zu verstehen, der im Falle einer Verletzung der Menschenwürde auch ohne das Eingreifen der übrigen Tatbestände einschlägig ist und das jeweilige Angebot als unzulässig einstuft.[541]

bb) Jugendgefährdende Inhalte in Verteildiensten, § 8 II MDStV

§ 8 II MDStV enthält ein Verbreitungsverbot für jugendgefährdende Inhalte in Verteildiensten im Sinne des § 2 II Nr. 1 bis 3 MDStV. Bei Verteildiensten werden Inhalte zu einem genau festgelegten Zeitpunkt an bestimmte Empfänger verbreitet.[542] Demnach dürfen Angebote, die geeignet sind, das körperliche, geistige oder seelische Wohl von Kindern und Jugendlichen zu beeinträchtigen nicht verbreitet werden, es sei denn, dass durch den Anbieter aufgrund der Sendezeit oder auf andere Weise Vorsorge getroffen ist, dass Kinder oder Jugendliche derartige Angebote nicht wahrnehmen können.

Anders als die Verbote im Rahmen des § 8 I MDStV handelt es sich bei der Klausel des § 8 II MDStV nicht um ein Totalverbot, dass bestimmte Angebote aufgrund ihres Inhaltes ausnahmslos für unzulässig erklärt. Vielmehr beinhaltet § 8 II MDStV ein nur ein Verbot, dass die Verbreitung bestimmter Inhalte untersagt. Die jeweiligen Inhalte sind nicht per se verboten, dürfen nur nicht verbreitet werden. Dieses Verbreitungsverbot wird jedoch dadurch eingeschränkt, dass es keine Anwendung findet, wenn der Anbieter Vorsorgemaßnahmen ergreift, durch die Kinder und Jugendliche die jeweiligen Inhalte nicht mehr wahrnehmen können. Die einzelnen Dienste, für die dieses eingeschränkte Verbreitungsverbot besteht, ergeben sich aus § 2 II Nr. 1 –3 MDStV. Dienste im Sinne des § 2 II Nr. 1 MDStV betreffen das Teleshopping. Hierbei handelt es sich jedoch um Dienste, die im Rahmen des Fernsehfunks und nicht im Internet angeboten werden. Anders als Verkaufsangebote im Fernsehfunk werden Verkaufsangebote im Internet als Online-Shopping bezeichnet. Diese zeichnen sich dadurch aus, dass eine unmittelbare Bestellung durch Interaktion mit dem Anbieter möglich ist. Beim Teleshopping, d. h. bei Verkaufsangeboten im Sinne des § 2 II Nr. 1 MDStV, ist eine Bestellung erst nach einem Medienwechsel, z. B. durch Benut-

[540] Begründung zum 4. RÄStV, abgedruckt z. B. in bwLT-Drucksachen 12/4568, S. 33.
[541] Vgl. Hoeren/Sieber/Altenhain 20,Rn. 236.
[542] Insoweit sei auf die Ausführungen zu Verteildiensten im Rahmen des GjSM auf S. 72 ff verwiesen.

zung eines Telefons möglich.[543] Demnach kommen derartige Verteildienste im Internet nicht vor. Gleiches gilt für Dienste im Sinne des § 2 II Nr. 3 MDStV. Auch bei diesen Diensten handelt es sich um Angebote im Rahmen des Fernseh- und Radiorundfunks, nicht um Angebote im Internet. Insofern entfaltet das Verbreitungsverbot des § 8 II MDStV keine Wirkung, die auch Dienste im Internet betrifft.

Etwas anderes gilt hinsichtlich der Dienste im Sinne des § 2 II Nr. 2 MDStV. Nach der Legaldefinition handelt es sich hierbei um Verteildienste, die Messergebnisse und Datenermittlungen verbreiten. Derartige Dienste sind auch im Internet zu finden. Die amtliche Begründung des MDStV nennt hierfür die Verbreitung von Umwelt- oder Wetterdaten als Beispiele.[544] Daraus ergibt sich, dass hierunter nur solche Dienste fallen sollen, deren Angebot hauptsächlich in der Wiedergabe von Rohdaten liegt. Derartige Dienste sind Mediendienste, weil die Daten verteilt werden. Werden derartige Daten in Form eines Abrufdienstes bereitgehalten, so stellt dies einen Teledienst dar.[545] Die Tatsache, dass hiervon nur Dienste erfasst werden, die Rohdaten verbreiten, hat Konsequenzen für die Wirkung des Verbreitungsverbotes des § 8 II MDStV auf Dienste im Internet. Es ist kaum vorstellbar, dass solche Rohdaten, wie sie Dienste im Sinne des § 2 II Nr. 2 MDStV verbreiten, das körperliche, geistige oder seelische Wohl von Kindern und Jugendlichen beeinträchtigen. Derartige Daten, die unbearbeitet über das Internet verbreitet werden, haben keine jugendgefährdende Wirkung. Daraus folgt, dass auch die Vorschrift des § 8 II MDStV keine Bedeutung besitzt, soweit es um die inhaltliche Regulierung von Diensten im Internet geht.

cc) Jugendgefährdende Inhalte in Teleshoppingdiensten, § 8 III MDStV

Weiterhin wird die Verbreitung von jugendgefährdenden Inhalten in Verteildiensten durch § 8 III MDStV beschränkt. Diese Norm bezieht sich ausdrücklich auf Angebote in Verteildiensten im Sinne des § 2 II Nr. 1 MDStV und damit auf Angebote im Rahmen des Teleshopping. Demnach dürfen jugendgefährdende Inhalte in solchen Diensten nur verbreitet werden, wenn dies durch akustische Zeichen angekündigt oder durch optische Mittel während des gesamten Angebots kenntlich gemacht wird. Was die Verbreitung über Dienste im Sinne des § 2 II Nr. 1 MDStV anbelangt, werden somit in § 8 III MDStV die Anforderungen des § 8 II MDStV noch verschärft. Allerdings ist zu beachten, dass Dienste im Sinne des § 2 II Nr. 1 MDStV, die sich unter dem Oberbegriff des Teleshopping zusammenfassen lassen, nur außerhalb des Internet, in traditionellen Rundfunkmedien (Fernseh- oder Radiofunk) angeboten werden.[546] Dienste im Internet sind damit von § 8 III MDStV nicht betroffen.

---

[543] Vgl. Manssen, D § 2, Rn. 13.
[544] Vgl. Begründung zum MDStV, Ausf. zu § 8, abgedruckt z. B. in Hess. LT-Drucksachen, 14/2783, S. 10 f.
[545] Vgl. Beucher/Leyendecker/von Rosenberg, MDStV, § 2, Rn. 4.
[546] Zu den Unterschieden zwischen Online- und Teleshopping vgl. die Ausführungen auf S. 151.

dd) Jugendgefährdende Inhalte in Abrufdiensten, § 8 IV MDStV

Erhebliche Relevanz für Inhalte in Diensten des Internet besitzt § 8 IV MDStV. Immerhin stellen ein Großteil der im Internet verfügbaren Dienste Abrufdienste im Sinne des § 2 II Nr. 4 MDStV auf den § 8 IV MDStV ausdrücklich verweist. Nach dieser Norm sind jugendgefährdende Angebote in Verteildiensten im Sinne des § 2 II Nr. 4 nur zulässig, wenn der Anbieter oder andere Anbieter Vorkehrungen treffen, die dem Nutzer die Sperrung dieser Angebote ermöglichen. Hierdurch werden Dienste im Internet betroffen, diese Regelung gilt für Angebote nach § 2 II Nr. 4. Dies sind alle Abrufdienste, denen elektronische Speicherung zugrunde liegt und die nicht vorwiegend dem individuellen Leistungsaustausch dienen (dann Teledienste). Damit umfasst diese Vorschrift einen Großteil der über das Internet angebotenen Dienste. Beispielsweise besteht das WWW zum Großteil aus derartigen Abrufdiensten. Jugendgefährdende Angebote in diesen Abrufdiensten sind demnach nur dann zulässig, der Anbieter oder andere Anbieter dem Nutzer die Sperrung solcher Inhalte ermöglichen. Mit dem „Anbieter"richtet sich diese Norm in erster Linie an den Content-Provider, d. h. derjenige, der die jeweiligen Inhalte im Netz als eigene oder fremde (dann Service-Provider) anbietet. Daneben kommen aber auch „andere Anbieter" in Betracht. Dies sind Personen, zwischen den Nutzer und den Content- bzw. Service-Provider geschaltet sind, d. h. regelmäßig die Access-Provider.

Diese Personen müssen Vorkehrungen treffen, die dem Nutzer die Sperrung dieser Angebote ermöglichen. Der Begriff der „Vorkehrungen" ist dabei bewusst weit gehalten. Insoweit können mehrere Strategien in Betracht kommen. So bieten sich beispielsweise *anbieterseitige Zugangskontrollen* an, die Zugang zu bestimmten Inhalten nur nach Eingabe einer persönliche Identifikationsnummer (PIN) gestatten. Derartige Systeme entsprechen den Vorgaben des § 8 IV MDStV aber nur unvollständig, da hierbei die Sperrung nicht vom Nutzer, sondern vom Anbieter vorgenommen wird und der Nutzer schon allein mit dem Nachweis seiner Berechtigung wieder unbeschränkten Zugang zu den jeweiligen Angeboten erhält.[547]

Der Vorschrift wird deshalb besser Rechnung getragen durch Systeme, die dem Nutzer die Möglichkeit geben, selektiv und angebotsspezifisch zu entscheiden, welche Angebote von seiner Seite aus zugänglich sein sollen und welche nicht. Insofern kommen *nutzerseitige Empfangskontrollen* in Betracht. Hierbei bieten sich im Grunde zwei Systeme an. Zum Einen könnten alle Angebote des Anbieters verschlüsselt bereitgehalten werden, so dass der Nutzer der diese individuell abruft hierfür eines Schlüssels bedarf.[548] Zum Anderen kommt ein System in Betracht, bei dem die Anbieter ihre Angebote, je nach Inhalt qualifizieren, und der Nutzer auf seinem Computer ein entsprechendes (Filter-) Programm installiert hat, das nur solche Inhalte anzeigt, die der Nutzer selbst zuvor freigegeben hat.[549] Beide Systeme erfüllen die Anforderungen des § 8 IV MDStV und ermöglichen damit dem Anbieter, Inhalte – obwohl diese unter Umständen jugendgefährdend sind – anzubieten, ohne sich dadurch strafbar zu machen. Durch

[547] Vgl. Hoeren/Sieber/Altenhain 20, Rn. 248.
[548] Vgl. Manssen, D § 8, Rn. 7; Hoeren/Sieber/Altenhain 20, Rn. 248.
[549] Zu technischen Einzelheiten von Filterprogrammen sei auf die entsprechenden Ausführungen im Rahmen der automatisierten Inhaltskontrolle verwiesen.

derartige Systeme wird dem Nutzer die Möglichkeit gegeben, eigenverantwortlich zu entscheiden, welche Inhalte über seinen Computer abgerufen werden können. Nachdem gerade die Abrufdienste im Internet eine große Bedeutung haben, besitzt somit die Vorschrift des § 8 IV MDStV erhebliche Bedeutung für die Regulierung von jugendgefährdenden Inhalten in den Diensten des Internet. Zu beachten ist jedoch, dass § 8 IV MDStV nur verlangt, dass entsprechende Systeme von den Anbietern ermöglicht werden müssen. Deren tatsächlicher Einsatz auf Seiten der Nutzer wird nicht verlangt. Ob die Nutzer von solchen Systemen Gebrauch machen, liegt allein in deren Verantwortung.[550] Damit wird das Prinzip der Eigenverantwortung der Nutzer betont. Eine vergleichbare Wertung nimmt der Gesetzgeber im Rahmen des § 3 II 2 GjSM vor.[551]

ee) Das Erfordernis eines Jugendschutzbeauftragten, § 8 V MDStV

An gewerbsmäßige Anbieter von Mediendiensten richtet sich § 8 V MDStV. Diese werden hierdurch verpflichtet, einen Jugendschutzbeauftragten zu bestellen, wenn ihre Angebote jugendgefährdende Inhalte aufweisen können. Hierdurch sollen, wie in der entsprechenden Vorschrift des § 7 a GjSM für den Bereich der Teledienste, die gewerblichen Anbieter von Mediendiensten zur Selbstkontrolle verpflichtet werden. Diese Anforderung können sie auch dadurch erfüllen, dass sie sich einer Organisation der freiwilligen Selbstkontrolle (z. B. der FSM)[552] anschließen. Diese Vorschrift erinnert stark an das Erfordernis eines Jugendschutzbeauftragten im Rahmen des § 7 a GjSM. Auch dort wird der Gesetzgeber nicht nur hoheitlich-inhaltsregulierend tätig, sondern appelliert darüber hinaus an die Verantwortung gewerblicher Inhalteanbieter. Der Jugendschutzbeauftragte ist dabei – falls keine Organisation der Selbstkontrolle beansprucht wird – regelmäßig als Teil des Unternehmens an den Anbieter gebunden. Seine kontrollierenden Funktionen beschränken sich auf Beratung und das Recht, Vorschläge zu machen. Insofern ist die effektiv inhaltsregulierende Wirkung dieser Vorschrift eher gering.

c) Werbung, Sponsoring, § 9 MDStV

Nach § 9 I MDStV darf Werbung, die sich auch an Kinder und Jugendliche richtet, nicht deren Interessen schaden oder ihre Unerfahrenheit ausnützen. Auch durch diese Vorschrift werden bestimmte Inhalte untersagt und Mediendienste insofern inhaltlich reguliert. Diese Vorschrift erging im Interesse des Jugendschutzes und greift einen international anerkannten Verhaltensgrundsatz auf, der auch in § 7 I 2 RStV niedergelegt wurde.[553] Durch diese Vorschrift sollen Mindeststandards für die Werbung in Mediendiensten gesetzt werden.[554] Gerade Kinder und Jugendliche sind leicht zu beeinflussen und können durch Werbung nachhaltig manipuliert werden. Dem soll die Vorschrift des § 9 I MDStV vorbeugen.

---

550 Vgl. Gounalakis, NJW 1997, 2993, 2997; Manssen, D § 8, Rn. 7.
551 Vgl. Hoeren/Sieber/Altenhain 20, Rn. 247.
552 Vgl. hierzu Schulz, MMR 1998, 182, 185.
553 Vgl. Beucher/Leyendecker/von Rosenberg, § 9 MDStV, Rn. 2; Gounalakis, NJW 1997, 2993, 2997.
554 Vgl. die amtliche Begründung zum MDStV, Ausführungen zu § 9, abgedruckt in hessLT-Drucksachen 14/2783, S. 11.

§ 9 II MDStV enthält das sogenannte Trennungs- und Kennzeichnungsgebot von Werbung und Inhalt. Dies entspricht einem im Medienbereich anerkannten Grundsatz, der so auch in § 7 III RStV verankert ist. Mit Satz 1 soll die Lauterkeit von Werbung unterstrichen und unlautere Formen von Werbung, wie z. B. Schleichwerbung, vermieden werden.
Satz 2 untersagt die Anwendung von unterschwelligen Techniken, mit deren Hilfe eine Manipulation des Konsumenten unterhalb der Schwelle seiner bewussten Wahrnehmung vermieden werden soll.[555]
Die Absätze 3 und 4 befassen sich mit Angeboten wie dem Teleshopping nach § 2 II Nr. 1 MDStV und dem Fernsehtext nach § 2 II Nr. 3 MDStV. Für den Bereich des Internet entfalten sie damit keine Wirkung.

4. Zwischenergebnis zu den inhaltsregulierenden Vorschriften des MDStV

Abschließend bleibt festzustellen, dass der MDStV detaillierte inhaltsbezogene Vorschriften enthält. Im § 7 werden allgemeine Standards für Inhalte in Mediendiensten gesetzt, die den Schutz der persönlichen Ehre, sowie die journalistische Berichterstattung sichern sollen. Mit den Vorschriften des § 8 MDStV wird für Mediendienste ein *abgestuftes* System inhaltlicher Regulierung aufgebaut. Rechtswidrige, offensichtlich schwer jugendgefährdende, sowie unnötig grausame Inhalte, sowie Inhalte, die in sonstiger Weise die Menschenwürde verletzen, unterliegen den uneingeschränkten Totalverboten des § 8 I MDStV. Für einfache jugendgefährdende Inhalte enthalten die Absätze 2 – 4 Verbreitungsverbote, die aber durch gewisse (meist technische) Vorkehrungen ausgesetzt werden können. Eine Verbreitung solcher Inhalte ist danach grundsätzlich möglich, wenn besondere Vorkehrungen getroffen sind, die eine Kenntnisnahme derartiger Inhalte durch Kinder und Jugendliche verhindern sollen. Bezüglich Mediendiensten im Internet, entfalten insoweit die Regelungen des § 8 IV und V MDStV Wirkungen. So können nach § 8 IV MDStV jugendgefährdende Inhalte über Mediendienste in Form von Abrufdiensten im Internet verbreitet werden, wenn entsprechende Vorkehrungen zum Schutz Jugendlicher möglich sind. Insoweit liegt die Verantwortung bei den Nutzern selbst. Anbieter können jugendgefährdende Inhalte, solange diesen nicht anderen Regelungen entgegen stehen, unbeschränkt zum Abruf bereithalten, solange sie den Nutzern die bloße Möglichkeit der Sperrung solcher Inhalte einräumen. Für den Schutz Jugendlicher bedeutet dies letztlich, dass die Verantwortung, welche Inhalte diese im Internet zu sehen bekommen, bei den Erziehungsberechtigten liegt. Genauso, wie diese auch im normalen Leben verantworten, welche Materialien ihre Kinder z.B. zu Hause ausgesetzt sind, gilt dies auch wenn sich Kinder und Jugendliche im Internet bewegen. Daneben werden in § 9 MDStV inhaltsbezogene Regeln für Werbung in Mediendiensten aufgestellt, die deren Lauterkeit sicherstellen und insbesondere Kinder und Jugendliche vor Manipulation schützen sollen. Insofern enthält der MDStV ein umfassendes Paket von inhaltsbezogenen Regelungen, anhand derer eine inhaltliche Regulierung von Mediendiensten im Internet möglich wird. Gerade auch im Zusammenspiel mit den allgemeinen Vorschrif-

[555] Vgl. die amtliche Begründung zum MDStV, Ausführungen zu § 9, abgedruckt in hessLT-Drucksachen 14/2783, S. 11.

ten des StGB besteht insofern für den Bereich der Mediendienste ein weitreichendes und differenziertes System inhaltsregulierender Vorschriften.

V. Fazit zur inhaltsregulierenden Wirkung der spezifischen Multimediagesetze

Zusammenfassend festzustellen, dass die Unterscheidung zwischen Tele- und Mediendiensten inhaltliche Regulierung des Internet nicht fördert. Angesichts der bisweilen schwierigen Abgrenzungsfragen sind sowohl Anbieter, wie auch Nutzer der neuen Technologien verunsichert. Dadurch verlieren die inhaltsbezogenen Vorschriften, soweit in den entsprechenden Regelungskatalogen enthalten, an Wirkung. Ein direkter Vergleich von TDG und MDStV zeigt, dass letzterer detailliertere inhaltliche Standards enthält. Wo das TDG lediglich Regelungen über die Verantwortlichkeit besitzt, bietet der MDStV zudem ein abgestuftes Regelungssystem, das nach unterschiedlichen Inhaltskategorien differenziert. Hinzu kommen die inhaltlichen Standards, die durch die allgemeinen Gesetze, insbesondere das Strafrecht bereitgehalten werden. Im Bereich der Teledienste fehlt eine derart spezifische Regulierung bezüglich der Inhalte. Hier wirken hauptsächlich die Vorschriften des GjSM inhaltsregulierend, neben den eben genannten allgemeinen Regelungen z. B. im Strafrecht. Ein Unterschied zwischen inhaltlichen Standards für Tele- und Mediendienste besteht in der Reichweite der jeweiligen Vorschriften. Während bestimmte Inhalte im Rahmen von Mediendiensten nach § 8 I MDStV einem Totalverbot unterliegen, dürfen die selben Inhalte als Teledienste zumindest im Rahmen des GjSM frei verbreitet werden, wenn durch technische Vorkehrungen Vorsorge getroffen ist, dass das Angebot oder die Verbreitung im Inland auf volljährige Nutzer beschränkt werden kann.[556] Dies ergibt sich aus § 3 II 2 GjSM. Insofern erscheint das Totalverbot des § 8 I MDStV als unverhältnismäßig.[557]
Der MDStV besitzt damit ein deutlich höheres Regulierungsniveau in Bezug auf Inhalte im Internet. Insofern scheinen die Ländergesetzgeber dem Problem der unerwünschten Inhalte im Internet einen höheren Stellenwert beizumessen. Im Sinne eines effektiven Schutzes vor rechtswidrigen und sonst unerwünschten Inhalten in Tele- und Mediendiensten ist mittelfristig eine Angleichung der inhaltlichen Regulierungsniveaus notwendig. Es gibt keine sachliche Rechtfertigung, warum Tele- und Mediendienste unterschiedlichen Regulierungsniveaus unterworfen sein sollten.

[556] Vgl. Hoeren/Sieber/Altenhain, 20 Rn. 231.
[557] Vgl. Hoeren/Sieber/Altenhain, 20 Rn. 231; kritisch diesbezüglich ebenso Engel-Flechsig/Maennel/ Tettenborn, S. 35; Mayer, S. 221; Hoeren/Sieber/Sieber, 19, Rn. 668 mit Fußnote 3.

Teil C: Die Durchsetzung inhaltlicher Standards im Internet

Eine hoheitliche Regulierung durch Rechtsvorschriften kann stets nur dann Erfolg bringen, wenn die hierzu aufgestellten Rechtsvorschriften auch durchsetzbar sind. Gerade im „undurchdringlichen Cyberspace" des Internet ist diesem Punkt besondere Bedeutung zuzumessen.

A. Verfahren zur Durchsetzung inhaltlicher Standards im Internet

Inhaltsbezogene Vorschriften werden im Rahmen eines Verfahrens durchgesetzt, in dessen Verlauf festgestellt wird, ob ein bestimmter Inhalt den Tatbestand einer Inhaltskontrollvorschrift erfüllt.[558] Ist dies der Fall, so umfasst der Begriff der Durchsetzung auch die Rechtsfolgen, die die nämliche Inhaltskontrollvorschrift für derartige Inhalte vorsieht.

Letztendlich erfüllen inhaltliche Standards, gleichgültig für welche Medien, nur dann ihren Zweck, wenn sie auch tatsächlich durchsetzbar sind. Jedoch sieht sich die Durchsetzung inhaltsbezogener Regelungen gerade im Bereich der neuen Medien und der Dienste des Internet besonderer Probleme gegenüber. Was die Durchsetzung inhaltsbezogener Regelungen im Rahmen der herkömmlichen Medien angeht, so kommen als Adressaten inhaltsregulierender Maßnahmen nur einzelne Personen, wie Verleger oder Rundfunkveranstalter in Betracht.

Anderes gilt jedoch für Inhalte, die über die neuen Medien und hierbei speziell über die Dienste des Internet verbreitet werden. Hier kann nunmehr jeder, mit geringem technischen und finanziellen Aufwand, sein eigener Verleger oder Rundfunkveranstalter sein. Die Auswahl der Adressaten von inhaltsbezogenen Kontrollmaßnahmen wird damit deutlich erschwert. Hinzu kommt – und das dürfte gerade im Bereich der neuen elektronischen Medien ein Hauptproblem darstellen – dass Inhalte gerade in den Diensten des Internet, anders als bei klassischen Medien, nicht länger in verkörperter Form vorliegen. Sind herkömmliche Medien, wie Zeitungen oder Bücher noch unproblematisch wahrzunehmen, so ist dies bei den neuen Medien von einer umfangreichen technischen Ausstattung und einem gewissen technischen Verständnis abhängig. Außerdem werden die technischen Möglichkeiten dieser neuen Dienste mitunter gezielt genutzt, um inhaltlichen Kontrollen zu entgehen.

Ein weiterer Faktor, der die Durchsetzung inhaltsbezogener Regelungen im Bereich der neuen Medien und insbesondere des Internets erschwert, ist die Internationalität dieses weltumspannenden Datennetzes. Inhalte können ohne große Mühen von nahezu jedem Punkt der Erde an jedem Punkt der Erde angeboten und nachgefragt werden. Angesichts dieser Probleme, denen sich die Durchsetzung inhaltsbezogener Regelungen in den neuen Informations- und Kommunikationsdiensten ausgesetzt sieht, wurde bereits von der „Ohnmacht des Staates"[559] oder vom Internet als rechtsfreien Raum gesprochen. Für die Durchsetzbarkeit inhaltsbezogener Vorschriften in den neuen Informations- und Kommunikationsdiensten, wie sie das Internet bietet, sind deshalb besondere Verfahren

[558] Vgl. von Bonin, Die Kontrolle digitaler Kommunikationsinhalte, S. 162.

[559] Vgl. von Bonin, Die Kontrolle digitaler Kommunikationsinhalte, S. 162 mit Verweis auf Roßnagel, ZRP 1997, 26; Depenheuer, AfP 1997, 669, 671.

erforderlich. Hierfür kommen im Wesentlichen zwei unterschiedliche Ansätze in Betracht.

I. Verfahren im Rahmen der Strafverfolgung

Einerseits kommen insofern repressive Verfahren in Betracht, die gezielt auf die Verfolgung und Sanktionierung von Verstößen gegen inhaltsbezogene Vorschriften ausgerichtet sind. In deren Rahmen muss zum Einen die Unvereinbarkeit bestimmter Inhalte mit den einschlägigen inhaltsbezogenen Kontrollvorschriften festgestellt werden. In einem weiteren Schritt müssen sodann Maßnahmen hinsichtlich dieser Inhalte und Sanktionen gegenüber den Verantwortlichen ergriffen werden. Am Ende der Durchführung eines repressiven Verfahrens kommen für tatsächlich rechtswidrige Inhalte verschiedene Sanktionen in Betracht: Der entsprechende Inhalt kann entfernt oder der Zugang zu diesem eingeschränkt oder ganz verhindert werden. Die Verantwortlichen werden nach den Regeln des jeweils verletzten Tatbestandes zur Haftung herangezogen.

II. Verfahren im Rahmen der präventiven Gefahrenabwehr

Des Weiteren kommen präventive Verfahren in Betracht, um der Verletzung inhaltsbezogener Vorschriften vorzubeugen. Neben dem präventiven Selbstschutz, den etwa vorbeugende Unterlassungsklagen im Wettbewerbs- und Urheberrecht bieten, obliegt die Prävention rechtswidriger Inhalte im Wesentlichen der Polizei und anderen Sicherheits- und Ordnungsbehörden. Das allgemeine Ordnungs- und Sicherheitsrecht enthält insoweit nur wenige spezielle Ermächtigungstatbestände. So kommt hier etwa Art. 31 BayPAG im weitesten Sinne in Betracht. Der Großteil der präventiven Maßnahmen insbesondere der Polizei wird demnach auf Grundlage der polizeirechtlichen Generalklausel, wie sie etwa Art. 11 I HS 1 BayPAG enthält, fußen. Hiernach kann die Polizei zum Schutz der öffentlichen Sicherheit und Ordnung im Einzelfall Maßnahmen erlassen.
Das Schutzgut der öffentlichen Sicherheit umfasst sowohl die Unversehrtheit von Leben, Gesundheit, Freiheit, Ehre und Vermögen, als auch die Unversehrtheit der gesamten Rechtsordnung und der grundlegenden Einrichtungen des Staates.[560] Damit kommen gefahrabwehrende Maßnahmen jedenfalls in Betracht, wenn eine Verletzung inhaltsbezogener Vorschriften droht. Die Rechtmäßigkeit auf dieser Grundlage getroffener Maßnahmen erfordert das Vorliegen einer zumindest konkreten Gefahr. Eine Gefahr ist ausreichend konkret in diesem Zusammenhang, wenn sie sich aus bestimmten, nach Ort und Zeit bestimmbaren Sachverhalt ergibt.[561] Unmittelbar bevorstehen muss sie notwendigerweise nicht. Damit ist der Handlungsbereich der Polizei, was den Schutz inhaltsbezogener Vorschriften angeht, hinreichend klar abgesteckt. Beim Vorliegen einer konkreten Gefahr können die notwendigen Maßnahmen erlassen werden, bei einem bloßen Gefahrenverdacht ist die Polizei auf weitere Gefahrerforschungsmaßnahmen angewiesen.

---

560 Vgl. hierzu nur Knemeyer, Polizei- und Ordnungsrecht, Rn. 73.
561 Vgl. hierzu nur Knemeyer, Polizei- und Ordnungsrecht, Rn. 62.

B. Das Auffinden unerwünschter Inhalte in den Diensten des Internet

Voraussetzung für die Durchsetzung inhaltsbezogener Vorschriften ist zunächst, dass problematische Inhalte aufgefunden und als solche identifiziert werden. Gerade in den Diensten des Internet ergeben sich für das Auffinden von problematischen Inhalten einige Schwierigkeiten, die in der Größe und Komplexität dieses Datennetzes, sowie der Fülle der dort enthaltenen Informationen bedingt ist. Dennoch kommen bezüglich der Identifikation problematischer Inhalte im Internet verschiedene Akteure in Betracht. So können derartige Kontrollaufgaben durch den Staat und seine Organe, durch die gewerblichen Provider, wie auch durch den einzelnen Nutzer ausgeübt werden. Die Voraussetzungen, Möglichkeiten und Grenzen, denen diese Akteure bei der Identifikation von problematischen Inhalten im Internet unterliegen, sollen im Folgenden erörtert werden.

I. Identifizierung durch staatliche Stellen

Staatliche Stellen können Identifizierungsmaßnahmen durchführen. Als solche Stellen kommen zuvorderst die allgemeinen Sicherheitsbehörden, Polizei, aber auch das Bundeskriminalamt oder die einzelnen Nachrichtendienste, sowie speziell hierfür beauftragte Stellen in Betracht. [562] Als Beispiel für eine behördliche Stelle, die speziell mit der inhaltlichen Kontrolle des Internet beauftragt ist, lässt sich jugendschutz.net anführen. Diese Behörde wurde 1997 von den Landesjugendministern speziell für die Belange des Jugendschutzes in den neuen Medien und damit auch in den Diensten des Internets gegründet. Sie fungiert gleichsam als oberste gemeinsame Länderbehörde für die Fragen des Jugendschutzes im Internet. Nach ihrer eigenen Beschreibung wird diese Behörde selbst im Internet aktiv, um jugendbeeinträchtigende und für Jugendliche schädliche Inhalte zu finden. Da rechtswidrige Inhalte jedenfalls dieses Kriterium erfüllen, deckt jugendschutz.net mit seinem Kontrollvorhaben alle Angebote im Internet ab. Ziel des Jugendschutzes gerade in den neuen Medien sei zwar eine Kooperation mit den Anbietern, jedoch ist dies nicht Grundvoraussetzung für die Tätigkeit von Jugendschutz.net.[563]

1. Identifizierung von problematischen Inhalten im Rahmen der Gefahrenabwehr

Inhalte liegen in den Diensten des Internet in verschiedensten Formen vor. Dieser Tatsache müssen auch und gerade staatliche Maßnahmen zur Identifizierung von rechtswidrigen und sonst unerwünschten Inhalten Rechnung tragen. Je nach dem, wie Inhalte im Internet vorliegen, kommen unterschiedliche Maßnahmen für deren Identifizierung in Betracht. Daten, die statisch auf Servern zum Abruf bereit liegen, erfordern andere Maßnahmen als Daten, die sich gerade im Übermittlungsprozess zwischen Absender und Empfänger befinden. Für die Identifiezierung von Inhalten, die statisch auf Servern vorliegen bieten sich insbesondere sogenannte anlassunabhängige Recherchen an. Sofern derartige Recherchen im Rahmen der Gefahrenabwehr vorgenommen werden, kann von präventivmotivierten Recherchen gesprochen werden.

[562] Konkrete Kontaktadressen hierzu finden sich im Internet unter http://www.iid.de/diverse_links/schmutz.html.
[563] Vgl. hierzu http://www.jugendschutz.net.

a) Anlassunabhängige Recherchen im Datenbestand der Dienste des Internet

Anlassunabhängige Recherchen zeichnen sich dadurch aus, dass sie nicht Ausdruck einer zielgerichteten Ermittlung sind, sondern ohne konkrete Verdachtsmomente in den Diensten des Internet durchgeführt werden.

aa) Darstellung dieser Maßnahme

Anlassunabhängige Recherchen setzen die aktive Teilnahme an der Internet-Kommunikation voraus. Als „Recherchen" lassen sich im Rahmen dieser Untersuchung all diejenigen behördlichen Maßnahmen im Internet zusammenfassen, bei denen Primär- und Sekundärquellen des globalen Datennetzes nach Hinweisen auf strafbare oder sonst problematische Inhalte ausgewertet werden.[564] Dabei werden sämtliche Möglichkeiten des Internets und seiner Dienste genutzt, wie Suchmaschinen, Internet-Informationsdienste, private und gewerbliche Homepages, öffentliche Chat-Foren, usw.. Diese Möglichkeit der staatlichen Informationsgewinnung in den Diensten des Internet wird insbesondere durch die Polizeibehörden wahrgenommen. In diesem Zusammenhang sei auf das Schlagwort der *„Polizeistreife im Internet"* verwiesen. Tatsächlich lässt sich diese Maßnahme in den internationalen Datennetzen mit dem Streifengang von Polizeibeamten in der realen Welt vergleichen. Auch dieses Verhalten ist nicht durch konkrete Verdachtsmomente motiviert. Es dient vielmehr der optischen Präsenz der Polizei auch im Internet und versetzt diese in die Lage, dabei bemerkte Straftaten sofort ohne Zeitverlust verfolgen zu können.[565] Daneben führt auch die gemeinsame Stelle der Länder „jugendschutz.net" anlassunabhängige Recherchen im Internet auf der Suche nach rechtswidrigen, insbesondere jugendgefährdenden Inhalten durch. Anlassunabhängige Recherchen sind in unterschiedlichen Formen denkbar. Insoweit sind weitere Differenzierungen notwendig.

(1) Offene/ Verdeckte Recherchen

Zunächst lassen sich Recherchemaßnahmen hinsichtlich der jeweils angewandten Vorgehensweise differenzieren. Im Wesentlichen bieten sich hierfür zwei verschiedene Ansätze an. Zum Einen kommt die *offene Recherche* durch behördliche Stellen - zum Beispiel Polizeibeamte - in Betracht. Dabei surfen diese unter ihrer tatsächlichen Identität (evtl. mit Dienstgrad) durch die Angebote des Internet. Jeder, der mit diesen Stellen im Internet kommuniziert, weiß dabei, mit wem er es zu tun hat. Zum Anderen besteht die Möglichkeit, der *verdeckten Recherche*. Hierbei bedienen sich die Beamten bei der Recherche eines sogenannten Anonymisierungsdienstes[566] oder einfach neutraler Server, die keine Rück-

---

[564] Vgl. Germann, Gefahrenabwehr und Strafverfolgung im Internet, S. 511.

[565] In diesem Zusammenhang wird von der Polizeistreife auch als „operativer Methode" gesprochen, die im Wesentlichen der Verdachtssuche dient, vgl. hierzu Weßlau, Vorfeldermittlungen, S. 78 f. Diese Erkenntnisse lassen sich insoweit direkt auf die anlassunabhängige Recherche in Datennetzen übertragen.

[566] Anonymisierungsdienste fungieren quasi als Proxy-Server, so dass über diese Server getätigte Internetabrufe nicht mehr bis zum eigentlichen Abrufer, sondern nur noch bis zu diesem Server zurückverfolgt werden können. Damit ist für den Betreiber eines Online-Angebotes nicht mehr erkennbar, wer gerade auf die von ihm bereitgehaltenen Inhalte zugreift. Beispiele für derartige Anonymisierungsdienste sind JAP (Java Anon Proxy) der Technischen Universität Dresden auf http://www.tu-dresden.de oder die Webseite http://www.anonymizer.com.

schlüsse auf ihren Betreiber zulassen. Ebenso zu bewerten dürfte auch die falsche Berufsangabe eines Polizisten auf der Registrierungsseite eines Online-Inhaltes zu bewerten sein.[567] In diesem Fall ist für die Anbieter von Inhalten im Internet nicht ersichtlich, dass sie gerade Objekt einer behördlichen Recherche sind. Insofern können sie ihr frei zugängliches Angebot auch nicht vor derartigen Zugriffen schützen. Solche Recherchen kommen auch in all denjenigen Diensten des Internet in Betracht, die eine Registrierung erfordern, wenn auch nur vorübergehend und/oder unter der Angabe eines Pseudonyms. Beispielsweise kann an der Kommunikation im IRC nur derjenige Teilnehmen, der sich zuvor unter einem – meist fiktiven Namen, dem sogenannten „Nickname" – eingeloggt hat. Hier hat letzten Endes nur eine verdeckte Recherche Aussicht auf Erfolg. Schließlich sollten Personen, die gezielt diese Dienste zur Verbreitung rechtswidriger Inhalte nutzen, gewarnt sein, wenn sich ein Beamter unter Angabe seines Namens und Dienstgrades einloggt. Gerade in derartigen Situationen ist eine verdeckte Recherche der Beamten Bedingung für das Auffinden problematischer Inhalte.
Zu beachten ist jedoch, dass eine Unterscheidung zwischen offenen und verdeckten Recherchen nur dort möglich und sinnvoll ist, wo es auf die Identität der Behörde als Internet-Nutzer ankommt. Bei Recherchen in anonymen Kommunikationssituationen stellt sich das Problem eines verdeckten Vorgehens ohnehin nicht.[568] Derartige Situationen ergeben sich häufig bei im Internet angebotenen Diensten, so zum Beispiel bei der Abfrage von Registern, Suchmaschinen und Informationsdiensten im Internet, vor allem aber beim Abruf eines anonym-öffentlichen Angebotes, d. h. eines öffentlichen Angebotes, dessen Urheber nicht bekannt oder unmittelbar ersichtlich ist.

(2) Recherchen in öffentlichen und nichtöffentlichen Inhalten

Daneben lassen sich behördliche Recherchemaßnahmen in den Diensten des Internet auch hinsichtlich des jeweiligen Untersuchungsgegenstandes differenzieren. Gegenstand der Untersuchung derartiger anlassunabhängiger Recherchen sind jeweils Inhalte, die in Form von gespeicherten Daten über das Internet zugänglich sind. Diese Inhalte liegen im Wesentlichen in zwei großen Gruppen vor: zum Einen in Form öffentlicher, allgemein frei zugänglicher Inhalte und zum Anderen in Form solcher Inhalte, die der Öffentlichkeit nicht frei zugänglich sind.

(a) Öffentliche Inhalte

Ein Großteil der in den Diensten des Internet verfügbaren Inhalten liegt in Form von öffentlichen, d. h. für jedermann frei zugänglichen Angeboten vor. Angebote in den Diensten des Internet sind öffentlich, wenn die Zulassung zum Abruf des Angebots von keiner besonderen Voraussetzung abhängt, also entweder überhaupt keine Authentifizierung verlangt wird (anonym-öffentliches Angebot), oder aber prinzipiell jeder beliebige Nutzer die Möglichkeit erhält, sich in den

[567] Vgl. von Bonin, Die Kontrolle digitaler Kommunikationsinhalte, S. 170.
[568] Vgl. hierzu Ochsenbein, Strafrechtliche Aspekte des Internet, Kriminalistik 1998, 685, 686; Germann, Gefahrenabwehr und Strafverfolgung im Internet, S. 519.

Kreis der Zugriffsberechtigten einzureihen.[569] Zu diesen Angeboten zählen unter anderem alle Seiten im WWW, die ohne weiteres abgerufen werden können, öffentliche Chatforen, sowie allgemein zugängliche Newsgroups. Die insoweit tätigen Stellen rufen derartige öffentliche Angebote ab, oder aber nehmen an der öffentlichen Kommunikation im Internet (etwa in öffentlichen Chat-Foren oder öffentlichen Diskussionsforen im Usenet) teil. Bei der Teilnahme an der Kommunikation im Internet ist dabei nicht erforderlich, dass aktiv mit anderen Nutzern Informationen ausgetauscht werden. Es besteht vielmehr auch die Möglichkeit, ohne eigene Kommunikationsbeiträge an der öffentlichen Kommunikation anderer teilzuhaben. Diese in der Terminologie des Internet „lurking" genannte Tätigkeit gleicht der stummen Anwesenheit in einem Versammlungsraum.[570] Dabei sind die jeweiligen Stellen – meist unter einem Pseudonym – als Anwesende im Chatraum sichtbar. Gleiches gilt für die Überwachung von Diskussionen im Rahmen der öffentlich zugänglichen Newsgroups.
Im Rahmen der Kontrolle frei zugänglicher Angebote sind an die technischen Fähigkeiten und Kenntnisse der jeweils tätigen Stellen nur die Anforderungen zu stellen, die der durchschnittliche Internet-Nutzer erfüllt. Darüber hinaus gehende Fähigkeiten, was Programmierung oder die Administration von Servern anbelangt, sind hierbei nicht nötig.

(b) Nichtöffentliche und beschränkt-öffentliche Inhalte

Daneben kommen auch Recherchen in denjenigen Inhalten in Betracht, die nicht frei zugänglich in Diensten des Internet bereitgehalten werden. Hierbei ist zu unterscheiden zwischen *beschränkt-öffentlichen* Inhalten, und gänzlich *nichtöffentlichen* Inhalten.
Beschränkt-öffentliche Inhalte zeichnen sich dadurch aus, dass ihre Abrufbarkeit von gewissen persönlichen Merkmalen des Abrufers abhängig gemacht wird, ohne von vorne herein auf einen bestimmten Kreis von Personen festgelegt zu sein.[571] Als Beispiele hierfür lassen sich Inhalte anführen, die nur für Nutzer einer gewissen Altersstufe zugänglich sind, oder deren Nutzung von einer u.U. kostenpflichtigen Registrierung abhängig sind. Derartige Inhalte im Internet können durch staatliche Behörden gesichtet werden, indem diese die jeweiligen Zugangskriterien erfüllen. Dies kann – zum Beispiel bei kostenpflichtigen Angeboten - durch die Angabe einer Kreditkartennummer geschehen. Bei Angeboten, die nur einer bestimmten Altersgruppe zugänglich sein sollen, setzen sich in letzter Zeit vermehrt sogenannte Altersverifizierungssysteme durch.[572] Diese Systeme basieren auf einer – ebenfalls kostenpflichtigen – Anmeldung mit bestimmten persönlichen Daten, z. B. der Personalausweisnummer, oder der Kreditkartennummer, nach der man einen bestimmten persönlichen Code erhält. Dieser soll sodann die Volljährigkeit bestätigen. Beim Zugriff auf Inhalte, die durch ein solches System im Zugang beschränkt sind, wird der persönliche Code abgefragt und nach dessen Verifizierung der Zugang gewährt. Auch behördliche

---

[569] Vgl. Germann, Gefahrenabwehr und Strafverfolgung im Internet, S. 101.
[570] Dieser Ausdruck kommt aus dem Englischen (engl. to lurk = sich verbergen); näher hierzu v. Bonin, S. 168.
[571] Vgl. Germann, Gefahrenabwehr und Strafverfolgung im Internet, S. 101.
[572] Beispielhaft hierfür etwa Adult-check, oder X-Check, siehe www.adult-check.com.

Stellen können sich einen derartigen persönlichen Code zuteilen lassen und damit auf beschränkt-öffentliche Inhalte zugreifen.
Etwas umständlicher ist die behördliche Sichtung von nichtöffentlichen Inhalten. Diese können sich dadurch auszeichnen, dass zu ihnen von vorne herein nur bestimmte, meist vom Vertrauen des Anbieters abhängige Personen Zugang haben. Ein Indiz hierfür sind bestimmte Zugriffssperren, wie etwa ein Passwortschutz, mit deren Hilfe der Server in der Lage ist, den jeweils Zugreifenden als Berechtigten zu identifizieren.[573] Beispielhaft hierfür sind etwa firmeninterne Netzwerke (sogenannte Intranets), oder auch geschlossene Benutzergruppen im Usenet. Daneben sind aber auch solche Inhalte nichtöffentlich, die gar nicht für eine Kenntnisnahme durch Dritte bestimmt sind. Hierzu gehören Inhalte, die zwar nicht über das Internet angeboten oder sonst für einen Abruf bereitgehalten werden, aber auf Datenspeichern abgelegt sind, die mit dem Internet verbunden sind. Weiterhin kommen insoweit auch private Kommunikationsinhalte auf mit dem Internet verbundenen Rechnern, wie z. B. E-Mails, in Betracht.
Im Rahmen nichtöffentlicher Inhalte können staatliche Recherchen nur stattfinden, wenn entweder die im Einzelnen implementierten Zugriffssperren, oder aber die einzelnen, in der Technik bedingten Zugriffshindernisse überwunden werden. Hierfür gibt es, je nach Art der zu überwindenden Zugriffshindernisse, verschiedene Möglichkeiten.[574] Dieses meist heimliche Zugreifen auf gegen eben solche Zugriffe geschützte Angebote wird gemeinhin als „Hacking" bezeichnet. Immer wiederkehrende Pressemeldungen bestätigen, dass auch noch so gute Zugangssperren überwunden werden können, wenn nur ein Zugang zum Internet besteht.[575] Wurden derartige Hindernisse überwunden, so werden im Anschluss die nichtöffentlichen Daten über die Netzverbindung ausgelesen und gesichtet.

(3) Unterstützung durch automatisierte Verfahren

Was die technischen Grundlagen anlassunabhängiger Recherchen in Datennetzen anbelangt, sind die technischen und organisatorischen Anforderungen eher gering. Benötigt werden ein oder mehrere Rechner mit Zugang zum Internet und Personal, das zumindest insoweit geschult ist, um die grundsätzlichen Funktionen, Dienste und Navigationsmöglichkeiten im Internet zu beherrschen. Alles weitere besteht im Wesentlichen darin, das Angebot im Netz mehr oder weniger systematisch abzufragen und ob seiner Rechtmäßigkeit auszuwerten.
Probleme bereitet jedoch die enorme Datenfülle, der im Internet angebotenen Dienste. Da auch bei der besten technischen Ausstattung einzelne Beamte jeweils nur ein bestimmtes Pensum an Inhaltskontrollen erfüllen können und letztlich auch die Ressourcen der insoweit tätigen Behörden beschränkt sind, stellt sich die Frage, inwieweit die Arbeit der Beamten durch technische Verfahren unterstützt werden kann. Gerade in einem technisch so hoch entwickelten und

[573] Vgl. Germann, Gefahrenabwehr und Strafverfolgung im Internet, S. 101.
[574] Vgl. Germann, Gefahrenabwehr und Strafverfolgung im Internet, S. 531.
[575] Vgl. Herda, Susanne, Hacker-Angriff auf Microsoft, Süddeutsche Zeitung vom 27.10.2000; N.N., Hacker in U.S.-Computer eingedrungen, in Süddeutsche Zeitung vom 26.05.2001; N.N., Hacker knacken 250.000 E-Mail-Adressen, in Süddeutsche Zeitung vom 23.07.2001; Kunzemann, Thilo, Hacker knacken Bankenrechner, in Süddeutsche Zeitung vom 17.09.2001.

fortschrittlichen Bereich wie dem Internet, können insofern nur computergestützte Verfahren in Betracht kommen.[576]

(a) Im Rahmen öffentlicher Inhalte

Im Rahmen öffentlicher Inhalte in den Diensten des Internet bietet sich der Einsatz von elektronischen Filtern, sowie von sogenannten „Crawler-Programmen" an. Filterprogramme besitzen die Fähigkeit, Inhalte bestimmter Themenkreise, wie Gewalt, Sex oder anderer unerwünschter Bereiche, vor Kenntnisnahme durch den Nutzer abzublocken. Im Endeffekt lassen sich Angebote, die nicht durch das Raster des Filters passen nicht länger aufrufen. Diese Möglichkeit hilft jedoch nur sehr bedingt bei der Identifizierung bestimmter Inhalte und stellt somit viel eher einen Mittel des Selbst- oder Drittschutzes für Provider und Nutzer dar. Deshalb soll auf die Problematik der elektronischen Filter an anderer Stelle im Rahmen dieser Arbeit eingegangen werden.

Hochentwickelter gehen sogenannte Crawler-Programme ans Werk, die auch „Spiders" oder „Robots" genannt werden. Derartige Softwareanwendungen können durchaus ein beachtlichen Teil der öffentlich zugänglichen Daten im Internet erfassen.[577] Bereits 1998 beauftragte das Bundesministerium des Inneren das Bundesamt für Sicherheit in der Informationstechnik (BSI), die Fahndungsarbeit der Polizei im Internet durch die Entwicklung einer speziellen Software zu verbessern.[578] Das Ergebnis sind sogenannte Meta-Suchmaschinen, die automatisch das Internet nach Inhalten untersuchen, die besondere, vorher festgelegte Merkmale aufweisen. Diese Merkmale hängen in erster Linie davon ab, in welcher Form die zu untersuchenden Daten vorliegen. Geht es um die Untersuchung semantisch zusammenhängender Textdateien, so finden sogenannte Wortfilterprogramme Anwendung. Diese untersuchen Textdateien nach bestimmten Schlüsselwörtern, wie zum Beispiel „Sex".

Andere Programme sind erforderlich, wenn es um die Untersuchung binärer Dateianlagen geht, z. B. Bild-, Ton- oder Videodateien. Hier sind auf Schlüsselwörter ausgerichtete Programme weitgehend sinnlos. Für die Untersuchung von Ton- und Videodateien bestehen derzeit noch keine technischen Lösungen, die hinreichend befriedigende Ergebnisse erzielen. Derartige Dateien müssen weitgehend manuell gesichtet und bewertet werden.[579] Hinweise können sich bisweilen aus den Namen der Dateien ergeben. Jedoch ist zu bedenken, dass Verbreiter rechtswidriger oder sonst problematischer Ton- und Videodateien meist recht wenig aussagekräftige Titel wählen werden, um der Entdeckung zu entgehen.

Greifbare Fortschritte gibt es hingegen im Bereich der automatisierten Untersuchung von binären Bilddateien. Für genau diesen Aufgabenbereich hat ein Beamter des Bundeskriminalamtes das *„Programm zur Erkennung kinderpornographischer eindeutiger Objekte" PERKEO* entwickelt. Obwohl speziell für die Suche nach kinderpornographischen Materialien gedacht, kann diese Anwendung auch für die Suche nach inhaltlich anderen Bilddateien eingesetzt werden. Diese Anwendung rechnet hierfür anhand einzelner Dateien deren charakteristi-

---

[576] Vgl. Sieber, Verantwortlichkeit im Internet, Rn. 131.

[577] Vgl. Sieber, Verantwortlichkeit im Internet, Rn. 131.

[578] Vgl. hierzu das Interview mit dem Staatssekretär im Bundesinnenministerium Kurt Schelter, abrufbar unter http://www.heise.de/ct/98/18/084/default.shtml.

[579] Vgl. Sieber, Verantwortlichkeit im Internet, Rn. 107.

sche Prüfsumme aus, die sich bei Bilddateien z. B. aus der Farbverteilung im Bild ergibt. Diese Prüfsumme vergleicht das Programm mit Prüfsummen von Bildern, die sich bereits in der Datenbank des Programms befinden.[580] Stimmt eine so errechneten Prüfsumme mit einer Prüfsumme in der Datenbank überein, so folgt hieraus, dass es sich insoweit um Bilder gleichen Inhalts handelt. PERKEO kann demnach lediglich solche Bilddateien problematischen Inhaltes (wieder-)erkennen, die bereits bekannt sind und als Prüfsumme in der Datenbank vorliegen. Trotz dieser Einschränkung ist PERKEO ein wichtiges Instrument zur Suche nach Bilddateien problematischen Inhaltes.
Technische Programme zur Suche nach problematischen Inhalten können in nahezu allen Diensten eingesetzt werden. Egal ob im Newsdienst, dem WWW oder im Rahmen von E-Mails, automatisierte Inhaltskontrollen existieren. Interessant ist die Entwicklung solcher Programme im populärsten Dienst des Internet, dem WWW. Web-basierte Suchprogramme navigieren automatisch durch das Angebot des WWW. Als Grundlage für diese Navigation benutzen diese Programme die Inhaltsverzeichnisse von Suchservern (wie Beispielsweise „Altavista", „Exite" oder „Fireball").[581] Sobald ein bestimmtes Angebot mit den oben genannten text- oder bildbasierten Möglichkeiten untersucht wurde, nutzt der Crawler etwaige vorhandene Links, um zu anderen Angeboten zu gelangen. Grundlage dieser Navigation durch das System der Querverweise ist die Annahme, dass hinsichtlich des Suchkriteriums interessante Inhalte auch Links zu weiteren insofern interessanten Inhalten enthalten. Allerdings wird diese Annahme immer unzuverlässiger, je weiter man sich von einem „interessanten" Angebot entfernt. Insofern laufen technische Crawler-Programme Gefahr, den größten Teil ihrer Kapazität mit der Suche in irrelevanten Bereichen des Internet zu blockieren. Die Antwort auf dieses Problem sind sogenannte „focused Crawler". Diese sind, dank neuartiger Programmkomponenten in der Lage, für die Suche irrelevante Inhalte als solche zu erkennen und diese sodann zu umgehen. Damit dürfte in Zukunft die Effektivität solcher Programme noch deutlich steigerungsfähig sein.[582]

(b) Im Rahmen beschränkt- und nichtöffentlicher Inhalte

Auch bei der Sichtung beschränkt-, bzw. nichtöffentlicher Inhalte stellt sich die Frage, inwieweit technische Verfahren Recherchen automatisieren und damit vereinfachen, bzw. gänzlich ersetzen können. Verspricht diese Option im Rahmen öffentlicher Materialien noch durchaus vielversprechende Möglichkeiten, ist eine Automatisierung im Bereich der beschränkt- und nichtöffentlichen Inhalte im Internet nur sehr eingeschränkt denkbar.
Wie bereits dargestellt, gibt es verschiedenste Zugriffsbeschränkungen, die an den Betrachter unterschiedlichste Anforderungen stellen, bzw. diesem unterschiedliche Fähigkeiten abverlangen. Insofern bedarf es in jedem einzelnen Fall

[580] Die Bilder-Datenbank des Programms PERKEO dürfte derzeit die Prüfsummen von mehr als 15.000 strafrechtlich relevanten Bildern enthalten, die zumeist aus kinderpornographischen Gazetten der 60er und 70er Jahre stammen, vgl. Sieber, Verantwortlichkeit im Internet, Rn. 107, Fn. 132.
[581] Vgl. Sieber, Verantwortlichkeit im Internet, Rn. 131.
[582] Zu technischen Details vgl. insoweit Chakrabarti/van den Berg/Dom, Focused Crawling: A new Approach to Topic-specific Web Resource, S. 25 ff.

der Beurteilung, welche Beschränkungen vorliegen und inwieweit diese unter einem vertretbaren technischen Aufwand umgangen werden können. Da einzelne Zugriffsbeschränkungen – insbesondere im Bereich der beschränkt-öffentlichen Inhalte – ein gewisses Maß an Interaktion verlangen, scheiden technisch automatisierte Verfahren hier weitestgehend aus. Die Beurteilung der einzelnen Beschränkungen und Maßnahmen zu deren Umgehung können (derzeit noch) nur von Menschen durchgeführt werden, die über das entsprechende Fachwissen verfügen.
Allerdings kommt die Anwendung technischer Verfahren in Betracht, soweit einzelne, bereits identifizierte Zugangssperren zu überwinden sind. So besteht theoretisch die Möglichkeit der gezielten Einschleusung von Spionagesoftware[583] oder Türöffnerprogrammen[584] verwiesen. Diese Programme können den unbefugten Zugriff auf gegen solche Zugriffe geschützte Daten ermöglichen oder zumindest erleichtern. Allerdings wird die Zulässigkeit solcher Methoden regelmäßig mit Blick auf die Befugnisse der staatlichen Stellen fraglich sein. Was den Einsatz derartiger Anwendungen angeht muss ohnehin festgestellt werden, dass diese nicht die Rechercheprozesse selbst automatisieren. Sie erlauben den sichtenden Beamten lediglich einen verbesserten Zugriff auf beschränkt- und nichtöffentliche Datenbestände. Eine umfassende Automatisierung von Rechercheprozessen im Bereich der beschränkt- und nichtöffentlichen Inhalte des Internet scheidet nach derzeitigem Stand der Technik weitestgehend aus.

bb) Entwicklung der anlassunabhängigen Recherche in Datennetzen in Deutschland

Hinsichtlich der Entwicklung der anlassunabhängigen Recherche als Instrument der Durchsetzung inhaltsbezogener Vorschriften im Internet kommt den Behörden des Freistaates Bayern bundesweit eine Vorreiterrolle zu. Bereits seit 1995 führt die bayerische Polizei anlassunabhängige Recherchen im Internet durch. Dies geschah zunächst im Rahmen eines Pilotprojektes des Bayerischen Landeskriminalamtes und des Polizeipräsidium München. Mit Ende dieses Pilotprojektes wurde ab dem 2. 2. 1999 das Bayerische Landeskriminalamt vom Bayerischen Staatsministerium des Inneren mit der anlassunabhängigen Recherche in den Datennetzen beauftragt. Hierfür wurde beim Bayerischen Landeskriminalamt die „*Arbeitsgruppe Netzwerkfahndung*“ gegründet, die diese Tätigkeit nunmehr mit 6 Beamten ausübt. Diese Arbeitsgruppe untersucht seit dem die einzelnen für die Allgemeinheit frei zugänglichen Netzbereiche nach relevanten Inhalten. Dabei wird ihre Arbeit beim Bayerischen Landeskriminalamt auch durch die regionalen Beweissicherungs- und Auswertungsstellen unterstützt, die bei den einzelnen Polizeipräsidien angesiedelt sind.

---

[583] Zum Beispiel sogenannte „Trojaner“. Dies sind Programme, die in einen fremden Rechner eingeschleust werden um diesen nach Paßwörtern und sonstigen für den Zugang zu den hier gespeicherten Daten erheblichen Informationen durchsuchen und diese sodann an Dritte weitergeben.
[584] Vgl. hierzu Germann, Gefahrenabwehr und Strafverfolgung im Internet, S. 284. Interessant hierzu ebenso Koch, CR 1997, 106, 109, der sich hier – ohne nähere Erläuterung – dafür ausspricht, dass sich staatliche Stellen in besonderen Fällen der Hilfe von Computerviren bedienen sollen.

Der Erfolg der Arbeit dieser Arbeitsgruppe spiegelt sich in den folgenden Zahlen wieder: bereits im Jahre 1999 konnten aus insgesamt 1546 Überprüfungen 696 konkrete Verdachtsfälle ermittelt werden. Hiervon lassen sich 411 konkrete Verdachtsvorgänge auf die Eigenrecherche der Arbeitsgruppe, die restlichen 285 auf Hinweise Dritter zurückführen.[585] In diesem Zusammenhang sei nochmals auf die Thematik der Öffentlichkeitsarbeit staatlicher Stellen, die mit der Identifizierung rechtswidriger Inhalte in Datennetzen befasst sind verwiesen. Gerade insoweit getroffene Aufrufe und andere Maßnahmen ermöglichen eine Einbindung auch nichtstaatlicher Stellen in die Suche nach rechtswidrigen Inhalten im Internet. Was die dienstespezifische Verteilung angeht, so liegt der Schwerpunkt der ermittelten Verdachtsfälle auf dem WWW (368), gefolgt von Inhalten im Usenet (142) und Chat-Diensten (114). Der E-Mail Dienst trat bei diesen Ermittlungen mit lediglich 63 Verdachtsfällen zu Tage.
Ähnliche Ergebnisse konnte die „Arbeitsgruppe Netzwerkfahndung" auch wieder im Jahr 2000 erzielen.[586]
Ein besonderer Stellenwert im Bereich der anlassunabhängigen Recherche kommt in Bayern der Fahndung nach kinderpornographischem Material im Internet zu. Sowohl das Bayerische Landeskriminalamt, wie auch das Polizeipräsidium München haben speziell für diese Aufgabe Sondereinheiten gegründet.[587]
Nicht nur durch die Ergebnisse der bayerischen Bekämpfung rechtswidriger Inhalte im Internet motiviert, wurde diese Problematik auch auf Bundesebene erkannt. So wurde auf der ständigen Konferenz der Innenminister und –senatoren der Länder (IMK) über diese Thematik beraten und mit Beschluss vom 8. 5. 1998 festgestellt, dass die Notwendigkeit der Einrichtung einer bundesweiten Zentralstelle zu diesem Thema besteht. Mit Beschluss der IMK vom 19./20. 5. 1998 wurde aus Zweckmäßigkeitserwägungen das Bundeskriminalamt mit dieser bundesweiten Zentralstellenfunktion betraut. Im Bundeskriminalamt wurde daraufhin die *„Zentralstelle für anlassunabhängige Recherche in Datennetzen"* (ZaRD) geschaffen. Bereits 1999 konnte diese 1126 Verdachtsmeldungen erstellen, die über die Fachreferate des Bundeskriminalamtes an die zuständigen Dienststellen im In- und Ausland weitergeleitet wurden.[588] Der überwiegende

[585] Sämtliche hier aufgeführten Daten sind einem Bericht des Staatssekretärs im Bayerischen Staatsministerium des Inneren Hermann Regensburger entnommen, den dieser am 17.5.2000 auf Antrag der Abgeordneten Dr. Kempfler, Hermann, Brosch und anderen zur Thematik der Bekämpfung der Gewaltkriminalität im Internet (Drs. 14/2460) vor dem Bayerischen Landtag vorlegte.
[586] Im Jahr 2000 wurden 698 konkrete Verdachtsfälle ermittelt, davon 417 eigene Ermittlungen, vgl. Presseinformation des Bayerischen Staatsministerium des Inneren vom 21. 3. 2001, abzurufen unter: http://www2.stmi.bayern.de/PM/2001/129htm.
[587] Das Bayerische Landeskriminalamt hat hierfür die Abteilung „Sachgebiet 522" ins Leben gerufen. Hier fahnden insgesamt 5 Beamte nach spezifisch kinderpornographischen Material in den Diensten des Internet. Das Polizeipräsidium München hat hierfür das „Kommissariat 343" gegründet. Auch hier arbeiten Beamte an der Fahndung nach kinderpornographischen Material.
[588] Sämtliche, in diesem Zusammenhang genannten Zahlen und Fakten stammen aus einem Schreiben des Bundeskriminalamtes auf Anfrage zu Maßnahmen gegen rechtswidrige Inhalte im Internet. Im Zusammenhang damit wurde ebenso die Kriminalitätsstatistik für den Informations- und Kommunikationsdienste-Bereich des Jahres 1999 übermittelt. Über die genaue Zahl der strafbaren Inhalte im Internet lässt sich darüber hinaus keine Aussage treffen, da

Großteil der hier genannten Fälle – mit immerhin 1008 Delikten - spielte sich im Bereich der Kinderpornographie ab. Interessant ist insofern, dass lediglich 1/5 der insgesamt ermittelten Verdachtsfälle Inlandsfälle waren. Nur 215 der über 1100 Fälle fiel unmittelbar in die Zuständigkeit deutscher Behörden. Der Rest verteilte sich im Wesentlichen auf die USA (568 Fälle), andere westliche Industriestaaten und Russland.
Unterschiede im Ermittlungsergebnis der ZaRD des Bundeskriminalamtes ergeben sich im Vergleich mit dem Ermittlungsergebnis des Bayerischen Landeskriminalamtes, was die dienstespezifische Verteilung der Verdachtsfälle angeht. So wurden durch die Bundesbehörde der Großteil der Verdachtsfälle (667) im IRC, d. h. in Chaträumen ermittelt. Das WWW trat mit immerhin noch 194 Fällen, das Usenet mit ganzen 189 und der E-Mail-Dienst mit immerhin noch 136 Fällen in Erscheinung.
Diese deutliche Abweichung der dienstespezifische Aufschlüsselung der ZaRD von den Ermittlungsergebnissen des Bayerischen Landeskriminalamtes erstaunt. Dennoch widersprechen sich beide Ermittlungsergebnisse nicht notwendigerweise. Die jeweils ermittelten Fallzahlen sind Ausdruck des jeweiligen Ermittlungsansatzes. Dieser wird zum Einen durch die personelle Besetzung, zum Anderen durch die internen Ermittlungsrichtlinien der jeweiligen Behörde bestimmt. Letztlich bedeutet dies, dass je nach dem, wo der Schwerpunkt der Ermittlung liegt, auch regelmäßig der Schwerpunkt der Verdachtsfälle zu finden sein wird.

cc) Rechtliche Beurteilung der anlassunabhängigen Recherche im Internet

Anlassunabhängige Recherchen im Internet als Mittel staatlicher Kontrollen, werfen naturgemäß die Frage nach der Zulässigkeit von Eingriffen in private Rechtssphären auf. Insofern muss geprüft werden, ob und inwieweit derartige Maßnahmen tatsächlich in Rechte, insbesondere Grundrechte Dritter, eingreifen. Insoweit kommen beispielsweise die Grundrechte auf Meinungs- und Informationsfreiheit des Art. 5 I S. 1 GG, auf Rundfunk- und Pressefreiheit nach Art. 5 I S. 2 GG, auf das Brief- und Fernmeldegeheimnis nach Art. 10 GG und nicht zuletzt das Recht auf informationelle Selbstbestimmung aus Art. 2 I i.V.m. Art. 1 I GG in Betracht.

(1) Allgemeines zu Recherchen in Internet-Diensten

Wie schon eingangs beschrieben hat das Internet heute in puncto Reichweite, gesellschaftlicher und insbesondere wirtschaftlicher Verbreitung eine immense Bedeutung. Angesichts dessen erfordert die Aufgabe der Gefahrenabwehr und Strafverfolgung, dass Behörden auch im Internet kriminal- und gefahrpräventiv tätig sind. Zwangsläufig erlangen die zuständigen Behörden nur dann Verdachtsmomente von Gefahren und Straftaten im Internet, wenn sie insoweit selbst am Datenverkehr des Internet teilnehmen.[589] Deshalb sind sie auf eine eigene Verdachtssuche angewiesen. Jedoch unterliegt die anlassunabhängige Überprüfung von Daten verfassungsrechtlichen Bedenken. Diese nähren sich zu-

---

nach Aussage des Bundeskriminalamtes die Fallzahlen in den betroffenen strafrechtlichen Normen und damit in der allgemeinen Kriminalitätsstatistik aufgehen.

[589] Vgl. Germann, Gefahrenabwehr und Strafverfolgung im Internet, S. 500.

meist aus der Feststellung, dass das Grundgesetz – und hierbei insbesondere die Grundrecht in ihrer Funktion als Abwehrrechte – die Kontrolle gänzlich Unverdächtiger und dadurch bedingte Eingriffe in Grundrechte (wie das Recht auf informationelle Selbstbestimmung) überhaupt verbiete.[590] Der unverdächtige Bürger sei vielmehr „in Ruhe zu lassen". Verdachtsunabhängige Überprüfungen im Sinne einer Verdachtssuche seien demnach schon generell verfassungswidrig.
Dem ist jedoch zu widersprechen. Gerade angesichts der heutigen Bedeutung des Internet und dessen Dienste, kann der Staat – will er seinen Gefahrenabwehr- und Strafverfolgungsauftrag erfüllen – die Hände nicht unbekümmert in den Schoß legen, und hoffen, etwaige Rechtsverstöße würden ihm noch rechtzeitig mitgeteilt. Insbesondere eine effektive Kriminalprävention erfordert, dass staatliche Stellen selbst verdachtsunabhängig das Internet durchsuchen. Auch hier bietet sich wiederum der Vergleich mit der Polizeistreife in der realen Welt an. Diese dient ebenso im Wesentlichen der Kriminalprävention. Hierbei stellt sich das Problem der etwaigen Eingriffe in Grundrechte hingegen deutlich weniger. Durch Maßnahmen, mit deren Hilfe Behörden nach rechtswidrigen Inhalten in den Diensten des Internet suchen, werden unbescholtene Bürger nicht zu potentiellen Verdächtigen, die so zum objekthaften Mittel der Verfolgung staatlicher Sicherheitszwecke herabgewürdigt werden.[591] Im Mittelpunkt des staatlichen Interesses steht insoweit der rechtswidrige Inhalt, von dem eine konkrete Gefährdung für – insbesondere die jugendlichen – Nutzer des Internet ausgeht. Insofern müssen Maßnahmen der Verdachtssuche auch und gerade in den Diensten des Internet zumindest grundsätzlich möglich sein. Für jede Maßnahme muss ohnehin im Einzelfall deren verfassungsrechtliche Zulässigkeit nach den Grundrechten bestimmt werden. Jedenfalls ist die anlassunabhängige Verdachtssuche in den Diensten des Internet nicht von vorne herein generell verfassungswidrig.

(2) Verdeckte Recherchen in Datennetzen

Wie bereits festgestellt, können offizielle Stellen Inhalte in Datennetzen offen bzw. verdeckt sichten, sofern das jeweilige Angebot diese Unterscheidung zulässt. Das Problem verdeckter Maßnahmen stellt sich bei anonymen Diensten naturgemäß nicht.
Was derartige Ermittlungen durch Organe der Polizei anbetrifft, so ist zu deren rechtlicher Zulässigkeit zunächst festzustellen, dass insoweit der Grundsatz der offenen Datenerhebung gilt. Dieser ist so unmittelbar in den Polizeigesetzen der Länder, stellvertretend hierfür in Art. 30 III S. 1 BayPAG enthalten.[592] Von diesem Grundsatz kann nach Satz 2 der genannten Vorschrift abgewichen werden, sofern andererseits die Erfüllung polizeilicher Aufgaben gefährdet oder erheblich erschwert würde. Letztlich kann dieser Passus so interpretiert werden, dass die Polizei immer dann verdeckt Daten erheben darf, wenn dies nötig ist.

[590] Vgl. hierzu insbesondere Lisken, Vorfeldeingriffe im Bereich der „Organisierten Kriminalität", ZRP 1994, 264, 267; ders. in Lisken/Denniger, HdbPolR, Kap. C, Rn. 15 f; ähnlich insoweit Hund, Überwachungsstaat auf dem Vormarsch – Rechtsstaat auf dem Rückzug?, NJW 1992, 2118. 2119 f.
[591] Vgl. Germann, Gefahrenabwehr und Strafverfolgung im Internet, S. 501.
[592] Vgl. Bäumler in Lisken/Denninger, HdbPolR, Kap. J, Rn. 715 f.

Gerade auch bei Ermittlungen und Datenerhebungen im Internet kann bisweilen ein verdecktes Vorgehen angebracht sein. So zum Beispiel, wenn die Nutzung eines bestimmten Angebotes von der „Registrierung“ unter einem Namen (dem sogenannten Nickname) erfordert.[593] Für eine Sichtung der Inhalte in solche Angeboten ist ein verdecktes Vorgehen unerlässlich. Immerhin dürften die Ermittlungsergebnisse deutlich verfälscht werden, wenn solchen Sichtungen eine behördliche Registrierung unter „Polizei“ oder „polizeiliche Internetermittlung“ vorausgeht. Was polizeiliche Inhalts-Recherchen im Internet anbelangt, so kann demnach festgestellt werden, dass ein verdecktes Vorgehen der jeweiligen Stellen rechtlich immer dann möglich ist, wenn es eines solchen Vorgehens auch bedarf. Gleiches gilt im Wesentlichen auch für derartige Ermittlungen, sofern diese durch die Nachrichtendienste durchführt werden. Hier ergibt sich der Grundsatz der offenen Datenerhebung aus der Tatsache, dass besondere Voraussetzungen erfüllt werden müssen, wenn es um „Methoden [...] der heimlichen Informationsbeschaffung“ geht.[594] Verdeckte Ermittlungen sind demnach zulässig, wenn zu erwarten ist, dass durch derartige Ermittlungen aufgabendienliche Erkenntnisse gewonnen werden können und die Datenerhebung nicht außer Verhältnis zu diesem Zweck steht. Damit können auch die Nachrichtendienste verdeckt in den Angeboten des Internet ermitteln, wenn dies für ihre Aufgabenerfüllung erforderlich ist.

Zusammenfassend lässt sich somit festhalten, dass das verdeckte Ermitteln keinen allzu großen rechtlichen Hürden gegenübersteht. Falls bestimmte Umstände ein derartiges Vorgehen der jeweiligen Stellen erfordern, so ist dieses regelmäßig auch rechtlich zulässig.

(3) Verfassungsrechtliche Zulässigkeit der anlassunabhängigen Recherche in den öffentlichen Inhalten des Internet

Wie eingangs erwähnt, stellt sich bei anlassunabhängigen Recherchen die Frage nach deren Vereinbarkeit mit Grundrechten. Betroffen sein könnten insoweit das Brief-, Post- und Fernmeldegeheimnis aus Art. 10 GG, die Rechte auf Meinungs- sowie Rundfunk- und Pressefreiheit aus Art. 5 I GG, das Recht auf Unverletzlichkeit der Wohnung, Art. 13 GG und nicht zuletzt das Recht auf informationelle Selbstbestimmung aus Art. 2 I GG i.V.m. Art. 1 I GG.

(a) Verletzung des Brief-, Post und Fernmeldegeheimnisses, Art. 10 GG

Anlassunabhängige Recherchen, bei denen das öffentliche Informationsangebot in den Diensten des Internet auf dessen inhaltliche Vereinbarkeit mit den einschlägigen Regelungen hin überprüft wird, könnten eine Verletzung des Grundrechts aus Art. 10 I GG darstellen.

Hierzu müsste zunächst der Schutzbereich betroffen sein. Art. 10 I GG enthält mit dem Recht auf Brief-, Post- und Fernmeldegeheimnis drei miteinander verbundene Grundrechtsgarantien. Diesen Einzelfreiheiten liegt zugrunde, dass durch sie räumlich distanzierte, individuelle Kommunikation vor staatlichem

---

593 Dies ist beispielsweise regelmäßig in allen Diensten des IRC nötig, um in den jeweiligen Chat-Foren durch andere Nutzer irgendwie identifizierbar zu sein.

594 Vgl. die Regelungen der §§ 8 II, 9 BVerfSchG, in Bezug genommen von §§ 4 I, 5 MADG, sowie § 3 BNDG; ebenso Germann, Gefahrenabwehr und Strafverfolgung im Internet, S. 522.

Mitlesen oder Mithören, vor der Anordnung zu fremdem Mitlesen oder Mithören, der Ermöglichung fremden Mitlesens oder Mithörens sowie der Aufzeichnung der Übermittlungsdaten der Kommunikationsvorgänge geschützt wird.[595] Fraglich ist, ob auch die Kommunikation über das Internet hiervon erfasst ist. Insoweit kommt eine Betroffenheit des Fernmeldegeheimnisses in Betracht. Dieses schützt die räumlich distanzierte Kommunikation durch unkörperliche Signale.[596] Über Dienste des Internet wird über räumliche Distanz hinweg kommuniziert. Demnach untersteht auch die Kommunikation im Internet grundsätzlich dem Schutzbereich des Art. 10 GG.
Fraglich ist, wie es sich insoweit auswirkt, dass ein Großteil der Kommunikation über das Internet vom Ausland aus geführt wird, bzw. auch bei nationaler Kommunikation durch das System des Internet der Großteil der insoweit zu übermittelnden Daten über das Ausland dem Empfänger zugestellt wird. Hierzu hat das Bundesverfassungsgericht erst kürzlich eindeutig klar gestellt, dass der Schutzbereich des Fernmeldegeheimnisses nicht räumlich auf das Inland beschränkt ist. Auch internationale Telekommunikation kann hiervon erfasst sein, sobald diese durch etwaige Erfassung oder Verarbeitung hinreichend mit inländischem staatlichem Handeln verknüpft wird.[597] Bei der Frage nach einer staatlichen Überwachung von Telekommunikation ist dies jedenfalls der Fall. Von daher scheidet eine Anwendung des Art. 10 GG somit nicht aus.
Weiterhin ist jedoch zu beachten, dass Art. 10 I GG nach gängiger Abgrenzung nur individuelle Kommunikation schützt.[598] Sein Schutzbereich ist nicht betroffen, wenn und soweit es um Kommunikation geht, die sich an die Öffentlichkeit richtet.[599] Vorliegend geht es um die staatliche Recherche in ausschließlich öffentlichen Inhalten im Internet. Nutzt eine staatliche Stelle das öffentlichen Kommunikationsangebot im Internet, so greift sie damit nicht in den Schutzbereich des Art. 10 GG ein. Vielmehr lässt sich die Behörde selbst als Kommunikationsteilnehmerin Inhalte übermitteln. Als solche ist sie bezüglich auf diesem Wege erlangter Informationen nicht an das Fernmeldegeheimnis gebunden.[600] Eine Verletzung des Art. 10 GG durch die Sichtung der frei zugänglichen Inhalte in den Diensten des Internet scheidet somit aus.

(b) Verletzung der Meinungsfreiheit, Art. 5 I S. 1 HS 1 GG

Art. 5 I S.1 HS 1 GG schützt jegliche Äußerung und Verbreitung von Meinung als solche, wobei der Begriff der Meinung nach Aussage des Bundesverfassungsgerichtes[601] grundsätzlich weit zu verstehen ist. Er schließt auch Tatsachenmitteilungen mit ein „weil und soweit sie Voraussetzung der Bildung von Meinungen sind“[602]. Keine Meinungsäußerung stellen dagegen Angaben rein

---

595 Vgl. Löwer in v. Münch/Kunig, Art. 10, Rn. 11; Jarass in Jarass/Pieroth, Art. 10, Rn. 7; Hermes in Dreier, GG, Art. 10, Rn. 44, 47.
596 Vgl.; Löwer in v. Münch/Kunig, Art. 10, Rn. 18.
597 Vgl. BVerfGE 100, 313, 362 f.
598 Vgl. Löwer in v. Münch/Kunig, Art. 10, Rn. 11; Jarass in Jarass/Pieroth, Art. 10, Rn. 7; Hermes in Dreier, GG, Art. 10, Rn. 44, 47.
599 Vgl. Schmidt-Glaeser in HdbStR VI, Rn. 78; Jarass in Jarrass/Pieroth, Art. 10, Rn. 5.
600 Vgl. Germann, Gefahrenabwehr und Strafverfolgung im Internet, S. 512.
601 Vgl. BVerfGE 61, 1, 9.
602 Vgl. BVerfGE 61, 1, 8; 65, 1, 41; Hoffmann-Riem in AK, Art. 5, Rn. 21.

statistischer Art dar.[603] Vom Schutzbereich erfasst werden sowohl der Inhalt, aber auch die Form, bzw. die Art und Weise der Meinungsäußerung.[604] Insoweit nennt Abs. 1 S. 1 Wort, Schrift und Bild als exemplarische Medien. Diese Aufzählung ist jedoch nur beispielhafter Natur, tatsächlich umfasst der Schutzbereich jegliche Form der Meinungsäußerung.[605] Hierzu gehört auch die Meinungsäußerung im Rahmen der neuen Medien und hierbei insbesondere den Diensten des Internet. Dabei ist unmaßgeblich, ob die Meinungsäußerung im Rahmen einer individuellen Kommunikation geschieht, oder als allgemeine Aussage an die Öffentlichkeit konzipiert ist. Inhalte, die in den Diensten des Internet verbreitet oder abgerufen werden, sind demnach vom Schutzbereich des Art. 5 I S.1 HS1 GG umfasst. Damit ist der Schutzbereich des Art. 5 I S.1 HS 1 GG eröffnet.

Allerdings liegt in anlassunabhängigen Recherchen kein Eingriff in den Schutzbereich dieses Grundrechtes. Dies würde nach allgemeiner Ansicht erfordern, dass durch staatliches Verhalten die Meinungsäußerung oder –verbreitung behindert, verboten, oder sonst wie (z. B. faktisch) unmöglich gemacht wird.[606] Anlassunabhängige Recherchen in den öffentlichen Inhalten des Internet beeinträchtigen die Möglichkeit zur Meinungsäußerung nicht. Die Behörden nutzen insofern lediglich das bestehende Informationsangebot, das ja gerade zur allgemeinen Kenntnisnahme veröffentlicht wird.

Ebenso wenig verstoßen derartige Recherchen gegen das Zensurverbot des Art. 5 I S. 3 GG. Zum Teil wird vertreten, dass jede systematische Kontrolle von Meinungsäußerungen mit dem Ziel, sie im Falle eines Rechtsverstoßes zu unterbinden, eine Zensur im Sinne des Art. 5 I S. 3 GG darstellt und damit unzulässig sei.[607] Danach wären auch anlassunabhängige Recherchen in den Diensten des Internet unzulässige Zensurmaßnahmen, soweit es um das Auffinden problematischer Inhalte geht, welche sodann entfernt werden sollen. Jedoch hat das Bundesverfassungsgericht zu Art. 5 I S. 3 GG klargestellt, dass diese lediglich ein Verbot der **Vor**zensur beinhaltet. Hierunter fallen demnach einschränkende Maßnahmen **vor** der Herstellung oder Verbreitung eines Geisteswerkes, insbesondere das Abhängigmachen von behördlicher Vorprüfung und Genehmigung seines Inhalts (Verbot mit Erlaubnisvorbehalt).[608] Recherchen im Datenbestand des Internet können aber nur als Maßnahmen einer **Nach**zensur verstanden werden, da die Veröffentlichung mit Einstellung ins Internet bereits erfolgt ist. Gerade diese ist aber vom Schutzbereich der Meinungsfreiheit nicht umfasst.[609] Durch Art. 5 I S. 3 GG erfährt der Schutzbereich der Meinungsäußerung auch keine Ausweitung, die Vorschrift ist vielmehr als „Schranken-Schranke“ gegen-

---

603 Vgl. BVerfGE 65, 1, 40 f; Jarass in Jarass/Pieroth, Art. 5, Rn. 2.
604 Vgl. Jarass in Jarass/Pieroth, Art. 5 Rn.4.
605 Vgl. Jarass in Jarass/Pieroth, Art. 5, Rn.5; Herzog in Maunz/Dürig, Art. 5 I, II Rn. 73, Hoffmann-Riem in AK, Art. 5, Abs. 1, 2 Rn. 26, 27.
606 Vgl. Wendt in v. Münch/Kunig, Art. 5, Rn. 18; Jarass in Jarass/Pieroth, Art. 5, Rn. 7.
607 Vgl. Germann, Gefahrenabwehr und Strafverfolgung im Internet, S. 513; Hoffmann-Riem in AK, Art. 5, Rn. 77 f, der hier die Möglichkeit einer systematischen „Gefahrerforschung“ ausdrücklich ablehnt. Ebenso im Ergebnis Rohde, Die Nachzensur in Art. 5 I S.3 GG, S. 174.
608 So BVerfGE 33, 52, 72; 47, 198, 236; 73, 118, 166; ebenso Wendt in v. Münch/Kunig, Art. 5 Rn. 62; Starck in v. MKS, Art. 5, Rn. 103.
609 Vgl. BVerfGE 33, 52, 71; Jarass in Jarass/Pieroth, Art. 5, Rn. 52.

über Eingriffen in die Schutzbereiche des Art. 5 I S. 1 und 2 GG zu verstehen.[610] Für Rechtsfolgen aus Art. 5 I S. 3 GG muss demnach bereits ein Eingriff in die Meinungsfreiheit vorliegen. Reine Recherchemaßnahmen stellen wie gezeigt insoweit keinen Eingriff dar. So scheidet auch ein Konflikt mit Art. 5 I S. 3 GG aus.[611] Recherchen in den öffentlichen Inhalten des Internet verletzen damit nicht das Grundrecht auf Meinungsfreiheit i.S.d. Art. 5 I S. 1 GG.

(c) Verletzung der Rundfunk- und Pressefreiheit, Art. 5 I S. 1 HS 2 GG

Eine Verletzung des Grundrechts auf Rundfunk- und Pressefreiheit scheidet schon mangels der Eröffnung des Schutzbereiches aus. Hierzu müssten Inhalte im Internet dem Rundfunk- oder dem Pressebegriff unterfallen. Wie bereits oben dargestellt, können allenfalls einzelne Inhalte, wie das Web-TV oder das Web-Radio überhaupt Rundfunk im herkömmlichen Sinne sein. Aufgrund der noch immer unzureichenden Übertragungs- und Darstellungsqualität, die im Durchschnitt mit derartigen Inhalten im Vergleich zu traditionellen Rundfunkmedien erreicht werden können, entwickeln derartige Inhalte derzeit (noch) keine dem traditionellen Rundfunk vergleichbare Suggestivkraft.[612] Insofern sind diese (noch) nicht dem Rundfunk zuzuordnen. Sollten diese im Wesentlichen technischen Parameter dahingehend verbessert werden, dass über das Internet ein echtes Rundfunkprogramm ausgestrahlt werden kann, so wird der Schutzbereich des Art. 5 I S. 2 GG betroffen. In diesem Fall würde jedoch auch hier das zur Meinungsfreiheit Gesagte gelten: bloße Recherchen in den öffentlichen Inhalten lassen die Grundrechtsausübung im Sinne des Art. 5 I S. 2 GG unangetastet. Damit werden anlassunabhängige Recherchen in den öffentlichen Inhalten des Internet auch in Zukunft nicht in die Rundfunkfreiheit eingreifen. Ebenso scheidet insoweit eine Verletzung der Pressefreiheit aus. Inhalte in den Diensten des Internet sind keine Presseerzeugnisse, i.S.d. Pressegesetze.[613] Daher ist schon der Schutzbereich nicht betroffen.

(d) Verletzung der Unverletzlichkeit der Wohnung, Art. 13 I GG

Einer genaueren Betrachtung ist das Recht auf Unverletzlichkeit der Wohnung aus Art. 13 I GG zu unterziehen. Schon die Betroffenheit des Schutzbereiches ist insofern fraglich. Dieser schützt die Privatheit der Wohnung als elementaren Lebensraum und steht insofern in engem Zusammenhang mit der freien Entfaltung der Persönlichkeit.[614] Der Begriff der Wohnung ist dabei weit zu verstehen und umfasst alle Räumlichkeiten, die insoweit einer privaten Entfaltung dienen. Eine Voraussetzung hierfür ist, dass diese Räumlichkeiten der allgemeinen Zugänglichkeit entzogen sind. Somit kommen unter Umständen auch Betriebs- und Geschäftsräume in Betracht, solange es sich dabei um der Öffentlichkeit nicht zugängliche Räumlichkeiten geht.[615] Ein Eingriff in Art. 13 GG könnte sich dar-

[610] Vgl. Starck in v. MKS, Art. 5, Rn. 159. Insoweit können auch noch die Äußerungen von Hoffmann-Riem in AK, Art. 5 Rn. 75 und Rohde, Die Nachzensur in Art. 5 I S. 3 GG, S. 174 verstanden werden.

[611] Ebenso. Germann, Gefahrenabwehr und Strafverfolgung im Internet, S. 513.

[612] Vgl. hierzu oben, Anwendbarkeit rundfunkrechtlicher Vorschriften auf Inhalte im Internet.

[613] Vgl. insoweit oben, Anwendbarkeit presserechtlicher Vorschriften auf Inhalte im Internet.

[614] Vgl. Jarass in Jarass/Pieroth, GG, Art. 13, Rn. 1.

[615] Vgl. Kunig in v. Münch/Kunig, Art. 13, Rn. 10; Dagtolou, JuS 1975, 753 f.

aus ergeben, dass die Rechner, auf die im Rahmen der behördlichen Recherchen zugegriffen wird, regelmäßig in durch Art. 13 GG geschützten Räumlichkeiten stehen.[616]

Allerdings ist der Schutz bestimmter Daten vor unerlaubten Zugriffen von Außen unabhängig vom Standort des Rechners. Schließlich kann es für die rechtliche Beurteilung eines solchen Zugriffs richtigerweise keinen Unterschied machen, ob der Rechner, auf dem die Daten liegen, die untersucht werden, sich in einem Tresorraum befindet, oder unter freiem Himmel, zum Beispiel in Form eines mobilen Gerätes, das der Datenberechtigte bei sich trägt.[617] Der Zugriff an sich ist beides Mal der selbe. Der Standort des Speichermediums, auf das im Wege einer behördlichen Sichtung von Daten zugegriffen wird, muss daher außer Acht bleiben. Deshalb könnte vorliegend doch eine Anwendung des Art. 13 GG in Betracht kommen. Die klassischen Anwendungsfälle des Art. 13 GG sind Hausdurchsuchungen durch Beamte.

Bei der aktuellen Fragestellung geht es aber um die behördliche Durchsuchung von Speichermedien hinsichtlich bestimmter, rechtswidriger Daten. Fraglich ist, ob auch insoweit auf Art. 13 GG zurück gegriffen werden kann. „Durchsuchungen" sind Tätigkeiten, die von einem ziel- und zweckgerichteten Suchen staatlicher Organe in einer Wohnung.[618] Bei anlassunabhängigen Recherchen wird auch ziel- und zweckgerichtet nach bestimmten, rechtswidrigen Inhalten gesucht. Insoweit könnte Art. 13 GG auch auf solche Recherchen anwendbar sein.[619] Zu beachten ist aber, dass solche Maßnahmen allerdings nicht durchgeführt werden, indem Beamte bestimmte Räumlichkeiten betreten. Diese finden vielmehr nicht körperlich, sondern elektronisch, über das Internet statt. Fraglich ist deshalb schon, ob der Schutzbereich des Art. 13 GG überhaupt auch solche „virtuellen" (im Sinne von nicht-körperlichen) Handlungen erfasst. Art. 13 GG schützt die spezifische Funktion der Wohnung (und anderer nicht öffentlicher Räume) als „elementarer Lebensraum", in dem der Einzelne vor staatlichen Übergriffen geschützt ist.[620] Hierbei wird nicht nach körperlichen oder nicht-körperlichen Eingriffen unterschieden. Vielmehr schützt Art. 13 GG vor jeder Maßnahme, die in die räumliche Privatsphäre von Grundrechtsträgern eingreift. Ob diese körperlich, wie im Falle einer Hausdurchsuchung durch Polizeibeamte, oder nicht körperlich, wie bei der elektronischen Durchsuchung von der Öffentlichkeit nicht zugänglichen Daten, muss für eine Prüfung des Art. 13 GG somit unerheblich sein.[621] Insoweit kann demnach auch durch nicht-körperliche Durchsuchungen über das Internet in den Schutzbereich des Art. 13 GG eingegriffen werden.[622]

---

616 Vgl. Germann, Gefahrenabwehr und Strafverfolgung im Internet, S. 540.

617 Vgl. Germann, Gefahrenabwehr und Strafverfolgung im Internet, S. 541.

618 Vgl. Kunig in v. Münch/Kunig, Art. 13, Rn. 25.

619 So indirekt auch Bär, Der Zugriff auf Computerdaten im Strafverfahren, S. 217 ff.

620 Vgl. BVerfGE 42, 212, 219; 51, 97, 110; 75, 318, 328; Kunig in v. Münch/Kunig, Art. 13, Rn. 1; Schmitt-Glaeser, Schutz der Privatsphäre, in Isensee/Kirchhof, HdbStR VI, § 129, Rn. 48.

621 Ebenso Pieroth/Schlink, Rn. 942.

622 Weiteres Beispiel für einen nicht-körperlichen Eingriff in den Schutzbereich des Art. 13 GG ist der von außen durchgeführte „Lauschangriff" auf das in einer Wohnung gesprochene Wort; vgl. hierzu Herdegen in BK, Art. 13, Rn. 42.

Weiterhin ist problematisch, dass Art. 13 GG dem Wortlaut nach nur bestimmte Räumlichkeiten vor staatlicher Machtausübung schützt. Vorliegend sind aber elektronisch gespeicherte Daten Gegenstand der behördlichen Sichtung. Wie dargestellt, geht der Schutzbereich des Art. 13 GG über seinen tatsächlichen Wortlaut hinaus. Er schützt allgemein vor Eingriffen in den „elementaren Lebensraum", der jedem Grundrechtsträger Privatheit bietet und insoweit als Rückzugsraum dient. Dieser Schutz resultiert letztendlich aus der Tatsache, dass der Einzelne in seiner Wohnung oder ähnlichen Räumlichkeiten von der Außenwelt zu einem gewissen Maße abgeschirmt ist. Und diese Umfriedung ihm zum Schutz seiner Privatsphäre auch als Schutz vor staatlichen Übergriffen dienen muss. Insoweit könnte daran zu denken sein, auch bestimmte Daten in diesen Schutzbereich mit ein zu beziehen, zumindest, wenn diese in von Art. 13 GG geschützten Räumlichkeiten bereitgehalten werden. Die für den normalen Kontakt mit dem Rechner über das Internet gewünschte Unzulänglichkeit dieser Daten ließe sich nach vertretener Ansicht rechtlich durchaus mit der „Umfriedung" einer Wohnung gleichsetzen.[623]
Diesem Verständnis des Art. 13 GG kann jedoch nicht gefolgt werden. Zunächst ist schon zu bezweifeln, ob Daten überhaupt Teil des von Art. 13 GG geschützten Lebensbereiches sein können.[624] Jedenfalls aber fehlt es Daten, die mit Willen des Berechtigten frei über das Internet für jedermann zugänglich gemacht wurden an der für Art. 13 GG nötigen Privatheit. Der Ausschluss der Allgemeinheit, regelmäßig in Form einer räumlichen Umfriedung, fehlt insoweit völlig. Mit der willentlichen Freigabe von Daten für die Öffentlichkeit im Wege eines für die Allgemeinheit zugänglichen Inhaltes im Internet entzieht der Grundrechtsträger diese Daten seiner Privatsphäre. Für die Anwendung des Art. 13 GG bleibt deshalb schon mangels Privatheit insofern kein Raum.
Dieser Fall ist vergleichbar mit Betriebs- und Geschäftsräumen, die der Öffentlichkeit zugänglich gemacht werden. Auch diese werden mangels ihrer Privatheit auch für die Zeit ihrer öffentlichen Zugänglichkeit nicht mehr vom Schutzbereich des Art. 13 GG erfasst.[625] Werden Inhalte im Internet frei zugänglich der Öffentlichkeit präsentiert, so unterfallen auch sie demnach nicht dem Schutzbereich des Art. 13 GG. Dies ist keine Frage eines Grundrechtsverzichts oder einer Einwilligung in einen Eingriff in das Grundrecht aus Art. 13 GG, sondern vielmehr der sachgerechten Absteckung des Schutzbereiches.[626] Insoweit kommt eine Betroffenheit des Schutzbereiches des Art. 13 GG bei anlassunabhängigen Recherchen in den öffentlichen Inhalten des Internet nicht in Betracht. Ein Eingriff liegt insofern nicht vor.

[623] Vgl. Germann, Gefahrenabwehr und Strafverfolgung im Internet, S. 541.
[624] Vgl. hierzu die Ausführungen unten, S. 147 f.
[625] Vgl. Maunz in Maunz/Dürig, Art. 13, Rn. 4; ebenso, aber noch weitergehend Gusy, JuS 1980, 718 f.
[626] Vgl. hierzu Pieroth/Schlink, Rn. 941.

(e) Verletzung des Rechts auf informationelle Selbstbestimmung, Art. 2 I GG i.V.m. Art. 1 I GG

Das Recht auf informationelle Selbstbestimmung stellt eine Ausprägung des allgemeinen Persönlichkeitsrechtes dar, die im Wesentlichen im Volkszählungsurteil des Bundesverfassungsgerichtes vom 15. 12. 1983 entwickelt worden ist.[627] Dieses Grundrecht gewährleistet demnach die „Befugnis des Einzelnen, grundsätzlich selbst über die Preisgabe und Verwendung seiner persönlichen Daten zu bestimmen"[628]. Schutzgegenstand des Rechts auf informationelle Selbstbestimmung sind damit *personenbezogene Daten.* Bei der Definition dieses Begriffes greift das Bundesverfassungsgericht auf die Legaldefinition in § 3 I BDSG zurück, wonach personenbezogene Daten Einzelangaben über persönliche oder sachliche Verhältnisse einer bestimmten oder bestimmbaren Person sind.[629] Dieser Definition nach sind sämtliche Informationen umfasst, die irgend etwas über die Identität von (natürlichen) Personen, deren Eigenschaften, deren Beziehungen zur Umwelt oder deren Verhalten aussagen. Ein Datum wird dadurch personenbezogen, dass es direkt einem Betroffenen zugeordnet werden kann.[630] Einige Beispiele für personenbezogene Daten in diesem Sinne finden sich im BDSG selbst in § 28 III S. 1 lit. a – g BDSG.

Gerade für den Bereich des Internet gilt, dass es für den Schutzbereich des Rechts auf informationelle Selbstbestimmung von vorne herein „belanglose" Daten nicht gibt.[631] Zweifellos besitzen private Homepages Personenbezug, auf denen sich Nutzer und seine Familie vorstellen. Weiterhin können aber auch Mitteilungen in den Foren des Usenet, Kommunikationsvorgänge im Rahmen des IRC oder auch nur Bilddateien auf Servern im WWW unter den Begriff der personenbezogene Daten im diesem Sinne fallen. Entscheidend ist, dass die jeweiligen Daten bestimmten Personen zugeordnet werden können. Für die Frage nach der Zulässigkeit von behördlichen Recherchen in den Diensten des Internet bedeutet dies, dass das Recht auf informationelle Selbstbestimmung betroffen ist, wenn und soweit personenbezogene Daten Gegenstand der behördlichen Recherche sind.

Neben personenbezogenen Daten existieren im Internet aber auch solche Daten, die entweder von vorne herein keinen direkten Personenbezug aufweisen, oder aber hinreichend anonymisiert wurden im Sinne des § 3 VI BDSG, so dass sie nicht mehr oder nur unter unverhältnismäßigem Aufwand an Zeit, Kosten und Arbeitskraft einer bestimmten Person zugeordnet werden können. In beiden Fällen fehlt es an einem Personenbezug der jeweiligen Daten.[632] Sind derartige Daten Gegenstand einer behördlichen Recherche, so wird hierdurch mangels Per-

---

627 Vgl. BVerfGE 65, S. 1 – 75. Näher zur Entwicklung des Rechts auf informationelle Selbstbestimmung, siehe Kunig, Philip, Der Grundsatz informationeller Selbstbestimmung, Jura 1993, S. 595 ff.

628 Vgl. BVerfGE 65, 1, 43.

629 Vgl. BVerfGE 65, 1, 42.

630 Vgl. Schaffland/Wiltfang, BDSG, § 3, Rn.12.

631 Vgl. BVerfGE 65, 1, 45; Bäumler in Lisken/Denninger, HdbPolR, Kap. J, Rn. 20; Deutsch, Die heimliche Erhebung von Informationen und deren Aufbewahrung durch die Polizei, S. 73 f.

632 Vgl. Dammann in Simitis u.a., BDSG, § 3, Rn 2 ff; Gola/Schomerus, BDSG, § 3, Nr. 2.8; Schmitz in Hoeren/Sieber, Teil 16.4, Rn. 38.

sonenbezogenheit der Daten nicht das Recht auf informationelle Selbstbestimmung tangiert. Indem staatliche Stellen die Informationsangebote des Internet nutzen und einzelne Inhalte – gleich welcher Art – anlassunabhängig sichten, ist damit der Schutzbereich des Rechts auf informationelle Selbstbestimmung nach Art. 2 I GG i.V.m. Art. 1 I GG betroffen, soweit es sich dabei um personenbezogene Daten handelt. Dies ist jeweils im Einzelfall festzustellen.
In den Schutzbereich des Rechts auf informationelle Selbstbestimmung könnte durch anlassunabhängige Recherchen zur Sichtung öffentlicher Inhalte im Internet eingegriffen werden. Nach dem Volkszählungsurteil des Bundesverfassungsgerichtes liegt ein Eingriff in das Recht auf informationelle Selbstbestimmung in der „Erhebung, Speicherung, Verwendung und Weitergabe“[633] von (personenbezogenen) Daten. Damit ist ausschlaggebend, ob in derartigen behördlichen Sichtungen eine Erhebung von personenbezogenen Daten liegt.[634] Legt man die datenschutzrechtliche Definition für „Datenerhebung“ zu Grunde, so ist diese nach § 3 III BDSG als das „Beschaffen von Daten“ zu verstehen. Dieses sehr weite Verständnis umfasst dabei jede bewusste und gewünschte Wahrnehmung und Registrierung personenbezogener Daten in der Absicht, sie weiter zu verwenden.[635]
Natürlich ist bei der terminologischen Festlegung von Begriffen in verfassungsrechtlichen Kategorien zu beachten, dass bloße einfachgesetzliche Definitionen insoweit keine verbindlichen Begriffsgrenzen etablieren können. Das Verfassungsrecht geht dem einfachen Recht auch insoweit vor. Allerdings können einfachgesetzliche Definitionen herangezogen werden, um Begriffe - auch im verfassungsrechtlichen Kontext – zu veranschaulichen und damit letztendlich zu deren verfassungsrechtlicher Begriffsbestimmung beizutragen. Insofern ist, auch was die Definition des Begriffes der „Datenerhebung“ im verfassungsrechtlichen Zusammenhang anbetrifft, davon auszugehen, dass hiervon tatsächlich die, wie auch immer geartete, bewusste und gewollte Beschaffung von Daten mit dem Ziel deren weiterer Verwendung erfasst ist. Um eine darüber hinausgehende Ausuferung dieser Begrifflichkeit zu vermeiden, sollte als einschränkende Voraussetzung hinzugefügt werden, dass die Beschaffung der Daten auf einer bewussten Aktivität der erhebenden Stelle beruht, um die zufällige, beiläufige oder ohne eigens Zutun erlangte Wahrnehmung personenbezogener Daten aus dem Begriff der Datenerhebung herauszunehmen.[636]
Die Recherche in den frei zugänglichen Inhalten des Internet dient der Sammlung von Erkenntnissen. Hierbei werden somit Informationen über Inhalte im Internet beschafft. Diese Beschaffung von Informationen erfolgt auch durch Ak-

---

633 Vgl. BVerfGE 65, 1, 43. Dabei orientiert sich das Bundesverfassungsgericht wiederum an der Nomenklatur des Datenschutzrechtes. § 3 IV – VI BDSG gliedert diese Begriffe wie folgt auf: die Erhebung von Daten ist zu verstehen als das Beschaffen von Daten. „Verarbeiten“ umfasst hingegen das Speichern, Verändern, Übermitteln, Sperren und Löschen personenbezogener Daten. Die Nutzung von Daten ist insoweit nur ein Auffangbegriff für jede sonstige Verwendung.

634 Vgl. allgemein zur Problematik der Datenerhebung durch öffentlicher Stellen Kniesel, Zur Eingriffsqualität sicherheitsbehördlicher Datenerhebung, Die Polizei 1998, 374, 383; Rogall, Informationseingriff und Gesetzesvorbehalt im Strafprozeßrecht, S. 49-69 und S. 87-93.

635 Vgl. Bäumler, in Lisken/Denninger, HdbPolR, Kap. J, Rn. 73.

636 Vgl. Germann, Gefahrenabwehr und Strafverfolgung im Internet, S. 475, der sich insoweit auf die Gedanken von Dammann, in Simitis u.a., BDSG, § 3, Rn. 108, 110, 115 f beruft.

tivität der jeweils recherchierenden Stellen und nicht nur zufällig bei Gelegenheit. Insofern entspricht dieses Verhalten dem oben entwickelten Verständnis von Eingriffen in das Recht auf informationelle Selbstbestimmung.
Auch in diesem Zusammenhang ist entscheidend, dass die insoweit untersuchten Inhalte öffentlich und damit frei zugänglich für jedermann sind. Das Recht auf informationelle Selbstbestimmung gewährleistet eine Sphäre der Intimität.[637] Insoweit wird die Freiheit geschützt, über die Preisgabe und Verwendung personenbezogener Daten selbst zu entscheiden.[638] Mit dem öffentlichen Bereitstellen solcher Daten über das Internet gibt der Anbieter die Intimität der insoweit veröffentlichten Daten und damit auch die Entscheidungsgewalt über diese auf.
Dies kommt einer Art Grundrechtsverzicht nahe. Ein solcher ist immer dort möglich, wo ein Grundrecht vornehmlich der persönlichen Entfaltungsfreiheit dient.[639] Das Recht auf informationelle Selbstbestimmung schützt die freie Entfaltung der Persönlichkeit, in dem jeder selbst darüber bestimmen kann, welche Informationen er über sich an wen preisgibt. Bietet jemand solche Informationen der Öffentlichkeit an, so verzichtet er hiermit konkludent auf den durch das Recht auf informationelle Selbstbestimmung gewährten Schutz. Damit gestattet er – außer wenn sich aus dem speziellen Angebot etwas anderes ergibt – jedermann den Zugriff auf die bereitgehaltenen Informationen. Solange sich die Behörde bei ihren anlassunabhängigen Recherchen an etwaig bestehende Abrufvoraussetzungen des Anbieters von Inhalten hält, willigt dieser damit auch in den behördlichen Abruf zu Ermittlungszwecken ein.[640] Daran ändert sich auch nicht, wenn eine Behörde verdeckt anlassunabhängige Recherchen in Inhalten vornimmt, bei denen es auf die Identität des Nutzers ankommt, z. B. indem sie unter einem Pseudonym auf das Angebot zugreift. Das Verschweigen der Tatsache, dass es sich bei der Nutzung eines solchen Inhaltes um eine behördliche Recherche im Rahmen einer Kontrolle von Inhalten handelt, allein ist nicht geeignet, einen Eingriff in das Recht auf informationelle Selbstbestimmung zu begründen. Hierdurch wird die Grenze zwischen überschaubaren und nicht mehr überschaubaren Verwendungszwecken der betreffenden personenbezogenen Informationen nicht angetastet.[641] Mit der unbedingten Veröffentlichung von Inhalten gibt der Anbieter das Recht, ausschließlich über die Verwendung der Daten zu bestimmen, aus der Hand. Ob diese Daten sodann offen oder verdeckt durch staatliche Stellen gesichtet werden, ist insoweit unerheblich.

(f) Zwischenergebnis

Was die rechtliche Beurteilung der anlassunabhängigen Recherche in den öffentlichen Inhalten des Internet angeht, lässt sich damit festhalten, dass diese Tätigkeit keinen Eingriffscharakter gegenüber Grundrechten Dritter entfaltet. Letztendlich verhindert die Tatsache, dass die Anbieter von Inhalten diese uneingeschränkt der Öffentlichkeit zur Verfügung stellen, dass durch staatliche Recherchemaßnahmen in solchen Inhalten Grundrechte Privater verletzt werden.

---

637 Vgl. Kunig in v. Münch/Kunig, Art. 2, Rn. 32; Jarass in Jarass/Pieroth, Art. 2, Rn. 27; Schmidt-Glaeser in HdbStR VI, § 129, Rn. 27.
638 Vgl. BVerfGE 65, 1, 41 ff; 84, 192, 194.
639 Vgl. Pieroth/Schlink, Rn. 148.
640 Ebenso Bär, Wolfgang, Strafrechtliche Kontrolle in Datennetzen, MMR 1998, 463, 464.
641 Vgl. Germann, Gefahrenabwehr und Strafverfolgung im Internet, S. 521.

Hierfür ist es zudem unerheblich, ob etwaige Recherchen offen, d. h. unter der Angabe des tatsächlichen Nutzungshintergrundes oder verdeckt, d. h. unter Umständen unter falschem Namen geführt werden. Staatliche Stellen können damit, im Rahmen der ihnen durch Gesetz zugewiesenen Aufgabenbereiche, ohne das Erfordernis weiterer Befugnisnormen, in den öffentlich zugänglichen Diensten des Internet recherchieren.

(4) Verfassungsrechtliche Zulässigkeit der anlassunabhängigen Recherche in den **nicht** frei zugänglichen Inhalten des Internet

Zu untersuchen ist nun, ob sich an der rechtlichen Beurteilung der besprochenen Maßnahmen etwas ändert, soweit sie in nicht frei zugänglichen Informationen im und über das Internet durchgeführt werden.

(a) Verletzung des Brief-, Post- und Fernmeldegeheimnisses, Art. 10 I GG

Eine Verletzung des Art. 10 GG scheidet insofern aus. Wie bereits behandelt, umfasst der Schutzbereich des Art. 10 GG ausschließlich Vorgänge im Rahmen individueller Kommunikation. Zweifelhaft ist bei nichtöffentlichen Inhalten schon das Kriterium der Individualität. Solche Inhalte können Ausdruck einer individuellen Kommunikation sein. Dies ist der Fall, wenn die Nichtöffentlichkeit einzig dem Ausschluss unberechtigter Dritter von einem Kommunikationsvorgang dient, zu dem nur bestimmte Personen zugelassen sein sollen, wohingegen die Masse der im Internet kommunizierenden Nutzer hiervon ausgeschlossen bleibt. Insofern könnte eine Eröffnung des Schutzbereiches durch anlassunabhängige Recherchen in solchen nichtöffentlichen Kommunikationsinhalten in Betracht kommen. Das Fernmeldegeheimnis nach Art. 10 I GG erstreckt sich dabei auf den Inhalt, sowie auf die näheren Umstände der Telekommunikation.[642]

Allerdings weist das Fernmeldegeheimnis einen tatbestandlichen Bezug zum technischen Vorgang der Telekommunikation auf. Art. 10 I GG soll genau vor jenen „spezifischen Gefährdungslagen" schützen, die sich aus der Nutzung des Fernmeldetechnik selbst ergeben.[643] Damit beschränkt sich der Schutz des Art. 10 I GG einzig auf den technischen Vorgang der Telekommunikation selbst, und damit auf die *Übermittlungsphase*.[644] Die Übermittlungsphase ist derjenige Zeitabschnitt, der zwischen dem Absenden einer Nachricht und deren Eintritt in den Verfügungsbereich des gewünschten Empfängers liegt. Angesichts der Tatsache, dass Art. 10 I GG räumlich distanzierte Kommunikation umfassend schützt, fallen hierunter auch solche Inhalte, die im Rahmen der Übermittlung von A nach B bedingt durch die Technik des Internet kurzzeitig zwischengespeichert werden.[645] Die Übermittlungsphase endet erst, wenn die Nachricht ihren endgültigen Adressaten erreicht hat. Auch wenn diese Erkenntnisse im Wesentlichen für den Bereich traditioneller Kommunikationsmedien entwickelt wurden und hierbei

---

[642] Vgl. BVerfGE 67, 157, 172; 85, 386, 396 f; ebenso Hermes in Dreier, GG, Art. 10, Rn. 37.

[643] Vgl. Hermes, in Dreier, GG, Art. 10, Rn. 47; ähnlich hierzu BVerfGE 85, 386, 396.

[644] Vgl. Germann, Gefahrenabwehr und Strafverfolgung im Internet, S. 118 f; wohl ebenso Löwer, in v. Münch/Kunig, Art. 10, Rn. 22.

[645] Im eingangs vorgestellten Routing-Verfahren werden zu übermittelnde Inhalte für kurze Zeiträume auf den Routerrechnern zwischengespeichert, bis dieser die weitere Route errechnet hat.

insbesondere für das Telefon, so lassen sich diese ohne weiteres auf die digitalen Medien, wie das Internet übertragen. Der Einzelne soll davor geschützt werden, dass der Staat grundlos Möglichkeiten moderner Kommunikationssysteme nutzt, um vom Inhalt oder den näheren Umständen privater Kommunikation Kenntnis zu erlangen.
Soweit es um die Beurteilung von *Recherchen* im Internet geht, ist eine Verletzung des Art. 10 GG schon aus grammatischen Gründen auszuschließen. Inhaltliche Recherchen setzen das Ruhen der zu untersuchenden Daten, auf elektronischen Speichermedien voraus. Daten, die sich in der Übertragungsphase befinden können wegen der Geschwindigkeit dieser Übertragung nicht in Echtzeit gesichtet werden. Soweit solche „instabilen" Daten Gegenstand von behördlichen Sichtungen sind, wird von *Überwachung des Datenverkehrs* gesprochen. Diese beginnt erst, wenn Inhalte durch Nutzer abgerufen werden. Greifen staatlichen Stellen im Rahmen der genannten Recherchen auf derartige (ruhende) Inhalte zu, so geschieht das außerhalb jeder Übermittlungsphase. Damit ist der Schutzbereich des Art. 10 I GG durch Recherchen nicht eröffnet, auch soweit nichtöffentliche Inhalte Gegenstand der Sichtung sind. Auf die Verletzung des Art. 10 I GG durch behördliche Überwachung des Datenverkehrs, wird im Folgenden gesondert eingegangen.

(b) Verletzung der Meinungsfreiheit, Art. 5 I S. 1 HS 1 GG

Inhalte, die in den Diensten des Internet angeboten und nachgefragt werden, fallen unter den Schutzbereich des Art. 5 I S. 1 HS 1 GG, wenn und soweit sie Voraussetzung für die Bildung von Meinungen jeder Art sind, und nicht nur statistischer Art.[646] Der Schutzbereich des Art. 5 I S. 1 HS 1 GG ist damit auch für nicht frei zugängliche Inhalte im Internet eröffnet. Hinsichtlich des Eingriffs gilt hier das bereits oben, bei der Prüfung der Sichtung frei zugänglicher Inhalte, Gesagte. In der Sichtung von Inhalten im oder über das Internet wird die Meinungsäußerung nicht beeinträchtigt. Deswegen kommt insoweit auch hier kein Eingriff in Betracht. Im übrigen sei auf die Ausführungen im Rahmen der rechtlichen Beurteilung des Sichtens frei zugänglicher Inhalte verwiesen.

(c) Verletzung der Presse- und Rundfunkfreiheit, Art. 5 I S.1 HS 2 GG

Auch scheidet eine Verletzung der Rundfunk- und Pressefreiheit aus. Sollte durch derartige Maßnahmen überhaupt der Schutzbereich dieses Grundrechts betroffen sein, so liegt in der bloßen Sichtung durch staatliche Organe jedenfalls kein Eingriff. Auch das Zensurverbot des Art. 5 I S. 3 GG ist hier mangels einer Vorzensur nicht betroffen[647].

(d) Verletzung der Unverletzlichkeit der Wohnung, Art. 13 GG

Einer genaueren Betrachtung bedarf Art. 13 GG. Wie oben festgestellt, umfasst dessen Schutzbereich den elementaren privaten Lebensbereich und ist insoweit nicht streng auf den Begriff der „Wohnung" beschränkt. Ob der Schutzbereich des Art. 13 GG eröffnet ist, hängt zunächst davon ab, ob der Berechtigte den

---

[646] Insoweit sei hier auf die obige Prüfung einer Verletzung der Meinungsfreiheit verwiesen; vgl. im weiteren hierzu BVerfGE 61, 1, 8; 65, 1, 41; Hoffmann-Riem in AK, Art. 5, Rn. 21.
[647] Insoweit wird auf die Ausführungen zur Recherche in öffentlichen Inhalten verwiesen.

Schutz des Art. 13 GG auch will. Erst durch seine Widmung wird der Schutzbereich der Privatsphäre erst eröffnet.[648] Hieran fehlt es jedenfalls dann, wenn – wie oben besprochen – der Allgemeinheit freier Zugang gewährt wird. Wie weit der Schutzbereich des Art. 13 GG im Einzelnen zu fassen ist, hängt grundsätzlich von der Willensbetätigung des Nutzungsberechtigten ab. Dieser Willen muss dabei nicht ausdrücklich „erklärt" werden, er kann sich auch aus den näheren Umständen ergeben.[649] Die Tatsache, dass jemand Daten durch bestimmte Vorrichtungen der Kenntnisnahme der Öffentlichkeit entzieht, könnte als Äußerung dieses Willens gewertet werden. Rechtlich gesehen könnten solche Zugriffssperren der räumlichen „Umfriedung" einer Wohnung gleichzusetzen sein.[650] Wie schon festgestellt, schützt Art. 13 GG die spezifische Funktion der Wohnung als „elementarem Lebensraum", in den sich der Grundrechtsträger zurückziehen kann. Entscheidend für den Schutz nach Art. 13 GG ist somit die räumliche Abgrenzung nach Außen. Unter Umständen könnten Zugriffssperren und ähnliche Einrichtungen diese nach außen abgrenzende Funktion des Raumes ersetzen.
Die Eröffnung des Schutzbereiches von Art. 13 GG scheitert jedoch daran, dieser keine Anwendung auf Daten finden kann. Der Kerngehalt des Rechts auf Unverletzlichkeit der Wohnung geht zwar über den Begriff der „*Wohnung*" selbst hinaus, beschränkt sich aber dennoch auf den Schutz bestimmter *Räumlichkeiten*, in den sich Grundrechtsträger in ihre Privatheit zurückziehen können. Letztlich gründet dieses Grundrecht auf den althergebrachten Grundsätzen, die schon in der europäischen Antike der privaten Wohnung einen fast sakralen Status zusprachen.[651] Auch den Väter des Grundgesetzes ging es um den Schutz solchen Räumlichkeiten. Hieraus ergibt sich, dass Art. 13 GG keinen allgemeinen Schutz der Privatheit gewähren soll. Vielmehr schützt Art. 13 GG die Privatheit der Wohnung als „elementaren Lebens**raum**". Entscheidend ist somit, dass die Schutzfunktion des Art. 13 GG aus der Funktion des Raumes als Abgrenzung gegenüber der Außenwelt resultiert. Das Merkmal der Räumlichkeit ist somit notwendiger Bestandteil des Schutzbereiches des Art. 13 GG. Es käme einer übermäßigen Ausdehnung des Schutzbereiches des Art. 13 GG gleich, wenn auch Daten und Datenbanken im Internet in diesen mit einbezogen würden.[652] Damit kommt eine Anwendung des Art. 13 GG vorliegend nicht in Betracht. Demzufolge ergeben sich auch aus Art. 13 GG keine rechtlichen Grenzen für die behördliche Sichtung von gespeicherten nichtöffentlichen Daten über das Internet.

[648] Vgl. Kunig in v. Münch/Kunig, Art. 13, Rn. 10.
[649] Vgl. Kunig in v. Münch/Kunig, Art. 13, Rn. 10.
[650] Vgl. Germann, Gefahrenabwehr und Strafverfolgung im Internet, S. 541.
[651] Näher hierzu vgl. Kunig, in v. Münch/Kunig, Art. 13, Rn. 2, m.w.N..
[652] Vgl. Herdegen in BK, Art. 13, Rn. 42; Germann, Gefahrenabwehr und Strafverfolgung im Internet, S. 541.

(e) Verletzung des Rechts auf informationelle Selbstbestimmung, Art. 2 I GG i.V.m. Art. 1 I GG

Wie bereits oben angesprochen, gewährleistet dieses Recht „Befugnis des Einzelnen, grundsätzlich selbst über die Preisgabe und Verwendung seiner persönlichen Daten zu bestimmen“.[653] Der Schutzbereich des Rechts auf informationelle Selbstbestimmung ist auch bei Daten, die in den Diensten des Internet bereitgehalten werden betroffen, sofern diese personenbezogen im Sinne des § 3 I BDSG sind.[654] Weiterhin werden durch die Sichtung von nicht frei zugänglichen Inhalten, und deren inhaltlicher Kontrolle auch Daten erhoben im Sinne des § 3 III BDSG. Nach der Argumentation des Volkszählungsurteils liegt in der Erhebung personenbezogener Daten ein Eingriff in das Recht auf informationelle Selbstbestimmung.[655]

Entscheidend ist hierbei, dass diese Inhalte **nicht** frei zugänglich sind, wie dies bei den oben behandelten, öffentlichen Inhalten der Fall ist. Beschränkt-öffentliche sowie nichtöffentliche Inhalte zeichnen sich gerade dadurch aus, dass sie durch Zugangsbeschränkungen und –sperren nicht jedermann zugänglich sind. Greift der Staat nun unter Missachtung oder Überwindung derartiger Zugangssperren auf solche Inhalte zu, so wird dem Nutzungsberechtigten der Daten die Möglichkeit genommen, zu wissen, was seine soziale Umwelt – einschließlich staatlicher Organe – über ihn weiß.[656] Er verliert damit die Verfügungsgewalt über die Preisgabe und Verwendung seiner personenbezogener Daten.[657] Hierin liegt ein Eingriff in das Recht auf informationelle Selbstbestimmung. Ein derartiges staatliches Verhalten ist nur dann und soweit zulässig, soweit es verfassungsrechtlich gerechtfertigt ist. Diese Zulässigkeit kann sich nur aus grundrechtlichen Schranken ergeben. Zunächst müssen daher die Schranken des Rechts auf informationelle Selbstbestimmung geklärt werden. Wie sich aus Art. 2 I GG ergibt, unterliegt der Schutz der allgemeinen Handlungsfreiheit unter anderem deren Vereinbarkeit mit der verfassungsmäßigen Ordnung. Die verfassungsmäßige Ordnung umfasst dabei die Gesamtheit aller Rechtsnormen, soweit diese wiederum in Einklang mit der Verfassung stehen.[658] Nachdem das Recht auf informationelle Selbstbestimmung auch aus Art. 2 I GG abgeleitet wird, unterliegt es den gleichen Schranken, wie die allgemeine Handlungsfreiheit. Damit sind Eingriffe in dieses Recht durch oder aufgrund von Gesetzen möglich.

Für die Zulässigkeit von Maßnahmen zur Sichtung von nichtöffentlich gespeicherten Informationen über das Internet ist es somit erforderlich, dass diese auf gesetzlichen Befugnisnormen beruhen und diese selbst wiederum verfassungsgemäß sind. Im Folgenden sollen daher die wichtigsten Befugnisnormen vorge-

---

[653] Vgl. BVerfGE 65, 1, 43.

[654] Eine Verletzung des Rechts auf informationelle Selbstbestimmung kommt nur dann und insoweit in Frage, wenn es sich bei den jeweiligen Daten um **personenbezogene Daten** handelt. Weisen die Daten keinen Personenbezug auf, so scheidet auch eine Verletzung des Rechts auf informationelle Selbstbestimmung aus.

[655] Vgl. BVerfGE 65, 1, 43.

[656] Vgl. Germann, Gefahrenabwehr und Strafverfolgung im Internet, S. 469, mit Verweis auf BVerfGE 65, 1, 42f.

[657] Vgl. Lohse, S. 76.

[658] Vgl. BVerfGE 6, 32, 57 ff; 55, 159, 165; ebenso Kunig in v. Münch/Kunig, Art. 2, Rn. 22.

stellt werden, die staatliche Stellen zur Kontrolle von nichtöffentlichen Daten im oder über das Internet ermächtigen.

(aa) Befugnisse der allgemeinen Sicherheits- und Ordnungsbehörden

Die Befugnis staatlicher Stellen anlassunabhängig in den nichtöffentlichen Inhalten des Internet zu recherchieren, müsste sich aus dem allgemeinen Sicherheitsrecht ergeben. Weder für die anlassunabhängige Recherche in Datennetzen, noch für die Erhebung von (personenbezogenen) Daten im Allgemeinen, enthalten die landesrechtlichen Vorschriften des Sicherheitsrechts spezielle Befugnisse. Insofern kann und muss auf die Befugnis-Generalklausel zurückgegriffen werden. In dem hier beispielhaft behandelten Landesstrafrecht des Freistaates Bayern findet sich diese Generalklausel in Art. 7 II LStVG. Hierbei ist jedoch zu beachten, dass diese Norm das Bestehen einer hinreichend konkreten Gefahrenlage voraussetzt.[659] An einer solchen mangelt es aber gerade bei der anlaß- und damit verdachtsunabhängigen Sichtung von Inhalten in den Diensten des Internet. Damit kann diese Vorschrift vorliegend keine Anwendung finden. Damit steht den allgemeinen Sicherheitsbehörden nicht die Möglichkeit zur Verfügung, nichtöffentliche Inhalte in den Diensten des Internet zu sichten.

(bb) Befugnisse der Polizei

Allerdings könnte die Polizei Befugnisse zur anlassunabhängigen Recherche in nichtöffentlichen Inhalten in Datennetzen besitzen. So könnten Normen des Strafprozessrechtes in Betracht kommen. So enthalten beispielsweise die §§ 100a ff StPO umfangreiche Befugnisnormen zur Überwachung der Telekommunikation. Allerdings ist hierbei zu beachten, dass diese nur insoweit in Betracht kommen, als bereits ein Ermittlungsverfahren eingeleitet ist, in dessen Rahmen die entsprechenden Maßnahmen zu Fahndungszwecken eingesetzt werden.[660] Nur bei repressivem staatlichen Verhalten kann auf die Vorschriften der StPO zurückgegriffen werden. Die anlassunabhängige Recherche dient, wie festgestellt, allein der Gefahren- und Kriminalprävention. Bei solchen präventiven Kontrollaktivitäten[661] können die Befugnisnormen der StPO daher nicht herangezogen werden.

Für Maßnahmen im Bereich der Kriminal- und Gefahrprävention sind vielmehr die Vorschriften der Polizeiaufgabengesetze der Länder einschlägig. Recherchen in den Diensten des Internet stellen – wie oben erläutert – Datenerhebungen dar. Für die präventiv-polizeiliche Datenerhebung enthalten die Polizeiaufgabengesetze der Länder spezifische Regelungen.[662] Insbesondere Art. 31 I PAG gestattet die Erhebung von Daten durch Organe der Polizei. Im Einzelnen ist die Erhebung von personenbezogenen Daten nach Art. 31 I Nr. 1 PAG zur Gefahrenabwehr, insbesondere zur vorbeugenden Bekämpfung von Straftaten zulässig.

Zum Teil wird vorgebracht, die polizeirechtlichen Befugnisse zur Datenerhebung müssten vorliegend schon deswegen außer Betracht bleiben, weil diese stets nur für den Einzelfall gelten, im Rahmen der polizeilichen Verdachtssuche

---

[659] Vgl. Bengl/Berner/Emmerig, Art. 7, Rn. 4; Gallwas/Mößle, Rn. 309 ff, 317.

[660] Vgl. v. Bonin, Die Kontrolle digitaler Kommunikationsinhalte, S. 172.

[661] Vgl. Kahlweit, Cathrin, Surfin´ BKA, in SZ vom 17.12.1998, S. 19.

[662] Im Folgenden wird, stellvertretend für andere Polizeiaufgabengesetze, das PAG des Freistaates Bayern Gegenstand der Untersuchung sein.

im Internet jedoch von einer flächendeckenden Identifikationsaktivität – insbesondere durch die Verwendung maschineller Untersuchungsmethoden - ausgegangen werden müsse.[663] Dem kann, was die Sichtung frei zugänglicher Inhalte angeht, bedingt gefolgt werden. Vorliegend geht es jedoch um die Sichtung nichtöffentlicher Inhalte. In diesem Bereich scheidet eine Verwendung von maschinellen Verfahren weitestgehend aus, da jeweils hinsichtlich der konkreten Zugangssperre differenziert werden muss, die es zu überwinden gilt. Damit kommt eine flächendeckende Identifikation von Inhalten zum Beispiel durch automatisierte Verfahren in den nichtöffentlichen Inhalten des Internet insoweit nicht in Betracht. Derartige Recherchen werden vielmehr jeweils im Einzelfall durchgeführt. Demnach kommt Art. 31 I Nr. 1 PAG als Befugnisnorm für Recherchen im Internet zumindest in Betracht.

Zweifelhaft ist allerdings, ob Art. 31 I Nr. 1 PAG die Polizei auch dazu befugt, anlassunabhängig in nichtöffentlichen Inhalten im Internet zu recherchieren. Zunächst ergibt der Wortlaut der Vorschrift, dass es insoweit um die Gefahrenabwehr, bzw. die vorbeugende Bekämpfung von Straftaten geht. Gerade aus „Gefahrenabwehr", sowie aus der Verknüpfung mit Art. 2 I PAG ergibt sich, dass insoweit keine konkrete Gefahr im Einzelfall bestehen muss, vielmehr ist auch die Bekämpfung abstrakter Gefahren erfasst.[664] Zum Teil bestehen gerade deswegen verfassungsrechtliche Bedenken gegenüber dieser Generalklausel zur polizeilichen Datenerhebung, weil diese nicht das Erfordernis einer konkreten Gefahrenlage voraussetzt.[665] Dadurch würde die Datenerhebung entgegen den Vorgaben des Volkszählungsurteils ausufern. Und tatsächlich birgt der Verzicht auf das Vorliegen einer konkreten Gefahr für die Befugnis zur Datenerhebung das Risiko, dass die Polizei sämtliche abstrakt gefährliche Lebenssachverhalte dazu ausnutzt, um (personenbezogene) Daten über Bürger zu sammeln.

Dem ist jedoch entgegen zu halten, dass die Datenerhebung nach Art. 31 I PAG unter der Bedingung der *Erforderlichkeit* steht. Durch dieses Kriterium werden polizeiliche Organe angehalten, planmäßig, nachvollziehbar, auf kriminalistisches Erfahrungswissen aufbauend und vor allem möglichst schonend für die Betroffenen vorzugehen.[666] Damit wird eine willkürliche Generalausforschung „ins Blaue hinein" im Einzelfall verhindert. Die verfassungsrechtlichen Bedenken gegenüber dieser polizeirechtlichen Datenerhebungs-Generalklausel sind damit unbegründet. Zu diesem Ergebnis kommt letztlich auch der BayVerfGH.[667]

Für die anlassunabhängige Recherche im Internet bedeutet dies, dass zunächst eine zumindest abstrakte Gefahr im Sinne des Art. 31 I Nr. 1 PAG vorliegen muss und zudem noch die Recherchemaßnahmen erforderlich sein müssen. Bei anlassunabhängigen Recherchen ist schon am Vorliegen einer abstrakten Gefahrenlage zu zweifeln. Aus der Tatsache allein, dass Inhalte, die Gegenstand der

[663] Vgl. v. Bonin, Die Kontrolle digitaler Kommunikationsinhalte, S. 172 f.
[664] Vgl. Berner/Köhler, PAG, Art. 31, Rn. 3; ebenso BayVerfGH in BayVBl. 1995, 143, 144; kritisch hierzu Schoreit in DRiZ 1991, 320, 324 f.
[665] Vgl. Denninger in Lisken/Denninger, HdbPolR, Kap. E, Rn. 163 f; ähnlich insoweit Kniesel/Fahle, Polizeiliche Informationsverarbeitung und Datenschutz im künftigen Polizeirecht, Rn. 47.
[666] Vgl. Germann, Gefahrenabwehr und Strafverfolgung im Internet, S. 507.
[667] Vgl. BayVBl. 1995, 143, 144 f.

Recherche sind, im Internet angeboten werden, ergibt sich aber noch keine abstrakte Gefahr. Dies wäre allenfalls dann anzunehmen, wenn im Internet im Wesentlichen nur rechtswidrige Inhalte vorzufinden wären, die eine Gefahr für die öffentliche Sicherheit und Ordnung darstellen. Wie eingangs erwähnt, wird der Anteil tatsächlich rechtswidriger Inhalte im Internet auf allenfalls 1% geschätzt. Jedenfalls aber dürfte es die Grenzen der Erforderlichkeit im Sinne des Art. 31 I Nr. 1 PAG sprengen, wenn Polizeiorgane, ohne auch nur Anhaltspunkte für eine Straftat oder entsprechende Inhalte zu besitzen, in nichtöffentliche Bereiche eindringen, um die dort bereitgehaltenen Inhalte zu überprüfen.
Festzuhalten bleibt somit, dass die Polizei damit grundsätzlich über keine Befugnisse zur anlassunabhängigen Recherche in nichtöffentlichen Inhalten in den Diensten des Internet verfügt. Eine Befugnis zur Datenerhebung und damit auch zur Recherche in nichtöffentlichen Inhalten im Internet kann sich aber aus Art. 31 I Nr. 1 PAG ergeben, wenn und soweit nähere Anhaltspunkte dafür finden, dass in den durchsuchten Bereichen mit rechtswidrigen Inhalten oder Hinweisen auf sonstige Straftaten zu rechnen ist, und die Datenerhebung im Einzelfall erforderlich ist. Ansonsten ist die Polizei auf Recherchen in den öffentlichen Inhalten im Internet beschränkt, die wie oben erläutert, keinen Rechtseingriff beinhalten und daher auch keiner besonderen Befugnis bedürfen.

(cc) Befugnisse des Bundeskriminalamtes

Auch das Bundeskriminalamt (BKA) verfügt über Befugnisse zur Datenerhebung. Aus dem BKA-Gesetz (BKAG)ergeben sich eingehende Befugnisse, was die Verarbeitung (personenbezogener) Daten angeht.[668] Hierbei ist insbesondere § 7 I BKAG zu nennen. Dieser enthält die Generalbefugnisklausel für die Zentralstelle BKA für die drei Phasen der Datenverarbeitung (Speichern, Verändern und Nutzung der Daten).[669]
Was das Erheben von Daten im Sinne des § 3 III BDSG anbelangt, so ergibt sich aus dem Wortlaut des § 7 I BKAG hierfür keine Befugnis. Dennoch wird diese Norm so verstanden, dass hierdurch auch die Befugnis erteilt wird, allgemein zugängliche Daten (z. B. aus Zeitungen, Zeitschriften und sonstigen frei zugänglichen Medien) zu erheben und zu speichern, sofern hierin überhaupt ein Rechtseingriff (s.o.) anzunehmen ist.[670] Daraus ergibt sich somit, dass das BKA über eine Befugnis zur Erhebung auch von personenbezogenen Daten verfügt, soweit diese Erhebung in frei zugänglichen Quellen erfolgt. Zu diesen Quellen zählt auch das Internet. Damit stellt diese Regelung die Rechtsgrundlage für die anlassunabhängigen Recherchen der speziell hierfür eingerichteten BKA-Abteilung ZaRD.[671] Allerdings ist zu beachten, dass diese Recherchen auf den Bereich der frei zugänglichen Angebote beschränkt sind.
Vorliegend geht es um die Recherchen in den nicht frei zugänglichen Inhalten des Internet. Hierfür ist eine andere Befugnisnorm erforderlich. In Betracht kommen könnte insoweit § 7 II BKAG. Danach kann das BKA im Rahmen seiner Aufgabenstellung nach § 2 II Nr. 1 BKAG Daten erheben, zur Ergänzung

[668] Vgl. insoweit nur die Vorschriften der §§ 7 – 15, 27 – 34 BKAG.
[669] Vgl. Ahlf/Daub/Lersch/Störzer, BKAG, § 7, Rn. 2.
[670] Vgl. Ahlf/Daub/Lersch/Störzer, BKAG, § 7, Rn. 6.
[671] Vgl. insoweit oben, die Entwicklung der anlassunabhängigen Recherche in Datennetzen in Deutschland.

vorhandener Sachverhalte oder zu sonstigen Zwecken der Auswertung. Allerdings betrifft diese Befugnis ausschließlich die ergänzende Informationsbeschaffung, d. h. zum ergänzungsbedürftigen Sachverhalt müssen beim BKA bereits Informationen vorliegen.[672] Für die aktive Informationsbeschaffung im Sinne einer neuen, anlassunabhängigen Verdachtssuche reicht diese Befugnis nicht aus. Zudem ist die Datenerhebung im Sinne des § 7 II BKAG auf bestimmte Quellen beschränkt. So werden hier ausdrücklich nur Auskunftsverlangen oder Anfragen gegenüber den Polizeien des Bundes und der Länder, sowie ausländischen Behörden oder internationalen Organisationen genannt.
Derzeit verfügt das Bundeskriminalamt damit nicht über die Befugnis, in nichtöffentlichen Inhalten in den Diensten des Internet nach bestimmten rechtswidrigen Inhalten zu recherchieren. Die Befugnis des § 7 I BKAG reicht nur soweit, wie öffentlich zugängliche Inhalte Gegenstand der Untersuchung sind. Jedoch ist gerade in der letzten Zeit Bewegung in die Frage der Befugnisse der Sicherheitsbehörden, und damit auch des Bundeskriminalamtes gekommen. Nach den verheerenden Terroranschlägen in New York und Washington vom 11. 9. 2001 wurde die Bundesregierung tätig, um die Voraussetzungen für die Terrorismusbekämpfung in der Bundesrepublik zu verbessern. Ergebnis der Anstrengungen waren zwei Maßnahmenkataloge (die sogenannten Anti-Terror-Pakete I und II), die der Bundesinnenminister in das Parlament einbrachte. Insbesondere der zweite Maßnahmenkatalog beinhaltet Veränderungen in den Kompetenzen der Sicherheitsbehörden.[673] Noch ist das Gesetzgebungsverfahren hinsichtlich dieses Terrorismusbekämpfungsgesetzes nicht abgeschlossen. Sollte der Entwurf aber in seiner derzeitigen Form verabschiedet werden, so hätte dies eine Ausweitung der Kompetenzen des Bundeskriminalamtes zur folge. Im Gesetzentwurf ist vorgesehen, dass das BKA die originäre Ermittlungskompetenz für bestimmte schwere Erscheinungsformen von Datennetzkriminalität erhält.[674] So soll in § 4 I BKAG nach der Nr. 4 eine Nr. 5 eingefügt werden, die dem BKA die originäre Strafverfolgungskompetenz für Fälle des § 303 b StGB einräumt, soweit besondere Anhaltspunkte hinzukommen.[675] § 7 II BKAG wird dahingehend erweitert, dass das BKA ergänzende Informationen erheben kann, ohne vorher die Datenbestände der Polizeien der Länder und des Bundes im jeweiligen Sachverhalt untersuchen zu müssen. Damit wird die (ergänzende) Informationsbeschaffung für das BKA wesentlich vereinfacht und beschleunigt.[676] Was die Befugnisse des Bundeskriminalamtes anbelangt, unabhängig von bereits bekannten Sachverhalten anlassunabhängige Recherche in nichtöffentlichen Datennetzen durchzuführen, so ergeben sich aus dem Gesetzentwurf, wie er derzeit in der Diskussion steht, keine Veränderungen. Insofern bleibt es demnach wohl bei den Befugnissen, wie sie oben dargestellt wurden.

---

[672] Vgl. Ahlf/Daub/Lersch/Störzer, BKAG, § 7, Rn. 7.
[673] Der Gesetzentwurf dieses Terrorismusbekämpfungsgesetzes stammt vom 8. 11. 2001 und befindet sich derzeit noch im parlamentarischen Verfahren, vgl. BT-Drucksache 14/7386, S. 1 ff.
[674] Vgl. insofern auch die Pressemitteilung des Bundesinnenministers zum Sicherheitspaket II, abrufbar unter http://WWW.bmi.bund.de/dokumente/Pressemitteilung/ix_61828.htm.
[675] Vgl. BT-Drucksache 14/7386, S. 8.
[676] Vgl. Begründung zum Entwurf eines Terrorismusbekämpfungsgesetzes, BT-Drucksache 14/7386, S. 35, 52.

(dd) Befugnisse der Nachrichtendienste und des Verfassungsschutzes

Weiterhin haben die Geheimdienste der Bundesrepublik, d. h. der Bundesnachrichtendienst (BND), der Militärische Abschirmdienst (MAD), das Bundesamt für Verfassungsschutz, wie auch die Landesämter für Verfassungsschutz, Befugnisse für die Erhebung auch personenbezogener Daten.[677] Im Folgenden wird im Wesentlichen auf die Befugnisse des Bundesamtes für Verfassungsschutz eingegangen, da sich die Befugnisse von MAD und BND weitestgehend daran orientieren.

Nach § 8 I BVerfSchG hat das Bundesamt für Verfassungsschutz die Befugnis, personenbezogene Daten, die zur Erfüllung seiner Aufgaben erforderlich sind zu erheben und zu verarbeiten. Hiervon ist jedenfalls die Informationsbeschaffung in den freizugänglichen Medien und damit auch in den freizugänglichen Diensten des Internet erfasst. Fraglich ist, ob auch eine Befugnis für die Erhebung von Daten in nichtöffentlichen Inhalten im Internet besteht. Hierbei ist zu beachten, dass § 8 III BVerfSchG ausdrücklich klarstellt, dass dem Verfassungsschutz keine polizeilichen Befugnisse erteilt werden.[678] Dies hat zur Folge, dass der Verfassungsschutz keine klassischen polizeilichen Maßnahmen durchführen kann, die Zwangswirkung gegenüber dem Betroffenen besitzen. Allerdings kommt insoweit eine heimliche Informationsbeschaffung im Sinne des § 8 II i. V. m. § 9 BVerfSchG in Betracht. Wenn heimlich über das Internet auf nichtöffentliche Inhalte zugegriffen wird, so liegt darin keine Zwangsgewalt. Vielmehr stellt dies einen rein faktischen Eingriff in die Geheimsphäre des Betroffenen dar.[679] Über diese Regelung verfügen die Geheimdienste die Befugnis auch nichtöffentliche Inhalte im Internet zu sichten. Allerdings gilt dies nur im Rahmen ihrer jeweiligen Aufgabenbereiche. Zu beachten ist zudem, dass das Prinzip der Verhältnismäßigkeit hierbei besondere Bedeutung erfährt. So wird in § 8 V BVerfSchG nachdrücklich die Verhältnismäßigkeit entsprechender Maßnahmen angemahnt.[680] Hierdurch wird ein willkürliches Ausforschen ins Blaue hinein verhindert. Maßnahmen zur heimlichen Informationsbeschaffung dürfen nur und soweit gebraucht werden, sofern keine anderen Möglichkeiten zur Verfügung stehen.

Auch die Kompetenzen der Geheimdienste werden durch die Regelungen im neuen Terrorismusbekämpfungsgesetz betroffen. Zunächst werden die Aufgabenbereiche der Dienste ausgeweitet.[681] Das Bundesamt für Verfassungsschutz ist künftig auch für die Sammlung und Auswertung von Informationen über Bestrebungen zuständig, die sich gegen die Völkerverständigung und das friedliche Zusammenleben der Völker richten. Gleiches gilt für das MADG, soweit Angehörige des Geschäftsbereichs des Bundesministeriums der Verteidigung betroffen sind. Darüber hinaus ist insbesondere eine Stärkung der Auskunftsrechte der Geheimdienste vorgesehen. Das Bundesamt für Verfassungsschutz, sowie der BND werden in diesem Gesetz dazu berechtigt, unter bestimmten Voraussetzungen bei Kreditinstituten, Finanzdienstleistungsunternehmen und Finanzun-

---

[677] Insofern sei auf die einschlägigen Normen der § 8 I BVerfSchG, § 4 I MADG, sowie § 2 I BNDG verwiesen.

[678] Die entsprechenden Regelungen finden sich auch in § 4 II MADG, § 2 III BNDG.

[679] Vgl. Germann, Gefahrenabwehr und Strafverfolgung im Internet, S. 548.

[680] Entsprechend hierzu § 5 MADG, § 3 BNDG.

[681] Vgl. BT-Drucksache 14/7386, S. 3, 4 f, .

ternehmen, bei Luftfahrtunternehmen sowie bei Unternehmen, die geschäftsmäßig Telekommunikationsdienste und Teledienste erbringen, Auskünfte einzuholen. Allerdings beschränken sich diese Auskunftsrechte gegenüber den Erbringern von Telediensten auf reine Verbindungs- und Nutzungsdaten. Auskünfte über die Inhalte der Teledienstleistungen sind hiervon nicht erfasst. Dennoch beinhaltet diese Regelung eine deutliche Stärkung der Sicherheitsbehörden. Anhand der Verbindungsdaten ist nachvollziehbar, welcher Nutzer wie lange in welchen Angeboten des Internet online war. Auf derartige Informationen sind auch die Geheimdienste im Rahmen ihrer präventiven Funktionen dringend angewiesen.[682]

(ee) Befugnisse der nach § 18 MDStV zuständigen Behörden

Aus § 18 I MDStV ergibt sich, dass die, in den Ländern für den gesetzlichen Jugendschutz zuständige Behörden, die Einhaltung der Bestimmungen nach § 8 und § 9 I MDStV überwachen. Eine Befugnis zu verdachtsunabhängigen Identifizierungsmaßnahmen kann hieraus nicht gefolgert werden.[683] Jedenfalls kann diese Regelung keine Grundrechtseingriffe im Rahmen der Sichtung von nichtöffentlichen Informationsquellen im Internet rechtfertigen. Nach Wortlaut, Sinn und Zweck dieser Regelung beinhaltet sie vielmehr eine allgemeine Aufgabennorm.[684] Befugnisse ergeben sich erst aus § 18 II MDStV. Diese umfassen jedoch lediglich Maßnahmen, die nach der erfolgreichen Identifikation von rechtswidrigen Inhalten in Betracht kommen. Jedenfalls sind die Aufsichtsbehörden hierdurch nicht verpflichtet, eine „generelle und lückenlose Überwachung“ aller Inhalte vorzunehmen.[685] Was die Identifikation von Inhalten selbst betrifft, so enthält auch der Mediendienstestaatsvertrag somit keine Befugnisse.

(f) Zwischenergebnis

Was die verdachtsunabhängige behördliche Sichtung nichtöffentlicher Inhalte in den Diensten des Internet anbetrifft, lässt sich demnach folgendes feststellen: In derartigen Maßnahmen liegt ein Eingriff in das Recht auf informationelle Selbstbestimmung nach Art. 1 I GG und Art. 2 I GG. Dieser Eingriff ist jedoch gerechtfertigt, wenn und soweit derartige Maßnahmen von Polizeibehörden im Rahmen deren Aufgabe zur Gefahren- und Kriminalprävention vorgenommen werden. Weiterhin können auch die Nachrichtendienste solche Maßnahmen vornehmen, soweit dies in der Erfüllung der ihnen per Gesetz zugewiesenen Aufgaben geschieht.

Hingegen sind derartige Sichtungen durch das Bundeskriminalamt nicht verfassungsrechtlich gerechtfertigt und damit unzulässig, soweit es um die verdachtsunabhängige Präventivsichtung von Inhalten geht. Aus dem allgemeinen Sicherheitsrecht, sowie dem sonstigen Recht ergeben sich diesbezüglich ebenso keine weiteren Befugnisse.

---

[682] Vgl. insofern auch die Pressemitteilung des Bundesinnenministers zum Sicherheitspaket II, abrufbar unter http://www.bmi.bund.de/dokumente/Pressemitteilung/ix_61828.htm.

[683] Ebenso v. Bonin, Die Kontrolle digitaler Kommunikationsinhalte, S. 172.

[684] Vgl. Vesting in Roßnagel, MDStV, § 18, Rn. 20.

[685] Vgl. Vesting in Roßnagel, MDStV, § 18, Rn. 29.

b) Die präventiv-motivierte, anlassunabhängige Überwachung der Internetkommunikation

Die oben behandelte Überprüfung von statischen Inhalten auf Speichermedien kann ein Teil einer effektiven Identifizierungsstrategie sein. Zu beachten ist aber, dass zu jeder Tages- und Nachtzeit erhebliche Datenvolumina durch das Internet übertragen werden, ohne dabei jemals eine längerfristige Zwischen- oder Endspeicherung auf Speichermedien zu erfahren (abgesehen vom eingangs erwähnten, flüchtigen Proxy-Caching). Eine Identifizierungsstrategie kann somit nur dann hinreichend effektiv sein, wenn auch diese Daten, die sich sozusagen in der Übermittlungsphase von A nach B befinden, Gegenstand von Identifizierungsverfahren sind. Derartige Systeme sind bereits im Einsatz. Im Folgenden soll ein Überblick über diejenigen Überwachungssysteme gegeben werden, die derzeit bekannt sind, und anlassunabhängig, d.h. ungezielt arbeiten.

aa) Darstellung dieser Maßnahme

Eine ungezielte Kontrolle von Telekommunikationsinhalten zeichnet sich dadurch aus, dass sie nicht auf bestimmte Einzelpersonen gerichtet ist, sondern vielmehr flächendeckend erfolgt. Diese Art der Überwachung wird anschaulich auch als „elektronischer Staubsauger" bezeichnet.[686] Dabei fehlt diesem „Staubsauger" freilich der Beutel, da er die Kommunikation nur kontrolliert, sie aber nicht aufhält. Kommunikationsinhalte werden durch derartige Systeme sozusagen „durchkämmt". Regelmäßig werden derartige Maßnahmen „strategische Kontrollen"[687] oder „strategischen Fernmeldekontrollen"[688] genannt.
Der Bundesnachrichtendienst betreibt derartige strategische Kontrollen seit längerer Zeit. Dessen Empfangsanlagen sind dabei so ausgelegt, dass sie täglich ca. 100.000 Telekommunikationsvorgänge erfassen können.[689] Von diesen 100.000 Vorgängen werden ca. 750 von oder nach Deutschland geführt. Die insoweit mitgeschnittenen Inhalte werden anhand von Listen mit Suchbegriffen (Reizwortlisten) überprüft. Etwa 40 der so überprüften Telekommunikationsvorgänge enthalten Begriffe, die mit solchen aus den Suchlisten übereinstimmen. Mitarbeiter prüfen diese sodann inhaltlich und rechtlich. Als Ergebnis dieser Überprüfung bleiben im Schnitt etwa 3 Vorgänge übrig, die sodann der weiteren Auswertung zugeführt werden. Da aber im Internet nicht jede Kommunikation in Form von Sprache oder Texteingabe geführt wird, kommen neben derartigen Reizwortanalysen aber auch Prüfsummenvergleiche, insbesondere bei der Kontrolle von Bild- und Videodateien in Betracht.
Aus der Architektur des Internet und seinen technischen Parametern – insbesondere des Routingverfahrens – ergibt sich, dass eine möglichst umfassende Kontrolle des Datenverkehrs im Internet nicht an beliebigen Punkten im Internet stattfinden kann. Für eine Kontrolle des Datenverkehrs im Internet bieten sich hauptsächlich die großen (Knoten-)Punkten an, die von der Telekommunikation

[686] Vgl. Germann, Gefahrenabwehr und Strafverfolgung im Internet, S. 280.
[687] Vgl. Arndt, Die Fernmeldekontrolle im Verbrechensbekämpfungsgesetz, NJW 1995, 169; ebenso das Bundesverfassungsgericht in BVerfGE 100, 313, 316.
[688] Vgl. Strategische Fernmeldekontrolle im internationalen Bereich, ZFIS 1998, 215.
[689] Vgl. hierzu die Angaben über die Überwachungsfähigkeiten des BND im Gesetzentwurf zum neuen Gesetz über die Beschränkung des Brief-, Post und Fernmeldegeheimnisses, BT-Drucksache 14/5655, S. 18.

vieler Teilnehmer passiert werden.[690] Als solche kommen die großen Backbones – die leistungsfähigen Hauptverbindungen des Internet – besonders frequentierte Server, oder einfach die Server der großen Access- und Service-Provider in Betracht. Je mehr Datenpakete der einzelnen Kommunikationsverbindungen über einen solchen Server laufen, um so vollständiger kann die Übermittlung kontrolliert werden.
Insbesondere in Hinblick auf eine Identifikation von problematischen Inhalten in den Diensten des Internet sind auch solche Kontrollen des Datenverkehrs nötig. Manche, der über das Internet übermittelten Inhalte, sind nur sehr zeitnah zu kontrollieren.[691] In diesen Fällen versagen die Kontrollmaßnahmen für auf Server gespeicherten Daten unter Umständen. In anderen Fällen entziehen sich Daten nach der Übermittlung einer Online-Untersuchung durch staatliche Stellen dadurch, dass die Netzverbindung zum Internet getrennt wird. Insbesondere private Internet-Teilnehmer nutzen für ihre Kommunikation Systeme wie „Internet-by-call", bei denen sie immer nur für kurze Zeit mit dem Datennetz verbunden sind. Diese Teilnehmer könnten, was die von ihnen gesendeten und angeforderten Inhalte angeht, nach obigen Möglichkeiten nur solange kontrolliert werden, solange die Verbindung zum Internet fortbesteht. Wird diese unmittelbar nach dem Übertragungsvorgang abgebrochen, so würde eine Kontrolle der soeben übermittelten Inhalte gänzlich ausscheiden. Jedenfalls ist festzustellen, dass es im Sinne einer effektiven Inhaltsregulierung im Internet liegt, auch und gerade solche Inhalte zu kontrollieren, die gerade von einem Punkt zum nächsten über das Internet vermittelt werden.
Ziel der staatlichen Überwachung der Datenübertragungen im Internet sind damit insbesondere auch die „Echtzeit"-Kommunikationsdienste, wie E-Mail oder IRC, wie auch die Videokonferenzdienste. Daneben ist eine Kontrolle der Datenübertragung aber auch bei allen anderen Diensten, also etwa dem WWW oder dem FTP denkbar und möglich.

bb) Unterstützung durch automatisierte Verfahren

Angesichts des Datenvolumens und der Geschwindigkeit, mit der Daten über das Internet versandt werden stellt sich bei der Überwachung des Internet-Datenverkehrs zwangsläufig die Frage nach der Unterstützung durch technisch-automatisierte Verfahren. Immerhin werden tagtäglich so enorme Datenmengen über das Internet übertragen, dass eine manuelle Kontrolle einzelner Kommunikationsinhalte nahezu gänzlich ausscheidet. Wenn überhaupt, so kann nur mit Hilfe von leistungsfähigen Technologien eine inhaltliche Kontrolle des Datenverkehrs implementiert werden. Ähnlich den im Rahmen der automatisierten Durchsuchung von Web-Seiten besprochenen Crawler-Programmen sind auch hier reizwortabhängige Kontrollprogramme denkbar. Falls eine bestimmte Datenübermittlung von A nach B ein Reizwort enthält, müssten entsprechende Programme diese aufzeichnen und einer detaillierteren Auswertung zuführen.

---

690 Vgl. Germann, Gefahrenabwehr und Strafverfolgung im Internet, S. 279 f.

691 So verhält es sich beispielsweise mit Daten in den Kommunikationsdiensten des Internet, wie dem IRC oder Audio- und Videokonferenzen.

Solche Systeme werden bereits im internationalen Telefonverkehr zur Überwachung durch die Nachrichtendienste eingesetzt.[692]

(1) Abhörsysteme im weltweiten Datenverkehr

Was staatliche Abhörsysteme im weltweiten Datenverkehr anbelangt, so hat in jüngerer Zeit insbesondere das Projekt „Echelon“ einen erheblichen Bekanntheitsgrad erlangt. Dies ist ein technisches System zur Überwachung der weltweiten Kommunikation. Das Abhörsystem basiert auf der "UKUSA-Vereinbarung"[693] von 1947, die britische und US-amerikanische Abhörsysteme, Personal und Stationen vereinte. Schon bald schlossen sich die Netzwerke der drei britischen Commonwealth-Länder Kanada, Australien und Neuseeland an. Später unterzeichneten andere Länder, darunter Norwegen, Dänemark, Deutschland und die Türkei geheime Abhörabkommen mit den USA und wurden so zu Drittländer-Beteiligten im UKUSA-Netzwerk.[694]
Die Existenz dieses Systems wurde von amerikanischer Seite erstmals 1995 bestätigt. [695]Die Arbeitsweise von Echelon lässt sich mit der einer Suchmaschine im Internet vergleichen. Gigantische Computer untersuchen Faxe und E-Mails, aber auch Telefonate ("Inputs") nach vorher eingespeisten Schlüsselwörtern.[696] Jede Information, egal ob in Form von Text- oder Sprachdaten, kann damit Gegenstand der Kontrolle durch dieses System sein.
Der Erfolg derartiger Systeme – nicht nur im Internet - ist indes umstritten.[697] Genaue Fakten zu den Ermittlungsergebnissen, die mit solchen Programmen erzielt werden, sind nicht erhältlich. Was die Abhörkapazitäten des „Echelon“-Projektes anbetrifft, so gehen die Aussagen auseinander. Sicher ist nur, dass jedenfalls ein nicht unerheblicher Teil der weltweiten Telefon- und Internet-Kommunikation hiervon betroffen ist.[698]

---

[692] Vgl. Germann, Gefahrenabwehr und Strafverfolgung im Internet, S. 280. Zum Erfolg derartiger Systeme gibt es unterschiedliche Einschätzungen. Leyendecker bestreitet diesen weitgehend, Lauschangriff auf den Wortmüll – BND zeichnet Telefon- und Faxverkehr auf, in: Süddeutsche Zeitung vom 18.8.1998. Dagegen bescheinigt der Bundesnachrichtendienst selbst diesem Verfahren einen erheblichen Ermittlungsnutzen, siehe insoweit FAZ vom 16.12.1998, S. 8 und vom 17.7.1999, S. 2.

[693] Benannt nach den Gründernationen Großbritannien (UK) und USA.

[694] Vgl. Campbell, Duncan, Inside Echelon, in Schulzki-Haddouti, Vom Ende der Anonymität, S. 59, 62, ebenso abrufbar unter http://www.heise.de/tp/deutsch/special/ech/6928/1.html.

[695] Am 8. August 1995 gab der NSA-Direktor Lew Allen gegenüber dem Pike-Komitee des US-Repräsentantenhauses zu, dass "die NSA systematisch internationale Sprach- und Kabelkommunikation abhört", vgl. hierzu Campbell, Inside Echelon, abrufbar unter http://www.heise.de/tp/deutsch/special/ech/6928/1.html.

[696] Vgl. Schmitt, So lauscht Echelon – Die Technik der Satelliten-Lauscher, in:Süddeutsche Zeitung vom 20.7.2001, abrufbar unter http://www.sueddeutsche.de/index.php?url=computer/dossier/13810.

[697] Zum Erfolg derartiger Systeme gibt es unterschiedliche Einschätzungen. Leyendecker bestreitet diesen weitgehend, Lauschangriff auf den Wortmüll – BND zeichnet Telefon- und Faxverkehr auf, in: Süddeutsche Zeitung vom 18.8.1998. Dagegen bescheinigt der Bundesnachrichtendienst selbst diesem Verfahren einen erheblichen Ermittlungsnutzen, siehe insoweit FAZ vom 16.12.1998, S. 8 und vom 17.7.1999, S. 2.

[698] Vgl. Schmitt, Das kann Echelon – im Mythos und im Detail, in Süddeutsche Zeitung vom 26.6.2001, abrufbar unter http://www.sueddeutsche.de/index.php?url=computer/dossier/13818.

Feststeht, dass die Ressourcen für derartige Kontrollprojekte weltweit aufgestockt werden. Riesige neue Speicher- und Verarbeitungssysteme werden erstellt, um die Online-Verarbeitung von Internet- und neuen internationalen Kommunikationsnetzwerken auszubauen. Selbst vermeintlich kleine Staaten, wie die Schweiz oder Holland etablieren entsprechende Abhörsysteme.[699] Was die technische Ausstattung derartiger Systeme anbelangt, so sind diese handelsüblichen Rechnern weit überlegen. Schon in den frühen 90er-Jahren setzten sowohl das GCHQ[700] als auch die NSA[701] sogenannte "Nearline-Speichersysteme" ein, die mehr als ein Terabyte speichern konnten. Zum Vergleich: selbst modernste Rechneranlagen im Home- und semiprofessionellen Bereich erreichen heute allenfalls Speicherkapazitäten im 3-stelligen Gigabyte-Bereich. In der nahen Zukunft werden insbesondere amerikanische Behörden Systeme einsetzen, die tausendmal größer sind.[702]
Ein neuartiges Überwachungssystem, über dessen konkrete Leistungsfähigkeit noch nichts bekannt ist, wurde im September 2001 durch das amerikanische FBI[703] bei den großen US-amerikanischen Internet-Providern installiert. Dieses System mit dem Namen „DCS 1000“, das auch unter dem verheissungsvollen Namen „Carnivore“[704] bekannt geworden ist, wird speziell zur Überwachung der E-Mail-Kommunikation eingesetzt.[705] Auch dieses System soll auf der Basis einer Reizwortanalyse arbeiten. Enthalten E-Mails solche Reizwörter, werden sie automatisch kopiert und von Beamten gesichtet. Derartige Überwachungen werden durch den Umstand begünstigt, dass gerade E-Mails, solange sie unverschlüsselt versendet werden, für die Augen unbefugter Dritter so offen sind, wie einst die ersten telegrafischen Nachrichten.[706]
Die Überwachung des internationalen Datenverkehrs ist jedoch nicht allein auf den E-Mail-Dienst beschränkt. Vielmehr können auch andere Datenübermittlungen von Dritten kontrolliert werden. Je nach dem, was Gegenstand einer Datenübermittlung ist, kommen insofern auch prüfsummenbasierte oder sonstige Kontrollverfahren im Rahmen einer technisch-automatisierten Überwachung des Datenverkehrs im Internet in Betracht. Verschiedenen Meldungen zufolge wird bereits an weiteren Möglichkeiten zur Überwachung der Kommunikation in digitalen Netzen gearbeitet.[707] So soll derzeit ein internationaler Verbund von IT-

699 Vgl. Lüthi, Schweiz testet Satelliten-Abhörsystem, in Telepolis-Dokumente, abrufbar unter http://www.heise.de/tp/deutsch/special/ech/4955/1.html; van Buuren, Echelon in Holland, in Telepolis-Dokumente, abrufbar unter http://www.heise.de/tp/deutsch/special/ech/6730/1.html
700 Britischer Abhörgeheimdienst.
701 National Security Agency – US-Amerikanischer Abhörgeheimdienst.
702 Vgl. Campbell, Inside Echelon, in Schulzki-Haddouti, Vom Ende der Anonymität, S. 59, 78, ebenso abrufbar unter http://www.heise.de/tp/deutsch/special/ech/6928/1.html.
703 Bundespolizei der USA.
704 Engl. für „Fleischfresser“.
705 Vgl. Borchers, Carnivore – Ein zahnloser Fleischfresser, in Süddeutsche Zeitung vom 18.09.2001, abrufbar unter http://www.sueddeutsche.de/index.php?url=/computer/internet/netzone/24654&datei=index.php.
706 Vgl. Campbell, Duncan, Inside Echelon, in Schulzki-Haddouti, Vom Ende der Anonymität, S. 59, 78, ebenso abrufbar unter http://www.heise.de/tp/deutsch/special/ech/6928/1.html.
707 Vgl. Moechel, Erich, Die ETSI-Dossiers, c't 7/2000, S. 56 ff; weitere Materialien hierzu finden sich unter www.cryptome.org.

Fachpersonal, Polizei- und Geheimdienstbehörden mit der Entwicklung eines weltweiten Abhörstandard beschäftigt sein. Zentrum dieser Entwicklung ist das European Telecom Standards Institute (ETSI), an dem eine 26-köpfige Arbeitsgruppe mit dem Titel „Lawful Interception“ ins Leben gerufen wurde.[708] Die Chancen und Risiken dieser Entwicklung für die Zukunft sind noch abzuwarten.

(2) Zwischenergebnis

Festzuhalten ist, dass die Technik, die erforderlich ist, um Datenübermittlungen im Internet zu kontrollieren, existiert und auch bereits spezifisch eingesetzt wird. Angesichts des technischen Fortschritts und der stetig weiter verbesserten Rechen- und Speicherkapazitäten moderner Computersysteme, können auch derartige Programme immer weiter verbessert, die Suchkriterien verfeinert und das Suchergebnis dadurch effektiviert werden. Somit ist wohl davon auszugehen, dass gerade im Informationszeitalter die Präsenz derartiger Systeme in Zukunft noch deutlich zunehmen wird. Angesichts eines immer weiter zunehmenden Datenvolumen, das zu jeder Sekunde über das Internet transportiert wird, kommen immer weniger Kontrollmaßnahmen durch Menschen in Betracht. Ohne eine technisch-automatisierte Unterstützung durch moderne Verfahren ist eine halbwegs effektive Kontrolle des Internet-Datenverkehrs nicht denkbar. Erst durch Einheiten, die in der Lage sind, mehrere Rechenbefehle pro Sekunde zu verarbeiten, wird die Bearbeitung so großer Datenmengen überhaupt im Ansatz möglich.

cc) Rechtliche Beurteilung

Wie auch schon bei der Recherche in statischen Daten stellt sich auch beim Abhören des Datenverkehrs im Internet die Frage der rechtlichen Zulässigkeit. Im Einzelnen kommen eine Verletzung des Fernmeldegeheimnisses nach Art. 10 GG, sowie unter Umständen des Rechts auf informationelle Selbstbestimmung in Betracht.

(1) Eingriff in Art. 10 GG

Maßnahmen zur ungezielten Überwachung des Datenverkehrs im Internet könnten in Art. 10 GG eingreifen. Der Schutzbereich dieses Grundrechts umfasst die Vertraulichkeit[709] der individuellen, räumlich distanzierten Kommunikation. Auch die Kommunikation über Dienste des Internet wird hiervon erfasst.[710] Gegenstand der hier besprochenen Überwachungsmaßnahmen sind ausschließlich Daten, die sich in der Übermittlungsphase befinden. Damit ist der Schutzbereich des Art. 10 GG eröffnet. Die manuelle oder automatisierte Überwachung des Datenverkehrs müsste in die durch Art. 10 GG gewährte Privatheit der Kommunikation eingreifen. Verschafft sich der Staat, oder eine seiner Einrichtungen, Kenntnis vom Inhalt individueller Kommunikation, die nicht für ihn bestimmt ist, indem er diese Telekommunikation abhört, mitschneidet oder sonst über-

[708] Vgl. hierzu www.heise.de/Territorialitätsprinzip/deutsch/special/enfo/7220/1.html.
[709] Vgl. BVerfGE 85, 386, 398; 100, 313, 366.
[710] Vgl. hierzu die Ausführungen im Rahmen der rechtlichen Beurteilung der anlassunabhängigen Recherche.

wacht, so greift er in das Fernmeldegeheimnis ein.[711] Damit stellt das vorliegende Verhalten der Gefahrenabwehrbehörden einen Eingriff in das Fernmeldegeheimnis nach Art. 10 GG dar.
Hieran könnte zu zweifeln sein, da sich diese Überwachung nicht gegen eine bestimmte Person richtet, sondern vielmehr die Allgemeinheit betrifft. Diese Tatsache nimmt derartigen Maßnahmen aber nicht den Eingriffscharakter, sondern macht vielmehr eine Vielzahl von Personen zu Betroffenen.[712] Ein Eingriff liegt demzufolge vor.

(2) Verfassungsrechtliche Rechtfertigung

Grundrechtseingriffe sind nur dann rechtlich zulässig, wenn sie verfassungsrechtlich gerechtfertigt sind. Nach Art. 10 II S. 1 GG unterliegt das Fernmeldegeheimnis einem Gesetzesvorbehalt. Danach kann dieses Grundrecht aufgrund eines Gesetzes eingeschränkt werden.

(a) Befugnisse der Polizei

Art. 10 GG könnte durch entsprechende Befugnisse der Polizei eingeschränkt werden. Dies ist jedoch zweifelhaft. Aus der Formulierung des Art. 10 II S. 1 GG ergibt sich, dass insoweit unerheblich ist, ob eine insoweit beschränkende Norm vom Bundes- oder Landesgesetzgeber stammt. Diese spricht lediglich von Gesetzen schlechthin. Eventuell könnte aber die ausschließliche Bundeskompetenz für die Gesetzgebung im Bereich des Postwesens und der Telekommunikation in Art. 73 Nr. 7 GG einer Beschränkung des Art. 10 GG durch Landesrecht entgegenstehen.[713] Dabei würde jedoch verkannt, dass Regelungsgegenstand der landesrechtlichen Polizeigesetze das materielle Polizeirecht und nicht das Telekommunikationsrecht im Besonderen ist.[714] Somit könnte sich von daher eine Beschränkung des Art. 10 GG grundsätzlich auch aus Vorschriften des Landesrechts ergeben.
Fraglich ist, ob die landesrechtlichen Vorschriften der Polizeigesetze Befugnisse enthalten, die das Grundrecht aus Art. 10 GG einschränken. Dies ist aber schon aus gesetzgebungstechnischen Gründen ausgeschlossen. Wie Art. 19 I S. 2 GG bestimmt, müssen Gesetze, die Grundrechte einschränken oder aufgrund derer Grundrechte beschränkt werden, die jeweiligen Grundrechte unter Angabe des Artikels nennen. Auch wenn das Bundesverfassungsgericht das Zitiergebot in ständiger Rechtsprechung eng auslegt, damit es nicht „zu einer leeren Förmlichkeit erstarrt“[715], so ist dieses im Falle des Art. 10 GG anwendbar. Damit müsste eine Vorschrift, die eine Befugnis der Polizei zur ungezielten Überwachung des Datenverkehrs im Internet und damit eine Beschränkung des Art. 10 GG enthält, diesen ausdrücklich unter Angabe seines Artikels nennen.
Art. 74 BayPAG enthält eine Aufzählung derjenigen Grundrechte, die aufgrund dieses Gesetzes eingeschränkt werden. Art. 10 GG fehlt insoweit. Dort, wo entsprechende Befugnisse zu vermuten wären, nämlich im Rahmen der Bestim-

[711] Vgl. Jarass in Jarass/Pieroth, Art. 10, Rn. 7.
[712] Vgl. Germann, Gefahrenabwehr und Strafverfolgung im Internet, S. 578.
[713] Dies vertreten im Ergebnis Mann/Müller, ZRP 1995, 180, 183, die insoweit von einem Sachbezug zum Fernmeldewesen ausgehen.
[714] Ebenso Löwer in v. Münch/Kunig, Art. 10, Rn. 29.
[715] Vgl. BVerfGE 35, 185, 188, Pieroth/Schlink, Rn. 337.

mungen über die polizeiliche Datenerhebung wird vielmehr ausdrücklich klargestellt, dass das Brief-, Post und Fernmeldegeheimnis durch diese Regelungen unberührt bleibt.[716] Damit verfügt die Polizei im Rahmen ihrer präventivpolizeilichen Kompetenzen nicht über eine Befugnis zur ungezielten Überwachung des Datenverkehrs im Internet.

(b) Befugnisse des Bundeskriminalamtes

Fraglich ist, ob sich für die Befugnisse des Bundeskriminalamtes etwas anderes ergibt. Jedoch enthält auch der Regelungskatalog des BKAG keine Vorschrift zur ungezielten Überwachung des Datenverkehrs im Internet oder sonstiger Telekommunikation. Zudem gilt hier das Gleiche, was schon bei der Prüfung der polizeilichen Befugnissen festgestellt wurde. Auch das BKAG enthält keine dem Art. 19 I S. 2 GG entsprechende Zitierklausel. Über eigene Kompetenzen zur ungezielten Überwachung des Datenverkehrs im Internet verfügt das BKA somit nicht.

(c) Befugnisse der Nachrichtendienste

Unter Umständen könnten aber die Geheimdienste der Bundesrepublik, d. h. die Verfassungsschutzbehörden des Bundes und der Länder, der MAD, sowie der BND über Befugnisse zur ungezielten Überwachung des Datenverkehrs im Internet haben, die Art. 10 GG einschränken.

Derartige Befugnisse könnten sich aus den Ausgangsgesetzen, wie dem BVerfSchG, dem MADG oder dem BNDG ergeben. Tatsächlich enthält beispielsweise das BVerfSchG in § 8 ff detaillierte Regelungen über die Erhebung von Daten. Allerdings kann eine Überwachung der Telekommunikation hierauf nicht gestützt werden, da auch insoweit eine dem Zitiergebot des Art. 19 I S. 2 GG entsprechende Klausel fehlt. Einschränkungen des Art. 10 I GG durch informationserhebende Maßnahmen aufgrund des BVerfSchG sind damit unzulässig.[717]

Nachrichtendienstliche Befugnisse für die Überwachung von Telekommunikation und den damit bedingten Eingriff in Art. 10 GG ergeben sich aber aus dem speziell hierfür erlassenen Gesetz zur Beschränkung des Brief-, Post- und Fernmeldegeheimnisses (im Folgenden G 10 genannt).

Nach § 1 I Nr. 1 G 10 sind die Verfassungsschutzbehörden des Bundes und der Länder, der MAD sowie der BND zur Überwachung und Aufzeichnung von Telekommunikation befugt, wenn dies zur Abwehr von drohenden Gefahren für die freiheitlich-demokratische Grundordnung, oder den Bestand, oder die Sicherheit des Bundes oder eines Landes, einschließlich der Sicherheit, der in der Bundesrepublik stationierten Nato-Streitkräfte geschieht. Die Befugnisse des BND werden in § 1 I Nr. 2 noch dahingehend erweitert, dass dieser Telekommunikation auch im Rahmen seiner Aufgaben nach § 1 II des BNDG überwachen und aufzeichnen darf.

Welche Voraussetzungen für derartige Überwachungen im Einzelnen erfüllt sein müssen, ergibt sich aus den §§ 3, 5 G 10. Danach ist zu unterscheiden, ob es sich bei der jeweiligen Überwachungsmaßnahme um eine *Einzelmaßnahme* gegen-

[716] Vgl. nur die Regelung des Art. 34 VII BayPAG.

[717] Vgl. hierzu Gusy, DVBl. 1991, 1288, 1292; Löwer in v.Münch/Kunig, Art. 10, Rn. 30.

über bestimmten Personen, oder um eine *strategische Überwachung* des gesamten Telekommunikationsverkehrs im Sinne einer flächendeckenden Kontrolle handelt. Vorliegend geht es um die ungezielte Überwachung des Datenverkehrs im Internet und damit um eine strategische Kontrolle im o.g. Sinne. Eine solche Maßnahme ist möglich, wenn neben den Vorsaussetzungen des § 1 G 10 auch noch die Voraussetzungen des § 5 G 10 erfüllt sind.
Strategische Überwachungen dürfen nur durch den Bundesnachrichtendienst beantragt werden. Weder die Verfassungsschutzämter, noch der MAD verfügt über diese Möglichkeit. Gegenstand derartiger Überwachungen sind internationale Telekommunikationsbeziehungen, soweit eine gebündelte Übertragung erfolgt. Fraglich ist, ob dies auch bei der vorliegend besprochenen Telekommunikation über das Internet der Fall ist. Weitgehend unproblematisch ist noch das Kriterium der Internationalität. Durch das System des Routings und den Eigenschaften des TCP/IP-Protokolls ist bei der Kommunikation über das Internet regelmäßig davon auszugehen, dass zumindest Teile dieser Kommunikation auch und gerade über im Ausland befindliche Router abgewickelt werden. Damit ist auch die Kommunikation über das Internet regelmäßig international.[718]
Unklarer dagegen ist das Merkmal der „gebündelten" Übertragung. Bis zur Änderung des G 10 durch Gesetz vom 26. 6. 2001 enthielt diese Stelle das Merkmal der „Nichtleitungsgebundenheit". Nur Telekommunikation, die nichtleitungsgebunden geführt wurde[719], konnte nach der alten Regelung durch den BND überwacht werden. Angesichts der Tatsache, dass mit dem Siegeszug des Glasfaserkabels („Lichtwellenkabel") die nichtleitungsgebundene Telekommunikation rapide an Bedeutung verloren hat, sah sich auch der Gesetzgeber gezwungen, die Regelungen des G 10 den tatsächlichen Gegebenheiten anzupassen. Das Glasfaserkabel mit seinen nahezu unbegrenzten Möglichkeiten der Datenübertragung, zusammen mit der fortschreitenden Digitalisierung auch im Telekommunikationsbereich, haben die nichtleitungsgebundene Telekommunikation mittlerweile zu einer Randerscheinung gemacht, die teilweise unterhalb von 10 % der gesamten Telekommunikationsverkehrs rangiert.[720] Diesen Veränderungen wurde dadurch Rechnung getragen, dass das G 10 nunmehr die Überwachung gebündelter Telekommunikation erlaubt. Gebündelt in diesem Sinne ist Telekommunikation dann, wenn sie unter Nutzung der modernen Technologien in elektronischer Form als „Bündel" zusammen mit anderen Telekommunikationsbeziehungen übertragen wird. Insbesondere die Datenübertragung im Rahmen des Internet im Verfahren des „paket switching" wird in der Gesetzesbegründung ausdrücklich erwähnt.[721] Dabei spielt es keine Rolle mehr, ob die Kommunikationsverbindung ein Koaxial-, ein Glasfaserkabel oder aber eine Satellitenverbindung ist. Das Kriterium der Leitungsgebundenheit, das schon vor dieser Gesetzesänderung durch die Wirklichkeit überholt war, ist damit endgültig entfallen.

---

[718] Vgl. hierzu Germann, Gefahrenabwehr und Strafverfolgung im Internet, S. 579.
[719] Hiervon sollten insbesondere der Mobilfunkverkehr, Satellitenkommunikation und die Telekommunikation mittels Richtfunk erfasst werden.
[720] Vgl. Begründung zum Gesetzentwurf zur Neuregelung von Beschränkungen des Brief-, Post- und Fernmeldegeheimnisses, BT-Drucksache 14/5655, S. 17 f.
[721] Vgl. BT-Drucksache 14/5655, S. 17.

Neben diesen eher technischen Voraussetzungen muss die Gefahr einer der Katalogstraftaten des § 5 I S. 3 Nr. 1 – 6 G 10 bestehen. Was eine breite Bekämpfung rechtswidriger Inhalte in den Diensten des Internet anbetrifft, so liegt hierin das größte Hindernis. Denn nur für die Bekämpfung dort aufgezählter Gefahren ist eine strategische Telekommunikationsüberwachung im Sinne des § 5 G 10 zulässig. Für den Kampf gegen die Masse der rechtswidrigen Inhalte im Internet (Kinderpornographie, rechtsradikale Hetze, ...) steht diese Möglichkeit somit auch nach § 3 I G 10 nicht zur Verfügung. Angesichts der Tatsache, dass der Bundesnachrichtendienst aber keine polizeilichen Befugnisse oder polizeiliche Aufgabenbereiche übernehmen soll, ist diese Differenzierung wohl auch angebracht. Der Bundesnachrichtendienst wird damit nur im Rahmen von Gefahren als strategischer Überwacher tätig, wenn tatsächlich die freiheitlich demokratische Grundordnung oder der Bestand oder die Sicherheit der Bundesrepublik oder eines ihrer Länder bedroht ist. Gerade aber was zum Beispiel die Bekämpfung des Terrorismus anbelangt, so gibt § 5 G 10 dem Bundesnachrichtendienst ein wirkungsvolles Instrument in die Hand.
Beachten ist zudem die Vorschrift des § 5 II G 10. Dieser betrifft Fälle, in denen für die strategische Überwachung von Telekommunikationsbeziehungen automatisierte Methoden auf der Basis von Suchbegriffen verwendet werden (sog. Reizwortanalyse). Demnach dürfen die insoweit verwendeten Suchbegriffe keine Identifizierungsmerkmale enthalten, die zu einer gezielten Überwachung bestimmter Telekommunikationsanschlüsse im Inland führen können. Für eine strategische Überwachung des Datenverkehrs im Internet bedeutet dies, dass beispielsweise eine Suche mittels bestimmter IP-Adressen hiernach unzulässig wäre. Als Suchbegriffe kommen nur abstrakte Begriffe, die ausschließlich sachbezogen sind, in Betracht.
Zusammenfassend ist damit also festzustellen, dass das G 10 dem Bundesnachrichtendienst grundsätzlich die Möglichkeit einer ungezielten und flächendeckenden Überwachung auch der Telekommunikation über das Internet ermöglicht. Diese unterliegt aber strengen Voraussetzungen und Sorgfaltspflichten. Angesichts des Gefahrenpotentials, das insbesondere Terrorismus, Waffenhandel und Drogenhandel für eine Gesellschaft entwickeln, scheint diese Beschränkung des Art. 10 GG auch vertretbar.[722] An dieser Stelle sollte jedoch die Frage aufgeworfen werden, ob der Einsatz derartiger Strategien nicht auch für die Bekämpfung bestimmter Inhaltsdelikte wie dem Handel mit kinderpornographischem Material durch internationale Kinderschänderringe erwägenswert wäre. Immerhin dürfte organisierter Kindermissbrauch in seinem Gefährdungspotenzial für die Gesellschaft und die freiheitlich-demokratische Grundordnung nicht hinter organisierter Geldwäsche im Sinne des § 5 I S. 3 Nr. 6 G 10 zurück bleiben. Eine groß angelegte Ausweitung der Tatbestände auf die breite Masse der Inhaltsdelikte im Internet ist jedoch abzulehnen. Damit würde der Bundesnachrichtendienst eindeutig polizeiliche Aufgaben wahrnehmen und seine Befugnisse verlassen.

---

[722] Im Ergebnis hat dies auch das Bundesverfassungsgericht in seiner „dritten Abhörentscheidung" so vertreten, vgl. BVerfG, Urteil vom 14. 7 1999, EuGRZ 1999, 389, 406 ff, wobei auch noch auf die Tatsache hingewiesen wird, dass eine 100%ige Überwachung schon aus rein tatsächlichen und personellen Gründen nicht erfolgen kann und auch hierdurch der Eingriff in Art. 10 GG gemildert wird.

c) Die präventiv-motivierte, gezielte Überwachung des Datenverkehrs

Neben der ungezielten Überwachung des Datenverkehrs im Internet bestehet auch die Möglichkeit, zu präventiven Zwecken den Datenverkehr bestimmter Personen zu kontrollieren. Dies stellt keine höheren technischen Anforderungen, als dies bei der ungezielten Überwachung der Fall ist. Insofern bietet sich beispielsweise der Einsatz eines IP-Filters an, der all diejenigen Nachrichten aussortiert, die von einer bestimmten Person stammen oder an solche gerichtet sind. Sinnvollerweise bietet sich die Installation eines solchen Systems beim Access-Provider der jeweiligen Zielperson an.

Auch derartige Maßnahmen greifen in Art. 10 I GG ein. Hier dürfte der Eingriff für die jeweilige Zielperson noch intensiver sein, als bei einer ungezielten Überwachung aller Kommunikationsvorgänge. Damit bedarf auch die gezielte Überwachung der Internetkommunikation von Einzelpersonen einer rechtlichen Befugnis. Weder das allgemeine Polizei- und Sicherheitsrecht, noch die Vorschriften über das Bundeskriminalamt enthalten Regelungen, die zu einer gezielten Überwachung der Telekommunikation im Rahmen der Gefahrprävention befugen. Insoweit sei auch auf obige Ausführungen verwiesen. Damit kommt als wirksame Beschränkung des Brief-, Post und Fernmeldegeheimnisses wiederum nur das G 10 in Betracht. Und tatsächlich enthält dieser Regelungskatalog Vorschriften für die gezielte Überwachung der Telekommunikation zu präventiven Zwecken. Unter den Voraussetzungen des §§ 1 und 3 G 10 sind die Verfassungsschutzbehörden des Bundes und der Länder, der MAD sowie der Bundesnachrichtendienst dazu befugt, die Telekommunikation einzelner Personen zu überwachen und aufzuzeichnen. Nach § 3 I G 10 müssen hierfür jedoch tatsächliche Anhaltspunkte dafür bestehen, dass die Zielperson Straftaten im Sinne des Kataloges in § 3 I S. 1 G 10 plant, begeht oder begangen hat. Des Weiteren können derartige Maßnahmen auch angeordnet werden, wenn tatsächliche Anhaltspunkte dafür bestehen, dass jemand Mitglied einer Vereinigung ist, die gegen die freiheitlich demokratische Grundordnung oder den Bestand oder die Sicherheit des Bundes oder eines seiner Länder gerichtet ist. In Absatz 2 der Vorschrift wird das Prinzip der Verhältnismäßigkeit ausdrücklich betont. Danach dürfen solche Maßnahmen nur als ultima ratio durchgeführt werden, bzw. wenn die Erforschung des Sachverhalts auf andere Weise wesentlich erschwert würde.

Bei einer näheren Betrachtung des Straftatenkataloges des § 3 I S. 1 G 10 fällt auf, dass hierbei einige Delikte aufgezählt werden, deren Begehung sich auch und gerade in den Diensten des Internet anbietet. Straftaten gegen die sexuelle Selbstbestimmung, insbesondere was die Herstellung und den Vertrieb von kinderpornographischem Material anbelangt, finden sich hierbei aber nicht. Angesichts der Tatsache, dass nach § 3 I S. 1 Nr. 6 lit. b G 10 bereits eine einfache Brandstiftung ausreichen kann, um Maßnahmen im Sinne des § 1 I G 10 anzuordnen, scheint dies auch für Delikte gegen die sexuelle Selbstbestimmung angebracht. Erforderlich ist, dass Straftaten im Rahmen des § 3 I S. 1 Nr. 6 lit. b G 10 sich gegen die freiheitlich-demokratische Grundordnung, den Bestand oder die Sicherheit des Bundes oder eines Landes richten muss. Dies ist im Prinzip bei einer einfachen Brandstiftung nicht weniger denkbar als beim international organisierten Vertrieb kinderpornographischer Materialien. Dabei muss natürlich stets der Schutz des Betroffenen vor ungerechtfertigter Ausspionierung durch Sicherheitsorgane im Auge behalten werden. Doch sobald tatsächliche

Anhaltspunkte vorliegen, dass jemand im organisierten Vertrieb von Kinderpornographie tätig ist, sollten Möglichkeiten zur weiteren Erforschung des Sachverhalts bestehen. Eine unzulässige Ausweitung der Überwachung über die in § 1 I und § 3 I S. 1 G 10 genannten Voraussetzungen verhindert bereits das Gebot der Verhältnismäßigkeit in § 3 II S. 1 G 10.
Damit ist festzuhalten, dass die Geheimdienste der Bundesrepublik unter den Voraussetzungen der §§ 1, 3 G 10 befugt sind, die Telekommunikation einzelner Personen, auch im Internet gezielt zu präventiven Zwecken zu überwachen.

d) Zwischenergebnis

In Bezug auf die Identifikation von problematischen Inhalten in den Diensten des Internet im Rahmen der Gefahr- und Kriminalprävention, ist hinsichtlich der Art der jeweiligen Inhalte zu unterscheiden. Soweit nur Inhalte betroffen sind, die über die Dienste des Internet öffentlich zugänglich sind, so stoßen behördliche Recherchen auf keine größeren Bedenken. Sobald nichtöffentliche Inhalte oder gar Inhalte von Telekommunikations-beziehungen Gegenstand behördlicher Sichtungen sind, werden gesetzliche Befugnisnormen erforderlich. Diese finden sich – was den rein präventiven Bereich anbelangt – nicht im allgemeinen Polizei- und Sicherheitsrecht. Vielmehr sind nur die Geheimdienste unter bestimmten Voraussetzungen zu Kontrollen der nichtöffentlichen Inhalte befugt. In diesem Zusammenhang erfährt gerade das Prinzip der Verhältnismäßigkeit besondere Bedeutung. Nur wenn sichergestellt ist, dass die jeweiligen Maßnahmen erforderlich und im konkreten Fall notwendig sind, kommt eine Anordnung dieser Maßnahmen in Betracht. Sobald derartige Maßnahmen – insbesondere aufgrund des G 10 – angeordnet sind, bestehen umfangreiche Prüf- und Protokollpflichten der jeweils tätigen Dienste. Zudem erstattet nach § 14 I G 10 ein Kontrollgremium dem Bundestag regelmäßig Bericht über die durchgeführten Maßnahmen. Die Gefahr eines Missbrauchs dieser Möglichkeiten scheint damit hinreichend gebannt.

2. Inhaltsidentifizierung im Rahmen der Strafverfolgung

Neben der Identifizierung von Inhalten im Rahmen der Gefahr- und Kriminalprävention sind solche Maßnahmen insbesondere auch im Rahmen von Strafverfolgungsverfahren erforderlich. Insoweit kann von repressiv-motivierten Recherchen gesprochen werden.

a) Die anlassabhängige Sichtung von Inhalten

aa) Darstellung dieser Maßnahme

Diese Maßnahme unterschiedet sich in ihrer Darstellung nicht sehr von der anlassunabhängigen Recherche, wie sie bereits Gegenstand von Ausführungen war. Der einzige Unterschied liegt in der Motivation solcher behördlicher Maßnahmen. Während anlassunabhängige Recherchen rein zur Verdachtssuche, d. h. ohne die Verfolgung konkreter Hinweise oder Anhaltspunkte vorgenommen werden, sind derartige Sichtungen im Rahmen einer Strafverfolgung durchaus ziel- und zweckgerichtet. Sie dienen der Klärung bestimmter Sachverhalte, der staatsanwaltschaftlichen, bzw. polizeilichen Ermittlung im Allgemeinen, sowie der Beschaffung und Sicherung etwaiger Beweismittel.

Was die Durchführung derartiger Maßnahmen anbelangt, so sei auch insoweit auf die obigen Ausführungen verwiesen. Derartige Ermittlungen können offen oder verdeckt geführt werden. Außerdem gilt es, nach dem Gegenstand derartiger Ermittlungen zu unterscheiden. In Betracht kommt insoweit die Sichtung frei zugänglicher Informationsquellen im Internet, sowie das Eindringen in nichtöffentliche Angebote zur Sichtung der dort verfügbaren Informationen. Ebenso wie die anlassunabhängigen Recherchen, können auch diese, im gewissen Umfang durch technisch-automatisierte Verfahren unterstützt werden. Wie bereits oben dargestellt, wird sich eine derartige technische Unterstützung regelmäßig auf den Bereich der frei zugänglichen, öffentlichen Inhalte im Internet beschränken. Denn auch insoweit gilt für anlassabhängige Sichtungen das Gleiche, wie für anlassunabhängige Recherchen, nämlich dass die insoweit zu überwindenden technischen, wie programmbedingten Hindernisse zu komplex sind, um ihre Umgehung flächendeckend einem automatischen Verfahren zu unterwerfen.

bb) Rechtliche Beurteilung repressiv-motivierter anlassabhängiger Recherchen

(1) Im Rahmen öffentlicher Inhalte

Entscheidend für die rechtliche Beurteilung von behördlichen Sichtungen in derartig vorgehaltenen Inhalten ist, wie dies auch oben schon der Fall war, die Tatsache, dass diese Inhalte öffentlich zugänglich sind. Damit entziehen sie sich zuletzt auch dem Schutzbereich des Rechts auf informationelle Selbstbestimmung, so wie es sich nach dem Volkszählungsurteil des Bundesverfassungsgericht aus Art. 2 I GG i.V.m. Art. 1 I GG ergibt. Schließlich verzichtet der Einzelne mit der Veröffentlichung von Informationen im Internet auf die Kontrolle darüber, was mit diesen Informationen geschieht und wer sie zur Kenntnis bekommt.

Da durch Sichtungen der frei zugänglichen Inhalte in den Diensten des Internet in keine Grundrechte eingegriffen wird, ist für derartige Maßnahmen auch keine verfassungsrechtliche Rechtfertigung erforderlich. Staatliche Behörden bedürfen damit keiner besonderen Befugnis für derartige Ermittlungen. Insbesondere Polizei und Staatsanwaltschaften können demnach aufgrund ihrer Strafverfolgungsaufgabe derartige Maßnahmen anordnen und durchführen.

(2) Im Rahmen beschränkt-öffentlicher und nichtöffentlicher Inhalte

Ob dies auch für die rechtliche Beurteilung von Recherchemaßnahmen im Bereich nichtöffentlicher Inhalte gilt, ist fraglich. Werden solche nichtöffentlichen Daten durch Behörden zu Ermittlungszwecken gesichtet, so liegt hierin ein Eingriff in das Recht auf informationelle Selbstbestimmung nach Art. 2 I GG i.V.m. Art. 1 I GG.[723]

Als Ausprägung des allgemeinen Persönlichkeitsrechtes des Art. 2 I GG unterliegt auch das Recht auf informationelle Selbstbestimmung der Schrankentrias des Art. 2 I GG. Diese umfasst in der 2. Alternative die verfassungsmäßige Ord-

[723] Was die Ausführungen zur Eröffnung des Schutzbereiches und zum Eingriff selbst anbelangt, sei hier auf die Ausführungen im Rahmen der rechtlichen Beurteilung präventiver Maßnahmen verwiesen.

nung. Insoweit ist die gesamte Rechtsordnung erfasst, soweit sie ihrerseits mit der Verfassung in Einklang steht.[724] Damit unterliegt Art. 2 I GG nicht nur einem Gesetzesvorbehalt, sondern vielmehr einem Rechtsvorbehalt, der auch ungeschriebenes Recht (Richter- oder Gewohnheitsrecht) beinhaltet.[725] Soweit also Recht besteht, welches zum hier vorliegenden Eingriff in die informationelle Selbstbestimmung befugt und dabei verfassungsgemäß ist, ist der Eingriff gerechtfertigt.

Insoweit kommen Befugnisnormen des Strafprozessrechts und damit der StPO in Betracht. Nachdem die Strafprozessordnung auf eine Generalklausel für die Datenerhebung verzichtet, ist es nötig, die insoweit durchzuführenden Maßnahmen unter einen der geregelten Maßnahmetypen der StPO zu subsumieren.[726] Insoweit ist es unerheblich, ob das Bundeskriminalamt oder die Polizeien der Länder strafverfolgend tätig werden. Denn soweit das BKA selbst über originäre Ermittlungskompetenzen zur Strafverfolgung verfügt (vgl. § 4 BKAG), richten sich notwendig werdende Informationserhebungen, sowie die übrigen Ermittlungsbefugnisse nach den Bestimmungen der StPO,[727] wie dies auch bei den anderen Strafverfolgungsbehörden der Fall ist.

(a) Befugnis aus § 98a StPO

§ 98a StPO eröffnet in bestimmten Fällen den Strafverfolgungsbehörden die Möglichkeit der Rasterfahndung, d. h. personenbezogene Daten hinsichtlich bestimmter Kriterien maschinell abzugleichen, um den Kreis der Tatverdächtigen auf bestimmte Personen, die ähnliche Merkmale aufweisen, zu reduzieren. Hierzu können die Strafverfolgungsbehörden von jeder datenspeichernden Stelle die Übersendung entsprechender Daten verlangen. Als „Minus" gegenüber der Anforderung von Daten aus den Beständen Dritter müssen die Strafverfolgungsbehörden auch in der Lage sein, selbst derartige Daten beispielsweise aus dem Internet abzurufen.[728] Die Sichtung von bestimmten Inhalten im oder über das Internet kann dennoch im Allgemeinen nicht auf § 98a StPO gestützt werden. Schließlich beschränkt diese Norm ein derartiges Vorgehen einzig auf den Zweck der Tätersuche. Anders motivierte Sichtungen, die zum Beispiel nähere Erkenntnisse über den Sachverhalt erbringen, werden insoweit nicht erfasst. Des Weiteren betrifft der Straftatenkatalog des § 98a I StPO nur einen kleinen Teil der tatsächlichen Ermittlungsanlässe im Internet. Als einheitliche Befugnisnorm für Ermittlungen im Rahmen einer Strafverfolgung scheidet § 98a StPO aus.

(b) Befugnis aus § 100a StPO

§ 100a StPO gestattet in bestimmten Fällen die Überwachung der Telekommunikation durch die Strafverfolgungsbehörden. Der Anwendungsbereich dieser Vorschrift regelt Eingriffe in das Fernmeldegeheimnis im Sinne des Art. 10 GG und deckt sich insoweit mit den in Art. 10 GG verwendeten Begrifflichkeiten.[729] Damit wird auch insoweit nur der Übermittlungsvorgang der Telekommunikati-

[724] Vgl. Kunig, in v. Münch/Kunig, Art. 2 GG, Rn. 22.
[725] Vgl. Kunig, in v. Münch/Kunig, Art. 2 GG, Rn. 23.
[726] Vgl. Ochsenbein, Strafrechtliche Aspekte des Internet, Kriminalistik 1998, 685, 686.
[727] Vgl. Ahlf/Daub/Lersch/Störzer, BKAG, § 4, Rn. 4.
[728] Vgl. Germann, Gefahrenabwehr und Strafverfolgung im Internet, S. 514.
[729] Vgl. Kleinknecht/Meyer-Goßner, StPO, § 100a, Rn. 1.

on erfasst. Inhalte, die auf Servern bereitgehalten werden, gehören damit, wie oben erläutert, nicht zum Schutzbereich des Art. 10 GG. Inhalte, die auf Servern oder sonstigen Datenspeichern abgelegt sind, befinden sich nicht in der Übermittlungsphase. Daher greift die Sichtung von (auch nichtöffentlichen) Inhalten auf Servern im oder über das Internet auch nicht in das Fernmeldegeheimnis ein. Für die Anwendung des § 100a StPO kann dies nur bedeuten, dass dieser – sofern es ausschließlich um die Sichtung von Inhalten auf Servern geht – insoweit nicht als Befugnisnorm in Betracht kommen kann, da es nicht um **Telekommunikation** (in der Übermittlungsphase) geht. Durch solche Sichtungen wird Telekommunikation in diesem Sinne nicht überwacht, sondern vielmehr werden die Möglichkeiten, die heutige Telekommunikationseinrichtungen bieten, zu („Tele-") Ermittlungen genutzt. § 100a StPO scheidet demnach als Befugnisnorm aus.

(c) Befugnisse aus §§ 102 ff StPO

Die §§ 102 ff StPO befugen zu Datenerhebung und Beweissicherung im Wege der Durchsuchung. Um hiervon auch anlassabhängige Sichtungen im Internet rechtfertigen zu können, müssten derartige Maßnahmen durch Strafverfolgungsbehörden als „elektronischen Durchsuchung" der Durchsuchung im Sinne der §§ 102 ff StPO gleichzusetzen wäre. Wie bereits im Rahmen der Prüfung des Art. 13 GG untersucht, setzt eine Untersuchung das „Eindringen" in eine bestimmte Räumlichkeit voraus. Auch wenn dieses Eindringen nicht körperlich, sondern nur elektronisch erfolgt, so fehlt es bei der Sichtung nichtöffentlicher Inhalte im oder über das Internet jedenfalls an einer Räumlichkeit als Durchsuchungsgegenstand. Deshalb liegt in solchen Maßnahmen auch kein Eingriff in Art. 13 GG. Hierfür fehlt es elektronischen Datenspeichern schlicht an der spezifisch räumlichen Funktion, einen bestimmten Privatbereich eindeutig nach außen abgrenzen. Die §§ 102 ff StPO enthalten gerade für Art. 13 GG Einschränkungen.[730] Demnach kann das Sichten elektronisch vorgehaltener Inhalte im oder über das Internet auch nicht als elektronische Durchsuchung einer Durchsuchung im Sinne der §§ 102 ff StPO gleichgesetzt werden. Außerdem geht es bei den Durchsuchungen nach den §§ 102 ff StPO ausdrücklich um das Auffinden und Beschlagnahmen von Gegenständen als Beweismittel. Auch der BGH führt aber in seiner Entscheidung zum Zugriff auf Mailboxen treffend aus, dass es bei einem Online-Zugriff auf elektronische Daten gerade nicht darum geht, körperliche Gegenstände sicherzustellen.[731] Vielmehr kommt es darauf an, Erkenntnisse über die insoweit gespeicherten Daten zu gewinnen. Gerade dies lässt sich nicht mit dem Wortlaut der Durchsuchungs- und Beschlagnahmebestimmungen in Einklang bringen.[732] Damit scheiden auch die §§ 102 ff StPO als Befugnisnormen für den Zugriff auf nichtöffentliche Inhalte im Rahmen von (strafrechtlicher) Ermittlungen durch die Strafverfolgungsbehörden aus.

---

[730] Vgl. Kleinknecht/Meyer-Goßner, StPO, § 102, Rn. 1.
[731] Vgl. BGH NJW 1997, 1934, 1935.
[732] So auch Bär, MMR 1998, 463, 467, Germann, Gefahrenabwehr und Strafverfolgung im Internet, S. 545.

(d) Befugnisse aus §§ 161, 163 StPO

Bis 1999 war umstritten, inwieweit diese Vorschriften Ermittlungsbefugnisse enthielten. Zum Teil wurde vertreten, dass diese Normen Befugnisse für bestimmte Ermittlungshandlungen enthielten.[733] Die deutliche Mehrheit der Ansichten ging jedoch dahin, diese Regelungen lediglich als reine Aufgaben- und Organisationsnormen zu begreifen.[734] Mit dem Strafverfahrensrechtsänderungsgesetz von 1999 wurde dieser Streit weitgehend obsolet: dieses formte beide Vorschriften in Generalermittlungsklauseln um.[735] Demnach sind die Strafverfolgungsbehörden – Staatsanwaltschaften einerseits, Behörden und Beamte des Polizeidienstes andererseits – nunmehr zur Anordnung oder Vornahme von Ermittlungen jeder Art befugt. Allerdings sind diese Vorschriften kein Ersatz für verfassungsrechtlich oder strafprozessual-systematisch ggf. erforderliche Einzeleingriffsermächtigungen für „tiefer" in Grundrechte eingreifende Maßnahmen, falls die Voraussetzungen dieser – vorhandenen – Regelungen fehlen oder solche Regelungen überhaupt nicht existieren.[736] Für schwerwiegende Grundrechtseingriffe bedarf es stets einer speziellen Eingriffsermächtigung.[737]

Fraglich ist nun, ob die Sichtung nichtöffentlicher Inhalte im oder über das Internet von den Generalermittlungsklauseln der §§ 161, 163 StPO gedeckt ist. Dies hängt davon ab, wie „tief" solche Ermittlungshandlungen in die Grundrechte eingreifen. Der Gesetzgeber hat schon für Maßnahmen wie Durchsuchungen, Beschlagnahmen, oder vorläufige Festnahmen Einzelbefugnisse geschaffen. Damit können „weniger tief" eingreifende Maßnahmen im Sinne der §§ 161, 163 StPO nur dann angenommen werden, wenn diese hinsichtlich ihrer Eingriffsintensität beim Betroffenen unterhalb der Schwelle solcher Maßnahmen liegen.[738]

Bei der Sichtung nichtöffentlicher Inhalte im und über das Internet werden gezielt Zugangshindernisse und –sperren umgangen und außer Kraft gesetzt, um Informationen zu gewinnen, die sich normalerweise einem unbefugten Zugriff entziehen. Dieses Vorgehen ist – allein was seine Eingriffsintensität anbelangt – mit einer Hausdurchsuchung oder der Beschlagnahme von bestimmten Gegenständen vergleichbar. In beiden Fällen wird in einen – grundrechtlich geschützten Bereich des Betroffenen durch staatliche Maßnahmen von außen eingegriffen. Da für derartige Maßnahmen spezielle Eingriffsermächtigungen bestehen (vgl. §§ 94 ff StPO), bedürfen auch die beschriebenen elektronischen Maßnahmen besonderer Befugnisnormen. Da solche in der Strafprozessordnung (noch) nicht existieren, ist auch der Rückgriff auf die Generalermittlungsbefugnisse der §§ 161, 163 StPO verwehrt. Somit ergibt sich auch aus den §§ 161, 163 StPO keine

---

[733] Vgl. Kramer NJW 1992, 2732, 2734, nachdem insbesondere § 163 StPO jedenfalls für wenig intensive Eingriffe, bzw. Eingriffe in das allgemeine Persönlichkeitsrecht ohne Zwang als Befugnisnorm in Betracht kommt.

[734] Vgl. Rudolphi in SK-StPO, Vor § 94, Rn. 45; Rieß in Löwe/Rosenberg, StPO, § 161, Rn. 31; Kleinknecht/Meyer-Goßner, StPO, 44. Auflage ,§ 160, Rn. 1; Bär, MMR 1998, 463, 467.

[735] Vgl. Hilger, NStZ 2000, 561, 563f; Kleinknecht/Meyer-Goßner, 45. Auflage, § 161, Rn. 1 sowie § 163, Rn. 1.

[736] Vgl. Hilger, NStZ 2000, 562, 564.

[737] Vgl. Kleinknecht/Meyer-Goßner, § 163, Rn. 1.

[738] Vgl. Hilger, NStZ 2000, 562, 564.

Befugnis für die Sichtung nichtöffentlicher Inhalte im und über das Internet durch die Strafverfolgungsbehörden.

(3) Zwischenergebnis

Im Ergebnis ist damit festzuhalten, dass das Strafprozessrecht den Strafverfolgungsbehörden keine Befugnis verleiht, im Rahmen der Strafverfolgung (heimlich) nichtöffentliche Inhalte im oder über das Internet zu sichten, bzw. auszulesen.[739] Befugnisse der Geheimdienste kommen insoweit nicht in Betracht, da diese nicht im Rahmen der Strafverfolgung tätig werden. Dieses Ergebnis erstaunt auf den ersten Blick. Wie oben behandelt, ist es nach geltendem Recht zulässig, dass bestimmte Behörden – wenn auch nur unter engen Voraussetzungen – im Rahmen der präventiven Gefahrenabwehr auch nichtöffentliche Inhalte sichten. Hierzu mag es nicht passen, dass diese Befugnis erlischt, wenn im jeweiligen Fall ein Ermittlungsverfahren eingeleitet worden ist. Soweit Inhalte betroffen sind, die statisch auf Speichermedien liegen, entsteht hierbei scheinbar eine strafprozessuale Befugnislücke. Diese wird jedoch dadurch geschlossen, dass die Strafverfolgungsbehörden mit Eröffnung des Ermittlungsverfahrens die Befugnis erhalten, nach § 94 ff StPO Server, Festplatten und sonstige Speichermedien beim Beschuldigten zu beschlagnahmen und diese sodann zu untersuchen. Dennoch wäre mit Blick auf die statischen Inhalte in den Diensten des Internet, die sich gerade nicht in einem Übermittlungsvorgang befinden, aus strafprozessualer Sicht eine neue Regelung wünschenswert, die den modernen Gegebenheiten angepasst ist. Diese könnte der Vorschrift des § 100a StPO nachempfunden sein und unter den gleichen Voraussetzungen den Strafverfolgungsbehörden den Zugriff auf gespeicherte Inhalte über das Internet gestatten.

b) Die gezielte Überwachung der Internetkommunikation

Neben der Sichtung von Informationen, die auf Servern oder sonst wie bereitgehalten werden, kommt die gezielte Überwachung der Internet-Kommunikation bestimmter Personen zu Strafverfolgungszwecken in Betracht.

aa) Darstellung dieser Maßnahme

Anders als bei der ungezielten Kontrolle von Inhalten in der Übermittlungsphase im Rahmen der Gefahren- und Kriminalprävention, ist es im Rahmen der Strafverfolgung regelmäßig notwendig, gezielt die Internet-Kommunikation einer bestimmten Person zu überwachen. Diese Art der Inhaltskontrolle ist insbesondere dann von Interesse, wenn es um die Identifizierung von Inhalten geht, die entweder stark flüchtig sind oder aber wenn sonst nicht „online“ auf Inhalte einer bestimmten Person zugegriffen werden kann. Hierfür ist zunächst erforderlich, dass der jeweiligen Zielperson ein Internetanschluss zugeordnet wird. Der Zugang zum Internet erfolgt regelmäßig über einen Network- oder einen Access-Provider. Diesem ist der Anschluss der Personen bekannt, die sich über ihn Zugang zum Internet verschaffen und liegt insofern in Form einer IP-Adresse vor. Da IP-Adressen regelmäßig nur dynamisch für die Zeit der Nutzung verge-

---

[739] Bär, MMR 1998, 463, 468; Palm/Roy, NJW 1997, 1904, 1905; Sieber, Cyberlaw: Die Entwicklung im deutschen Recht, in Cheswick/Bellovin, Firewalls und Sicherheit im Internet, S. 304; Germann, Gefahrenabwehr und Strafverfolgung im Internet, S. 545.

ben werden, ist die aktuelle Adresse einer bestimmten Person nur aus der Übertragungsprotokollierung des jeweiligen Providers ersichtlich, der gerade den Zugang zum Internet mittelt. Mit der Kenntnis der IP-Adresse eines Internet-Teilnehmers lässt sich theoretisch dessen vollständiger Internet-Datenverkehr überwachen, da jedes über das Internet versandte Datenpaket die IP-Adresse des Absenders und die des Empfängers enthält. Insofern müssen nur sämtliche Datenpakete mit derselben Absender- bzw. Empfängeradresse „eingefangen" und kontrolliert werden, um eine vollständige Überwachung zu garantieren.
Aufgrund des dem Internet-Datenverkehr zugrunde liegenden Routingverfahrens, kann aber auch und gerade eine gezielte Überwachung bestimmter Personen nur an bestimmten Punkten im Internet erfolgversprechend durchgeführt werden. Hierzu müssen Punkte gewählt werden, die der gesamte Datenverkehr der jeweiligen Zielperson passieren muss. Insofern bieten sich auch hier die bekannten Hauptvermittlungspunkte, oder auch die internationalen Backbones an. Allerdings ist hierbei nicht sichergestellt, dass auch wirklich der gesamte Datenverkehr einer Person über solche Zentralpunkte läuft. Schließlich ist gerade die Dezentralität eine der herausragendsten Eigenschaften des Internet.
Um wirklich den gesamten Datenverkehr einer Zielperson überwachen zu können, bietet sich regelmäßig nur die Einzelverbindung an, über die die jeweilige Person Zugang zum Internet erlangt. Solange die Zielperson diese Einzelverbindung – etwa den gewöhnlichen Telefonanschluß, oder einen optionalen ADSL-Anschluß – für ihre Kommunikation über das Internet nutzt, werden auch 100% aller Daten hierüber empfangen und gesendet. Insoweit ist an dieser Stelle eine lückenlose Überwachung möglich. Nur wenn eine andere, als die bezeichnete Verbindung ins Internet genutzt wird, wird die Überwachung umgangen.
Mit diesen Maßnahmen können staatliche Behörden sodann nicht nur verfolgen, wo sich die Zielperson gerade im Internet befindet. Vielmehr ist auch ersichtlich, welche Inhalte sie wahrnimmt, was für Daten sie in das Internet sendet oder über dieses empfängt, egal ob via WWW, E-Mail, Usenet oder sonst einen Dienst des Internet.

bb) Die Unterstützung durch automatisierte Verfahren

Ebenso, wie bei der ungezielten Überwachung der Internet-Kommunikation mittels sogenannter „elektronischer Staubsauger", bieten sich auch bei der gezielten Überwachung der Internet-Kommunikation bestimmter Personen technische Systeme zur Unterstützung der insoweit tätigen Beamten der Strafverfolgungsbehörden an. Was die technische Ausstattung derartiger Systeme, sowie deren Effektivität anbelangt, sei an dieser Stelle auf die entsprechenden Ausführungen im Rahmen der gefahrabwehrenden Maßnahmen verwiesen. Der technische Ablauf einer solchen maschinellen Inhaltskontrolle ändert sich nicht, wenn diese zur Überwachung der Internet-Kommunikation bestimmter Personen eingesetzt wird. Der Unterschied liegt einzig in der gezielten Ausrichtung eines solchen Systems auf bestimmte Kommunikationsvorgänge.

cc) Rechtliche Beurteilung repressiv-motivierter Datenverkehrsüberwachungen

(1) Eingriff in Art. 10 I GG

Durch die gezielte Überwachung der Internetkommunikation einer bestimmten Person kann deren Recht aus Art. 10 I GG verletzt werden. Wie bereits erörtert, umfasst der Schutzbereich des Art. 10 I GG die Vertraulichkeit der individuellen, räumlich distanzierten Kommunikation.[740] Auch die (Tele-) Kommunikation über Dienste des Internet wird hiervon erfasst.[741] Der Schutzbereich des Art. 10 GG ist damit vorliegend eröffnet. Ebenso wie bei der ungezielten Überwachung des Datenverkehrs im Internet, ist auch bei der gezielten staatlichen Überwachung der Internetkommunikation bestimmter Personen, ein Eingriff in den Schutzbereich des Art. 10 GG gegeben.[742]

(2) Verfassungsrechtliche Rechtfertigung

Nötig ist somit eine gesetzlichen Befugnisnorm, aufgrund derer die Strafverfolgungsbehörden derartige Maßnahmen anordnen und durchführen. Im Bereich repressiven Handelns staatlicher Organe kann sich eine solche Befugnis nur aus der Strafprozessordnung ergeben. Insoweit kommt § 100a S. 1 StPO in Betracht. Dieser ermächtigt die Strafverfolgungsbehörden zur Überwachung und Aufzeichnung der Telekommunikation bestimmter Personen, wenn bestimmte Tatsachen den Verdacht begründen, dass jemand an einer Katalogtat nach § 100a S. 1 StPO beteiligt ist.

(a) Anwendbarkeit des § 100a StPO auf Kommunikation über das Internet

Zunächst müsste § 100a StPO auch auf Kommunikation über das Internet anwendbar sein. Dazu müsste der Begriff der Telekommunikation in § 100a StPO auch die Kommunikation im Internet umfassen. Telekommunikation im Sinne der StPO ist zu verstehen als der technische Vorgang des Aussendens, Übermittelns und Empfangens von Nachrichten jeglicher Art in der Form von Zeichen, Sprache, Bildern oder Tönen mittels technischer Einrichtungen oder Systeme, die als Nachrichten identifizierbare elektromagnetische oder optische Signale senden, übertragen, vermitteln, empfangen steuern oder kontrollieren können.[743] Diese Definition entspricht dem Verständnis von Telekommunikation und Telekommunikationsanlagen im Sinne des § 3 Nr. 16, 17 TKG. Die Kommunikation mittels digitalisierter Informationen im Internet erfüllt diese Voraussetzungen.[744] § 100a StPO kommt vorliegend somit grundsätzlich als Befugnisnorm in Betracht. Dabei ist zu beachten, dass sich die Auslegung des Merkmals Telekommunikation dabei am Grundrecht des Fernmeldegeheimnisses aus Ar. 10 I GG

---

740 Vgl. BVerfGE 85, 386, 398; 100, 313, 366.

741 Vgl. hierzu die Ausführungen zur rechtlichen Beurteilung der anlassunabhängigen Recherche.

742 Vgl. insoweit die Ausführungen zur ungezielten Überwachung der Internetkommunikation.

743 Vgl. Kleinknecht/Meyer-Goßner, § 100a, Rn. 2.

744 Vgl. KK-Nack, § 100a StPO, Rn. 7; ebenso Bär, Der Zugriff auf Computerdaten im Strafverfahren, S. 303 ff; sowie Eisenberg/Nischan, Strafprozessualer Zugriff auf digitale multimediale Videodienste, JZ 1997, 74, 77 f.

orientiert.[745] Ebenso, wie dort, ist somit auch im Rahmen der Prüfung des § 100a StPO der Begriff der Telekommunikation auf den rein technischen Vorgang und damit auf die **Übermittlungsphase** begrenzt.[746] Gerade aber bei der Kommunikation über das Internet entstehen insofern bestimmte Probleme, die in der Art und Weise der technischen Datenübertragung im Internet bedingt sind.

(aa) Zu Übertragungszwecken zwischengespeicherte Daten

So ist zunächst fraglich, wie es sich hierbei auswirkt, wenn Daten, die im Rahmen einer Kommunikation über das Internet versendet werden, vorübergehend auf Speichermedien abgespeichert werden. Wie bereits eingangs festgestellt, zeichnet sich der Datenversand über das Internet durch die Methode des Routings aus, bei dem die Datenpakete jeweils von einem Netzknotenrechner zum nächsten in Richtung auf ihr Ziel weitergesendet werden. Im Rahmen dieses Routings werden die Datenpakete für sehr kurze Zeit auf den jeweiligen Routern zwischengespeichert, bis dieser die weitere Route berechnet hat. Hier gilt insoweit das Gleiche wie im Rahmen des Art. 10 I GG. Der Übermittlungsvorgang und damit der Vorgang der Telekommunikation endet erst, wenn die Nachricht den Rechner ihres endgültigen Adressaten erreicht hat. Inhalte, die gerade zu Übermittlungszwecken z. B. auf solchen Routern zwischengespeichert werden, werden somit auch noch von § 100a StPO erfasst.[747] Erst wenn eine Nachricht beim Empfänger angekommen ist, ist der Übertragungsvorgang beendet und § 100a StPO insoweit nicht mehr anwendbar. Die gesendete Nachricht wird dann zu einer schlichten Information, die nur im Rahmen der oben vorgestellten Vorschriften überwacht werden kann.

(bb) Das Sonderproblem der Mailbox-Kommunikation

Einen Sonderfall stellt insofern die Kommunikation über sogenannte Mailbox-Systeme dar. Dabei werden Nachrichten über das Internet zu einem Rechner versandt, wo sie sodann gespeichert werden, bis der Empfänger auf diesen Server zugreift und die für ihn gespeicherten Nachrichten abruft. Hauptsächlich betrifft dies den Bereich der Kommunikation über E-Mails. Wird eine E-Mail versandt, so wird diese wie auch alle anderen Datensendungen in Pakete zerlegt und sodann ins Internet eingespeist. Sobald diese die Zieladresse erreicht haben, werden sie wieder zusammengesetzt und bis zum Abruf durch den Empfänger gespeichert. Insbesondere bei sogenannten Webmail-Diensten[748] stellt sich die Frage, ob der Übertragungsvorgang hiermit beendet ist und die jeweiligen Daten sich damit einer Überwachung nach § 100a StPO entziehen.

Sachgerecht erscheint an dieser Stelle eine differenzierte Betrachtung des Übermittlungsvorganges beim Versenden von E-Mails. So lässt sich die Übermittlungsphase im Falle zwischengeschalteter Mailbox-Systeme aufteilen in 3 Pha-

---

[745] Vgl. BVerfGE 46, 120, 143; KK-Nack, § 100a StPO, Rn. 4.

[746] Dies stellen auch Palm/Roy, NJW 1997, 1904; sowie Brenner, Die strafprozessuale Überwachung des Fernmeldeverkehrs mit Verteidigern, S. 254 fest.

[747] Vgl. Germann, Gefahrenabwehr und Strafverfolgung im Internet, S. 555 f.

[748] Dies sind Dienste, bei denen im WWW ein persönliches Postfach für E-Mails eingerichtet wird, die sodann von jedem Computer mit Internetzugang abgerufen werden können. Beispiele hierfür sind etwa Web.de, Lycosmail, GMX oder Hotmail.

sen.[749] In Phase 1 wird die Nachricht vom Absender zur Mailbox des Empfängers gesandt. Phase 2 ist diejenige Zeitspanne, in der die Nachricht auf dem Mailbox-Server „zwischengespeichert" wird. Der endgültige Abruf der Nachricht von der Mailbox durch den Empfänger wäre hiernach als Phase 3 zu verstehen. Sowohl in Phase 1 als auch in Phase 3 befindet sich die Nachricht tatsächlich in einem technischen Übermittlungsvorgang und ist damit unproblematisch Telekommunikation im Sinne des § 100a StPO. Problematisch ist insofern die rechtliche Beurteilung der Phase 2. Zum Teil wird diese Phase aus dem Telekommunikationsvorgang ausgeklammert. Die Sichtung derart abgelegter Nachrichten soll sich nach mancher Ansicht deshalb nicht nach § 100a StPO, sondern nach § 94 StPO richten.[750] Dem ist aber entgegen zu halten, dass § 94 StPO sich auf Gegenstände, d. h. bewegliche Sachen bezieht.[751] Elektronische Nachrichten wie z. B. E-Mails sind aber keine körperlichen Gegenstände in diesem Sinne.

Nach anderer Ansicht soll der oben als Phase 2 bezeichnete Zeitabschnitt schon grammatisch nicht unter den Begriff der Telekommunikation fallen. Aus der Definition der Telekommunikation im TKG, sowie aus dem allgemeinen Sprachgebrauch ergäbe sich, dass diese eine Bewegung, eben die Übermittlung selbst beschreibt.[752] Auch nach dieser Ansicht entziehen sich Nachrichten auf Mailboxen somit dem Zugriff des § 100a StPO.

Der Bundesgerichtshof dagegen hat in einer Entscheidung den einmaligen Zugriff über § 100a StPO auf Daten gestattet, die in den, unter den überwachten Telefonanschlüssen erreichbaren Mailboxen gespeichert waren.[753] In der Begründung trägt der BGH vor, dass § 100a StPO vor dem Hintergrund des technischen Fortschritts so ausgelegt werden müsse, dass eben auch Zugriffe auf Mailboxen, die über das öffentliche Leitungsnetz erfolgen, erfasst seien. Der technische Bereich der Fernmeldeanlage werde hierbei nicht verlassen und der Vorgang der Nachrichtenübermittlung an den Empfänger sei schließlich noch nicht abgeschlossen.[754]

Dem kann hier bedingt gefolgt werden. Tatsächlich endet der Telekommunikationsvorgang erst, wenn der tatsächliche Empfänger die Nachricht erhält. Der Zeitraum, in dem die Nachricht auf dem Server ruht und auf Abholung durch den Empfänger wartet, unterscheidet sich in Bezug auf ihre Bedeutung für die Übermittlung nicht von der kurzzeitigen Zwischenspeicherung der Nachrichten zu Übertragungszwecken, z. B. auf Routerrechnern. Dies gilt insbesondere, wenn der Empfänger der Nachricht gerade „online" ist und die Nachricht sofort abholt. Ebenso ist der Fall zu behandeln, wenn auf dem Mailbox-Server eine E-Mail-Weiterleitung installiert ist. Der Gegenansicht ist insoweit zuzustimmen, dass – gerade, wenn der Zeitraum zwischen Ankunft in und Abholung von der Mailbox länger ist – die Zuordnung der stationären Nachrichten unter den Beg-

---

[749] Vgl. Palm/Roy, NJW 1996, 1791, 1793; KK-Nack, § 100a StPO, Rn. 7 f.

[750] So vertreten von KK-Nack, § 100a StPO, Rn. 8. Wohl auch in diese Richtung argumentiert Bär, Der Zugriff auf Computerdaten im Strafverfahren, S. 297.

[751] Vgl. Kleinknecht/Meyer-Goßner, § 94, Rn. 4.

[752] Vgl. Palm/Roy, NJW 1997, 1904; Brenner, die strafprozessuale Überwachung des Fernmeldeverkehrs mit Verteidigern, S. 254.

[753] Vgl. BGH NJW 1997, 1934 ff.

[754] Vgl. BGH NJW 1997, 1934, 1935.

riff der Telekommunikation nicht gerade glücklich ist. Er passt nicht so recht in das Bild einer „herkömmlichen Telefonüberwachung", die man bei § 100a StPO zunächst im Kopf hat.[755] Entscheidend ist aber, dass der Telekommunikationsvorgang, d. h. die Übermittlung einer Nachricht von A nach B erst beendet ist, wenn diese B tatsächlich erreicht hat. Gleiches muss natürlich auch für den grundrechtlichen Schutz der Telekommunikation durch Art. 10 I GG gelten.
Festzuhalten ist, dass nach der vom BGH und hier vertretenen Ansicht eine Überwachung von E-Mails unter den Voraussetzungen des § 100a StPO auch dann möglich ist, wenn diese gerade auf einem Mailbox-Server ruhen und auf ihre Abholung durch den Empfänger warten. Um die sprachtechnischen Schwierigkeiten, die zugegeben bei der Einordnung ruhender Daten in den Telekommunikationsbegriff entstehen, zu überwinden, wäre wünschenswert, dass der Gesetzgeber insofern eine Klarstellung in die Vorschrift des § 100a StPO aufnimmt, die ausdrücklich auch solche ruhenden Nachrichten erfasst. Hierbei ist jedoch zu beachten, dass die insoweit gefundene Lösung nicht nur für die Kommunikation via E-Mails gilt, sondern überall dort, wo in einen Telekommunikationsvorgang eine Mailbox zwischengeschaltet wird. Eine Voicebox ist insofern nur ein Unterfall der Mailbox.

(b) Weitere Voraussetzungen des § 100a StPO

Was die weiteren Voraussetzungen des § 100a StPO anbelangt, ist insbesondere der Straftatenkatalog von Bedeutung. Nur wenn bestimmte Tatsachen den Verdacht begründen, dass eine Tat im Sinne der § 100a S. 1 Nr. 1 bis 5 StPO vorliegt, können Überwachungsmaßnahmen nach dieser Norm angeordnet werden. In diesem Zusammenhang fällt auf, dass dieser Katalog keine Straftaten gegen die sexuelle Selbstbestimmung enthält. Gerade aber mit Blick auf die zunehmende Zahl der Fälle von Kinderpornographie und den bekannten Schwierigkeiten der Ermittlungsmaßnahmen in diesen Fällen, scheint eine Aktualisierung dieser Norm auch an dieser Stelle überfällig.
Weiterhin ist zu beachten, dass Maßnahmen nach § 100a StPO sich nur gegen bestimmte Personen richten dürfen, d. h. gegen den Beschuldigten oder auch gegen andere Personen, die für den Beschuldigten als Nachrichtenmittler auftreten. Unter Umständen können Maßnahmen nach dieser Norm auch gegenüber Nichtverdächtigen vorgenommen werden, wenn diese nach den §§ 52 ff StPO im konkreten Fall zeugnisverweigerungsberechtigt sind.[756] Außerdem beinhaltet diese Vorschrift selbst eine Ausprägung des Grundsatzes der Verhältnismäßigkeit. Nach § 100a S. 1 StPO a.E. sind derartige Maßnahmen nur zulässig, wenn die Erforschung des Sachverhalt auf andere Weise aussichtslos ist oder wesentlich erschwert würde. Diese Klausel stellt sicher, dass es alternativ zu Maßnahmen nach § 100a StPO keine milderen Mittel geben darf und ist somit Teil der Erforderlichkeitsprüfung im Rahmen des Grundsatzes der Verhältnismäßigkeit. Damit ist ein Eingriff durch die gezielte Überwachung der Internet-Kommunikation einer bestimmten Person verfassungsrechtlich gerechtfertigt, wenn diese unter den Voraussetzungen des § 100a StPO vorgenommen wird.

[755] Vgl. BGH NJW 1997, 1934, 1935.

[756] Vgl. Beulke, Jura 1986, 640, 642; Werle, JZ 1991, 482, 483; bestätigt durch BVerfGE 30, 1, 22.

(3) Eingriff in das Recht auf informationelle Selbstbestimmung?

Fraglich ist, ob neben einem Eingriff in Art. 10 I GG auch ein Eingriff in das Recht auf informationelle Selbstbestimmung in Betracht kommt. Schließlich verliert die Zielperson derartiger Überwachungen die Entscheidungsgewalt, was mit den Informationen ihrer Telekommunikationsvorgänge geschieht und wer hiervon Kenntnis erlangt. Hierbei ist jedoch zu beachten, dass das Fernmeldegeheimnis des Art. 10 I GG lex specialis gegenüber dem Recht auf informationelle Selbstbestimmung nach Art. 2 I GG i.V.m. Art. 1 I GG ist.[757] Nachdem vorliegend das Fernmeldegeheimnis und damit Art. 10 I GG mit seinem Schutzbereich einschlägig sind, kommt eine Prüfung des Rechts auf informationelle Selbstbestimmung insoweit nicht mehr in Betracht.

dd) Zwischenergebnis

Was die gezielte Überwachung der Internet-Kommunikation bestimmter Personen anbelangt, ist nunmehr folgendes festzuhalten. Derartige Maßnahmen sind technisch denkbar und können in gewissem Umfang durch automatisierte Verfahren unterstützt werden. In solchen Maßnahmen liegt ein Eingriff in das Fernmeldegeheimnis des Art. 10 GG. Dieser Eingriff zu Zwecken der Strafverfolgung ist jedoch verfassungsrechtlich gerechtfertigt, soweit diese Maßnahmen auf Grundlage des § 100a StPO angeordnet und durchgeführt werden. In diesem Rahmen sind solche Überwachungsmaßnahmen somit zulässig. Wegen der Spezialität des Art. 10 I GG kommt neben der Prüfung des Fernmeldegeheimnisses eine Prüfung des Rechts auf informationelle Selbstbestimmung nicht mehr in Betracht.

3. Weitere Verfahren zur Identifizierung von Inhalten im Internet

Daneben könnten weitere Maßnahmen in Betracht kommen, mit deren Hilfe staatliche Behörden Inhalte im Internet identifizieren können.

a) Öffentlichkeitsarbeit im Internet

Zunächst können sich die entsprechenden Stellen in publizistischer Weise der Verbreitungswege des Internet bedienen, um auf diesem Wege Informationen über unerwünschte Inhalte im Internet zu erlangen. Derartige Maßnahmen könnten unter dem Oberbegriff „Öffentlichkeitsarbeit" zusammengefasst werden. Beispielsweise können sie in geeigneten Foren zu Mitteilungen über Angebote störenden Inhaltes aufrufen, oder aber am Informationsaustausch teilnehmen, den private Initiativen zur Bekämpfung unerwünschter Inhalte im Internet pflegen.[758] Einige offizielle Stellen haben bereits von dieser Möglichkeit Gebrauch gemacht und rufen auf ihren Homepages zur Meldung unerwünschter Inhalte im Internet auf.[759] Streng genommen werden durch derartige Maßnahmen nicht

---

[757] Vgl. Löwer in v. Münch/Kunig, Art. 10, Rn. 55; bestätigt durch BVerfGE 67, 157. 171, sowie nunmehr ausdrücklich durch Urteil vom 14.7.1999, EuGRZ 1999, 389, 402.

[758] Vgl. Germann, Gefahrenabwehr und Strafverfolgung im Internet, S. 510.

[759] Darunter das Bundeskriminalamt, die Landeskriminalämter von Baden-Württemberg, Bayern und Nordrhein-Westfalen, Jugendschutz.net, sowie die Bezirksregierung Düsseldorf. Weitere Stellen mit deren Internet-Adressen finden sich unter der bereits genannten Adresse http://www.iid.de/diverse_links/schmutz.html.

unmittelbar Erkenntnisse über bestimmte Inhalte im Internet gewonnen. Dennoch können hierdurch sowohl im Rahmen der Gefahrenabwehr- und Strafverfolgungsvorsorge, als auch im Rahmen der Strafverfolgung selbst wertvolle Erkenntnisse gewonnen werden. Insoweit verdienen auch Maßnahmen solcher Art eine gewisse Beachtung.

Was die rechtliche Beurteilung dieser Maßnahme zur Identifizierung problematischer Inhalte im Internet anbetrifft, so lässt sich feststellen, dass hierdurch keine Grundrechte verletzt werden. Vielmehr wird hierdurch lediglich die Aufmerksamkeit auf ein bestimmtes Thema gelenkt. Zwar wird dabei aktiv auf die Kenntnisnahme personenbezogener Daten hin gewirkt, indem zu bestimmten Beobachtungen und zu deren Weitergabe an die Polizei aufgerufen wird. Die Tatsache, dass eine zuständige Behörde die Wahrnehmungen von Internet-Teilnehmern über problematische Inhalte zu deren Unterbindung oder Verfolgung verwenden wird, ist für die Betroffenen jedoch überschaubar.[760] Maßnahmen dieser Art liegen deutlich unter der Eingriffsschwelle. Hierfür bedarf es somit weder einer gesetzlichen Befugnis, noch einer sonstigen verfassungsrechtlichen Rechtfertigung. Entsprechende Maßnahmen sind bereits durch den allgemeinen Auftrag zur Gefahren- und Kriminalprävention möglich.

b) Verpflichtung der Internet-Dienstleister zu inhaltlichen Recherchen

Neben solchen Maßnahmen, die staatliche Stellen durch die eigene Teilnahme am Datenverkehr im Internet verwirklichen können, können sie andere Beteiligte an der Internet-Kommunikation in den Kampf gegen die Verbreitung insbesondere rechtswidriger Inhalte einbinden. Beispielsweise können Internet-Dienstleister per Gesetz zur Unterstützung und Mitarbeit verpflichtet werden. Eine derartige Maßnahme bietet sich insbesondere im gefahrpräventiven Bereich an, ist aber auch im Bereich der Strafverfolgung unter Umständen denkbar.

Dazu müssten die Anbieter von Internet-Dienstleistungen zu einer proaktiven Kontrolle von Inhalten angehalten werden, die über ihre Infrastruktur verbreitet oder zum Abruf bereitgehalten werden.[761] Dabei könnten sich Provider dann der oben genannten technischen Möglichkeiten bedienen, um eine möglichst effektive Inhaltskontrolle zu gewährleisten und auch den damit verbundenen Aufwand in Grenzen zu halten. Allerdings stehen dieser Möglichkeit, Provider zu staatlichen Kontrollinstanzen „umzupolen“ gewichtige rechtliche Bedenken gegenüber. Zum Einen sind diese Anbieter nach § 85 TKG an das Fernmeldegeheimnis gebunden, zumindest hinsichtlich solchen Inhalte, die nichtöffentlicher Natur sind und sich in der Übermittlungsphase befinden. Diese Verpflichtung der Anbieter zur Wahrung des Fernmeldegeheimnisses würde durch gesetzlich verordnete Inhaltskontrollen deutlich beschränkt. Zudem läge in dieser gesetzlichen Verpflichtung die genaue Umkehr dessen, was sich aus den §§ 5 II, III MDStV, bzw. aus den §§ 8 ff TDG ergibt: die Haftung der Provider würde nicht begrenzt, sondern deutlich ausgeweitet. Die verantwortlichkeitsbegrenzende Funktion des Erfordernisses der positiven Kenntnis von Inhalten ginge verlo-

---

[760] Vgl. Germann, Gefahrenabwehr und Strafverfolgung im Internet, S. 510 f.

[761] Vgl. von Bonin, Die Kontrolle digitaler Kommunikationsinhalte, S. 179.

ren.[762] Seit den Änderungen des TDG durch EGG wird eine aktive Kontrollpflicht der Provider in § 8 II S. 1 TDG ausdrücklich verneint. Gleiches ergibt sich auch aus der Systematik des Mediendienstestaatsvertrages. Im Rahmen der weiteren Umsetzung der ECRL bleibt abzuwarten, bis eine dem § 8 II S. 1 TDG entsprechende ausdrückliche Formulierung in den Mediendienstestaatsvertrag eingefügt wird.

Darüber hinaus könnte in einer derartigen gesetzlichen Verpflichtung der Provider ein Eingriff in deren Berufsfreiheit nach Art. 12 I GG darstellen. Internet-Service-Provider existieren zumeist in Form von Kapitalgesellschaften und damit als juristische Personen. Nach Art. 19 III GG entfalten die Grundrechte aber auch in diesen Fällen Wirkung, soweit sie auf die juristischen Personen ihrem Wesen nach anwendbar sind.

Der Berufsbegriff im Rahmen des Art. 12 GG wird denkbar weit verstanden[763] und umfasst somit auch das gewerbliche Erbringen von Dienstleistungen im Internet. Kontrollverpflichtungen, die sich aus Gesetzen ergeben, würden einen Eingriff in die Berufsausübungsfreiheit dieser Unternehmen darstellen.

Fraglich ist, ob dieser Eingriff verfassungsrechtlich zu rechtfertigen wäre. Nach Art. 12 I S. 2 GG unterliegt die Berufsfreiheit einem einfachen Gesetzesvorbehalt. Demnach ist ein Eingriff in dieses Grundrecht nur durch oder auf der Grundlage eines Gesetzes möglich. Voraussetzung hierfür ist jedoch, dass dieses Gesetz selbst wiederum der Verfassung entspricht. Dazu müsste es vor allem dem Grundsatz der Verhältnismäßigkeit gerecht werden. Eine solche Regelung würde einen legitimen Zweck verfolgen und wohl auch zu dessen Erreichung geeignet sein. Angesichts der Möglichkeiten einer Inhaltskontrolle im Internet sind auch nicht ohne weiteres mildere Mittel denkbar, die gleich effektiv anmuten.

Problematisch ist einzig die Frage nach der Angemessenheit einer solchen Regelung. Im Rahmen der Berufsfreiheit, stellt die vom Bundesverfassungsgericht entwickelte Stufenlehre, eine besondere Ausprägung des Grundsatzes der Verhältnismäßigkeit dar.[764] Danach sind, je nach dem, auf welcher Stufe die Beeinträchtigung stattfindet, unterschiedliche Anforderungen an die Verhältnismäßigkeit der jeweiligen Maßnahme zu stellen. Wie dargestellt, läge in einer Kontrollverpflichtung der Provider ein Eingriff in die Berufsausübung. Diese stellt die erste und zugleich geringste Stufe hoheitlicher Eingriffe dar. Derartige Eingriffe sind nach der Stufenlehre gerechtfertigt, wenn „Gesichtspunkte der Zweckmäßigkeit" sie verlangen, wobei es im Einzelnen um eine Abwägung der drohenden Gefahren für die Allgemeinheit gegenüber den Rechten des betroffenen Berufsstandes geht.[765] Rechtswidrige Inhalte in den Diensten des Internet decken ein breites Spektrum von Gefährdungen für die Allgemeinheit ab. Von

---

[762] Vgl. Hierzu auch Anmerkung von Sieber, MMR 1998, S. 429 ff, mit Verweis auf Engel-Flechsig/Maennel/Tettenborn, Neue gesetzliche Rahmenbedingungen für Multimedia, Die Regelungen des IuKDG und des MDStV, 1998, S. 17 f; Spindler, NJW 1997, 3193, 3196.

[763] Vgl. nur Pieroth/Schlink, Rn. 876 ff.

[764] Diese Theorie wurde vom Bundesverfassungsgericht im sogenannten Apothekenurteil (E 7, 377 ff) entwickelt und seit dem zahlreich angewandt und bestätigt. Inzwischen ist diese Theorie nahezu einhellige Meinung, vgl. nur Jarass in Jarass/Pieroth, Art. 12, Rn. 17; Breuer, HdbStR VI, § 148, Rn. 8.

[765] Vgl. Pieroth/Schlink, Rn. 920.

der Wirkung, die pornographische Inhalte insbesondere auf Jugendliche und deren Entwicklung haben, bis hin zur gezielten Verabredung von Verbrechen oder terroristischen Aktivitäten. Damit bergen diese Inhalte zumindest mittelbar Gefahren für Leib und Leben. Gegenüber diesem Gefahrenpotential muten die sich aus einer solchen Regelung ergebenden Einschränkungen für die Berufsfreiheit der Provider eher gering an. Damit ist die gesetzliche Inpflichtnahme der Erbringer von Internet-Dienstleistungen im Grundsatz von den Schranken des Art. 12 I S. 1 GG gedeckt.[766] Hierbei ist jedoch zu beachten, dass die mit einer solchen Inpflichtnahme der Provider verbundenen Lasten für diese (insbesondere finanzieller Art) zumutbar bleiben müssen, um dem Grundsatz der Verhältnismäßigkeit zu genügen.[767] Werden diese Belastungen für die Provider unzumutbar, so hat auch die Abwägung gegenüber dem Gefährdungspotential für die Allgemeinheit anders auszufallen.
Somit bleibt festzuhalten, dass eine Verpflichtung der Internet-Service-Provider zu inhaltlichen Kontrollen verfassungsrechtlich durchaus denkbar wäre. Allerdings müsste insoweit berücksichtigt werden, inwieweit eine derartige Inpflichtnahme der Provider mit den Haftungsgrundsätzen zu vereinbaren wäre, die sich aus den neuen Multimediaregelungen des TDG und des MDStV ergeben.
Abgesehen von dieser Problematik wäre die gesetzliche Miteinbindung der Provider in den Kampf gegen rechtswidrige Inhalte im Internet somit durchaus denkbar. Inwieweit staatliche Stellen auf derartige Delegierungen aus rechtspolitischen Gründen zurückgreifen könnten, möge an dieser Stelle offen gelassen werden. Jedenfalls stellt die gesetzliche Inpflichtnahme der Internet-Service-Provider einen im Wesentlichen gangbaren Weg für die Identifizierung rechtswidriger Inhalte im Internet dar.

II. Identifikation durch Provider

1. Darstellung dieser Möglichkeit

Neben staatlichen Stellen können auch unmittelbare Teilnehmer an der Internetkommunikation rechtswidrige und sonst schädliche Inhalte identifizieren. Insoweit kommen insbesondere die Internet-Service-Provider in Betracht. Anders als bei der oben angesprochenen, gesetzlichen Inpflichtnahme dieser Akteure im Internet, könnten diese auch freiwillig die jeweils von ihnen übermittelten Daten, sowie die zum Abruf oder sonst gespeicherten Inhalte kontrollieren. Insoweit kommt natürlich insbesondere den Host-Providern eine besondere Stellung zu. Sie vermitteln „Webspace", d. h. sie stellen – auf eigenen Servern – Speicherplatz zur Verfügung, den sie Dritten, zum Teil gegen, zum Teil auch ohne Gebühr, zur Verfügung stellen. Damit kommen sie sozusagen am engsten mit dem Großteil der im Internet erhältlichen Inhalten in Berührung. Daneben sind Identifizierungsmaßnahmen aber auch von Service- und insbesondere auch von Access-Providern denkbar. Jeder dieser Anbieter kommt in einem bestimmten Punkt besonders eng mit den von Dritten übermittelten, bzw. bereitgehaltenen oder abgerufenen Inhalten in Kontakt. Was die technischen Aspekte derartiger

[766] Vgl. Germann, Gefahrenabwehr und Strafverfolgung im Internet, S. 575.
[767] Vgl. insoweit BVerfGE 22, 380, 384 ff; 30, 292, 312, 316 f, 325 f; 33, 240, 244 ff; 85, 329, 334.

Kontroll- und Identifizierungsmaßnahmen anbelangt, so sei auf die hierzu gemachten Ausführungen im Rahmen der staatlichen Inhalte-identifizierung im Internet verwiesen. Insoweit ergeben sich keine Unterschiede.

2. Rechtliche Beurteilung der Identifikation von Inhalten durch Provider

Fraglich ist jedoch, wie derartige Kontrollen rechtlich zu beurteilen wären. Würden derartige Maßnahmen durch die Provider durchgeführt, so läge zunächst ein gewisser rechtlicher Vorteil darin, dass die Provider insoweit auf eigene Servern, bzw. die eigene Infrastruktur zugreifen könnten, die unter ihrer Verfügungsgewalt steht.[768]

a) Beschränkungen aus den Grundrechten

Die Identifizierung von Inhalten in den Diensten des Internet könnte durch die Grundrechte beschränkt sein. Hierzu müssten diese im Verhältnis zwischen Provider und Nutzer unmittelbar anwendbar sein. Es ist allgemein anerkannt, dass die Grundrechte auch auf horizontaler Ebene, d. h. unter Privaten Wirkungen entfalten. Allerdings wird ihnen – abgesehen von der Koalitionsfreiheit des Art. 9 III GG, dessen unmittelbare horizontale Wirkung fast unbestritten ist[769] – nahezu einhellig lediglich eine mittelbare Drittwirkung im Bereich des Privatrechts zugesprochen.[770] Danach entfalten die Grundrechte nur im Rahmen von Generalklauseln direkte Wirkungen im Privatrecht, so dass diese Generalklauseln auch als die „Einbruchstellen der Grundrechte" bezeichnet werden.[771] Vorliegend geht es um die Identifizierung von Inhalten im Internet durch Privatorgane (Provider). Insoweit sind keine Generalklauseln betroffen. Damit entfalten die Grundrechte im vorliegenden Fall keine direkten Wirkungen gegenüber etwaigen Maßnahmen der Internet-Service-Provider. Damit ergeben sich hierfür insoweit auch keine rechtlichen Beschränkungen aus den Grundrechten.

b) Beschränkungen aus sonstigem Recht

Rechtliche Beschränkungen können sich allerdings aus dem allgemeinen Recht ergeben. Allgemeines Recht ist insofern jeder Regelungstatbestand, der das Verhältnis Privater untereinander zum Gegenstand hat.

aa) Telekommunikationsrecht

Grenzen für inhaltliche Kontrollen der Internet-Service-Provider ergeben sich aus dem Recht der Telekommunikation. Nach § 85 I TKG unterliegen die Inhalte der Telekommunikation, sowie deren nähere Umstände, dem Fernmeldegeheimnis. Erfasst hiervon wird die Telekommunikation, d. h. Inhalt und Umstände des technischen Vorgangs des Aussendens, Übermitteln und Empfangens von Nachrichten jeder Art mittels Telekommunikationsanlagen im Sinne des § 3 Nr. 16, 17 TKG. Das Fernmeldegeheimnis findet somit auf all jene Inhalte Anwen-

[768] Vgl. Sieber, Verantwortlichkeit im Internet, Rn. 97.
[769] Vgl. Löwer in v. Münch/Kunig, Art. 9, Rn. 85.
[770] Vgl. insoweit statt vieler nur v. Münch in v. Münch/Kunig, Vorb. Art. 1-19 GG, Rn. 31; sowie BVerfGE 7, 230, 233 f; 24, 278, 282; 34, 269, 280; 84, 192, 194.
[771] Vgl. BVerfGE 7, 198, 206 mit Verw. auf Dürig in Neumann/Nipperdey/Scheuner, die Grundrechte, Band II, S. 525.

dung, die sich gerade im Übermittlungsvorgang befinden und ist insoweit auf den fließenden Datenverkehr beschränkt.
Durch § 85 II TKG werden die gewerbsmäßigen Diensteanbieter zur Wahrung des Fernmeldegeheimnisses verpflichtet. Internet-Service-Provider bieten ihre Dienste geschäftsmäßig im Internet an. Eine Gewinnerzielungsabsicht ist insoweit nicht erforderlich.[772] Vielmehr werden auch unentgeltliche Dienste erfasst, soweit diese über den rein privaten Raum hinausgehen. Auf Internet-Service-Provider trifft dies in aller Regel zu. Konkretisiert wird der Inhalt des Fernmeldegeheimnisses durch § 85 III TKG. Demnach ist es den nach Abs. 2 Verpflichteten untersagt, sich oder anderen über das für die geschäftsmäßige Erbringen der Telekommunikationsdienste erforderliche Maß hinaus, Kenntnis vom Inhalt oder den näheren Umständen der Telekommunikation zu verschaffen. Durch eine Inhaltskontrolle der Provider würden sich diese Kenntnis vom Inhalt der Telekommunikation ihrer Kunden verschaffen. Dies ist zur geschäftsmäßigen Erbringung von Telekommunikationsleistungen grundsätzlich nicht erforderlich und daher unzulässig.[773] In Betracht kommen könnte allenfalls eine Überwachung der Verbindungsdaten, die allerdings keinen Rückschluss auf die insoweit übermittelten Inhalte zulassen und damit für eine rein inhaltlich ausgerichtete Kontrolle nur wenig hilfreich wäre.
Etwas anderes ergibt sich auch nicht aus § 85 III S. 3 TKG. Dieser normiert gewisse Ausnahmen. Allerdings betreffen diese Ausnahmen ausschließlich die Zweckbindung, der im Rahmen des § 85 III S. 1 TKG in zulässiger Weise erworbenen Kenntnisse. Kenntnisse über den Inhalt von Telekommunikationsvorgängen können aber, wie gesagt, grundsätzlich nicht zulässig im Sinne des § 85 III S. 1 TKG erworben werden. Damit hilft auch die Regelung des § 85 III S. 3 TKG vorliegend nicht weiter. Internet-Service-Provider, die sich Kenntnis vom Inhalt der Telekommunikation ihrer Kunden verschaffen, verletzen dadurch das Fernmeldegeheimnis des § 85 TKG. Hierfür finden sich Sanktionen außerhalb des TKG, z. B. in § 206 StGB. Neben dieser strafrechtlichen Sanktionierung kann außerdem ein Anspruch auf Schadensersatz gegen die Provider aus § 40 TGK oder § 823 BGB in Betracht kommen.
Daraus ergibt sich, dass eine inhaltliche Überwachung des Datenverkehrs im Internet, während des Übermittlungsvorganges, durch die Internet-Service-Provider nach geltendem Recht unzulässig ist.

bb) Datenschutzrecht

Eine inhaltliche Kontrolle durch die Provider kommt aber im Bereich derjenigen Inhalte in Betracht, die auf Servern der jeweiligen Provider zumindest vorübergehend abgespeichert sind und sich nicht mehr in der Übermittlungsphase befinden. Insofern kommen freilich nur diejenigen Provider in Frage, die Speicherplatz Dritten – in welcher Form auch immer – zur Verfügung stellen. Nur sie haben unmittelbaren Zugriff auf abgespeicherte Daten. Reine Access- oder Network-Provider scheiden insoweit aus. Bezüglich inhaltlicher Kontrollen in diesem Bereich könnten sich Einschränkungen für die Provider aus anderen, z. B. datenschutzrechtlichen Regelungen ergeben. Zunächst kommen insoweit ver-

[772] Vgl. Haß in Manssen, C § 85, Rn. 6 ff.
[773] Vgl. Haß in Manssen, C § 85, Rn. 17.

schiedene datenschutzrechtlichen Vorschriften in Betracht. Vorliegend geht es um die Kontrolle von Inhaltsdaten in Tele- und Mediendiensten. Insoweit könnten zunächst Vorschriften des TDDSG, bzw. der §§ 12 ff MDStV, darüber hinaus aber auch das BDSG einschlägig sein. Eine inhaltliche Kontrolle setzt sich aus der Erhebung von Daten und deren Bewertung, d. h. Verarbeitung zusammen. Was die Erhebung und Verarbeitung gerade von Inhaltsdaten anbelangt, so sei zunächst festgestellt, dass keines der insoweit in Betracht kommenden Regelungswerke diese aus seinem Wirkungsbereich ausschließt. Jeweils ist von „personenbezogenen Daten" die Rede, welche in ihrer Allgemeinheit auch die Inhaltsdaten erfassen.[774]

Zum Teil wird die Ansicht vertreten, dass insoweit ausschließlich das BDSG Anwendung finden könne.[775] Immerhin sei die Verarbeitung von Inhaltsdaten im Rahmen des TDDSG nicht gesondert erwähnt. Nach dem Wortlaut des § 3 TDDSG wir die Verarbeitung aller „personenbezogener Daten" erfasst. Dies schließt auch die Inhaltsdaten mit ein.[776] Letztlich ergibt sich dies auch aus der Gesetzesbegründung zum TDDSG, die zu dessen Anwendungsbereich im Rahmen des § 1 I TDDSG ausführt, dass die „Übermittlung" in diesem Sinne die Vermittlung und Übertragung der *Inhalte* umfasst, „die durch Teledienste ermöglicht werden".[777] Gleiches gilt im Wesentlichen auch für die datenschutzrechtlichen Vorschriften des MDStV. Deshalb kommt bezüglich der Inhaltsdaten im Internet nicht nur ausschließlich das BDSG, sondern alle insofern genannten Reglungskataloge in Betracht. Allerdings enthalten sowohl das TDDSG wie auch die §§ 12 ff MDStV keine speziellen Regelungen für die Verarbeitung von Inhaltsdaten. Hieraus und aus den Vorschriften des § 3 II TDDSG, sowie des § 12 II MDStV ergibt sich, dass in solchen Fällen subsidiär das BDSG einschlägig ist. Da es vorliegend um die Erhebung von Daten durch nichtöffentliche Stellen (Provider) geht, sind insofern die Vorschriften des § 27 ff BDSG einschlägig.

§ 28 I S. 2 BDSG macht das Verarbeiten von personenbezogenen Daten von bestimmten Voraussetzungen abhängig. Hierzu muss gesagt werden, dass diese Problematik sich nur dann stellt, soweit es sich um personenbezogene Daten handelt. Weisen die jeweils gesichteten Daten keinerlei Personenbezug auf, oder wurden sie faktisch anonymisiert, so entsteht auch keine datenschutzrechtliche Problematik. § 28 I S. 2 BDSG betrifft die Verarbeitung ausschließlich personenbezogener Daten. Fraglich ist, ob hiervon auch deren Erhebung erfasst wird. Es besteht weitgehend Einigkeit darüber, dass der Aufbau dieser Norm verfehlt ist und demnach auch die Erhebung von Daten den genannten Verarbeitungsvarianten gleichzusetzen ist.[778] Demnach ist die Erhebung und Verarbeitung von Daten nur im Rahmen der von § 28 I S. 1 Nr. 1 bis Nr. 4 erwähnten Möglichkeiten zulässig. Was die Sichtung der öffentlichen Inhalte durch Provider auf deren Servern anbelangt, so ist diese nach § 28 I S. 1 Nr. 3 BDSG zulässig, da diese

---

[774] Vgl. Engel-Flechsig, DuD 1997, 8, 11; Dix in Roßnagel, Teil 3, § 5, Rn. 52; Engel-Flechsig/Maennel/Tettenborn, Neue gesetzliche Rahmenbedingungen für Multimedia, S. 14.

[775] Vgl. Müthlein/Gola/Jaspers, Beilage in RDV 5/1997, 1, 8 ff; Bäumler, DuD 1999, 258, 259.

[776] Ebenso Schmitz in Hoeren/Sieber, Teil 16.4, Rn. 99.

[777] Vgl. BT-Drucksache 13/7385, S. 21; Schmitz in Hoeren/Sieber, Teil 16.4, Rn. 99.

[778] Vgl. Simitis, u.a., BDSG, § 28, Rn. 55.

Daten aus allgemein zugänglichen Quellen erhoben werden und insoweit das schutzwürdige Interesse des Betroffenen eher als gering einzustufen ist. Was die Kontrolle **nicht**öffentlicher Inhalte auf den Servern anbelangt, so ergibt sich hierfür keine Zulässigkeit aus § 28 I S. 1 BDSG. Soweit also personenbezogene Daten Gegenstand von Sichtungen seitens der Provider sind, verstoßen diese Sichtungen gegen das Datenschutzrecht.

cc) Multimediarecht

Daneben ergeben sich rechtliche Beschränkungen für die Provider auch aus den allgemeinen multimediarechtlichen Bestimmungen des TDG, bzw. des MDStV. Zwar enthalten diese Regelungskataloge – abgesehen von den datenschutzrechtlichen Bestimmungen – keine näheren Überwachungs- oder Kontrollverbote. Dennoch wirken sie gegenüber providerseitigen Kontrollen indirekt. Die §§ 5 TDG/MDStV regeln, wann ein Anbieter für welche Informationen verantwortlich ist. Letztlich ergibt sich insbesondere für Host-Provider hieraus, dass sie verantwortlich und damit haftbar für rechtswidrige Inhalte sind, sobald sie von diesen Kenntnis erlangen. Führen Provider damit inhaltliche Kontrollen in den auf ihren Servern abgespeicherten Daten durch und erlangen hierbei Kenntnis von rechtswidrigen Inhalten, so wird hierdurch – die Entfernbarkeit dieser Inhalte vorausgesetzt – eine Haftung dieser Provider ausgelöst. Diese Tatsache spricht vielmehr dafür, dass Provider möglichst wenig Kontrollen anstellen, um auch das darin bedingte Haftungsrisiko möglichst gering zu halten. Damit wird die Möglichkeit, dass Provider Inhalte auf den von ihnen zur Verfügung gestellten Servern kontrollieren auch insoweit eingeschränkt.

Zusammenfassend lässt sich feststellen, dass Inhaltskontrollen zur Identifizierung rechtswidriger Inhalte in den Diensten des Internet durch die Provider nur in Betracht kommen, als allgemein und öffentlich zugängliche Inhalte betroffen sind. Und auch insoweit ist eine effektive Inhaltskontrolle durch die Provider dahin gehend beschränkt, als dass sich aus der Kenntniserlangung über rechtswidrige Inhalte eine Haftung für diese nach den §§ 5 II TDG/MDStV ergibt. Eine Lösung hierfür könnte die Einführung eines *„Notice-and-take-down-Verfahrens“* sein, das auch dieses Haftungsrisiko angemessen begrenzt. In einem solchen Modell könnten die Provider verpflichtet werden, eine inhaltliche Kontrolle etablieren und etwaige rechtswidrige Inhalte umgehend entfernen.[779] Hierdurch darf natürlich nicht staatlichen Behörden die Möglichkeit zur Strafverfolgung genommen werden, indem problematische Inhalte als Beweismittel vernichtet werden. Insofern ist ein Tätigwerden der Provider zwar grundsätzlich denkbar und in gewissem Umfange auch wünschenswert. Andererseits muss ein solches Tätigwerden, angesichts etwaiger strafrechtlicher Konsequenzen für die Anbieter, auch mit den zuständigen staatlichen Stellen abgestimmt werden.

[779] Dies regen auch Machill/ Watermann, an im Memorandum der Bertelsmannstiftung „Verantwortung im Internet“, 1999, S. 31f; ebenso Manssen, in Kloepfer, S. 241, 255.

III. Identifikation durch Nutzer und private Initiativen

Auch durch Nutzer und private Initiativen werden problematische Inhalte im Internet identifiziert. Diese können die öffentlichen Inhalte im Internet sichten und etwaige Verstöße oder Bedenken an die zuständige Stelle, d. h. Polizei oder Provider melden. Hierbei ist zu beachten, dass Nutzer Recherchen dieser Art lediglich im Rahmen der allgemein zugänglichen Inhalte, sowie im Rahmen derjenigen nichtöffentlichen Inhalte durchführen dürfen, zu denen sie als Befugte Zugang haben. Dringen Nutzer in nichtöffentliche Inhalte im oder über das Internet ein, so können sie sich als Unbefugte der Ausspähung von Daten gem. § 202 a StGB strafbar machen, sobald sie dabei vom Nutzer implementierte Zugriffssperren überwinden oder umgehen. Auch gilt, dass insbesondere die Strafverfolgungsbehörden an einer Unterstützung durch die Nutzer des Internet interessiert sind. Diese muss jedoch im Rahmen des rechtlich Zulässigen bleiben, um wirklich eine Hilfe im Kampf gegen rechtswidrige und sonst problematische Inhalte im Internet darzustellen. Gleiches gilt im Wesentlichen für private Initiativen, die sich dem Kampf gegen rechtswidrige und sonst schädigende Inhalte in den Diensten des Internet verschrieben haben.[780] Auch derartige Ansätze für eine Kontrolle von Inhalten im Internet sind nur dann sinnvoll und effektiv, wenn die insoweit tätigen Stellen verdächtige Materialien an die Behörden oder den jeweiligen Internet-Provider melden. Dabei haben auch solche Initiativen sich an den für jedermann geltenden Rechtsrahmen zu halten, was die Suche nach bestimmten Inhalten im Internet anbetrifft.

IV. Technologische Grenzen der Identifizierung von Inhalten im Internet

Die Identifikation von Inhalten in den Diensten des Internet, egal ob diese durch staatliche Stellen, Provider oder Nutzer durchgeführt wird, sieht sich jedoch technischen Problemen gegenüber.

1. Das Datenvolumen in den Diensten des Internet

Ein erhebliches Problem für inhaltliche Kontrollen in den Diensten des Internet stellt das enorme Datenvolumen dar, das über das Internet transportiert, bzw. in dessen Diensten bereitgehalten wird. Die Chancen für eine effektive Inhaltskontrolle hängen davon ab, wie vollständig und umfassend die Inhalte der einzelnen Dienste kontrolliert werden können. Für eine effektive Inhaltskontrolle im Internet wäre die vollständige Durchsuchung aller im und über das Internet verfügbaren Inhalte notwendig.

Angesichts der betroffenen Datenvolumina scheint dies ein eher theoretisches Unterfangen. Allein das Volumen, der über das WWW bereitgehaltenen Daten, dürfte bereits die menschliche Vorstellungskraft erheblich fordern. Genaue Zah-

---

[780] Hierzu gehören in Deutschland die Initiativen „Netz gegen Kinderporno" (http://www.heise.de/ct/Netz_gegen_Kinderporno/default.shtml), „Freiwillige Selbstkontrolle Multimedia" (http://www.fsm.de), „Kampagne Kinder im Datennetz schützen (KiDs)" von „terre des hommes" (http://www.oneworldweb.de/thd/aktion/kids.html), sowie die Vereine „C@rechild" (http://www.carechild.de) oder auch die Halle'sche Informationsinitiative zum Kampf gegen Online-Schmutz (http://www.hii.mda.de/blackbox.htm). Weitere Initiativen, sowie Hintergrundmaterial zu diesen finden sich unter http://www.iid.de/Diverse_links/schmutz.html.

len lassen sich aufgrund der ständigen Fluktuation der Angebote im Internet nicht feststellen. Manche Schätzungen gehen davon aus, dass derzeit ca. 1 Milliarde Webseiten existieren, wobei jährlich ca. 300 Millionen hinzukommen sollen.[781] Andere Schätzungen greifen deutlich höher und veranschlagen die Zahl der derzeit existierenden Webseiten mit 500 Milliarden.[782] Egal welcher Schätzung im Ergebnis gefolgt wird, fest steht, dass eine lückenlose Kontrolle dieser Datenmassen nicht möglich ist. Auch für Provider, die nur die auf ihrem Server bereitgestellten Angebote überprüfen könnten, gilt im Ergebnis das Gleiche. Denn schon ein Volumen von „nur" einigen hunderttausend Webseiten dürfte einer effektiven Kontrolle durch Personal der Provider nicht mehr zugänglich sein.

Etwas anderes ergibt sich auch nicht mit Blick auf die anderen Dienste des Internet. Allein auf einem allgemein zugänglichen Newsserver können im Usenet bis zu 65.000 Newsgroups mit mehreren Millionen Einzelnachrichten existieren.[783] Daneben existieren noch private, d. h. nichtöffentliche Newsserver. Allein bei dem deutschen Internet-Provider UUnet Deutschland GmbH wurden z. B. im April 1999 allein im Newsdienst rund 14 Millionen Newsartikel mit einer Gesamtgröße von ca. 600 Millionen KB gezählt.[784] Eine Kontrolle jedes einzelnen dieser Artikel auf seine inhaltliche Vereinbarkeit mit den rechtlichen Vorschriften scheint weitestgehend unmöglich. So wird auch, was das Usenet anbelangt, schnell deutlich, dass die Datenvolumina hierbei keine 100%ige Kontrolle aller Inhalte zulassen. Auch der E-Mail-Dienst entzieht sich, aufgrund seines enormen Datenvolumens, einer vollständigen Kontrolle. Liegt der heutige Tagesdurchsatz an E-Mails schon auf einem dem regulären Briefverkehr vergleichbaren Niveau, so wird gerade diesem Bereich für die Zukunft ein unbeschreibliches Wachstum prophezeit. Bereits im Jahr 2005 rechnen Experten mit bis zu 36 Milliarden E-Mails täglich (!).[785] Angesichts solcher Zahlen werden die Grenzen einer manuellen Kontrolle von Inhalten im Internet deutlich. Weder staatliche noch private Kontrollinstanzen sind personell, wie finanziell in der Lage, derartige Datenmengen im Rahmen einer effektiven Inhaltskontrolle zu bewältigen.

2. Grenzen elektronischer Identifizierungshilfen

Angesichts der enormen Datenmengen in den Diensten des Internet scheiden manuelle Kontrollen durch Beamte oder Angestellte von Providerfirmen als ausschließliche Ansätze zur Inhalteidentifizierung aus. Eine Lösungsmöglichkeit könnten die oben dargestellten technisch-automatisierten Identifizierungshilfen bieten. Diese sind aufgrund der inzwischen fortgeschrittenen Technik in der Lage, mit wesentlich größerer Geschwindigkeit die Inhalte im Internet zu untersuchen. Je nach der spezifischen Ausprägung solcher Systeme liefern diese sodann

781 Vgl. http://www.clickfish.com/clickfish/guidearea/internet/online/wwwscout/groe. html.

782 Vgl. http://www.intern.de/news/759.html, wobei diese Berechnungen auch solche Webseiten mit einbeziehen, die dynamisch bei der Abfrage von der ans Internet angeschlossenen Datenbanken generiert werden.

783 Vgl. Sieber, Verantwortlichkeit im Internet, Rn. 99.

784 Vgl. Sieber Verantwortlichkeit im Internet, Rn. 104, mit Verweis auf die Usenet-Gruppe de.admin.lists.

785 Vgl. http://www.heise.de/newsticker/data/hob-18.09.01-000.

eine Liste derjenigen Inhalte, die – zum Beispiel bei reizwortgestützten Systemen – die jeweiligen Reizwörter aufweisen. Damit wird das manuell zu untersuchende Datenvolumen erheblich vermindert. Zweifelhaft ist jedoch, ob hierin bereits eine konkrete Verbesserung der Chancen für eine effektive Inhaltskontrolle im Internet liegt. Regelmäßig wird davon ausgegangen, dass der Anteil der rechtswidrigen Inhalte im Internet bei ca. 1 Prozent liegt und damit verhältnismäßig gering ist.[786] Geht man nun davon aus, dass allein im WWW mindestens 1 Milliarde Webseiten bestehen, so ergäben sich daraus immerhin noch ca. 10 Millionen Webseiten mit rechtswidrigem Inhalt. Auch diese, verhältnismäßig zu der Gesamtzahl der Webseiten geringe Summe, übersteigt die Möglichkeiten einer wie auch immer gearteten manuellen Kontrolle. Hinzu kommt, dass selbst die leistungsfähigsten Suchmaschinen im Internet nur etwas 16% der insgesamt verfügbaren Webseiten in ihren Index aufnehmen und die Angebote meist erst mit monatelanger Verzögerung erfassen.[787] Auch dieser Umstand spricht gegen eine effektive Inhaltskontrolle im Internet trotz dem Einsatz technischer Identifizierungshilfen.
Darüber hinaus weisen technische Identifizierungshilfen weitere Mängel auf, die ihren Beitrag zu einer effektiven Inhaltskontrolle im Internet weiter mindern. So sind derartige Programme streng an ihre jeweilige Programmierung gebunden. Für eine Suche in einem so modernen und komplexen Medium hat dies weitreichende Konsequenzen. Sucht ein Programm beispielsweise nach Inhalten, die das Reizwort „Kinderporno" enthalten, so sind diese Programme nicht in der Lage, zu unterscheiden, ob es sich hierbei um ein – rechtswidriges – Angebot kinderpornographischer Materialien handelt, oder vielmehr nur um ein – rechtlich neutrales – Angebot, das sich auf irgendeine Weise mit der Thematik der „Kinderpornographie" befasst. Beide Fälle werden von solchen Programmen in gleicher Weise indiziert und als rechtswidrig eingestuft. Insofern kann bereits auf entsprechende Anwendungsbeispiele verwiesen werden. Denn amerikanische Provider versuchten bereits vor Jahren, Inhalte, die das Wort „Breast" enthielten, zu sperren. In der Folge wurden alle Angebote, die in irgendeiner Weise das Wort „Breast" enthielten gesperrt. Hierunter waren auch rechtlich neutrale Informationsangebote zum Thema „Breast Cancer". Weiterhin wurden durch dieses System Kochrezepte für „Chicken Breast" unterdrückt.[788] Dieses Beispiel macht deutlich, dass insoweit umfassendere Systeme erforderlich sind, die zum Beispiel Analysen des inhaltlichen Kontextes durchführen können. Derartig ausgereifte Programme sind derzeit aber (noch) nicht verfügbar. Selbst wenn solche Systeme in Zukunft denkbar wären, bestünde nach wie vor die Möglichkeit, diese gezielt durch die Verwendung von inoffiziellen Codebegriffen zu überlisten. Einen vollständigen Schutz können derartige Systeme somit auch in Zukunft wohl kaum bieten.
Auch Systeme, die nicht auf der Suche nach Reizworten basieren, können nicht völlig überzeugen. So wurden oben bereits Systeme untersucht, die Bilddateien anhand eines Prüfsummenverfahrens überprüfen. Diese Systeme funktionieren allerdings nur unter folgenden Einschränkungen. Zum Einen muss das fragliche Bild bereits in der Datenbank des Suchsystems vorhanden sein, um die errechne-

[786] Vgl. Sieber, CR 1997, 581, 587.
[787] Vgl. Sieber, Verantwortlichkeit im Internet, Rn. 131.
[788] Vgl. Sieber, Verantwortlichkeit im Internet, Rn. 106.

te Prüfsumme mit der, in der Datenbank gespeicherten, vergleichen zu können. Dies bedeutet, dass das Programm nur in der Lage ist, bereits bekannte Bilddateien wiederzuerkennen, nicht aber neue, rechtswidrige Dateien zu erkennen. Gegenüber neu erzeugten Bilddateien sind diese Systeme wirkungslos. Zum Anderen reichen bereits kleinere Veränderungen in der Datenstruktur des Bildes, um die jeweilige Prüfsumme zu verändern. Damit werden entsprechend untersuchte Bilder – auch für den Fall, dass sie bereits in der Datenbank vorhanden sind – für das Programm unkenntlich. Solche Veränderungen in der Bildstruktur können bereits durch das Einfügen einiger – für das menschliche Auge kaum sichtbarer – Weißpixel, beispielsweise in den Hintergrund, vorgenommen werden.

Bei komprimierten oder verschlüsselten Dateien versagen derartige Programme gänzlich. Damit wird deutlich, dass auch die technisch-automatisierte Kontrolle von Inhalten in den Diensten des Internet keine Garantie für eine vollkommene Identifizierung aller rechtswidrigen Inhalte bietet. Derartige Systeme können unterstützend neben der manuellen Kontrolle von Inhalten eingesetzt werden. In diesem Zusammenhang erweisen sich technische Systeme als hilfreich und sinnvoll.

3. Die hohe Flüchtigkeit bestimmter Daten in den Diensten des Internet

Ein weiteres Problem, dem sich eine umfassende Kontrolle aller Inhalte im Internet gegenüber sieht, liegt in der Tatsache, dass viele Inhalte in den Diensten des Internet von hoher Flüchtigkeit sind. Die wenigsten Inhalte in den Diensten des Internet sind statischer Natur, d. h. sie werden veröffentlicht und in dieser Form im Netz belassen. Der überwiegende Großteil, der im Internet verfügbaren Inhalte, wird regelmäßig auf den neuesten Stand gebracht und damit auch inhaltlich verändert. Insbesondere, weil Speicherplatz im Internet oft auch mit Kosten verbunden ist, wird dieser intensiv dahin gehend genutzt, dass etwa Angebote im WWW regelmäßig auf deren Aktualität überprüft und gegebenenfalls geändert werden. Der Inhalt, der heute noch unter einer bestimmten Adresse zu finden ist, kann morgen schon durch andere Inhalte ersetzt worden sein. Besonders deutlich wird dies im Bereich der Newsgroups. Diese arbeiten zumeist nach einem „Austausch-Zyklus", um die zur Verfügung stehenden Rechner- und Speicherkapazitäten möglichst effektiv zu nutzen. Dabei werden Nachrichten nach einer gewissen Zeit vom Server gelöscht und somit Speicherplatz für neue Nachrichten freigemacht. Die Länge eines solchen Zyklus ist dabei ganz unterschiedlich und hängt zum Einen von der Frequentierung der jeweiligen Newsgroup, d. h. davon ab, wie oft neue Nachrichten eingehen, zum Anderen von dem zur Verfügung gestellten Speicherplatz. Zumindest bei den großen und populären Newsgroups betragen diese Austauschzyklen selten mehr als 4 – 7 Tage.

Für die Suche nach rechtswidrigen Inhalten bedeutet dies, dass in solchen Newsgroups spätestens alle 7 Tage der komplette Inhalt, so wie er unter Umständen Gegenstand einer inhaltlichen Kontrolle war, ausgetauscht wird. Effektive Inhaltskontrollen müssten demnach diese Zyklen berücksichtigen und in regelmäßigen Abständen wiederholt, bzw. rund um die Uhr durchgeführt werden.[789] Diese Problematik ist in anderen Diensten des Internet, wie dem IRC oder Diensten des Videokonferencings noch deutlich verschärft. So ist hier die Flüchtigkeit der ausgetauschten Inhalte noch wesentlich höher. Beispielsweise werden die beim IRC übermittelten Inhalte nur solange auf dem Bildschirm des Empfängers abgebildet, wie sie nicht durch nachfolgende Textnachrichten überschrieben werden. Eine wenn auch nur kurzfristige Speicherung der jeweiligen Inhalte findet dagegen nicht statt. Teilweise existieren die im Rahmen solcher „Echtzeitdienste"[790] übermittelten Inhalte damit nur äußerst kurz im Zeitpunkt der Übermittlung, sowie unmittelbar danach. An diesen Beispielen wird deutlich, dass eine effektive Kontrolle der über das Internet vermittelten Inhalte neben anderen Problemen auch unter einem teilweise enormen Zeitdruck steht. Werden entsprechend flüchtige Inhalte nicht im Zeitpunkt deren Existenz kontrolliert, so kommt eine Überprüfung dieser Inhalte später nicht mehr in Betracht. In diesen Fällen kommt eine Kontrolle wohl nur im Rahmen einer Überwachung des Datentransfers selbst in Betracht.

4. Das Problem der Verschlüsselung

Während es bisher meist darum ging, die Probleme zu meistern, die durch die technischen Parameter der Internet und seiner Dienste gestellt werden, kommt der Verschlüsselung ein anderer Aspekt zu. Verschlüsselungstechnologien ermöglichen es dem Einzelnen, seine Inhalte gegen eine unbefugte Kenntnisnahme zu sichern. Dies gilt sowohl für Informationen, die statisch auf Speichermedien zwischen- oder endgespeichert werden, wie auch für solche Daten, die sich gerade in der Übermittlungsphase von A nach B befinden. Inhalte, die mit modernen Verschlüsselungstechniken codiert wurden, sind kaum – und dann nur unter einem unverhältnismäßigen Aufwand an Personal, Zeit und Geld – von Dritten zu kontrollieren. Für die Verschlüsselung bieten sich grundsätzlich verschiedene Verfahren an.

Die Verschlüsselung von Inhalten vollzieht sich regelmäßig so, dass ein bestimmter Inhalt, der in Klartextform, d. h. offen vorliegt, mittels eines bestimmten mathematischen Verfahrens in einen Code verwandelt wird. Um diesen Code nun wieder inhaltlich wahrnehmbar zu machen, d. h. zu entschlüsseln, bedarf es wiederum eines bestimmten mathematischen Verfahrens. Vollziehen sich sowohl die Ver- als auch die Entschlüsselung mittels des gleichen mathematischen Verfahrens (der sogenannte Schlüssel), so spricht man von einer *symmetrischen Verschlüsselung*. Daneben kommt aber auch ein *asymmetrisches Verfahren* in Betracht, bei dem der Schlüssel zum Verschlüsseln sich von dem, zum Entschlüsseln notwendigen völlig unterscheidet und auch nicht von diesem abzuleiten ist.[791] Ein weiteres, in letzter Zeit immer stärker gebräuchliches Verfahren bietet in diesem Zusammenhang die *Steganographie*. Dieses Verfahren nutzt die Möglichkeit, in digitale Inhalte zusätzliche, nicht erkennbare Informationen zu

---

[789] Ebenso v. Bonin, Die Kontrolle digitaler Informationsinhalte, S. 175.

[790] Hierbei handelt es sich, wie eingangs erwähnt, nicht wirklich um Kommunikation in Echtzeit. Hierzu sind die Übertragungsverzögerungen des paketvermittelten Datentransportes über das Internet noch etwas zu lang.

[791] Eine kurze und dennoch sehr instruktive Einführung in die Welt der Kryptographie bietet Gerling, DuD 1997, 197 ff. Anspruchsvoller und umfassender informiert insoweit Bauer, Entzifferte Geheimnisse, S. 36 ff.

verstecken. Hierfür bieten sich alle Arten digitaler Inhalte an. Besonders beliebt ist insoweit die Veränderung von Bild- oder Tondateien. Durch derartige Veränderungen können nicht unerhebliche Datenmengen, wie zum Beispiel ein bestimmter Text, oder aber auch ganze Programmierungen in anderen digitalen Dateien versteckt werden. Man sieht einer derart veränderten digitalen Datei ihren zusätzlichen Inhalt nicht an. Es ist vielmehr nahezu unmöglich, diese versteckten Informationen nachzuweisen.[792] Gerade für die gezielte Umgehung, wie auch immer gearteter Inhaltskontrollen, bieten sich derartige Verfahren geradezu an. Hier wird regelmäßig überhaupt nicht deutlich, dass eine bestimmte, harmlose Datei andere, rechtswidrige Informationen enthält.
Heutige Verschlüsselungen nutzen hochkomplexe mathematische Verfahren, um einen möglichst guten Schutz gegen die unbefugte Kenntnisnahme durch Dritte zu gewähren. Moderne Verschlüsselungstechnologien verwenden sogenannte 128-bit Schlüssel. Diese Verfahren übersteigen in ihrer Komplexität das, was bisher nur den Top-Geheimdiensten dieser Welt vorbehalten war, um ein Vielfaches. Derartige Programme sind – in Deutschland – frei und zum Teil sogar kostenlos erhältlich. Daraus resultiert freilich das Problem, dass diejenigen, die gezielt rechtswidrige Inhalte bereithalten oder verbreiten, die entsprechenden Möglichkeiten haben, um derartige Inhalte gänzlich einer Kontrolle durch Dritte (Staat oder Provider) zu entziehen. Manche Staaten haben darauf reagiert, in dem sie die Kryptographie, bzw. die Verwendung von Verschlüsselungsprogrammen eingeschränkt oder gänzlich verboten haben. So bestehen beispielsweise in Frankreich, wie auch in Russland, Nutzungsverbote für Kryptographietechniken.[793]
In Deutschland wird die Kryptographie als wesentliches Element des privaten Selbstschutzes verstanden und kommt insofern auch dem Anliegen des Staates näher, die Sicherheit und Freiheit seiner Bürger geschützt zu sehen. Dass derartige Techniken auch gegen den Staat, bzw. dessen Inhaltskontrollen in den Diensten des Internet eingesetzt werden können, tritt demgegenüber zurück. Die Bundesregierung hat sich vielmehr am 2. 6. 1999 in einer Pressemitteilung zu den „*Eckpunkten der deutschen Kryptopolitik*" für eine vollständige Freigabe von Kryptographieprodukten entschieden.[794] Es wird abzuwarten bleiben, ob und inwieweit die Bundesregierung diesen Kurs aufrecht erhalten kann. Gerade unter dem aktuellen Eindruck der Bekämpfung des internationalen Terrorismus, mag dieses Problem künftig erneut Gegenstand der politischen Diskussion sein. Die aktuelle politische Haltung zur Kryptographie im Internet ermöglicht nicht zuletzt auch in Deutschland ansässigen Terroristen und deren Helfershelfer die ungestörte Kommunikation. Mit der Verabschiedung weiterer Anti-Terror-

---

[792] Vgl. Gerling, DuD 1997, 197, 200.
[793] Vgl. v. Bonin, Die Kontrolle digitaler Kommunikationsinhalte, S. 177; Germann, Gefahrenabwehr und Strafverfolgung im Internet, S. 266, Fn. 625. Einen Überblick, was den internationalen Umgang mit Verschlüsselungstechniken anbelangt findet sich bei Koops, Crypto Law Survey, Version 19.0, Stand Juli 2001, abrufbar unter http://cwis.kub.nl/%7efrw/people/koops/lawsurvy.htm; außerdem aufschlussreich hierzu das Online-Angebot der Global Internet Liberty Campaign zum Thema Cryptography and Liberty, abrufbar unter http://www.gilc.org.
[794] Vgl. Pressemitteilung des BMI/BMWi vom 2.6. 1999, abrufbar unter http://www.bmwi.de/presse/1999/0602prm1.html; v. Bonin, Die Kontrolle digitaler Kommunikationsinhalte, S. 222.

Pakete könnte diese Haltung gewissen Einschränkungen und Änderungen unterworfen werden. Festzuhalten bleibt, dass moderne Verschlüsselungstechniken, wie sie in Deutschland und anderswo frei erhältlich sind, für inhaltliche Kontrollen durch offizielle oder private Instanzen ein meist unüberwindbares Hindernis darstellen. Eine Kontrolle verschlüsselter Inhalte kann aufgrund des hiermit verbundenen Aufwandes, wenn überhaupt, nur in äußersten Einzelfällen in Betracht kommen. Ein flächendeckender Einsatz moderner Verschlüsselungstechnologien würde jegliche Inhaltskontrollen unmöglich machen.

5. Technologische Grenzen der Überwachung der Datenverkehrs im Internet

Wie oben dargestellt, kommen neben der Überprüfung von Inhalten auf Speichermedien im Internet auch noch Maßnahmen in Betracht, bei denen der Datenverkehr im Internet Gegenstand der Überwachung ist. Abgesehen von dem enormen Datenvolumen, der tagtäglich im Internet transportierten Daten – dieses liegt sicherlich im Terabytes-Bereich – sehen sich derartige Maßnahmen noch anderen technischen Problemen gegenüber, die die Effektivität einer Überwachung des Datenverkehrs im Internet begrenzen. Deshalb müsste eine Kontrolle des Datenverkehrs im Internet notwendig während des Verbreitungsvorganges stattfinden, d. h. eine Echtzeitkontrolle der vorbeifließenden Datenpakete. Wie bereits eingangs erwähnt, werden die zu versendenden Nachrichten in kleine Datenpakete zerlegt, die dann – unabhängig voneinander – sich ihren Weg durch das Netz zum Empfänger suchen. Jedes dieser Datenpakete enthält einen Header, der dem Adressaufkleber bei realen Paketen entspricht. Hinter diesem Header ist der Inhaltsteil angehängt, in dem der jeweilige Teil einer zu versendenden Nachricht enthalten ist. Gewissermaßen stellt dieser Inhaltsteil ein Bruchstück der gesamten Nachricht dar. Um dieses Bruchstück einer inhaltlichen Kontrolle unterziehen zu können, ist es notwendig, die im Inhaltsteil im Format der Transportebene vorhanden Daten auf die Anwendungsebene (Ebene 7 im OSI-Schichtenmodell) zu formatieren. Hierzu ist der Einsatz von Proxy-Servern oder Application-Level-Gateways nötig. In diesen Systemen werden die Datenpakete gesammelt, zusammengesetzt, auf die Anwendungsebene formatiert, inhaltlich verarbeitet und wiederum weiter über das Netz versandt.[795] Voraussetzung für eine möglichst flächendeckende und damit effektive Kontrolle ist, dass möglichst viele Datenpakete der jeweils versendeten Nachrichten über diese Systeme laufen. Deshalb bietet sich deren Einsatz auch lediglich an den hochfrequentierten Knotenpunkten des Internet, d. h. an den Backbones oder den Netzknotenrechnern der großen Internet-Service-Provider an. Zum Teil wird der gesamte Online-Verkehr eines Landes über solche zentrale Einrichtungen geleitet, um damit die Chancen für staatliche Überwachung zu verbessern.[796] Probleme ergeben sich bei dieser Kontrolle der übermittelten Daten im Performancebereich, d. h. hinsichtlich der Leistungsfähigkeit des Internet. Innerhalb der Proxy-Rechner laufen, wie beschrieben, äußerst komplexe Verarbeitungsvorgänge ab. Diese bedürfen naturgemäß einer gewissen Bearbeitungszeit. Diese

[795] Vgl. Sieber, Verantwortlichkeit im Internet, Rn. 151; ders. in CR 1997, 653, bei Fn. 164 ff.

[796] Dies ist beispielsweise in China, wie auch in Singapur oder Hongkong der Fall. Kürzlich sind Informationen bekannt geworden, nach denen auch das amerikanische FBI eine Umleitung des gesamten E-Mail-Verkehrs über zentrale Server plant, vgl. http://www.chip.de/news_stories/news_stories_8608974.html.

wiederum wirkt sich unmittelbar negativ auf die Übertragungsrate, d. h. auf die Größe des Datendurchsatzes im Internet aus. Hieraus resultiert die Folge, dass inhaltliche Kontrollen des Datenverkehrs im Internet, je umfassender sie durchgeführt werden, um so mehr die Datenübertragung über das Internet bremsen und dieses damit weniger leistungsfähig wird. Zwar werden auch hier die technischen Möglichkeiten und damit die Geschwindigkeit der Rechnerprozesse ständig verbessert, angesichts des Datenvolumens im Internet wird eine tatsächliche Kontrolle in Echtzeit wohl kaum jemals Realität werden. Hinzu kommt die ursprüngliche Ausrichtung des Internet. Sollte es nicht ursprünglich als Kommunikationssystem amerikanischer Militärs dienen, das auch nach dem Ausfall ganzer Netzteile in Funktion bleibt. Das im Internet verwendete Transportprotokoll ist damit ausgerüstet, um etwaige Störungen in der Kommunikationsinfrastruktur zu umgehen. Einen „Datenstau“, wie er vor solchen Application-Level-Gateways zwangsläufig entstehen würde, würden die einzelnen Datenpakete als Störung der Infrastruktur verstehen und sodann versuchen, diese zu umgehen. Diese Tatsachen und der Fakt, dass auch die Menge der tagtäglich über das Internet transportierten Daten eine umfassende Kontrolle aller übermittelten Inhalte ausschließt, sprechen dafür, derartige Systeme, wenn überhaupt nur gezielt und damit begrenzt einzusetzen. Denkbar ist insoweit, die Überwachung auf einzelne Dienste, wie beispielsweise den E-Mail-Dienst zu beschränken. Diesen Weg beschreiten im Wesentlichen auch die insoweit eingesetzten Systeme Echelon und Carnivore. Das enorme Wachstum[797], das allein dieser Anwendungsform des Internet prophezeit wird, lässt allerdings daran zweifeln, inwieweit eine umfassende Kontrolle auch nur in solchen Teilbereichen in Zukunft noch möglich ist.

6. Zwischenergebnis

Angesichts der dargestellten technischen Probleme, denen sich eine umfassende und effektive Kontrolle aller Inhalte, die in den Diensten des Internet bereitgehalten oder nachgefragt oder über die Infrastruktur des Internet verbreitet werden, ist an den Chancen für eine solch umfassende Kontrolle zu zweifeln. Hinzu kommt, dass ein Großteil des in Deutschland hervorgerufenen Datenverkehrs im Ausland abgewickelt bzw. über das Ausland durchgeführt wird. Darin liegen weitere Probleme, insbesondere was die Zuständigkeit deutscher Behörden anbelangt. Angesichts der Globalität des Internet und seiner Dienste versprechen wohl auch nur international konzertierte Aktionen hinreichenden Erfolg.

Fest steht, dass die Kontrolle des Internet zur Identifizierung rechtswidriger Inhalte neben den besprochenen rechtlichen Hindernissen auch solchen technischer Art gegenüber steht, die nur zum Teil überwunden werden können. Eine lückenlose Kontrolle und damit auch die absolute Gewissheit, gegen rechtswidrige Inhalte im Internet vorgehen zu können, kann es nach den dargestellten Hindernissen rechtlicher und tatsächlicher Art nicht geben. Auch wenn stetig an Verbesserungen der technischen und rechtlichen Voraussetzungen gearbeitet wird, muss wohl oder übel akzeptiert werden, dass das Internet zum Teil wohl

[797] Vgl. die Aussagen von Experten über das Wachstum des E-Mail-Verkehrs in den kommenden 3 Jahren, http://www.heise.de/newsticker/data/hob-18.09.01-000.

immer ein Raum bleiben wird, der zwar nicht rechtsfrei ist, aber in dem die Um- und Durchsetzung rechtlicher Regelungen beschränkt, bzw. unmöglich ist.
Somit bleibt abschließend festzuhalten, dass die vorgestellten Maßnahmen im Grundsatz sicherlich zur Identifizierung von rechtswidrigen Inhalten in den Diensten des Internet tauglich sind. Zu beachten ist aber, dass auch bei größter Anstrengung des Staates und der, am Datenverkehr im Internet Beteiligten, niemals alle rechtswidrigen Inhalte in den Diensten des Internet aufgefunden und identifiziert werden können. Derartige Systeme können und müssen soweit wie möglich eingesetzt werden, um möglichst vielen Menschen eine konstante und sichere Nutzung der modernen Segnungen des Internet zu ermöglichen. Würde auf solche Kontroll- und Überwachungsmechanismen gänzlich verzichtet, käme dies der Schaffung eines faktisch rechtsfreien Raumes gleich.

C. Der Umgang mit problematischen Inhalten in den Diensten des Internet

Wie bereits dargestellt, können die Schaffung inhaltlicher Standards für Dienste im Internet, sowie auch die Identifikation von Inhalten, die gegen diese Standards verstoßen nur Teile einer umfassenden Strategie im Kampf gegen rechtswidrige und schädigende Inhalte im Internet darstellen. Daneben bedarf es wirkungsvoller Mechanismen und Verfahren zur Durchsetzung der soeben genannten Standards an erfolgreich identifizierten Inhalten. Hierzu soll im folgenden ein Überblick gegeben werden. Entscheidend ist insoweit zunächst, wer überhaupt techhisch und tatsächlich in der Lage ist, Einfluss auf Inhalte im Internet zu nehmen.

I. Optionen der Provider

Als quasi „Tatnächste" kommen zunächst die Provider von Dienstleistungen im Internet in Betracht. Sie kommen naturgemäß am engsten mit den problematischen Inhalten in Berührung. Zudem erbringen sie ihre Dienste regelmäßig auf eigener Infrastruktur, über die sie die Verfügungsgewalt besitzen. Deshalb stehen den Providern verschiedene Optionen für den Umgang mit problematischen Inhalten zur Verfügung. Gerade wegen ihrer Nähe zu den jeweiligen Materialien sind deshalb auch offizielle Stellen, sowohl bei der Identifikation, wie auch bei dem weiteren Vorgehen gegen problematische Inhalte in den Diensten des Internet an einer möglichst engen Zusammenarbeit mit den Providern interessiert.[798]

1. Die Löschung von Inhalten

Zunächst kommt die Löschung problematischer Inhalte in Betracht. Dies stellt die wohl effektivste Möglichkeit für den Umgang mit rechtswidrigen Inhalten in den Diensten des Internet dar. Werden problematische Inhalte gelöscht, so bedeutet dies deren vollständige Entfernung aus dem Angebot des Internet. Gelöschte Inhalte können auf keine Weise mehr abgerufen werden. Dadurch wird gleichzeitig der, durch diese Inhalte verursachte rechtswidrige Zustand, wie auch das Gefährdungspotential dieser Inhalte aufgelöst. Entscheidend hierfür ist, dass die Internet-Provider regelmäßig Verfügungsgewalt über die auf ihren Rechnerkapazitäten abgespeicherten Daten besitzen.[799] Damit können sie grundsätzlich auf identifizierte rechtswidrige Inhalte gezielt zugreifen und diese von ihren Servern entfernen. Im Folgenden soll untersucht werden, was sich - in Hinblick auf die verschiedenen Dienste des Internet - für Löschungsoptionen anbieten, und inwieweit diese Optionen Grenzen unterworfen sind.

---

[798] Dieses ist mehrfach ausdrücklich betont worden, zuletzt von Leo Schuster, Direktor des Bundeskriminalamtes, in Schulzki.Haddouti, Christiane, Internet-Sheriffs, C't 1/1999, S. 16; im WWW abrufbar unter http://www.heise.de/ct/99/01/016/default.shtml.

[799] Vgl. Sieber, Verantwortlichkeit im Internet, Rn. 97.

a) Inhalte im WWW

Löschungen im WWW können hauptsächlich diejenigen Provider vornehmen, die durch ihre Server Dritten Speicherplatz im WWW, den sogenannten „Webspace" zur Nutzung zur Verfügung stellen, also regelmäßig die Host- und Service-Provider. Diese verfügen, wie bereits erläutert, über die Verfügungsgewalt über ihre eigenen Speichermedien. Sie können aus dem auf ihren Rechnern bereitgehaltenen Datenbestand sowohl einzelne Seiten, als auch vollständige Angebote einzelner Content-Provider entfernen. Dies ist mit Hilfe der Betriebssystemsoftware der WWW-Server unschwer möglich.[800] Das Problem liegt insoweit nicht in der Entfernung rechtswidriger Angebote von den eigenen Servern, sondern vielmehr in deren Identifikation, wie dies oben dargestellt wurde. Problematisch ist, dass die gelöschten Dateien nach erfolgter Löschung in der Praxis häufig wieder neu erstellt werden und damit weiterhin im Internet verfügbar sind. Dem kann durch eine Beschränkung der Schreibrechte des jeweiligen Content-Providers begegnet werden, so dass dieser – zumindest auf dem Server, für den diese Beschränkung Wirkung entfaltet – die gleichen Inhalte nicht sofort wieder generieren kann.[801] Damit werden dann die entsprechenden Inhalte auf Dauer vom Server des jeweiligen Providers entfernt.

b) Inhalte im Usenet

Problematischer ist die Löschung von Inhalten im Usenet. Zunächst kann der jeweilige Betreiber eines News-Servers einzelne Newsartikel löschen und diese so aus dem Angebot entfernen. Derartige Maßnahmen können auf der Betriebssystemebene durchgeführt werden. Problematisch hierbei ist jedoch, dass die meisten modernen Newsserver das Verfahren des Crossposting verwenden, d. h. eingestellte Newsartikel werden automatisch an andere Newsgroups, bzw. andere Newsserver weitergeleitet. In diesen Fällen bringen gezielte Löschungen nur einen kurzzeitigen Erfolg, da die problematischen Nachrichten bei der nächsten Synchronisationsphase des Servers wieder auf diesen aufgespielt werden. Eine endgültige Löschung rechtswidriger Inhalte in diesem Zusammenhang kann nur erreicht werden, wenn die Entfernung einer bestimmten Nachricht mit deren Sperrung verknüpft wird. Hierzu sendet der Betreiber des News-Servers selbst eine Nachricht an den Newsserver, die spezifische Löschinformationen bezüglich der problematischen Nachricht enthält.[802] Diese wird vom Newsserver als dauerhafte Konfigurationsinformation bewertet und in dessen Grundprogramm aufgenommen. Damit werden die insoweit bezeichneten Nachrichten nicht wieder Bestandteil dieses News-Servers und bleiben damit endgültig gelöscht.
Neben der Entfernung einzelner Newsartikel haben die Betreiber der Newsserver auch die Möglichkeit, ganze Newsgroups zu löschen. Dies bietet sich insbesondere dann an, wenn eine bestimmte Newsgroup gerade zum Ziel des Austauschens rechtswidriger Inhalte oder zur Verbrechensverabredung kreiert wurde. Um zu verhindern, dass die entsprechenden Newsgroups umgehend wieder auf dem Server eingerichtet werden, kann in der Software des News-Servers defi-

---

[800] Vgl. Sieber, CR 1997, 653, 655.
[801] Vgl. Sieber, Verantwortlichkeit im Internet, Rn. 122.
[802] Sogenannte „Cancel-Message", vgl. Sieber, Verantwortlichkeit im Internet, Rn. 121, Fn. 144.

niert werden, unter welchen Namen keine Newsgroups mehr eingerichtet werden dürfen.[803] Eine andere Möglichkeit liegt darin, solche Newsgroups vollständig zu leeren und dann mit einer Sperre zu belegen, die verhindert, dass neue Artikel in diese Newsgroup eingefügt werden können.[804] Damit besteht die betreffende Newsgroup formal fort, kann aber nicht mehr mit Artikeln gefüllt werden. Gegenüber der Löschung einer bestimmten Newsgroup und der darauf folgenden Indizierung des Namens dieser Newsgroup, bietet die Führung von derartigen „leeren“ Newsgroups einen gewissen Vorteil. Wird eine Newsgroup komplett gelöscht, so kann sie, bis zur Indizierung ihres Namens unverzüglich wieder kreiert werden. In diesem Zeitraum können bereits wieder neue Newsartikel rechtswidrigen Inhalts gepostet werden. Bei „leeren“ Newsgroups ist dies mit Einrichtung der Schreibsperre nicht mehr möglich.

c) Inhalte im E-Mail-Dienst

Auch im E-Mail-Dienst ist die Löschung eine probate Verfahrensweise mit insbesondere rechtswidrigen Inhalten. Regelmäßig lagern empfangene E-Mails in „Postfächern“, bis sie vom Nutzer abgerufen werden. In diesem Zeitraum unterliegen E-Mails der Verfügungsgewalt des jeweiligen Serverbetreibers und können von diesem gelöscht werden. Werden ganze Postfächer (sogenannte E-Mail-Accounts) für den Vertrieb rechtswidriger Inhalte genutzt, so hat der Provider auch die Möglichkeit, diesen ganzen Account zu löschen.

d) Inhalte in den Echtzeitdiensten

Gößere Probleme bereiten Löschungen im Rahmen der sogenannten Echtzeitdienste. Diese zeichnen sich, wie eingangs erwähnt, dadurch aus, dass sie Kommunikation nahezu in Echtzeit ermöglichen. Soweit diese Kommunikation im Wege einer Punkt-zu-Punkt-Verbindung geführt wird, ist eine Löschung von Inhalten durch den Provider ausgeschlossen. Die insoweit ausgetauschten Daten laufen nicht über einen zentralen Hostrechner, sondern werden unmittelbar zwischen den Rechnern der jeweils Kommunizierenden hin und her vermittelt. Dies ist beispielsweise bei der Kommunikation im Rahmen eines privaten Chat-Kanals, bei nichtöffentlichen Videokonferenzen oder bei der Internet-Telefonie der Fall.
Allerdings kommt die Löschung bestimmter Inhalte im Rahmen der Echtzeitdienste zumindest grundsätzlich in Betracht, wenn die Kommunikation noch über einen zentralen Server abgewickelt werden. Dies ist beispielsweise im Grundmodell des IRC der Fall. Alle Kommunikationsnachrichten gelangen auf einen zentralen Server und sind dort für einen gewissen Zeitraum für alle an der Kommunikation Beteiligten einsehbar. Diese kurzzeitig abgespeicherten Nachrichten können vom Betreiber des jeweiligen Servers gelöscht werden. Allerdings ist zu bedenken, dass diese Inhalte regelmäßig nur einige Sekunden auf dem Server abgelegt werden, bis sie durch andere Nachrichten ersetzt, oder im Wege der Synchronisation mit anderen Servern überschrieben werden. Diese Inhalte zeichnen sich somit durch eine sehr hohe Flüchtigkeit aus. Löschungs-

---

[803] So enthält beispielsweise der News-Server der Universität Nürnberg-Erlangen eine Liste von Namen von gelöschten Newsgroups, die nicht wieder etabliert werden können, vgl. Sieber, Verantwortlichkeit im Internet, Rn. 121, Fn. 145.
[804] Sieber, Verantwortlichkeit im Internet, Rn. 121, Fn. 146.

maßnahmen kommen damit nur für einen sehr kurzen Zeitraum, nämlich nur solange, wie der Inhalt auf dem Server existiert, in Betracht. Etwaige Maßnahmen müssten damit nahezu in Echtzeit durchgeführt werden. Dies scheint angesichts der zu kontrollierenden Datenmenge, die schon auf kleineren Chat-Servern anfällt, aussichtslos. Natürlich hat der jeweilige Betreiber in Fällen, wo ein bestimmter Echtzeitdienst, wie z. B. ein bestimmter Chatkanal ausschließlich oder zumindest vorwiegend der Verbreitung rechtswidriger Inhalte dient, die Möglichkeit, diesen durch entsprechende Änderungen in der Serversoftware pauschal zu schließen. Auch in diesen Fällen ist aber regelmäßig erforderlich, dass durch entsprechende Sperrungen verhindert wird, dass die soeben gelöschten Kanäle sofort wieder etabliert werden.

e) Grenzen der Entfernung von Inhalten durch Löschung

Bei all diesen Möglichkeiten, Inhalte aus dem Internet zu entfernen, indem diese von bestimmten Servern gelöscht werden, ist jedoch zu berücksichtigen, dass nicht jede Löschung eines bestimmten Inhalts zugleich dessen vollständige Entfernung aus dem gesamten Angebot des Internet zur Folge hat. Zunächst verhindern dies die weltweit eingesetzten Proxy-Cache-Rechner. Diese speichern häufig abgerufene Inhalte, um bei erneuten Abruf die Netzinfrastruktur zu entlasten. Dies hat zur Folge, dass mit dem Abruf bestimmter Inhalte aus dem Netz von diesen regelmäßig Kopien angelegt werden. Diese werden jedoch nicht automatisch entfernt, sobald der Originalinhalt von seinem Heimatrechner gelöscht wird. Wie lange diese Kopien danach noch verfügbar sind, hängt davon ab, ob und wie oft der Proxy-Cache-Rechner seinen Datenbestand mit dem des Internet abgleicht. Dies hängt von den individuellen Einstellungen des Betreibers dieses Rechners ab. Ein Proxy-Cache-Rechner, dessen Inhalt nie aktualisiert wird, würde die einmal abgerufenen Inhalte theoretisch ewig als Kopien vorhalten. Daneben verhindert das sogenannte „Mirroring“ von Inhalten deren vollständige Entfernung aus dem Internet. Bei diesem Verfahren werden bestimmte Inhalte gezielt „gespiegelt“, d. h. exakt kopiert, und diese Kopien werden sodann auf anderen Rechnern, unter einer anderen Adresse abgelegt. Wird nun der Originalinhalt gelöscht, so steht er in Form der gespiegelten Kopien weiterhin im Internet zur Verfügung.
Außerdem garantiert die Löschung eines bestimmten Inhalts von einem bestimmten Server nicht, dass der gleiche Inhalt nicht unverzüglich auf einem anderen Server erneut veröffentlicht wird. [805] Dem ist jedoch entgegen zu halten, dass stets der Zweck solcher Maßnahmen bedacht werden muss. Es geht hierbei nicht darum, interessierten Nutzern den Zugang zu bestimmten Angebot überhaupt zu verschließen, entscheidend ist vielmehr, dass eine bestimmte identifizierte Zugriffsmöglichkeit verschlossen wird.[806] Insoweit dürfen an die Effektivität diesbezüglicher Maßnahmen keine übertriebenen Erwartungen gestellt werden, es genügt vielmehr, dass die abstrakte Möglichkeit besteht, dass durch die Maßnahme der legitime Zweck erreicht wird.[807] Auch wenn die genannten

---

[805] Diesen Einwand bringt u.a. Göckel vor, ArchPT 1996, 331, 336; wie auch Knödler, Zensur im Internet, jur-pc 1996, 257, 262 f.
[806] Vgl. Germann, Gefahrenabwehr und Strafverfolgung im Internet, S. 410.
[807] Vgl. BVerfGE 67, 157, 175 zur Ausgestaltung der strategischen Überwachung einer Telekommunikationsbeziehung.

Umstände die Effektivität einzelner Löschungen mindern, so ist dennoch festzustellen, dass die Löschung als solche eine Möglichkeit im Kampf gegen rechtswidrige Inhalte in den Diensten des Internet darstellt.

2. Die Errichtung von Zugangssperren

In manchen Fällen kommt die Löschung bestimmter Inhalte nicht in Betracht oder verspricht nicht ausreichend Erfolg. Dies ist beispielsweise dann der Fall, wenn sich der Server, auf dem rechtswidrige Inhalte bereitgehalten werden, im Ausland liegt. Dann besteht die Möglichkeit, die Verbreitung dieser Inhalte durch Sperrungen zu verhindern. Anders als eine Löschung setzen Sperrungen nicht am Inhalt unmittelbar an, indem sie diesen entfernen oder sonst dem Abruf Dritter entziehen. Vielmehr wird durch Sperren verhindert, dass bestimmte Inhalte abgerufen, bzw. über die Netzinfrastruktur nach Deutschland transportiert werden. Hieraus ergibt sich, dass die Errichtung von Sperrungen regelmäßig durch diejenigen Provider erfolgt, deren Haupttätigkeit in der Durchleitung von Daten besteht. Insoweit kommen Network- und Access-Provider in Betracht. Aber auch die Betreiber einzelner Knotenpunkte im Internet, d. h. von Routern oder Application-Level-Gateways können Sperrungen in diesem Sinne errichten.

a) Darstellung der verschiedenen Sperrungsansätze

aa) Sperrungen durch Paketfilterung auf der Vermittlungs- und Transportebene

Zunächst kommen solche Systeme in Betracht, die an der Transport- und Internetschicht ansetzen und hier die Route der Datenpakete unter Verwendung der Herkunfts- oder Zieladresse oder einer Portnummer sperren.[808] Wie bereits eingangs dargestellt beruht der Datentransport im Internet im Wesentlichen auf dem TCP/IP-Protokoll, bei dem die zu versendenden Daten in kleinere Datenpakete zerlegt werden, die dann unabhängig von einander ihr Ziel über das Internet suchen. Dabei enthält jedes Paket einen sogenannten Header, in dem die IP-Adresse des Absenders und die des Empfängers enthalten sind. Genau dies machen sich Sperrsysteme auf der Transportschicht zunutze. So können bestimmte IP-Adressen, die für rechtswidrige Inhalte bekannt sind, indiziert werden, so dass Datensendungen von oder zu diesen Adressen unterbunden werden. Für die Ausführung derartiger Sperrungen bieten sich im Wesentlichen Maßnahmen im Rahmen von Routing- oder Firewallsystemen an.

(1) Maßnahmen im Rahmen von Routingsystemen

Router sind, wie bereits Eingangs erläutert, Rechner, die in die Infrastruktur des Internet eingebunden sind und die einzelnen Datenpakete anhand der in deren Header enthaltenen Informationen in Richtung ihres Adressaten weiterleiten. Diese Rechner enthalten Routingtabellen, in denen jeder Rechner im Internet verzeichnet ist. Somit funktionieren diese quasi als Wegweiser oder Vermittlungsstellen. Durch die Veränderung der Routingtabellen können aus diesen Routern leicht Sperrungssysteme gemacht werden. Erreicht ein Datenpaket den Router, das entweder von einem Server stammt, der für seine rechtswidrigen

[808] Vgl. Sieber, Verantwortlichkeit im Internet, Rn. 146; Germann, Gefahrenabwehr und Strafverfolgung im Internet, S. 308 ff, 442 f.

Inhalte indiziert wurde, oder zu einem solchen Server unterwegs ist, so kann der Router die Weiterleitung dieses Datenpaketes verhindern. Damit werden sowohl Abrufe von, als auch Anfragen an derartige Server gesperrt.[809]

Über die Portnummer lassen sich bei solchen Routingsystemen selektivere Sperrungen ermöglichen. Die Auswahl eines Dienstes im Internet erfolgt im TCP/IP-Protokoll regelmäßig durch die Angabe einer Portnummer. So besitzt das HTTP-Protokoll (für das WWW) die Portnummer 80, während der E-Mail-Verkehr regelmäßig über Port 25 abgewickelt wird. Durch entsprechende Veränderungen der Portnummern eines Routers könnte beispielsweise der Abruf von Webseiten von einem bestimmten Server unterbunden werden, während der E-Mail-Verkehr zu diesem nach wie vor möglich ist.[810] Zu beachten ist jedoch, dass das Internet und insbesondere das TCP/IP-Protokoll genau dafür entwickelt wurde, Sperrungen oder sonstige Hindernisse für die Kommunikation zu umgehen. Kommt eine Nachricht, die über das Internet versandt wurde, nicht vollständig beim Empfänger an, so fordert dessen Rechner die fehlenden Pakete automatisch nochmals an. Um zu gewährleisten, dass Datenübertragungen von indizierten Servern möglichst effektiv gesperrt werden, müssten zumindest alle hochfrequentierten Router, die in der Bundesrepublik Deutschland betrieben werden, in dieses Sperrsystem eingebunden werden. Hierbei kommt jedoch hinzu, dass die Paketfilterung mittels Routern für diese einen erheblich Mehraufwand an Rechnerleistung erfordert, da der Header jedes einzelnen Datenpaketes gelesen und mit der Liste der indizierten IP-Adressen verglichen werden muss. Dies schlägt sich, wie auch schon bei der Suche nach rechtswidrigen Inhalten mit Hilfe von Application-Level-Gateways ungünstig im Rahmen der Performance nieder. Insoweit sind Sperrmaßnahmen mit Hilfe von Routern nur innerhalb kleiner Netze sinnvoll[811], bei denen das Volumen des Datenverkehrs entsprechend gering ist.

(2) Maßnahmen im Rahmen von Firewallsystemen

Daneben können Sperrungen im Wege der Paketfilterung anhand der IP-Adresse von Absender oder Empfänger auch durch sogenannte „Firewalls“ umgesetzt werden. Diese sind regelmäßig Hard- oder Softwarekomponenten, die wie eine Feuerschutzwand im Internet etabliert wird.[812] Üblicherweise werden derartige Systeme zwischen dem allgemeinen Internet und einem insoweit geschlossenen internen Netz errichtet. Firewalls sollen klassischerweise verhindern, dass von außen unbefugt auf ein internes Netzwerk zugegriffen wird. Jedoch können sie auch dergestalt eingesetzt werden, um den Zugriff aus einem bestimmten Netz auf Dienste des allgemeinen Internet zu verhindern (umgekehrte Firewall). Diese Eigenschaft lässt sich soweit präzisieren, dass derartige Systeme den Zugriff auf bestimmte Angebote im Internet verhindern, je nach den IP-Adressen in den Headern der Datenpakete, die als Anfragen das Intranet verlassen. Hierbei können sowohl bestimmte IP-Adressen blockiert, alle anderen aber frei zugänglich sein („Forward all but“), oder es können alle IP-Adressen blockiert und nur be-

[809] Damit werden ganze Server unerreichbar, die Route zu diesen wird sozusagen „geerdet“; vgl. Köhntopp/Köhntopp/Seeger, DuD 1997, 626, 628.
[810] Vgl. Köhntopp/Köhntopp/Seeger, DuD 1997, 626, 629.
[811] Vgl. Sieber, Verantwortlichkeit im Internet, Rn. 147.
[812] Vgl. Sieber, Verantwortlichkeit im Internet, Rn. 148.

stimmte hiervon ausgenommen werden („Block all but").[813] Derartige Systeme sind leistungsfähiger, als vergleichbare Ansätze mit Routerrechnern und arbeiten insoweit schneller und damit effizienter. In ihrer Grundkonzeption, d. h. wie Sperrungen im Einzelnen umgesetzt werden, sind derartige Systeme aber mit Sperrungen über Router identisch. Insoweit sei auf die obigen Ausführungen verwiesen.

bb) Sperrungen auf der Anwendungsebene

Anders als Sperrungsvorrichtungen auf der Paketvermittlungsebene, die nur nach pauschalen Kriterien, wie der IP-Adresse vorgehen, setzen Systeme auf der Anwendungsebene konkret am einzelnen Inhalt an. Hierzu ist der Einsatz von sogenannten Proxy-Cache-Servern oder auch Application-Level-Gateways erforderlich. Diese setzen die einzelnen Datenpakete zusammen, untersuchen den Inhalt der gesamten Nachricht und sind in der Lage, diesen zu sperren, sobald gewisse Anhaltspunkte für die Rechtswidrigkeit der Nachricht gegeben sind.[814] Der physikalische Standort solcher Rechnersysteme muss sich hierfür zwischen einem Router und dem dahinter befindlichen Teilnetz (beispielsweise das eines großen Access-Providers) befinden, so dass der vollständige Datenverkehr dieses Teilnetzes über diesen Proxy-Server geleitet wird.[815] Insoweit können auch Firewallsysteme in Betracht kommen, wenn diese auf Ebene der Anwendungsprotokolle etabliert sind. Hierfür muss eine solche Firewall für jeden Dienste gesondert angepasst werden.[816] Regelmäßig erfordern solche Systeme einen weitaus größeren technischen Aufwand, als dies bei Sperren auf der Ebene der Paketvermittlung der Fall ist. Immerhin müssen solche Systeme für die nutzenden Clients die volle Leistung aller, durch den Client in Anspruch genommenen Dienste simulieren.[817] Dafür erlauben derartige Systeme auch eine wesentlich differenziertere Behandlung von über das Internet versendeten Inhalten, da sie nicht pauschal an statischen Merkmalen wie der IP-Adresse der an der Kommunikation Beteiligten ansetzen, sondern inhaltsspezifisch für jede Nachricht vorgehen.

[813] Vgl. Sieber, CR 1997, 581, 653 ff; Sieber Verantwortlichkeit im Internet, Rn. 148, Fn. 184.

[814] Hierbei sind sowohl Textfilter, als auch Prüfsummenvergleiche bei Audio- und Videodateien denkbar. Insoweit sei auf die Ausführungen verwiesen, die bereits im Rahmen der Identifizierung von rechtswidrigen Inhalten zu derartigen Filtersystemen gemacht wurden.

[815] Vgl. Sieber, Verantwortlichkeit im Internet, Rn. 151.

[816] Vgl. Köhntopp/Köhntopp/Seeger, DuD 1997, 626, 629.

[817] Vgl. Dennoch bedient sich etwa China solcher Systeme um das Eindringen mißliebiger Inhalte in das Land zu unterbinden; vgl. Köhntopp/Köhntopp/Seeger, DuD 1997, 626, 629, Fn. 9.

b) Grenzen dieser Sperrungsansätze

Allerdings sind diese Sperrungsansätze gewissen Grenzen unterworfen. Einerseits sind diese in den technischen Voraussetzungen und der technischen Leistungsfähigkeit der eingesetzten Systeme bedingt. Systeme, die sich der IP-Paketfilterung bedienen, sind –abgesehen von der Differenzierung hinsichtlich der einzelnen Dienste über die Portnummern – nicht in der Lage, zwischen solchen Inhalten zu differenzieren, die rechtlich wie tatsächlich unbedenklich sind und solchen, die eine Verletzung inhaltlicher Standards darstellen. Vielmehr werden pauschal alle Sendungen von oder zu einem Server, der über eine indizierte IP-Adresse verfügt, gesperrt und damit verhindert. Bei der durch den DFN-Verein[818] praktizierten Sperrung des Rechners mit der Adresse „www.xs4all.nl" waren auf diese Weise die Webseiten von mehr als 6000 Anbietern in Deutschland nicht mehr erreichbar.[819] Sowohl die Kommunikation via E-Mail mit diesen Anbietern, als auch jegliche Versuche, deren WWW-Seiten abzurufen wurden verhindert. Angesichts der Tatsache, dass diese Sperrung nur wegen der, auf einer Seite des Angebots von „xs4all" verfügbaren Ausgabe der verbotenen Zeitschrift „radikal", erscheinen die praktisch provozierten Auswirkungen als unangemessen. Sperrungen mittels IP-Paketfilter machen damit nur in solchen Fällen Sinn, wo es um die gezielte Sperrung eines ganzen Servers und aller insoweit bereitgehaltenen Angebote und Inhalte geht. Soweit es nur um Sperrungsmaßnahmen bezüglich einzelner, auf großen Servern bereitgehaltener Inhalte geht, sind derartige Systeme zuwenig differenziert.

Allerdings gewährleisten auch Systeme, die Sperrungen auf der Anwendungsebene vornehmen, keinen vollkommenen Schutz gegen problematische Inhalte. So sind derartige Systeme zwar in der Lage, wesentlich stärker hinsichtlich der einzelnen Inhalte zu differenzieren. Dies erfordert aber auch einen deutlich höheren Aufwand an technischer Hard- und Software, sowie Rechenleistung. Tatsächlich stehen die Effektivität von Sperren mit der Leistungsfähigkeit des Internet in einem direkten Verhältnis. So sind die Auswirkungen von Filter- und differenzierten Sperrmechanismen auf die Systemleistung desto höher, je feiner die Granularität der Sperrungen und je größer die Liste der zu sperrenden Informationsquellen ist.[820] Dies bedeutet, dass differenzierte Sperrmechanismen, die in der Lage sind, einzelne rechtswidrige Inhalte spezifisch zu sperren und unbedenkliche Inhalte passieren zu lassen, sich unmittelbar negativ auf die Leistungsfähigkeit desjenigen Teilnetzes auswirken, in dem sie eingesetzt werden.[821]

Andererseits besteht bei Sperrungen im Internet stets die Gefahr, dass diese unterlaufen werden und damit unwirksam werden. Auch dadurch werden in diesem Zusammenhang eingesetzte Systeme in ihrer Effektivität beschränkt. Zunächst einmal sei auf die Ursprünge des Internet verwiesen. Geboren wurde es aus dem Wunsch, die militärische Kommunikation auch beim Ausfall großer Teile des Kommunikationsnetzes zu erhalten. Mit dieser Zielrichtung wurde das TCP/IP-Protokoll programmiert. Und diese Eigenschaft besitzt dieses Protokoll noch

---

818 Betreiber des Deutschen Forschungsnetzes.

819 Vgl. Köhntopp/Köhntopp/Seeger, DuD 1997, 626, 628 f; v.Bonin, die Kontrolle digitaler Kommunikationsinhalte, S. 187 f.

820 Vgl. Köhntopp/Köhntopp/Seeger, DuD 1997, 626, 629.

821 Vgl. Sieber, Verantwortlichkeit im Internet, Rn. 152 f.

heute. Sperrungen werden insoweit als Betriebsstörungen empfunden. Das Protokoll ist dazu geschaffen, diese irgendwie zu umgehen. Dies muss bei allen Sperrungsmaßnahmen bedacht werden. Deshalb bieten sich Sperrungssysteme nur an wenigen bestimmten Stellen an.

Weiterhin können viele Sperrungsmechanismen dadurch umgangen werden, dass der jeweilige Nutzer seinen Internet-Anbieter wechselt, notfalls ins Ausland geht. Sperrungsmechanismen, die sein bisheriger Provider installiert hat, werden damit wirkungslos. Auch der Anbieter von Informationen kann Sperrungen unterlaufen, indem er gezielte Gegenmaßnahmen ergreift. So ging beispielsweise der Anbieter des von einer Sperrung betroffenen Adresse „www.xs4all.nl“ dazu über, seine Internet-Adresse alle 20 Minuten zu ändern.[822]

Ein weiteres Problem stellt auch hier das sogenannte „Mirroring“ dar. Inhalte, die von einer Sperrung betroffen sind, werden dabei vollständig kopiert und dann an anderer Stelle im Internet, d. h. unter einer Adresse, die nicht von der Sperrung betroffen ist, gespeichert. Die Sperrung eines bestimmten Servers läuft damit ins Leere, die gespiegelten Inhalte sind weiterhin im Internet verfügbar. Als der Internet-Provider T-Online Anfang 1996 nach Ermittlungen der Mannheimer Staatsanwaltschaft wegen des Verdachts der Volksverhetzung die Verbindung zum Server von Ernst Zündel, einem kanadischen Neonazi sperrte, wurde diese Seite von amerikanischen Studenten auf andere Server gespiegelt, die damit gegen jegliche Art der Zensur protestieren wollten – auch wenn sie Zündels Aussagen inhaltlich ablehnten.[823] Dabei wurden die entsprechenden Inhalte auch auf Rechner des *Massachusetts Institute of Technology* (MIT) gespiegelt, dessen vollständige Sperrung sich keine wichtige Forschungsstätte der Welt leisten kann.[824] Ähnliches war die Folge der Sperrung des Internet-Angebotes der Zeitschrift „radikal“ durch deutsche Provider. Hier wurden die vermeintlich gesperrten linksextremistischen Inhalte weltweit über 60 mal gespiegelt und damit einem weitaus größeren Publikum zugänglich gemacht, als dies vor der Sperrung der Fall war.[825] Insofern gilt das im Rahmen von Löschungen Gesagte. Auch wenn stets Möglichkeiten bestehen, einzelne Sperrungen zu unterlaufen, oder diese sonst unwirksam zu machen, stellen Sperrungen im Internet eine Möglichkeit für den Umgang mit rechtswidrigen Inhalten dar. Auch wenn entsprechende Inhalte hierdurch nicht gänzlich aus dem Online-Angebot des Internet ausgesperrt werden können, so bieten die genannten Sperrungsmechanismen im Einzelfall durchaus die Chance, ein bestimmte Zugriffsmöglichkeit auf rechtswidrige Inhalte zu verschließen. Entscheidend ist, dass möglichst viele Internet-Provider Sperrungen bezüglich bestimmter Inhalte vornehmen. Da jeder Provider für eine Vielzahl von Einzelnutzern steht, wird Sperrungen damit eine deutlich breitere Wirkung verliehen. Je breiter der Konsens über die Sperrung eines bestimmten Inhaltes unter den verschiedenen Providern und Betreibern von Teilnetzen ist, um so effektiver und unumgehbarer werden die entsprechenden Sperrungen. Außerdem stellt unter Umständen auch der rasche technische

[822] Vgl. v. Bonin, Die Kontrolle digitaler Kommunikationsinhalte, S. 187 f; Köhntopp/Köhntopp/Seeger, DuD 1997, 626, 630.

[823] Vgl. Mayer, NJW 1996, 1782, 1791; sowie Finke, Die strafrechtliche Verantwortung von Internet-Providern, S. 153 f.

[824] Vgl. Sieber, Verantwortlichkeit im Internet, Rn. 194.

[825] Vgl. Bremer, Strafbare Internet-Inhalte in internationaler Sicht, S. 66.

Fortschritt im Bereich der Computer- und insbesondere der Internettechnologie in Zukunft Mechanismen zur Sperrung von Inhalten im Internet bereit, die wirkungsvoller als heutige Systeme sind. Bis dahin sind Sperrungen als das zu begreifen, was sie tatsächlich sind, nämlich Möglichkeiten für den Einzelfall, aber keine Patentrezepte.

II. Optionen staatlicher Stellen

Neben den Providern besitzen auch staatliche Stellen Optionen für den Umgang mit erfolgreich identifizierten, problematischen Inhalten.

1. Die Löschung von Inhalten

Auch insofern kommt zunächst die Löschung der problematischen Inhalte in Betracht. Voraussetzung hierfür ist jedoch, dass die jeweilige Instanz, die die Löschung begehrt, die Verfügungsgewalt über den Server besitzt. Dies ist regelmäßig nur bei eigenen Servern der Fall. Für Löschungsbegehren staatlicher Stellen bedeutet dies, dass diese, soweit sie Inhalte auf fremden Servern betreffen - mangels Verfügungsgewalt über diese Server - regelmäßig nicht von diesen Stellen selbst durchgeführt werden können.[826] Etwas anderes gilt ausnahmsweise, wenn die Behörde über eigene Zugriffsmöglichkeiten auf die an sich fremden Server verfügt. Dies ist denkbar, wenn der jeweilige Serverbetreiber, d. h. derjenige, der die Verfügungsgewalt über die jeweiligen Inhalte inne hat, der Behörde eine entsprechende Schnittstelle eingerichtet hat, über die diese auf den Server direkt zugreifen kann.[827] Durch die Gewährung einer derartigen Zugriffsmöglichkeit wird der Eingriff in Rechte des Serverbetreibers ausgeschlossen. Jedoch ist jeweils im Einzelfall zu klären, inwieweit ein derartiger, unmittelbarer Zugriff auf die Inhalte durch die Behörde selbst noch verhältnismäßig ist. Regelmäßig dürfte die Beseitigungsanordnung gegenüber dem Serverbetreiber ein milderes Mittel gegenüber der unmittelbaren Beseitigung durch die Behörde selbst sein. Nur in Ausnahmefällen, z. B. wenn durch die Beseitigungsanordnung an den Serverbetreiber wertvolle Zeit verloren geht, oder die Chancen für den Zugriff auf die jeweiligen Inhalte dadurch verschlechtert werden, kann ein unmittelbarer Zugriff seitens der Behörde selbst in Betracht kommen.

2. Die Sperrung von Inhalten

Des Weiteren kommt die Sperrung problematischer Inhalte durch staatliche Stellen in Betracht. Hierbei gilt aber das im Rahmen der Löschung von Inhalten durch Behörden Gesagte. Regelmäßig wird ein unmittelbares Sperren bestimmter Inhalte durch Behörden nicht in Betracht kommen, da diese nicht über die Verfügungsgewalt über die entsprechenden Server, Firewalls, Proxy-Cache-Rechner oder Application-Level-Gateways haben. Nur dort, wo staatliche Stellen selbst derartige Strukturen betreiben, oder von den privaten Betreibern solcher Einrichtungen Zugriffsmöglichkeiten eröffnet bekommen haben, kommt die selbständige Sperrung von Inhalten durch staatliche Stellen in Betracht.

---

[826] Vgl. Sieber, Verantwortlichkeit im Internet, Rn. 132; ders. in CR 1997, 653, 659.
[827] So Germann, Gefahrenabwehr und Strafverfolgung im Internet, S. S. 420.

3. Die Anordnung der Beseitigung bestimmter Inhalte

Wo staatliche Stellen nicht selbst tätig werden können, um bestimmte, rechtswidrige Inhalte von Servern zu nehmen – und dies dürfte der Regelfall sein - kommt eine Anordnung der Beseitigung dieser bestimmten Inhalte an denjenigen in Betracht, der die Verfügungsgewalt über den jeweiligen Server besitzt. Die Behörde bedient sich mittels einer solchen Anordnung somit quasi desjenigen, der über die Zugriffsmöglichkeit auf die jeweiligen Inhalte verfügt, um durch diesen die problematischen Inhalte beseitigen zu lassen.

a) Rechtseingriff

Die Anordnung eines bestimmten Verhaltens greift naturgemäß in die Rechte desjenigen ein, gegenüber dem die Anordnung ergeht. Zum Einen ist er damit in seinem Grundrecht auf allgemeine Handlungsfreiheit nach Art. 2 I GG betroffen, da in dieses Grundrecht durch jede imperative Regelung der öffentlichen Gewalt eingegriffen wird.[828] Ergeht eine solche Anordnung gegenüber einem Betreiber oder Verwalter, der die jeweiligen Inhalte im Rahmen einer gewerblichen Tätigkeit anbietet, so ist er darüber hinaus in seiner grundrechtlich garantierten Berufsfreiheit und damit in Art. 12 I GG betroffen, welches insofern gegenüber Art. 2 I GG lex specialis ist.

Daneben könnte eine Beseitigungsanordnung gegenüber einem Anbieter journalistisch-publizistisch aufbereiteter Inhalte unter Umständen in dessen Pressefreiheit aus Art. 5 I S. 2 Var. 1 GG eingreifen. Dazu müsste der Adressat diese Anordnung, bzw. seine Tätigkeit vom persönlichen, bzw. sachlichen Schutzbereich dieses Grundrechtes erfasst werden. Wie schon im Rahmen der Frage nach der Anwendbarkeit der Landespressegesetze auf Inhalte in den Diensten des Internet dargestellt, wird auch der Schutzbereich des Art 5 I S. 2 Var. 1 GG über den Begriff des Druckwerks definiert. Die Begrifflichkeiten stimmen insoweit mit den Legaldefinitionen in den Landespressegesetzen überein.[829] Mangels des visuellen Erscheinungsbildes des gedruckten Wortes bei elektronisch gespeicherten Inhalten im Internet, stellen diese aber keine Druckwerke in diesem Sinne dar.[830] Damit finden die presserechtlichen Vorschriften der Länder hierbei keine Anwendung, die Pressefreiheit im Grundgesetz wird insoweit nicht tangiert. Eine Ausnahme hiervon stellen auch keine Beseitigungsanordnungen in Bezug auf Inhalte im Internet dar, die im Wege des „electronic publishing“, ihrer gedruckten Veröffentlichung inhaltlich weitgehend entsprechend, über das Internet verbreitet werden. Auch diese unterliegen, wie oben belegt, mangels ihres visuellen Erscheinungsbildes, nicht dem Pressebegriff und damit dem Grundrecht aus Art. 5 I S. 2 Var. 1 GG. Jedenfalls wird aber in die oben genannten Grundrechte, insbesondere in das der allgemeinen Handlungsfreiheit nach Art. 2 I GG eingegriffen.

---

[828] Vgl. Manssen, Grundrechte, Rn. 190.

[829] Herzog in Maunz/Dürig, Art. 5, Abs.1, 2, Rn. 129, Fn. 3.

[830] Insoweit sei auf die obigen Ausführungen zur Anwendbarkeit des Presserechts auf Inhalte in den Diensten des Internet verwiesen, S. 60.

b) Befugnisse

Eingriffe in Grundrechte Privater bedürfen zu ihrer verfassungsrechtlichen Zulässigkeit einer gesetzlichen Befugnis, auf Grund derer sie ergehen.

aa) Spezielle Befugnisse im Recht der Mediendienste

Zunächst kommt insoweit das Recht der Mediendienste und damit der MDStV in Betracht. Dieser enthält neben inhaltlichen Standards auch Vorschriften über Aufsichtsmittel. Hinsichtlich einer Beseitigungsanordnung ist § 18 II S. 1 MDStV einschlägig. Danach kann die im Sinne des § 18 I S. 1 MDStV zuständige Behörde die zur Beseitigung des Verstoßes erforderlichen Maßnahmen treffen. Darin liegt eine befugnisrechtliche Generalklausel, die im weiteren Text der Regelung konkretisiert wird. So sind hiervon nach Satz 2 der Vorschrift insbesondere Anordnungen zur Untersagung und Sperrungen von Angeboten erfasst. Die Anordnung der Beseitigung eines bestimmten Inhaltes wird von dieser Befugnisklausel ohne weiteres erfasst. Bei der Auswahl ihrer Aufsichtsmittel nach § 18 II MDStV hat die Behörde allerdings den Grundsatz der Verhältnismäßigkeit zu beachten, wie sich auch aus § 18 II S. 3 –5 MDStV ergibt. Da sich die Beachtung der Verhältnismäßigkeit bei jeglichem staatlichen Handeln bereits aus allgemeinen rechtsstaatlichen Grundsätzen ergibt, ist dieser Teil der Norm eigentlich überflüssig. Die Tatsache, dass ihn der Gesetzgeber dennoch so aufgenommen hat, spricht dafür, dass in der Praxis mit den Befugnissen, die sich aus der Generalklausel des § 18 II S. 1 MDStV ergeben, eher zurückhaltend operiert werden sollte.[831] Insofern scheint eine behördliche Beseitigungsanordnung noch nicht bei inhaltsrechtlichen Grenzfällen, sicherlich aber bei eindeutigen Verstößen gegen die inhaltlichen Regelungen des MDStV angebracht.
Zu beachten ist aber, dass der Anwendungsbereich der durch § 18 II MDStV gewährten Aufsichtsbefugnisse einigen Einschränkungen unterworfen ist. So gilt die Generalklausel des § 18 II S. 1 MDStV nur für Inhalte im Bereich der Mediendienste, d. h. der an die Öffentlichkeit gerichteten Angebote. Für rechtswidrige Inhalte in Telediensten können Beseitigungsanordnungen nicht auf diese Norm gestützt werden. Daneben wird der Anwendungsbereich dieser Generalklausel durch die Norm selbst beschränkt. So ergibt sich aus dieser ausdrücklich, dass Verstöße gegen die §§ 6 II, 7 II, III von Sanktionen durch die Generalklausel ausgenommen sind. Die insoweit genannten Vorschriften betreffen jedoch ausschließlich Fragen der Anbieterkennzeichnung, sowie solche der Präsentation journalistisch-redaktioneller Angebote. Was die Verfolgung rechtswidriger **Inhalte** in den Diensten des Internet anbelangt, wirken diese sich jedoch nicht aus.
Damit kann festgestellt werden, dass § 18 II S. 1 MDStV somit beim Vorliegen seiner Voraussetzungen als Befugnisnorm für Beseitigungsanordnungen im Zusammenhang mit rechtswidrigen Inhalten in den Diensten des Internet in Betracht kommt.

[831] Vgl. Vesting, in Roßnagel, § 18 MDStV, Rn. 34.

bb) Allgemeine Befugnisse aus dem Polizei- und Sicherheitsrecht

Beseitigungsanordnungen im Sinne des § 18 II MDStV können somit nur für Inhalte in Mediendiensten getroffen werden. Für derartige Inhalte in Telediensten fehlt eine, der Regelung des § 18 II MDStV entsprechende Vorschrift im TDG. Entsprechende Maßnahmen von Behörden zur Sanktionierung inhaltlicher Verstöße im Bereich der Teledienste oder sonstiger Angebote, die nicht dem Anwendungsbereich des § 18 II MDStV unterfallen, können sich daher nur aus dem allgemeinen Gefahrenabwehrrecht, d. h. dem Polizei- und Sicherheitsrecht ergeben.[832] Nachdem das allgemeine Polizeirecht keine Spezialbefugnis für die Anordnung der Beseitigung eines bestimmten Inhaltes enthält, ist insoweit auf die polizeirechtliche Generalklausel zurückzugreifen.[833] Nach Art. 11 I PAG kann die Polizei die notwendigen Maßnahmen treffen, um eine im Einzelfall bestehende Gefahr für die öffentliche Sicherheit und Ordnung abzuwehren. Insoweit ist eine konkrete Gefahr erforderlich. Zur Gefahrenabwehr gehört auch die Beseitigung einer bereits eingetretenen Beeinträchtigung (Störung) der öffentlichen Sicherheit oder Ordnung, wenn von ihr eine fortwirkende Gefährdung für diese Rechtsgüter ausgeht.[834] Damit kann für die Anordnung der Beseitigung bestimmter Inhalte auf die Befugnisgeneralklausel des Art. 11 I PAG zurückgegriffen werden. Zur Zulässigkeit einer derartigen Anordnung durch die Polizei ist darüber hinaus im Einzelfall erforderlich, dass die übrigen polizeilichen Handlungsgrundsätze erfüllt sind.

Für das allgemeine Sicherheitsrecht gilt im Wesentlichen das Gleiche. Wie das Polizeiaufgabengesetz enthält auch das allgemeine Sicherheitsrecht keine Spezialbefugnisse für die Anordnung der Beseitigung eines bestimmten Inhalts. Insofern muss auch hier auf die befugnisrechtliche Generalklausel zurückgegriffen werden. Diese findet sich im BayLStVG im Art. 7 II. Insoweit gilt das im Rahmen der polizeirechtlichen Generalklausel Gesagte. Damit können auch die Sicherheitsbehörden die Beseitigung bestimmter rechtswidriger Inhalte anordnen.

---

832 Vgl. Bleisteiner, Rechtliche Verantwortlichkeit im Internet, S. 205; Engel-Flechsig/Maennel/Tettenborn, Neue gesetzliche Rahmenbedingungen für Multimedia, S. 16.

833 Exemplarisch für das allgemeine deutsche Polizeirecht sollen hierbei die entsprechenden Normen des bayerischen PAG herangezogen werden.

834 Vgl. die Vollzugsbekanntmachung zu Art. 11 PAG in der Form vom 23. Dezember 1994, AllMBl. 1995, S. 27, abgedruckt auch bei Berner/Köhler, PAG, Art. 11.

c) Maßnahmerichtung

Ausschlaggebend ist jedoch, gegen wen eine solche Anordnung richtigerweise zu richten ist, d. h. wer ihr Adressat ist.

aa) Anordnungen nach § 18 II MDStV

Anordnungen aufgrund der befugnisrechtlichen Generalklausel des § 18 II MDStV sind „gegenüber dem Anbieter" zu treffen. Nach § 3 Nr. 1 MDStV ist „Anbieter", wer Mediendienste in diesem Sinne zur Nutzung bereithält oder den Zugang zur Nutzung dieser Dienste vermittelt. Aus einem Umkehrschluss von § 18 III MDStV ergibt sich, dass „Anbieter" insofern prinzipiell die nach dem § 5 MDStV verantwortlichen Personen sind. Daraus ergibt sich, dass Maßnahmen zunächst gegen den Anbieter eigener Inhalte (§ 5 I MDStV), sowie gegen Anbieter fremder Inhalte (§ 5 II MDStV), d. h. gegen Host- und Service-Provider zu richten sind. Kommen insoweit mehrere Adressaten in Frage, so besitzt die handelnde Behörde ein Auswahlermessen, das sie nach dem Grundsatz der Effektivität zu betätigen hat.[835] Aus § 18 III MDStV ergibt sich, wann Maßnahmen nach Absatz 2 gegen Access-Provider im Sinne des § 5 III MDStV gerichtet werden können. Aus der Formulierung des 1. Halbsatzes wird deutlich, dass die Inanspruchnahme des Access-Providers neben den Content-, Host-, und Service-Providern nur subsidiär in Betracht kommt, wenn Maßnahmen gegen die Letztgenannten keinen Erfolg versprechen oder nicht durchführbar sind.

bb) Anordnungen nach den polizei- und sicherheitsrechtlichen Generalklauseln

Für Beseitigungsanordnungen im Bereich der Teledienste gilt, wie festgestellt, das allgemeine Polizei- und Sicherheitsrecht. Da das TDG keine dem § 18 II, III MDStV entsprechende Regelung zur Maßnahmerichtung enthält, gelten insofern die allgemeinen gefahrabwehrrechtlichen Grundsätze über die Maßnahmerichtung. Im bayerischen PAG finden sich diese in den Art. 7, 8 und 10, im bayerischen LStVG in Art. 9.

(1) Anordnungen gegenüber Verantwortlichen

Im Grundsatz sind Anordnungen gegenüber dem oder den Verantwortlichen zu erlassen. Grundsätzlich ergibt sich die Verantwortlichkeit aus der jeweiligen Befugnisnorm, bei Maßnahmen aufgrund der befugnisrechtlichen Generalklausel aus den allgemeinen Verantwortlichkeitsregelungen.[836] Zu beachten ist jedoch, dass für den Bereich der Tele- und Mediendienste Sonderregelungen existieren. So ist die Verantwortlichkeit für Teledienste ausdrücklich in den §§ 8 ff TDG geregelt.[837] Diese Spezialregelungen sind, wie bereits erörtert, rechtsdogmatisch als Filter einzustufen, der Prüfung der allgemeinen Tatbestandsmerkmale vorgelagert sind. Verantwortlichkeiten nach allgemeinen, d. h. zivil-, öffentlich-rechtlichen oder strafrechtlichen Grundsätzen sind demnach nur dann gegeben,

---

[835] Vgl. Vesting in Roßnagel, § 18 MDStV, Rn. 39.

[836] Insoweit ist im Allgemeinen Polizei- und Sicherheitsrecht zwischen der Verhaltens- und der Zustandsverantwortlichkeit zu unterscheiden, vgl. Art. 7, 8 BayPAG, Art. 9 I, II BayLStVG.

[837] Insofern sei auf die Ausführungen zu den Regelungen der §§ 8 ff TDG verwiesen.

wenn die §§ 8 ff eine entsprechende Verantwortlichkeit vorsehen.[838] Vorliegend werden die allgemeinen Verantwortlichkeitsregelungen quasi durch die speziellen Vorschriften im Recht der Teledienste verdrängt. Verantwortlich in diesem Sinne ist somit nach § 8 I TDG zunächst der Content-Provider, der eigene Inhalte bereithält. Wer die Gefahr verursacht, ist als Verhaltensverantwortlicher Adressat entsprechender Maßnahmen. Entscheidend ist dabei, dass er dasjenige Verhalten an den Tag gelegt hat, das die Schwelle zur konkreten Gefahr unmittelbar überschreitet.[839] Der Content-Provider, der den rechtswidrigen Inhalt bereitstellt, ist damit Verhaltensverantwortlicher und Adressat entsprechender Maßnahmen nach Art. 7 BayPAG, bzw. Art. 9 I BayLStVG.
Verantwortlich im Sinne des TDG können aber auch Host- und Serviceprovider sein. Dies ist der Fall, wenn sie gemäß § 11 TDG diese Kenntnis vom jeweiligen Inhalt haben und nicht unverzüglich zu dessen Entfernung tätig geworden sind. Halten diese fremde Inhalte dergestalt bereit, dass sie selbst diese Inhalte in ihr Angebot aufnehmen, so sind sie ebenso als Verhaltensverantwortliche im Sinne der soeben genannten Vorschriften Adressaten staatlicher Maßnahmen. Zeichnet sich ihr hosting aber dadurch aus, dass sie lediglich den Speicherplatz zur Verfügung stellen, dieser dann von Dritten mit Angeboten gefüllt wird, so sind sie als Zustandsverantwortliche Adressat entsprechender Maßnahmen. Denn diesen trifft die Verantwortlichkeit für Sachen, die seiner tatsächlichen Gewalt unterliegen und von denen eine Gefahr ausgeht.[840]

(2) Anordnungen gegenüber Nichtverantwortlichen

Daneben können im Einzelfall aber auch Maßnahmen gegen nicht verantwortliche Personen nötig sein. § 8 II S. 2 TDG stellt insoweit klar, dass eine entsprechende Verpflichtung auch im Sinne der §§ 9 – 11 TDG Nichtverantwortliche treffen kann. Nicht verantwortlich sind nach § 11 TDG Host- und Service-Provider, die keine Kenntnis von den rechtswidrigen Inhalten haben, oder die unverzüglich nach Erlangung der Kenntnis tätig geworden sind, um die Informationen zu entfernen. Weiterhin sind auch Access-Provider, deren geschäftliche Tätigkeit in der reinen Durchleitung von fremden Informationen besteht, nach § 9 I TDG regelmäßig für diese Inhalte nicht verantwortlich. Diese Personen können nur als Nichtverantwortliche Adressat entsprechender Maßnahmen sein. In diesem Fall unterliegt die Anordnung jedoch besonders engen Voraussetzungen.[841] Insbesondere muss die abzuwehrende Gefahr „erheblich" sein, d. h. einen schweren Schaden für ein bedeutendes Rechtsgut oder die öffentlichen Sicherheit erwarten lassen.[842] Bei bloßen Bagatellverletzungen durch nur schädigende Inhalte dürfte diese Voraussetzung nicht gegeben sein. Allerdings ist zu beachten, dass die Behörde jederzeit die Möglichkeit hat, den Provider über den fraglichen Inhalt in Kenntnis zu setzen und damit den Verantwortungsmechanismus

[838] Vgl. Manssen, Teil E, § 5, Rn. 3 noch zu § 5 TDG, insoweit aber direkt übertragbar auf die neuen Regelungen nach dem EGG.
[839] Vgl. hierzu Gallwas in Gallwas/Mößle, Rn. 425 ff, 478 f; Knemeyer, PAG, Art. 7, Rn. 3; Selmer, JUS 1992, 97, 99.
[840] Vgl. nur Art. 8 I BayPAG, Art. 9 II S. 1 BayLStVG.
[841] Vgl. Art. 10 BayPAG, Art. 9 III BayLStVG.
[842] Vgl. nur die Vollzugsbekanntmachung zum PAG, Ausführungen zu Art. 10, Ziffer 2, abgedruckt bei Knemeyer, PAG, Art. 10, S. 79.

des § 11 TDG in Gang zu setzen. Wird der Provider nicht unverzüglich tätig, so können gegen ihn Maßnahmen als Verantwortlicher erlassen werden, die dann unter weniger engen Voraussetzungen stehen.
Stehen für eine Beseitigungsanordnung nach den Generalklauseln des allgemeinen Polizei- und Sicherheitsrechtes mehrere Adressaten zur Auswahl, so besitzt die anordnende Behörde auch hier ein Auswahlermessen, das nach Kriterien der Effektivität zu betätigen ist.[843]

d) Verhältnismäßigkeit und Grenzen

Sowohl bei Anordnungen nach den speziellen Vorschriften des Mediendienstestaatsvertrages, als auch bei solchen nach den befugnisrechtlichen Generalklauseln des allgemeinen Polizei- und Sicherheitsrechtes ist der Grundsatz der Verhältnismäßigkeit als Grenze staatlichen Handelns stets zu berücksichtigen. Danach verlangt die Zulässigkeit staatlicher Maßnahmen, dass diese einem legitimen Zweck dienen, zu dessen Erreichung geeignet und erforderlich sowie angemessen sind.
Der legitime Zweck, der durch die Anordnung, einen bestimmten rechtswidrigen Inhalt aus einem bestimmten Online-Angebot zu entfernen verfolgt wird, ist unbestritten. Zweifel könnten jedoch an der Geeignetheit derartiger Maßnahmen für die Erreichung des legitimen Zwecks erwachsen. Aussichtsreich scheint in diesem Zusammenhang noch die Beseitigungsanordnung gegenüber einem inländischen Provider. Fraglich ist jedoch, ob solche Maßnahmen noch geeignet sind, um gegen rechtswidrige Inhalte vorzugehen, die auf Servern im Ausland liegen. Hier sind deutsche Behörden bei der Bekämpfung rechtswidriger Inhalte von der Amts- und Rechtshilfe der jeweils zuständigen Behörden angewiesen. Diese wird insbesondere dann versagt werden, wenn die fraglichen Inhalte, die nach deutschem Recht als rechtswidrig einzustufen sind, nach dem Recht des jeweiligen Staates, in dem sich der Server befindet, als unbedenklich gelten. Was aber die Bekämpfung rechtswidriger Inhalte auf deutschen Servern anbetrifft, bestehen an der Geeignetheit insofern keine Bedenken.
Bedenken könnten sich allerdings ergeben, weil eine Beseitigungsanordnung nicht garantiert, dass der betreffende Inhalt somit endgültig aus dem Netz entfernt wird. Vielmehr besteht die Möglichkeit, diesen umgehend erneut ins Netz zu stellen und damit einer Öffentlichkeit zugänglich zu machen.[844] Damit würde der Effekt einer solchen Anordnung zunichte gemacht. Dem ist jedoch entgegen zu halten, dass derartige Maßnahmen nicht als umfassend effektives Mittel zu sehen sind, sondern vielmehr danach beurteilt werden müssen, ob sie in der Lage sind, eine konkret erkannte Störung des inhaltlichen Gefüges im Internet zu beenden.[845] Bezogen auf das eine konkrete Angebot kann ihnen die Eignung nicht abgesprochen werden, solange es von einem deutschen Server angeboten wird. Das Bundesverfassungsgericht hat in Bezug auf die Geeignetheit strategischer Überwachung von Telekommunikationsverbindungen festgestellt, dass der Erfolg diesbezüglicher Maßnahmen nicht von vorne herein fest stehen muss, die

[843] Vgl. Germann, Gefahrenabwehr und Strafverfolgung im Internet, S. 397 f, m.w.N.
[844] Diesen Einwand bringen insbesondere Göckel, ArchPT, 1996, 331, 336; sowie Knödler, jur-pc 1996, 257, 262 f; Ladeur, ZUM 1997, 374, 382.
[845] Vgl. hierzu Sieber, CR 1997, 653, 667; Germann, Gefahrenabwehr und Strafverfolgung im Internet, S. 410.

abstrakte Möglichkeit, dass die Maßnahme ihr Ziel erreicht, reicht insoweit aus.[846] Damit sind Beseitigungsanordnungen in Bezug auf rechtswidrige Inhalte im Internet grundsätzlich zu deren Bekämpfung geeignet.
Was die Frage nach der Erforderlichkeit von Beseitigungsanordnungen anbelangt, darf insoweit kein milderes, gleich wirksames Mittel in Betracht kommen. Da die Beseitigungsanordnung selbst regelmäßig noch nicht mit irgendwelchen behördlichen Handlungen zur Entfernung eines Inhaltes einhergeht, stellt sie selbst vielmehr das mildere Mittel gegenüber der unmittelbaren Beseitigung des Inhaltes dar. Fraglich ist, ob die Sperrung eines Angebotes insofern ein milderes Mittel darstellt. Die Anordnung, ein bestimmtes Angebot aus dem Bestand zu beseitigen, lässt dem Adressaten die Wahl, ob er dieses durch Löschen des strittigen Inhaltes oder auf andere Weise umsetzen will. Meist birgt das Sperren eines Inhaltes mehr Risiken, dass der konkrete Inhalt weiterhin zugänglich ist, als wenn dieser tatsächlich gelöscht wird. Damit kommt die Anordnung der Sperrung zwar als milderes, aber nicht als gleich effektives Mittel in Betracht. Hieraus ergeben sich daher keine Einschränkungen für die Anordnung der Beseitigung bestimmter Inhalte. Letztlich muss die Maßnahme auch zu dem verfolgten Zweck verhältnismäßig im engeren Sinne, d. h. angemessen sein. Diese Ausprägung des Verhältnismäßigkeitsprinzips ist auch in die Regelung des § 18 II 3 MDStV eingeflossen, wonach die Untersagung eines Mediendienstes nur dann in Betracht kommt, wenn „die Maßnahme außer Verhältnis zur Bedeutung des Angebots für den Anbieter und die Allgemeinheit steht". In diesem Rahmen kommt auch dem Kriterium der Zumutbarkeit, wie es sich aus den Verantwortlichkeitstatbeständen im TDG und MDStV ergibt, Bedeutung zu. Maßnahmen können nur dann getroffen werden, wenn sie für den Handelnden (Provider) zumutbar sind. Hieraus ergibt sich, dass jeweils anhand des konkreten Einzelfalles zu prüfen ist, wie groß die Gefahren, bzw. die Störungen für die Rechtsordnung sind, die sich aus einem bestimmten Inhalt ergeben und inwieweit diese das Interesse des Anbieters bzw. der Allgemeinheit an der Erhaltung dieses Angebots überwiegen. Insbesondere bei rechtswidrigen Angeboten im Bereich der Kinderpornographie dürfte sich aus dem Kriterium der Angemessenheit keine Einschränkung für Maßnahmen zur Entfernung dieser Inhalte ergeben. In weniger drastischen Fällen ist dies jeweils nach den Umständen des Einzelfalles zu prüfen.

e) Zwischenergebnis

Aus den vorgenannten Ausführungen ergibt sich somit, dass die Anordnung der Beseitigung eines bestimmten Inhaltes unter den einzelnen Voraussetzungen durchaus ein Mittel im Umgang mit als rechtswidrig identifizierten Inhalten in den Diensten des Internet ist. Auch wenn diese Maßnahme keine 100%ige Effektivität im Kampf gegen unerwünschte Inhalte im Internet bringen kann, so eignet sie sich als Aufsichtsmaßnahme gegenüber Inhalten, die auf Servern in Deutschland bereitgehalten werden durchaus.

[846] Vgl. BVerfGE 67, 157, 175.

4. Die Anordnung von Zugangssperren

Dort, wo ein unmittelbares Tätigwerden der Behörden nicht möglich ist, Beseitigungsanordnungen keinen Erfolg versprechen oder aus anderen Gründen nicht gegen rechtswidrige Inhalte an deren Quelle, d. h. deren Angebotsserver vorgegangen werden kann, kommt die Anordnung von Zugangssperren in Betracht, die den Zugriff auf die als rechtswidrig identifizierten Inhalte verhindert.[847]

a) Rechtseingriff

In der Anordnung von Sperrungsmaßnahmen liegt ein Rechtseingriff. Der Adressat einer derartigen Sperrungsanordnung wird jedenfalls in seiner allgemeinen Handlungsfreiheit aus Art. 2 I GG betroffen. Gehört der Betrieb der Router, Firewalls oder Proxy-Cache-Server, bzw. Application-Level-Gateways zur gewerbsmäßigen Betätigung des Adressaten, so liegt in der Anordnung derartiger Maßnahmen ein Eingriff in dessen Berufsfreiheit nach Art. 12 I GG. Hingegen kommt ein Eingriff in diejenigen Grundrechte, die die Kommunikation selbst schützen, nicht in Betracht, weil der Adressat insoweit nicht Teilnehmer an der Kommunikation, sondern lediglich deren Vermittler ist.[848]
Allerdings wird der Provider durch eine solche Anordnung dazu gezwungen, Kenntnis von den Kommunikationsvorgängen der betroffenen Kommunikationspartnern zu nehmen. Hierdurch werden die Kommunikationspartner in ihrem Grundrecht auf informationelle Selbstbestimmung, bzw. in ihrem Fernmeldegeheimnis als lex specialis betroffen. Diese Beeinträchtigungen sind dem Staat als mittelbare Beeinträchtigungen in Art. 2 I GG i.V.m. Art. 1 I GG, bzw. in Art. 10 I GG zuzurechnen.[849] Jedenfalls greift die Anordnung von Sperrungen im Internet somit in grundrechtlich geschützte Rechte Dritter ein.

b) Befugnis zum Eingriff

Behördliche Sperrungsanordnungen im Internet bedürfen daher zu ihrer verfassungsrechtlichen Zulässigkeit einer gesetzlichen Ermächtigungsgrundlage. Wegen der grundsätzlichen Trennung von Medien- und Telediensten in der Bundesrepublik Deutschland ist auch hier hinsichtlich dieser beiden Angebotsformen zu unterscheiden.

aa) Zugangssperren im Bereich der Mediendienste

Im Bereich der Mediendienste ergibt sich die Befugnis zur Errichtung von Zugangssperren aus dem Mediendienstestaatsvertrag, genauer gesagt dessen § 18. Sofern die Sperrung eines bestimmten Inhaltes möglich ist, werden regelmäßig keine derartigen Sperrungen gegenüber dem Anbieter angeordnet werden, da insoweit die Anordnung der Beseitigung das effektivere und sichere Mittel zur Unterbindung der Störung durch ein bestimmtes Angebot ist. Anordnungen zur Sperrung bestimmter Angebote ergehen regelmäßig gegenüber Dritten, die unter Umständen mit dem Anbieter in keinem Verhältnis stehen, sondern mehr zufällig im Datenfluss zwischen diesen Anbietern und denjenigen Personen stehen,

---

[847] Die technischen Möglichkeiten hierbei wurden bereits im Rahmen der Optionen der Provider behandelt. An dieser Stelle sei auf die dortigen Ausführungen verwiesen.
[848] Vgl. Germann, Gefahrenabwehr und Strafverfolgung im Internet, S. 444.
[849] Vgl. Germann, Gefahrenabwehr und Strafverfolgung im Internet, S. 445.

die solche Angebote nachfragen. Für Maßnahmen gegenüber (unbeteiligten) Dritten kann § 18 II MDStV nicht als Befugnisnorm herangezogen werden, dieser befugt ausdrücklich nur zu Maßnahmen gegenüber den Anbietern. Allerdings enthält § 18 III MDStV einen Passus zum Vorgehen gegenüber Dritten. Danach können Maßnahmen im Sinne des Absatz 2 unter den dort genannten Vorschriften auch gegen „Anbieter von fremden Inhalten nach § 5 III TDG (a. F.) gerichtet werden“. Anbieter in diesem Sinne sind all diejenigen, die im Rahmen der Zugangsvermittlung im Internet tätig sind, d. h. die Access-Provider, die Betreiber von Suchmaschinen[850] und konsequenterweise auch die Betreiber der für den Internetverkehr notwendigen Infrastruktur und Rechnersystemen. Insoweit ist § 18 III MDStV rechtliche Befugnisnorm für Maßnahmen, wie die Anordnung der Sperrung eines bestimmten Angebotes.[851]

bb) Zugangssperren im Bereich der Teledienste

Wie oben besprochen, können Maßnahmen im Bereich der Teledienste nicht auf Regelungen des MDStV gestützt werden. Das Recht der Teledienste enthält keine dem § 18 II MDStV entsprechende Regelung. Insbesondere ergibt sich aus § 8 II S. 2 TDG keine Befugnis zu derartigen Maßnahmen, hier wird lediglich das Verhältnis der Verantwortlichkeitsregelungen des TDG zum allgemeinen Recht klargestellt. Damit muss für die Anordnung von Sperrungen in diesem Bereich auf das allgemeine Recht zurückgegriffen werden. Wie auch schon bei der Anordnung der Beseitigung bestimmter Inhalte, kommen insoweit mangels spezialgesetzlicher Regelungen nur die Generalbefugnisklauseln im allgemeinen Polizei- und Sicherheitsrecht in Betracht. Insofern gilt das oben, im Rahmen der Anordnung der Beseitigung von Inhalten Gesagte entsprechend.

c) Maßnahmerichtung

Entscheidend ist, gegen wen derartige Sperrungsanordnungen zu richten sind. Wie dargestellt, wird dies regelmäßig nicht der Anbieter unerwünschter Inhalte sein, da insoweit die Anordnung der Beseitigung einen besseren Schutz bietet. Hierfür ist unerheblich, ob diese Anbieter die Inhalte als eigene oder fremde Inhalte anbieten. Anordnungen zur Sperrung bestimmter Angebote werden regelmäßig dort ergehen, wo der Anbieter eines bestimmten Angebotes im Ausland sitzt oder sonst für deutsche Behörden nicht greifbar ist. Adressat derartiger Maßnahmen werden regelmäßig diejenigen sein, die für den Datentransfer vom Anbieter zum Nutzer verantwortlich zeichnen. Insofern kommen als Adressaten von Sperrungsanordnungen eine Vielzahl von Personen in Betracht, wie die Netzwerkbetreiber, die Betreiber der Routingrechner, bis hin zu den Access-Providern.

Probleme entstehen jedoch, wenn man die Richtung solcher Sperrungsmaßnahmen näher betrachtet. Adressaten von Maßnahmen im Sinne des § 18 III MDStV sind, wie gesagt, sämtliche, in der Zugangsvermittlung im Internet tätigen Stellen. Insoweit werden auch die Access-Provider, die Betreiber von Proxy-Cache-Rechnern erfasst. Zu beachten ist jedoch, dass die Betreiber von Application-Level-Gateways, wie auch die Betreiber von Routerrechnern insoweit

[850] Vgl. nur Manssen, Teil E, § 5 MDStV, Rn. 15.
[851] So Germann, Gefahrenabwehr und Strafverfolgung im Internet, S. 445.

nichts weiter, als einen bloßen Telekommunikationsdienst betreiben.[852] Die von diesen Stellen erbrachten Leitungen sind inhaltsindifferent und fallen damit nicht in den Anwendungsbereich des MDStV.[853] Weiterhin ist zu beachten, dass Access-Provider ihre Leitungen gewöhnlich gewerbsmäßig und damit im Rahmen einer wirtschaftlichen Tätigkeit erbringen. Wirtschaftliche Betätigung auf dem Gebiet der neuen Dienste fällt in den Bereich der konkurrierenden Gesetzgebung des Art. 74 I Nr. 11 GG und hiervon hat der Bund mit dem TDG Gebrauch gemacht. Access-Providing wird demnach nicht vom MDStV erfasst. Dies ergibt sich auch noch einmal aus § 2 II Nr. 4 HS 2 MDStV, der derartige Dienste ausdrücklich ausschließt. Dies hat zur Folge, dass Maßnahmen auf der Grundlage des § 18 III MDStV nur in bestimmten, selten Grenzfällen angeordnet werden können, wo Adressat etwa der Betreiber eines Proxy-Cache-Servers ist, der nicht im Rahmen einer gewerbsmäßigen Tätigkeit betrieben wird. Für Maßnahmen gegenüber den Betreibern von Application-Level-Gateways oder Routern scheidet § 18 III MDStV als Befugnisnorm damit völlig aus.
Deshalb müssen entsprechende Anordnungen zur Sperrung bestimmter Inhalte regelmäßig auf der befugnisrechtlichen Grundlage des allgemeinen Polizei- und Sicherheitsrechtes angeordnet werden. Die insoweit einschlägigen Generalklauseln richten sich zum Einen gegen die Anbieter als (Zustands- oder Verhaltens-) Verantwortliche, zum Anderen können sie unter bestimmten Voraussetzungen aber auch gegen nicht verantwortliche Dritte gerichtet werden.[854] Was die Anordnung von Sperren im Internetverkehr anbelangt, so dürften regelmäßig nicht verantwortliche Personen Adressat derartiger Maßnahmen sein, da gegen Verantwortliche effektiver mit der Beseitigungsanordnung vorgegangen werden könnte. Als Nichtverantwortliche in diesem Sinne kommen Zugangsvermittler wie Access-Provider, Betreiber von Proxy-Cache-Rechnern, oder Application-Level-Gateways, bzw. Routern in Betracht. Und dies unabhängig davon, ob deren Dienste im Rahmen einer geschäftlichen Tätigkeit erbracht werden, oder nicht. Im übrigen sei auf die Ausführungen zur Maßnahmerichtung bei der Beseitigungsanordnung verwiesen.

d) Verhältnismäßigkeit und Grenzen

Wie auch schon im Rahmen der Beseitigungsanordnungen, müssen Anordnungen zur Sperrung bestimmter Angebote den Grundsatz der Verhältnismäßigkeit erfüllen. Zunächst bestehen Zweifel an der Geeignetheit solcher Anordnungen. Wie auch schon im Rahmen der Anordnung der Beseitigung bestimmter Inhalte, kommt der Einwand in Betracht, dass der Zugang zu den betreffenden Inhalte unter Umständen nicht vollständig gesperrt werden kann. Aber auch an dieser Stelle gilt, dass es nicht auf eine lückenlose Verhinderung der Kommunikation mit bestimmten Inhalten geht. Schon in der bloßen Erschwerung des Zugangs zu bestimmten Inhalten liegt ein gewisser Fortschritt in Bezug auf die Unversehrtheit der öffentlichen Sicherheit und Ordnung. Solange die Anordnung einer

---

852 Vgl. Germann, Gefahrenabwehr und Strafverfolgung im Internet, S. 446, sowie S. 165.
853 Vgl. Koenig, MMR-Beilage 12/1998, S. 1, 8 f.
854 An dieser Stelle sei erneut beispielhaft auf die Regelungen der Art. 10 BayPAG, sowie Art. 9 III BayLStVG verwiesen.

Sperrung auch nur einen kleinen Beitrag zur Behinderung der störenden Kommunikation leistet, ist es für diesen Zweck geeignet.[855]

Was die Erforderlichkeit anbelangt, ist festzustellen, dass ein milderes Mittel, als die rechtswidrigen Inhalte selbst unangetastet zu lassen und nur den Transport dieser zu verhindern, kaum Betracht kommt. *Germann* verweist insofern auf den Einsatz von spezifischen Programmen, auf der Seite der Nutzer, die den Abruf bestimmter Inhalte verhindern. Hierzu sei jedoch gesagt, dass derartige Systeme allenfalls eine Möglichkeit für die Nutzer darstellen, sich vor rechtswidrigen Inhalten zu schützen. Ein milderes Mittel in Bezug auf die Bekämpfung der Verfügbarkeit solcher Inhalte von staatlicher Seite bieten diese aber nicht.

Weiterhin dürfen derartiger Maßnahmen die Adressaten nicht übermäßig belasten, sondern müssen für diese zumutbar sein. Nur dann ist die Angemessenheit solcher Maßnahmen gewahrt. Letztlich wird auch diese Voraussetzung wieder in § 18 III MDStV aufgegriffen. Hierbei spielt insbesondere die technische Machbarkeit, sowie der Aufwand eine Rolle, der für effektive Sperrungen im Internet betrieben werden muss. Insoweit sei auf die obigen Ausführungen im Rahmen der Sperrungsoptionen der Provider verwiesen. Was im Einzelnen den Providern zugemutet werden kann, wird maßgeblich auch vom Stand der Technik mitbestimmt.[856]

Jedoch bestreitet *Freytag* die Zumutbarkeit von Sperrungsanordnungen generell, mit Verweis auf die in jedem Fall enormen technischen Schwierigkeiten, denen insbesondere Echtzeit-Sperrsysteme, sowie Systeme im Rahmen der Application-Level-Gateways im Internet gegenüber stehen.[857] Hierbei wird aber übersehen, dass insbesondere in den Fällen, wo ein ganzes Angebot Gegenstand einer Sperrung sein soll, die – technisch durchaus mit vertretbarem Aufwand machbaren – IP-Paketfilter-Systeme eine Möglichkeit bieten. Diese dürften den Providern gegenüber – ob ihres geringeren technischen Aufwandes – regelmäßig zumutbar sein. Was die Beurteilung differenzierter Sperrsysteme anbelangt, so muss tatsächlich festgestellt werden, dass hier bald an die Grenzen des Zumutbaren gestoßen wird.

Festzuhalten ist aber, dass das Ausmaß der zu beseitigenden Störung in diese Überlegungen, auch was den Effektivitätsgrad einer solchen Sperrung betrifft, stets in die Bewertung der Zumutbarkeit mit einzubeziehen ist.[858] Dabei ist jedoch zu berücksichtigen, dass die Anordnung einer Sperrungsverfügung gegenüber einem Provider um so einschneidender ist, je stärker die negativen Auswirkungen dieser Sperrung auf den restlichen Kommunikationsverkehr im Netz des Providers ist.[859] Damit ist jeweils eine umfassende Abwägung vorzunehmen, was aus Sicht der Allgemeinheit für die Sperrung eines bestimmten Angebotes, und was aus Sicht des Providers gegen eine solche Sperrung spricht.

---

855 Vgl. an dieser Stelle auch die Ausführungen des Bundesverfassungsgerichtes in BVerfGE 65, 157, 175, sowie Germann, Gefahrenabwehr und Strafverfolgung im Internet, S. 455.

856 Vgl. Engel-Flechsig/Maennel/Tettenborn, Neue gesetzliche Rahmenbedingungen für Multimedia, S. 18.

857 Vgl. Freytag, Haftung im Netz, S. 225 ff.

858 Vgl. Sieber, CR 1997, 581, 587; sowie 653, 662 ff, 668. Gleichfalls sei auf die Erwägungen des Generalbundesanwaltes in MMR 1998, 93, 95 ff verwiesen.

859 Vgl. Sieber, MMR-Beilage 2/1999, S. 29.

e) Zwischenergebnis

Die Anordnung von Sperrungen bietet nach alledem nur in Einzelfällen eine Möglichkeit im Kampf gegen rechtswidrige Inhalte im Internet. Angesichts des großen technischen Aufwands, sowie der Probleme, die mit derartige Systemen verbunden sind, können solche Maßnahmen wohl nur Ausnahmeerscheinungen bleiben. Insgesamt aber lässt sich feststellen, dass staatlichen Stellen eine Reihe von Optionen für den Umgang mit rechtswidrigen Inhalten in den Diensten des Internet besitzen. Im Wesentlichen kommen insoweit vor allem die Anordnung der Beseitigung von Angeboten, sowie hilfsweise die Anordnung deren Sperrung in Betracht. Entscheidend ist, dass die jeweilige Maßnahme für den Adressaten nicht unzumutbar ist, indem Belastung generiert werden, die seine technischen oder sonstigen Möglichkeiten übersteigen. Staatliche Stellen und Provider müssen quasi in Zusammenarbeit auf die Bekämpfung rechtswidriger Inhalte im Internet hin wirken. Dabei kommt den Providern, die naturgemäß quasi als „Tatnächste" direkten Zugriff auf die jeweiligen Inhalte besitzen, eine besondere Funktion zu. Zu beachten ist aber auch, dass sowohl die Anordnung der Beseitigung, als auch der Sperrung bestimmter Inhalte im Internet gewissen technischen Grenzen obliegt, die auch mit fortschreitender Technisierung nur schwerlich, wenn überhaupt zu überwinden sind. Die genannten Optionen bieten Möglichkeiten für staatliche Stellen, mit als rechtswidrig indizierten Inhalten zu verfahren. Ein Patentrezept, d. h. in jedem Falle anwendbar und maximal effektiv, sind diese Vorgehensweisen aber nicht.

III. Optionen der Nutzer und privater Initiativen

Naturgemäß kommen auch Nutzer und private Initiativen, die sich dem Kampf gegen rechtswidrige und sonst unerwünschte Inhalte im Internet verschrieben haben, mit derartigen Inhalten in Berührung. Ihre Optionen im Umgang mit diesen sind jedoch äußerst eingeschränkt. Zum Einen besitzen sie regelmäßig nicht die Verfügungsgewalt über denjenigen Server, auf dem die problematischen Inhalte abgelegt sind. Damit scheidet ein Beseitigen dieser Inhalte aus. Zum Anderen besitzen sie meist nicht die technischen Voraussetzungen, um effektive Sperrungen in Bezug auf die problematischen Inhalte zu etablieren.

Somit bleibt Nutzern und privaten Initiativen nur die Möglichkeit, rechtswidrige und sonst problematische Inhalte an diejenigen zu melden, die insoweit tätig werden können. Dies sind regelmäßig die zuständigen staatlichen Stellen oder der jeweils betroffene Provider. Diese können dann, kraft ihrer Hoheits- oder Verfügungsgewalt, gegen die im Einzelnen genannten Inhalte mit den oben genannten Maßnahmen vorgehen.

Teil D: Inhaltsregulierung auf internationaler Ebene

A. Notwendigkeit einer internationalen Kooperation im Internet-Bereich

Das deutsche Recht ein breites Spektrum an Möglichkeiten im Kampf gegen unerwünschte Inhalte in den Diensten des Internet. Fraglich ist aber, angesichts der Globalität des Internet und seiner Dienste, inwieweit diese Möglichkeiten ein effektives Vorgehen gegen internationale rechtswidrige Inhalte ermöglichen. Diese Problematik ist deshalb von so großer Bedeutung, weil es im Internet beispielsweise ohne große technische Mühen oder großen Sachverstand möglich ist, Inhalte binnen kürzester Zeit auf Server im Ausland zu verschieben und diese sodann von dort aus anzubieten.[860] Hierfür ist nicht einmal der tatsächliche körperliche Wechsel des Anbieters in Form einer Ausreise nötig. Er muss hierfür nicht einmal sein Arbeitszimmer verlassen. Insofern bietet sich für Anbieter rechtswidriger oder sonst unerwünschter Inhalte an, ihre Inhalte gezielt in ein Land zu verlegen, dessen inhaltlichen Vorschriften weniger streng sind, oder in dem die jeweiligen Inhalte ohnehin nicht pönalisiert sind. Für den Nutzer ist dies unter Umständen nicht einmal erkennbar, er kann die gewünschten Inhalte ebenso schnell und unproblematisch abrufen, wie dies bei Inhalten der Fall ist, die von seinem Heimatland aus angeboten werden.
Allerdings betrifft dies die Möglichkeiten der nationalen Behörden, gegen diese Inhalte vorzugehen. Nationale Behörden, die insoweit tätig sind, sind nunmehr auf die Rechts- und Amtshilfe der Behörden desjenigen Landes angewiesen, von dem aus die entsprechenden Inhalte angeboten werden. An dieser ist insbesondere dann zu zweifeln, wenn die Inhalte, die Gegenstand einer solchen Rechts- oder Amtshilfe sind, in dem Land, von dem aus sie angeboten werden, als rechtlich unbedenklich gelten. Weiterhin haben deutsche Behörden keine unmittelbare Rechtsdurchsetzungsmacht gegenüber Providern, die in anderen Staaten niedergelassen sind. Damit können, findet eine Regulierung von Inhalten in den Diensten des Internet allein auf nationalstaatlicher Ebene statt, unerwünschte Inhalte staatlichen Sanktionen gezielt dadurch entzogen werden, dass sie vom Ausland aus, im jeweiligen Land angeboten werden. Ein Vorgehen auf rein nationaler Ebene gegen unerwünschte Inhalte im Internet wird damit ausgehöhlt. Diese Problematik macht deutlich, dass ein rein nationaler Ansatz gegen rechtswidrige und sonst unerwünschte Inhalte im Internet nur eine Facette im Vorgehen gegen problematische Inhalte sein kann. Unter den oben genannten technischen Einschränkungen können mit ihnen zumindest gegenüber solchen Inhalten Erfolge erzielt werden, die im jeweiligen Land angeboten werden. Wie aus einem Dokument der Europäischen Gemeinschaft hervorgeht, haben die meisten Mitgliedstaaten bereits bestimmte nationale Maßnahmen getroffen, oder sind sich der Problematik der rechtswidrigen und schädigenden Inhalte in den Diensten des Internet durchaus bewusst.[861] Jedoch unterliegen auch diese nationalen Vorgehensweisen den nationalstaatlichen Grenzen, wie sie oben aufgezeigt wurden. Damit ist die Frage der Regulierung von Kommunikationsinhalten, die

---

[860] Ein Beispiel hierfür ist der US-amerikanische Host-Provider Geocities (www.geocities.com), der Webspace einer bestimmten Größe kostenlos auf Rechnern in den USA für jedermann gegen eine Registrierung anbietet.
[861] Vgl. http://europa.eu.int/ISPO/legal/de/internet/wp2de-chap.html#2b.

über das Internet verbreitet werden nicht nur eine deutsche, sondern eine globale Frage.[862] Daneben ist deshalb auch ein internationales Vorgehen gegen unerwünschte Inhalte im Internet erforderlich.[863] Erst eine Regulierung, die oberhalb der Ebene von Nationalstaaten ansetzt, kommt der Globalität des Internet und seiner Dienste nahe und kann damit effektive Wirkungen entfalten. Vereinfacht lässt sich dies in dem Leitsatz verkörpern, dass ein globales Medium einer ebenso globalen Regulierung bedarf. Deshalb wird in der Literatur vereinzelt die Einrichtung einer supranationalen Behörde angedacht, die eine inhaltliche Regulierung überwacht und kontrolliert[864] und darüber hinaus die erforderlichen Maßnahmen über die Grenzen von Nationalstaaten hinweg durchführt und koordiniert.

I. Multilaterale Vereinbarungen zur Regulierung von Inhalten

Völkerrechtliche Verträge und internationale Abkommen über die Ächtung gewisser Inhalte in Veröffentlichungen bestehen seit langem. Bereits 1911 wurde ein völkerrechtliches *Abkommen über die Bekämpfung der Verbreitung unzüchtiger Veröffentlichungen* geschlossen[865], seit 1969 existiert ein internationales *Übereinkommen zur Beseitigung jeder Form von Rassendiskriminierung*[866]. In diesem Zusammenhang ist wohl auch der *Menschenrechtspakt* von 1973 zu nennen, der Kriegspropaganda, sowie alle Formen nationalen, religiösen und rassistischen Hasses verbietet.[867] Da diese Vereinbarungen von Veröffentlichungen im Allgemeinen sprechen, sind sie grundsätzlich auch auf das Internet anwendbar.[868] Zu beachten ist jedoch, dass ein Großteil dieser Übereinkünfte schon zu Beginn des letzten Jahrhunderts geschlossen wurden. Angesichts der sozialen, wie kulturellen Entwicklung des letzten Jahrhunderts darf bezweifelt werden, ob die, in diesen Regelungen enthaltenen inhaltlichen Standards, auch heute noch in ihrer Gänze zeitgemäß sind.
Problematisch bei diesen Übereinkünften ist zudem, dass ihnen eine große Anzahl von Staaten nicht beigetreten ist. So haben zum Beispiel das Abkommen zur Bekämpfung der Verbreitung unzüchtiger Veröffentlichungen nur 71 Staaten unterzeichnet.[869] Somit erfahren auch diese Übereinkünfte keine flächendeckende Geltung. Anbieter von Inhalten, die in einigen Staaten problematisch sind, können daher einfach durch einen Umzug in ein anderes, unter Umständen sogar benachbartes Land, ihre Inhalte weiterhin gefahrlos im weltweiten Netz anbieten. Eine weitere Problematik bei bereits bestehenden völkerrechtlichen Verträgen ist, dass diese Vertragswerke in den einzelnen Staaten unterschiedlich umgesetzt worden sind. Dies liegt oftmals daran, dass viele Staaten das Recht auf Meinungsfreiheit, das durch diese Übereinkünfte tangiert wird, unterschiedlich stark gewichten.[870] Gerade aber die Einheitlichkeit ist Voraussetzung für ein in-

---

[862] Ebenso Manssen, in Kloepfer, S. 241, 254.
[863] Vgl. Wellkamp, RDV 2000, 255, 259; Mayer, NJW 1996, 1782, 1790.
[864] Vgl. Mayer, NJW 1996, 1782, 1790.
[865] Vgl. RGBl. 1911, S. 209 ff.
[866] Vgl. BGBl. 1969, Teil II, S. 961 ff.
[867] Vgl. BGBl. 1973, Teil II, S. 1533, 1543.
[868] Vgl. Moos in Kröger/Gimmy, S. 10; Wellkamp, RDV 2000, 255, 258.
[869] Vgl. Wellkamp, RDV 2000, 255, 258, Fußn. 53.
[870] Vgl. Herzog, S. 27.

ternationales Regulierungssystem, um Rechtslücken und „Schlupflöcher" zu vermeiden. Effektivität und Impermeabilität einer inhaltlichen Regulierung auf multilateraler Ebene kann nur durch einheitliche inhaltliche Vorgaben in den beteiligten Nationalstaaten erreicht werden. Somit ist eine wirksame Inhaltsbeschränkung im Internet auf der Grundlage bereits bestehender völkerrechtlicher Vereinbarungen nicht zu erwarten.[871]

II. Initiativen zu einer internationalen Kooperation speziell im Internet-Bereich

1. Initiativen der Vereinten Nationen

Den Vereinten Nationen (UNO) gehören beinahe alle Staaten der Erde an. Sie könnten damit das nötige globale Forum für eine einheitliche Bekämpfung rechtswidriger und sonst unerwünschter Inhalte in den Diensten des Internet bieten. Erstaunlicherweise existiert aber noch kein offizielles Dokument der UNO, das sich explizit mit einem internationalen Vorgehen gegen rechtswidrige Inhalte in den Diensten des Internet beschäftigt.[872] In einigen Dokumenten finden sich lediglich Hinweise auf diese Problematik. Lösungsvorschläge oder Ansätze für ein Vorgehen finden sich hierin jedoch nicht.[873] Allerdings wurden von der UNO, bzw. ihren Unterorganisationen eine Reihe von Initiativen ergriffen, die einzelne Problembereiche im Zusammenhang mit den rechtswidrigen und unerwünschten Inhalten im Internet zum Gegenstand hatten.

a) Der Weltkongress über die sexuelle Ausbeutung von Kindern

Eine Unterorganisation der UNO, das Kinderhilfswerk der Vereinten Nationen UNICEF organisierte im August 1996 den Weltkongress über die sexuelle Ausbeutung von Kindern, der in Stockholm stattfand. Dort wurde das Problem der strafbaren Internet-Inhalte am Rande behandelt. Ergebnis dieser Tagung war ein Schlussbericht, in dem die Möglichkeiten dargestellt wurden, die sich im Internet für die Verbreitung von Kinderpornographie bieten. Außerdem wurden einige nationalen Rechtsvorschriften in diesem Zusammenhang verglichen und zum Teil kritisiert.[874] Konkrete Vorschläge bezüglich eines supranationalen Vorgehens oder im Bereich der internationalen Rechtsangleichung lässt dieser Schlussbericht jedoch vermissen.

b) Expertentreffen über den sexuellen Missbrauch von Kindern im Internet

Des Weiteren richtete die UNESCO am 18. und 19. Januar 1999 in Paris ein Expertentreffen über den sexuellen Missbrauch von Kindern im Internet aus. Hierzu waren mehr als 300 Experten aus dem Bereich des Kinder- und Jugendschutzes eingeladen, die über diese Problematik beraten, und Lösungswege erarbeiten sollten. Aus diesem Treffen ging ein Aktionsplan hervor, der sich allgemein an die Regierungen, Non-Governemental-Organisations (NGOs), Eltern, die In-

---

[871] Vgl. Herzog, S. 27; Wellkamp, RDV 2000, 255, 259.
[872] Vgl. Bremer, Strafbare Internet-Inhalte in internationaler Hinsicht, S. 195.
[873] Vgl. Freund, Die Strafbarkeit von Internetdelikten, S. 111.
[874] Vgl. Bremer, Strafbare Internet-Inhalte in internationaler Hinsicht, S. 196.

dustrie und die Medien richtete.[875] Zwar lässt auch dieser Aktionsplan konkrete Vorschläge zum Vorgehen auf internationaler Ebene vermissen, betont wird allerdings, dass sich ein effektiver Schutz vor kinderpornographischem Material im Internet nur aus einem Geflecht von Maßnahmen ergeben kann. Dabei ist im Grundsatz zu unterscheiden zwischen Maßnahmen auf nicht-rechtlicher Ebene und Maßnahmen im Rahmen von Gesetzen und Gesetzgebung.

c) Weitere Initiativen der Vereinten Nationen

Im nicht-rechtlichen Bereich wird die Förderung der technologischen Forschung gefordert, mit deren Hilfe wirkungsvolle Anwendungen im Kampf gegen rechtswidrige Inhalte entwickelt werden sollen. Daneben spielt die Schaffung von Medienkompetenz im weitesten Sinne eine große Rolle. Nur durch einen verantwortlichen Umgang mit problematischen Inhalten sowohl durch offizielle, wie auch durch private Einrichtungen oder durch die Eltern, können Schäden für Kinder und Jugendliche vermieden werden. In puncto Recht und Gesetzgebung wird ebenso ein differenziertes Vorgehen angemahnt. Insoweit wird eine Kombination aus zielgerichteter staatlicher Regulierung, freiwilliger Selbstregulierung und einem gemeinsamen Vorgehen zwischen Staat und nicht-staatlichen Teilnehmern am Internetverkehr empfohlen. Insbesondere wird eine Rechtsangleichung der einzelnen nationalen Bestimmungen vorgesehen, der Schwerpunkt liegt jedoch im nicht-rechtlichen Bereich, bei Aufklärung und Selbstkontrolle.[876] Konkrete Vorschläge, wie diese Vorstellungen auf supranationaler Ebene umgesetzt werden sollen, enthält der Aktionsplan allerdings nicht.

d) Der 10. Strafrechtskongress der Vereinten Nationen

Vom 10. Bis 17. April 2000 fand in Wien der 10. United Nations Congress on the Prevention of Crime and the Treatment of Offenders zum Thema „*Crime and Justice: Meeting the Challenges of the Twenty-First Century*“ statt. Hier wurde erstmals der Schwerpunkt einer solchen Veranstaltung gezielt auf die Problematik der Straftaten in Computernetzen gelegt. In diesem Zusammenhang wurde auch explizit auf das Problem Kinderpornographie im Internet, sowie die Verbreitung rechtswidriger Inhalte im Internet im Allgemeinen eingegangen.[877] Im Schlussdokument dieses Kongresses wurden einige Empfehlungen für eine effektive Bekämpfung von Straftaten in Computernetzen und damit auch von rechtswidrigen Inhalten in den Diensten des Internet ausgesprochen. Bausteine eines solchen Vorgehens sind danach die Förderung von Medienbewusstsein und Medienkompetenz, die Entwicklung einer gemeinsamen internationalen Politik zu Straftaten in Computernetzen, die Verbesserung der technischen Investigativmaßnahmen in Datennetzen, die Bereitstellung von qualifiziertem und entsprechend ausgerüstetem Personal, sowie die Verbesserung der grenzüberschrei-

---

[875] Dieser ist im Internet unter der Adresse http://mirror-us.unesco.org/webworld/child_screen/conf_index.html#plan in englischer und französischer Sprache abrufbar.

[876] Vgl. Bremer, Strafbare Internet-Inhalte in internationaler Hinsicht, S. 196.

[877] Vgl. hierzu nur die Paragraphen 22 und 24 des Schlußdokuments dieser Veranstaltung, abrufbar im Internet unter der Adresse http://www.uncjin.org/Documents/congr10/10e.pdf.

tenden Koordination und gegenseitigen internationalen Hilfe auf dem Gebiet der Straftaten in Computernetzen.[878]

Leider sind auch diese Anregungen weitgehend abstrakt gehalten und haben insofern keinen rechtsverbindlichen Charakter. Die Notwendigkeit eines internationalen Vorgehens gegen Delikte in einem internationalen Medium wie dem Internet wird darin aber deutlich. Um die Chancen eines internationalen Vorgehens gegen problematische Inhalte in den Diensten des Internet zu klären, hat die UNESCO die australische Rundfunkbehörde mit einer Machbarkeitsstudie beauftragt, in der Initiativen zur weltweiten Bekämpfung illegaler und schädigender Inhalte im Internet geprüft werden sollen.[879] Bisher wurden im Rahmen dieser Studie noch keine greifbaren Ergebnisse bekannt. In Folge der Veröffentlichung entsprechender Ergebnisse dürfte die Problematik der Bekämpfung rechtswidriger und schädigender Inhalte in den Diensten des Internet bei den Vereinten Nationen eine verstärkte Diskussion erwarten lassen.

2. Initiativen des Europarates

Neben Initiativen der UNO, rechtswidrige und schädliche Inhalte im Internet zu bekämpfen, kommen auch Initiativen anderer supranationaler Organisationen in Betracht. Zunächst soll diesbezüglich auf Maßnahmen des Europarates eingegangen werden. Dieser Organisation gehören derzeit 43 europäische Staaten an, womit auch Maßnahmen auf dieser Ebene einen breiten internationalen Charakter hätten.

a) Internetbezogene Empfehlungen

In Bezug auf Inhalte in den Diensten des Internet wurde der Europarat bereits 1997 aktiv. So wurden im Anschluss an die 5. Europäische Medienministerkonferenz zwei Empfehlungen verabschiedet, die diesen Bereich betreffen. In der Empfehlung (97) Nr. 19 wird die Darstellung von Gewalt in den elektronischen Medien verurteilt.[880] Hiervon sind auch die neuen Medien und damit die Dienste des Internet erfasst. Im Detail wird insofern auf die Verantwortlichkeit der jeweiligen Medienbetreiber abgestellt. Im Internet-Bereich betrifft dies direkt die Diensteanbieter, d. h. die Provider. Diesen wird in der Empfehlung eine zentrale Rolle im Kampf gegen rechtswidrige Inhalte zugesprochen und Maßnahmen in Form einer Selbstkontrolle gefordert.

Die zweite Empfehlung, die in diesem Zusammenhang verabschiedet wurde, befaßt sich mit dem Problem der sogenannten „Hate-Speech". Dieser Begriff bezieht sich auf alle Formen der Diskriminierung von Minderheiten.[881] Erfasst werden hiervon sowohl rechtsradikale Aufrufe zum Rassenhass, wie auch fundamentalistische Pamphlete, die zum heiligen Krieg gegen alle Andersgläubigen aufrufen. Gerade das Internet bietet aufgrund seiner globalen Verbreitung und den enormen publizistischen Möglichkeiten, die es den Veröffentlichern von Inhalten bereit stellt, eine ideale Plattform, um derartige Ideologien über Lan-

---

[878] Insoweit sei auf die Schlußempfehlung (Artikel 67) des Dokuments unter http://www.uncjin.org/Documents/congr10/10e.pdf verwiesen.

[879] Hierauf wird auch in den einschlägigen Dokumenten der Europäischen Gemeinschaft verwiesen, wie etwa unter http://europa.eu.int/ISPO/legal/de/internet/wp2de-chap.html#2b.

[880] Im Internet abrufbar unter http://cm.coe.fr/ta/rec/1997/97r19.html.

[881] Vgl. Bremer, Strafbare Internet-Inhalte in internationaler Hinsicht, S. 179.

desgrenzen hinweg unproblematisch zu verbreiten. Abgesehen davon, dass durch ein derartiges Verhalten nationale Straftatbestände erfüllt werden, muss auch auf internationaler Ebene dem Phänomen der „Hate-Speech“ in jeder möglichen Weise entgegen getreten werden. Mit der Empfehlung (97) Nr. 20 wird diese Problematik thematisiert und die europäischen Staaten aufgefordert, Maßnahmen im Kampf gegen derartige Inhalte in den Medien zu treffen.[882] Dabei wird betont, dass solche Maßnahmen umfassend angelegt sein müssen und auch die Ursprünge dieses Phänomens im sozialen, wirtschaftlichen, politischen, kulturellen Bereich betreffen müssen. Außerdem werden diejenigen Staaten, die die Internationale Konvention zur Bekämpfung aller Formen rassistischer Diskriminierung vom 21. 12. 1965[883] noch nicht unterzeichnet und ratifiziert haben, dies zu tun und sie sodann in nationales Recht umzusetzen.

b) Die Konvention zum Thema Cyber-Crime

Weiterhin wurde im Februar 1997 das „*Committee of Experts on Crime in Cyber Space*“ gegründet. Dies ist eine Expertenrunde, die ein internationales Abkommen zur Bekämpfung der Kriminalität im Internet erarbeiten soll. Darüber hinaus soll diese Einrichtung zur Harmonisierung Vorschriften über die Verfolgung von Internet-Straftaten, sowie der internationalen Zusammenarbeit in diesem Bereich dienen.
Im Zeitraum zwischen April 1997 und Dezember 2000 hielt diese Expertenrunde mehrere Plenarsitzungen und Arbeitstreffen ab, in denen ein Entwurf für eine Konvention zum Thema „Cyber-Crime“ erarbeitet wurde. Bereits im April 2000 wurden erste Entwürfe der Öffentlichkeit vorgestellt. Bei Providern und auch Internet-Nutzern stieß diese Konvention auf deutliche Kritik.[884] Nachdem im März 2001 eine weitere Expertenrunde zu dieser Thematik mit internationalen Fachkräften abgehalten worden war, beschloss der Ministerrat den Entwurf der Konvention zur Kriminalität im Internet als „*Draft Convention on Cyber-Crime*“ mit einigen Änderungen auf seiner Sitzung im April 2001. Diese Endfassung fand schließlich am 8. 11. 2001 die Zustimmung der Außenminister der Mitgliedstaaten des Europarates und wurde damit formal verabschiedet. Am 23. 11. 2001 unterzeichneten in Budapest 30 Staaten diese Konvention, darunter 26 Europarat-Mitgliedsländer wie die Bundesrepublik oder Österreich, sowie die USA, Kanada, Japan und Südafrika.[885] Diese sogenannte „Budapester Konvention“ gilt als erstes internationales Vertragswerk im Bereich der Internet-Kriminalität. Deren Kapitel 1 befasst sich ausschließlich mit Begriffsdefinitionen. In Kapitel 2 werden Maßnahmen vorgestellt, die die Unterzeichnerstaaten auf ihrer nationalen Rechtsebene umzusetzen haben. Im Wesentlichen ist dies die Definition von „Cyber-Delikten“, d. h. solcher Tatbestände die im, oder mit

[882] Auch diese Empfehlung ist im Internet unter http://cm.coe.fr/ta/rec/1997/97r20.html abrufbar.
[883] Sogenannte CERD-Konvention, im Internet abrufbar unter http://www.unhcr.ch/html/menu3/b/d_icerd.htm.
[884] Vgl. nur Schulzki-Haddouti in Spiegel Online, abrufbar unter http://www.spiegel.de/netzwelt/politik/0,1518,108503,00.html.
[885] Vgl. hierzu N.N. in Süddeutsche Zeitung vom 23. 11. 2001, abrufbar im Internet unter http://www.sueddeutsche.de/index.php?url=/computer/internet/netzone/30921&datei=index.php.

Hilfe des Internet verwirklicht werden können. Diese liegen insbesondere im Eindringen in fremde Computersysteme, Netzwerke und Dateien („Hacking"), in Urheberrechtsverstößen („Software-Piraterie"), sowie alle Formen des Computerbetruges. Daneben wird auch die Thematik der problematischen Inhalte berührt.

Im Zusammenhang mit der Bekämpfung rechtswidriger und schädigender Inhalte in den Diensten des Internet ist hierbei hauptsächlich Art. 9 der Konvention relevant. Dieser behandelt die Problematik der Kinderpornographie im Internet. Insoweit werden Empfehlungen für Regelungen in den nationalen Strafgesetzen gegeben, die die Produktion, das Angebot, die Verteilung oder Übermittlung, sowie die Verarbeitung und den Besitz kinderpornographischer Dateien auf Computersystemen sanktionieren.

Bezüglich anderer Inhalte, die zumindest nach der deutschen Rechtsordnung rechtswidrig oder wenigstens bedenklich sind, ist der Konvention hingegen nichts zu entnehmen. Dies erstaunt einerseits angesichts der Bandbreite der möglichen Inhaltsdelikte im Internet, andererseits angesichts der Tatsache, dass frühere Entwürfe der Konvention auch Empfehlungen hinsichtlich der Schaffung von Regelungen bezüglich rassistischer und fremdenfeindlicher Äußerungen enthielten. Allerdings hätten solche Regelungen die Zustimmung der USA zu dieser Konvention verhindert, die die Meinungsfreiheit deutlich weiter interpretieren, so dass auch solche – nach deutschem Rechtsverständnis rechtswidrigen – Inhalte erfasst sind.[886] Diese Thematik soll später im Rahmen eines Zusatzprotokolls erörtert werden.

Neben dieser Regelung, die konkret kinderpornographische Materialien im Internet erfasst, enthalten die Art. 19 ff der Konvention noch Regelungen über den Umgang mit Inhalten in Computernetzwerken, sowie die Erhebung von Verbindungsdaten. Insoweit wird abzuwarten sein, wann und in welcher Form der deutsche Gesetzgeber diese Vorschriften in nationales Recht umsetzt. Die Art. 23 und 24 der Konvention enthalten schließlich noch Regelungen zur Verbesserung der internationalen Zusammenarbeit bei der Verfolgung von Kriminalität im Internet, sowie zur Verbesserung des Informationsaustausches unter den Unterzeichnerstaaten.

c) Internationale Konferenz zu problematischen Inhalten im Internet

Weiterhin fand am 28. 11. 2001 in Straßburg eine Konferenz speziell zur Thematik der schädigenden und rechtswidrigen Cyber-Inhalten statt. Damit sind auch und gerade Inhalte in den Diensten des Internet erfasst. Die Tatsache, dass an diesem Treffen über 180 Experten aus den europäischen Staaten, den USA und Kanada teilnahmen zeigt, dass durchaus ein weltumspannendes Bewusstsein für die Problematik bestimmter Inhalte in den modernen Datennetzen existiert. Es bleibt abzuwarten, welche Auswirkungen Konferenzen wie diese auf die Behandlung der Inhalteproblematik im Internet haben. Ein greifbares und zudem auch wichtiges Ergebnis dieser Konferenz liegt darin, dass der Öffentlichkeit die Problematik der rechtswidrigen und schädigenden Inhalte in Datennetzen und dabei insbesondere dem Internet aufgezeigt wird. Welche Ergebnisse darüber

[886] Vgl. hierzu N.N. in Süddeutsche Zeitung vom 23. 11. 2001, abrufbar im Internet unter http://www.sueddeutsche.de/index.php?url=/computer/internet/netzone/30921&datei=index.php.

hinaus auf dieser Konferenz gefunden wurden, dürfte sich aus dem Tagungsband ergeben, dessen Veröffentlichung für das Frühjahr 2002 vorgesehen ist.

3. Initiativen der OECD

Darüber hinaus kommen in diesem Zusammenhang Initiativen der Organisation für wirtschaftliche Zusammenarbeit und Entwicklung (OECD - *Organisation for Economic Cooperation and Development*) in Betracht. Hierbei handelt es sich ebenfalls um eine supranationale Organisation, der derzeit 30 Nationalstaaten, die sich zu den Grundsystemen der Demokratie und der Marktwirtschaft bekennen.[887] Hierzu gehören alle west- und mitteleuropäischen Staaten, sowie die USA, Kanada, Mexiko, Japan, Südkorea, Australien und Neuseeland. Diese Organisation begreift sich selbst als Forum für supranationale Übereinkünfte und bietet insofern eine Plattform für internationale Dialoge. Als solche Einrichtung kommt sie natürlich auch hinsichtlich internationalen Maßnahmen gegen rechtswidrige und schädigende Inhalte in den Diensten des Internet in Betracht. Dabei ist die potentielle Reichweite etwaiger getroffener Übereinkünfte nicht nur auf die Mitgliedstaaten beschränkt. Vielmehr steht die OECD in einem ständigen Dialog mit mehr als 70 anderen Nationalstaaten, mit denen sie eine teils lockere, teils engere Zusammenarbeit in vielen Fragen verbindet. Damit hat diese Organisation vielleicht keine globale Präsenz, wie dies bei den Vereinten Nationen der Fall ist, dennoch besitzt sie eine große Reichweite im internationalen Bereich.

a) Die OECD und die neuen Computer- und Informationssysteme

Die OECD hat sich bereits 1980 mit der Problematik der aufkommenden Straftaten im Bereich der neuen Computer- und Informationssysteme befasst und hierzu detaillierte Empfehlungen vorgelegt, was die Strafbarkeit bestimmter Computerdelikte anbelangt.[888] Auf die Behandlung bestimmter Inhalte in den Diensten des Internet wurde hierbei nicht eingegangen. Zu diesem Zeitpunkt war das Internet noch eine weitgehend geschlossene Veranstaltung für einige Forschungseinrichtungen, so dass Kommunikationsdelikte, wie wir sie heute kennen, noch nicht existierten. 1992 wurden weitere Leitlinien im Bereich der Sicherheit in Informationssystemen erarbeitet.[889] Auch diese befassten sich aber nicht mit Inhalten in elektronischen Datennetzen. Gleiches gilt für die 1999 erarbeiteten Leitlinien zur Kryptographie und zum Verbraucherschutz im Bereich des E-Commerce.[890]

---

[887] Vgl. das Portfolio der OECD im Internet unter http://www.oecd.org/oecd/pages/home/displaygeneral/ 0,3380,EN-about-0-nodirectorate-no-no-no-0,FF.html.

[888] Vgl. Sieber, The international Emergence of Criminal Information Law, S. 76 f; Bremer, Strafbare Internet-Inhalte in internationaler Hinsicht, S. 199. Die entsprechenden Dokumente der OECD sind im Internet abrufbar unter http://webnet1.oecd.org/oecd/pages/home/displaygeneral/0,3380,EN-document-13-nodirectorate-no-24-10255-13,FF.html.

[889] Abrufbar unter http://webnet1.oecd.org/oecd/pages/home/displaygeneral/0,3380,EN-document-13-nodirectorate-no-24-10249-13,FF.html.

[890] Vgl. http://webnet1.oecd.org/oecd/pages/home/displaygeneral/0,3380,EN-document-13-nodirectorate-no-24-10242-13,FF.html; bzw.

b) Die Regulierung von Inhalten im Internet

Die Frage der Regulierung von Inhalten im Internet dürfte in die Zuständigkeit des Komitees für Informations-, Computer- und Kommunikationspolitik (ICCP) fallen.[891] Auf eine Initiative Frankreichs und Belgiens hin, wurde unter dem Dach dieses Komitees eine ad-hoc Gruppe zur Problematik der Regulierung von Inhalten im Internet gegründet. Auf der Sitzung dieser Gruppe im Oktober 1997 wurden verschiedene Vorschläge der Mitgliedsländer über die Inhaltsregulierung im Internet diskutiert. Ergebnis dieses Treffens war die Erkenntnis, dass die Mehrheit der Mitgliedstaaten eine Regulierung problematischer Inhalte im Internet durch den privaten Sektor favorisierte. Dieser sollte hierfür geeignete technische Regulierungsverfahren entwickeln.[892] Für ein international koordiniertes Vorgehen der Nationalstaaten gegen rechtswidrige und schädigende Inhalte im Internet wurden insoweit keine Vorschläge erarbeitet. Weiterhin wurde vereinbart, dass die OECD weiterhin ein Forum für Koordination und Informationsaustausch in diesem Bereich bleibt.

Weitere Ansätze, die vom ICCP erarbeitet wurden, liegen im Wesentlichen in der Klärung technischer Fragen und spielen daher für die Problematik der rechtswidrigen und schädigenden Inhalte im Internet keine direkte Rolle.[893] Wiederum durch eine Initiative Belgiens wurde die Aufmerksamkeit der OECD auf die Verbreitung von Kinderpornographie über das Internet gelenkt. Vor diesem Hintergrund hat der OECD-Ministerrat vor kurzem eine Erklärung abgegeben, in der solche Praktiken streng verurteilt und Sofortmaßnahmen zu ihrer Bekämpfung gefordert werden.[894]

c) Das internationale OECD Forum zur Internet-Selbstkontrolle

Im März 1998 organisierte die OECD in Paris ein Forum zur Internet-Selbstkontrolle. Dabei wurde auch auf die Problematik der unerwünschten und rechtswidrigen Inhalte im Internet eingegangen. In diesem Zusammenhang wurden verschiedene Möglichkeiten für „codes of conduct", d. h. Verhaltenskodizes diskutiert, die die Internet-Betreiber den von ihnen angebotenen Dienstleistungen zugrunde legen können.[895] Möglichkeiten, wie auf nationaler oder supranationaler Ebene von staatlicher Seite gegen problematische Inhalte vorgegangen werden kann, wurden nicht erarbeitet. Gleiches gilt für die Konferenzen, die die OECD im November 1997 und im Oktober 1998 in Turku, bzw. in Ottawa abhielt. Diese hatten im Wesentlichen die Regulierung des E-Commerce zum Gegenstand. Die Problemfelder hierbei wurden in den Steuern, dem Schutz der

---

http://webnet1.oecd.org/oecd/pages/home/displaygeneral/0,3380,EN-document-13-nodirectorate-no-24-320-13,FF.html.

[891] ICCP: Committee on Information, Computer and Communications Policy, website unter http://webnet1.oecd.org/oecd/pages/home/displaygeneral/0,3380,EN-home-40-1-no-no--no,FF.html.

[892] Vgl. die Zusammenfassung dieses Treffens unter http://www.edsb.ch/data/showme9909.html.

[893] Vgl. Bremer, Strafbare Internet-Inhalte in internationaler Hinsicht, S. 199.

[894] Vgl. Ziff. 70 des Zwischenberichts über die Bekämpfung rechtswidriger und schädigender Inhalte in den EU Mitgliedstaaten, abrufbar unter http://europa.eu.int/ISPO/legal/de/internet/wp2de-chap.html#2a.

[895] Vgl. Bremer, Strafbare Internet-Inhalte in internationaler Hinsicht, S. 199.

Privatsphäre und dem Datenschutz, sowie dem Verbraucherschutz gesehen.[896] Die Problematik der rechtswidrigen und schädigenden Inhalte im Internet war dagegen nicht Tagungsgegenstand.
Damit lässt sich feststellen, dass die OECD im Bereich der Computer- und Informationstechnologie durchaus aktiv ist und hierbei auch supranationale Ansätze ermöglicht und koordiniert. Besondere Initiativen zur Bekämpfung rechtswidriger und schädigender Inhalte in den Diensten des Internet existieren, mit Ausnahme der Erklärung des Ministerrates zu kinderpornographischem Material im Internet, noch nicht. Es ist aber davon auszugehen, dass spätestens durch die Initiativen Frankreichs und Belgiens innerhalb der OECD ein Bewusstsein um die Problematik der illegalen Inhalte im Internet entstanden ist. Angesichts der Tatsache, dass diese Organisation inzwischen im Bereich der neuen Medien eine große Kompetenz besitzt, die auch international anerkannt wird, bleibt abzuwarten, wann Vorschläge für ein internationales Vorgehen gegen problematische Inhalte im Internet erarbeitet werden. Zumal auch noch die wichtigsten Industriestaaten der Welt in der OECD vertreten sind, und damit das Gros der Internet-Infrastruktur und der Internet-Anbieter und –Nutzer, dürften Ansätze, die von dieser Organisation erarbeitet werden, gute Chancen haben, effektiv etwas gegen problematische Inhalte im Internet auszurichten.

4. Initiativen der G7/G8-Länder

Außerdem kommt als internationales Gremium, das supranationale Initiativen zur Bekämpfung rechtswidriger und schädigender Inhalte in den Diensten des Internet implementieren könnte, noch die Einrichtung der sogenannten G7/G8-Länder in Betracht. Hierbei handelt es sich um die 7 größten Industrienationen der Welt und Russland.
Schon im Februar 1995 fand in Brüssel eine Ministerkonferenz der G7-Staaten und der Europäischen Kommission zu Fragen der globalen Informationsgesellschaft statt. Ziel dieser Konferenz war es, die beim Aufbau und der Nutzung globaler Informationsstrukturen entstehenden Probleme zu identifizieren, Wege zu deren Beseitigung aufzuzeigen, sowie einen Impuls für weitere Initiativen und eine verstärkte internationale Zusammenarbeit zu geben.[897] Dabei wurden auf dieser Konferenz im Wesentlichen 3 Schwerpunkte gesetzt: die eigentliche Ministerkonferenz, ein Diskussionsforum von Repräsentanten der Wirtschaft und eine Ausstellung neuer Techniken und Anwendungen der Informations- und Kommunikationstechniken. Ein Ergebnis der Ministerkonferenz ist die in den Schlussfolgerungen festgehaltene Vereinbarung der G7-Länder und der Europäischen Union, künftig im Bereich der globalen Informationstechnik zusammenzuarbeiten. In den 8 Grundprinzipien, die dieser Zusammenarbeit zugrundeliegen, wird die Problematik der rechtswidrigen und schädigenden Inhalte im Internet nur insoweit tangiert, dass vereinbart wird, einen anpassungsfähigen ordnungsrechtlichen Rahmen für den Bereich der neuen Informationstechnik zu

---

[896] Vgl. Wenning, Rigo, Konferenzbericht: A Borderless World /OECD Minister – Konferenz vom 7. - 9. Oktober 1998 in Ottawa, jur-pc webdok 170/1998.
[897] Vgl. hierzu den Bericht der Bundesregierung, Info 2000 – Deutschlands weg in die Informationsgesellschaft, BT-Drucksache 13/4000, S. 158 ff; Bremer Strafbare Internet-Inhalte in internationaler Hinsicht, S. 200.

schaffen.[898] Auf konkrete Maßnahmen oder Initiativen zur Bekämpfung problematischer Inhalte in den globalen Datennetzen wird insoweit nicht eingegangen.
Auf Initiative des deutschen Bundesministers für Bildung, Wissenschaft, Forschung und Technologie wurde 1996 die Expertengruppe "*Missbrauch internationaler Datennetze*" von den Forschungsministern und Wissenschaftsberatern der G7-Staaten, Russlands und der EU (Carnegie-Gruppe) eingesetzt. Die Aufgabe dieser Gruppe bestand darin, den Missbrauch der internationalen Datennetze zu untersuchen und Empfehlungen für mögliche Lösungen zu geben. Der Bericht der Carnegie-Gruppe wurde am 17. 10. 1997 veröffentlicht.[899] Darin werden zunächst die großen Vorteile internationaler Datennetze, wie dem Internet beschrieben. Im darauf folgenden Abschnitt werden potentielle Missbräuche in Computernetzwerken dargestellt. Insoweit wird unterschieden in Missbräuchen des Internet, die durch *Handlungen* begangen werden, und solchen, bei denen das Internet für die Übermittlung schädigender und/oder rechtswidriger *Inhalte* benutzt wird. Als Beispiele für die letztere Gruppe werden explizit Kinderpornographie, obszönes Material, volksverhetzende, sowie verleumderische Materialien genannt. Damit befasste sich die Carnegie-Gruppe ausdrücklich mit der Problematik der rechtswidrigen und schädigenden Inhalt im Internet. In einem weiteren Abschnitt des Berichts dieser Expertenrunde wird nach Lösungen für diese Problematik gesucht, wobei im Wesentlichen auf Maßnahmen gegen rechtswidrige und schädigende Inhalte im Internet eingegangen wird. Insofern wird vor allem die Sensibilisierung und Aufklärung im Bereich der Internet-Nutzer, der Einsatz technischer Mittel, die (Mit-) Verantwortung der Informations- und Kommunikationswirtschaft sowie Maßnahmen im rechtlichen Bereich genannt. Gerade im rechtlichen Bereich wird die Schaffung geeigneter internationaler Mechanismen für das Vorgehen gegen problematische Inhalte angeregt, z. B. durch die Schaffung von international einheitlichen, inhaltlichen Mindeststandards. Ansätze für konkrete internationale Initiativen finden sich in diesem Bericht jedoch nicht. Vielmehr lässt der Bericht genaue Angaben über die Ausgestaltung solcher einheitlicher internationaler Inhaltsstandards vermissen.[900]
Damit ist festzustellen, dass der Bericht der Carnegie-Gruppe durchaus Möglichkeiten und Wege für ein internationales Vorgehen gegen rechtswidrige und schädigende Inhalte in den Diensten des Internet aufzeigt. Auch wenn es diesen noch an letzter Konkretheit mangelt, so bereitet er eine Basis, auf der die Länder der G7/G8-Gruppe miteinander in Kontakt treten können. Eine konkrete Umsetzung, der im Bericht vorgeschlagenen Ansätze, fehlt jedoch bislang.
Auf dem Wirtschaftsgipfel in Birmingham 1998 veröffentlichten die Staats- und Regierungschefs der G8-Länder ein gemeinsames Kommuniqué, in dem auch auf Fragen moderner Informationssysteme eingegangen wurde.[901] Darin rufen sie zu einer engen internationalen Zusammenarbeit mit der Privatwirtschaft auf, um Einvernehmen über einen gesetzlichen Rahmen für die Gewinnung, Verwendung und Aufbewahrung elektronischer Daten als Beweismaterial unter an-

[898] Vgl. insoweit die BT-Drucksache 13/4000, S. 159, Abb. 20.
[899] Eine deutsche Übersetzung dieses Berichtes findet sich unter http://www.iid.de/iukdg/carnegie_d.html, sowie in MMR aktuell 12/1998, VII – X.
[900] Ebenso Bremer, Strafbare Internet-Inhalte in internationaler Hinsicht, S. 200.
[901] Dieses Kommuniqué ist im Internet abrufbar unter http://www.g7.utoronto.ca/g7/deutsch/1998birming-ham/kommunique.html.

gemessenem Schutz der Privatsphäre und über die gemeinsame Nutzung von Beweismaterial zu solchen Verbrechen mit internationalen Partnern zu erzielen. Hierdurch soll auch die missbräuchliche Nutzung des Internet, und damit auch rechtswidrige und schädigende Inhalte im Internet, effektiver bekämpft werden. Auch dieser Aufruf wartet bislang auf eine tatsächliche, konkrete Umsetzung auf supranationaler Ebene.

5. Sonstige internationale Initiativen

Daneben kommen weitere internationale Ansätze zur Bekämpfung rechtswidriger und schädigender Inhalte in den Diensten des Internet in Betracht.

a) Internationale Strafrechtskongresse der AIDP

So hat sich beispielsweise der internationale Strafrechtskongress der *Association Internationale de Droit Penal* (AIDP) auf seinem 15. Treffen in Rio de Janeiro 1994 mit der Thematik „*Computerkriminalität und andere Delikte im Bereich der Informationstechnik*" befasst. Auf dieser Tagung wurde auch auf die steigende Bedeutung der Verbreitung von Pornographie und Rassenhass mit Hilfe der Computertechnologie hingewiesen.[902] Vertieft wurde diese Problematik aber nicht. Auch auf dem 16. Internationalen Strafrechtskongress, der 1999 in Budapest unter dem Thema „*Die organisierte Kriminalität als Prüfstein des Strafrechtssystems*" stattfand, wurde die Problematik der Kommunikationsdelikte im Internet nicht näher behandelt oder vertieft.[903]

b) Der International Communications Round Table (ICRT)

Der *International Communications Round Table* (IRCT) ist eine Organisation, an dem 31 führende Unternehmen aus Amerika, Europa und Asien mitwirken, und die ein Diskussionsforum für Probleme im Bereich der internationalen Kommunikationstechnik bieten soll.[904] Diese Vereinigung hat eine Entschließung zu illegalen und schädigenden Inhalten in den Diensten des Internet angenommen, in der die Positionen der EU und die insoweit implementierten Initiativen unterstützt werden.[905] Zugleich wird in dieser Erklärung auf 4 Grundprinzipien verwiesen, die auch die europäische Politik mit Blick auf die Bekämpfung problematischer Inhalte im Internet beachten sollte. Hierzu gehört zum Einen die Achtung des Grundrechts auf Meinungsfreiheit, sowie die deutliche Differenzierung in der Behandlung solcher Inhalte, die nur für manche Bevölkerungsteile schädigend sind (Jugendliche) und solchen Inhalten, die per se rechtswidrig sind. Zum Anderen wird in dieser Erklärung davor gewarnt, regulativ überzureagieren. Zuletzt wird auf die Bedeutung der Vereinbarungen über freien Waren- und Dienstleistungsverkehr hingewiesen, die nicht beschränkt werden dürften.

---

902 Vgl. Bremer, Strafbare Internet-Inhalt in internationaler Hinsicht, S. 178.
903 Vgl. hierzu nur die Themenbeschreibung dieses Treffens in ZStW 109 (1997), S. 59 ff.
904 Vgl. das Portfolio des IRCT, abrufbar im Internet unter http://www.icrt.org/main/about_icrt.htm.
905 Abrufbar im Internet unter http://www.icrt.org/pos_papers/961200-OB.doc.

c) Die Initiative „End Child Prostitution in Asian Tourism“ (ECPAT)

Daneben sei noch auf die Initiative „*End Child Prostitution in Asian Tourism*“ (ECPAT) hingewiesen. Auch diese Organisation hat sich der Frage der illegalen Inhalte im Internet und hierbei insbesondere dem Problem der Kinderpornographie in den multimedialen Diensten angenommen. Zusammen mit Interpol veranstaltete ECPAT im Mai 1998 ein Expertentreffen in Lyon. Im Abschlußbericht dieser Veranstaltung werden alle Staaten aufgefordert, für eine Strafbarkeit der Kinderpornographie und hierbei insbesondere in Bezug auf kinderpornographische Materialien im Internet zu sorgen.[906]

d) Zwischenergebnis

Die Darstellung der verschiedenen internationalen Ansätze, gegen rechtswidrige und schädigende Inhalte in den Diensten des Internet vorzugehen zeigt, dass auch außerhalb der Bundesrepublik ein im Grundsatz breiter Konsens über die internationale Bekämpfung problematischer Inhalte im Internet besteht. Eine Vielzahl von Initiativen beschäftigt sich auch mit diesem Themenkreis. Jedoch gilt zu beachten, dass die vorgelegten Ergebnisse meist einer Beschreibung der Problematik gleichkommen und dort, wo Lösungen angeboten werden, sind diese meist zu unkonkret, um durch sie unmittelbare Ergebnisse auf internationaler Ebene erreichen zu können. Festzustellen ist auch, dass nicht immer die Problematik der illegalen Inhalte im Internet als solche behandelt wird, sondern vielmehr nur einzelne Problemstellungen dieses Bereiches, wie zum Beispiel kinderpornographische Materialien im Internet.

B. Grenzen internationaler Kooperation im Kampf gegen rechtswidrige Inhalte im Internet

Abgesehen von den inhaltlichen Unterschieden, die sich in den oben genannten Initiativen finden, stehen diese gemeinsam Grenzen ihrer Effektivität gegenüber, die im Wesentlichen durch ihre Internationalität bedingt sind. Das, was einerseits der größte Vorzug von internationalen Initiativen im Kampf gegen problematische Inhalte im Internet ist, könnte sich zugleich als das größte Hemmnis für ein supranationales Vorgehen in diesem Bereich entpuppen. Wie bereits dargestellt, erfordert die inhaltliche Regulierung eines globalen Mediums auch ein möglichst global einheitliches Vorgehen. Im Folgenden sollen Grenzen aufgezeigt werden, die einem solchen internationalen Vorgehen entgegen stehen könnten.

I. Unterschiedliche Definitionen rechtswidriger, bzw. schädigender Inhalte

Ein großes Problem ist die Tatsache, dass weltweit unterschiedliche Auffassungen darüber bestehen, welche Inhalte als rechtswidrig, welche Inhalte als schädigend und welche dagegen als rechtlich unbedenklich einzustufen sind. Tatsache ist, dass inhaltliche Standards weltweit nicht einheitlich sind.[907] Fraglich ist, ob dieses Faktum zugunsten eines möglichst breiten internationalen Vorgehens gegen bestimmte Inhalte im Internet überwunden werden kann.

---

[906] Abrufbar im Internet unter http://www.epcat.net/childporn/summary.html.
[907] Vgl. Engel, AfP 96, 220, 221.

Im Grundsatz ist der Gedanke einer weltweit einheitlichen Regelung an sich nicht abwegig. So sind zum Beispiel hinsichtlich technischer oder formaler Fragen auch weltweite Einigungen denkbar. Dies haben nicht zuletzt die Rechtsgrundlagen der internationalen fernmeldetechnischen Ordnung, insbesondere die Nairobi Konvention von 1982 bewiesen[908]. Fraglich ist jedoch inwieweit ein möglichst weltweiter Konsens über Punkte denkbar ist, die über bloße technische Voraussetzungen und formale Standards hinaus gehen. Gerade was die Regulierung bestimmter Medieninhalte anbelangt, scheint ein solcher Konsens sehr weit entfernt. In manchen Punkten stehen sich die Auffassungen einzelner Staaten einander mitunter so eindeutig entgegen, dass nicht mal ein gemeinsamer Nenner in Sicht ist.[909] In manchen fundamentalistisch-islamischen Staaten ist zum Beispiel die gleichzeitige Darstellung von Menschen und Tieren verboten.[910] Dies ergibt sich aus dort vorherrschenden, vergleichsweise wenig toleranten Moralvorstellungen und insbesondere den religiösen Sitten. In westlichen Staaten oder Staaten gemäßigter islamischer Prägung sind derartige Regelungen kaum nachvollziehbar. Wie schwierig ein internationaler Konsens hinsichtlich einer einheitlichen Regulierung von Inhalten nicht notwendigerweise nur in den Diensten des Internet zustande zu bringen sein dürfte, soll im Folgenden an zwei Beispielen deutlich gemacht werden. Einerseits werden Inhalte untersucht, die einen sexuellen Bezug aufweisen, andererseits solche, die Ausdruck einer politischen Meinungskundgabe sind.

1. Inhalte mit sexuellem Bezug

Deutliche Unterschiede treten bei der Behandlung von Inhalten auf, die einen mehr oder weniger eindeutigen sexuellen Bezug aufweisen. Hiervon wird nicht nur Pornographie als solche erfasst, sondern vielmehr auch Darstellungen, die nach deutschem Verständnis in ihrer inhaltlichen Qualität unterhalb dessen liegen, was hierzulande als Pornographie eingestuft wird. Das Spektrum reicht damit von einfachen Nacktdarstellungen, wie sie heute bereits im nachmittäglichen Fernsehangebot in Deutschland zu finden sind, bis hin zu Materialien, die harte Pornographie in all ihren Spielarten enthalten.

Einige Staaten haben, was derartige Materialien angeht ein Rechtsverständnis, das verglichen mit dem, was nach deutschem Recht zulässig ist, als deutlich freizügiger einzustufen wäre. Als Beispiel hierfür sei nur Dänemark genannt. So ist die Verbreitung von Pornographie nach der dänischen Rechtsordnung straffrei gestellt, seit dem 1967 die Verbreitung „unzüchtiger Schriften" und 1969 die Verbreitung „unzüchtiger Bilder" entkriminalisiert wurde.[911] Einzig der Verkauf von Pornographie an Jugendliche unter 16 Jahren wird nach dem § 234 des dänischen Strafgesetzbuches unter Strafe gestellt.

Andere Staaten hingegen haben hinsichtlich Medieninhalten mit sexuellem Bezug ein, wiederum an deutschen Standards gemessenes, besonders enges Verständnis. Hierzu gehören insbesondere islamische Staaten. Hier werden zum Teil bereits Angebote als illegal eingestuft, die in westlichen Kulturen als recht-

[908] Vgl. BGBl II 1985, 425; Mayer, NJW 1996, 1782, 1790.
[909] Vgl. Moos in Kröger/Gimmy, S. 33.
[910] Vgl. Wellkamp, RDV 2000, 255, 259;
[911] Vgl. Sieber, Kinderpornographie, Jugendschutz und Providerverantwortlichkeit, S. 91.

lich unbedenklich eingestuft würden.[912] Islamisch-fundamentalistische Staaten verlangen von Frauen, sobald sie sich außerhalb ihrer Wohnung bewegen, die vollständige Verschleierung. Spätestens durch das gesteigerte Medieninteresse an Afghanistan in der letzten Zeit, sind die Bilder afghanischer Frauen, die sich vollständig verhüllt in der Öffentlichkeit bewegen, weltweit bekannt. Es bedarf keiner allzu großen Vorstellungskraft, um einzuschätzen, wie derartige Regime zu frontalen Nacktaufnahmen des weiblichen Körpers in den der Öffentlichkeit zugänglichen Medien stehen. Engel bringt diesen Umstand mit der Feststellung auf den Punkt, dass das, was den irischen Bauern oder den arabischen Moslem schockiert, für deutsche Jugendliche lediglich seichte Nachmittagsunterhaltung darstellt.[913] Wenn auch stark vereinfacht und persifliert, so trifft diese Aussage dennoch das Kernproblem eines breiten internationalen Inhaltsstandard im Internet. Die unterschiedlichen nationalen Ansichten, welche Inhalte zulässig sind und welche als verwerflich einzustufen sind, sind das Produkt langer nationalstaatlicher Entwicklung, geprägt von nationaler Geschichte, dem Kulturkreis, der Religion und den Erfahrungen mit Veröffentlichungen in den traditionellen Medien. Gerade hinsichtlich solcher Inhalte, die einen mehr oder weniger eindeutigen sexuellen Bezug aufweisen, scheint eine breite internationale oder gar weltweite Übereinkunft kaum denkbar. Die Umsetzung eines solchen Konsenses in Form einer internationalen Rechtsvereinbarung, wie mit bestimmten sexuellen Inhalten in den Diensten des Internet umzugehen ist, scheint noch wesentlich aussichtsloser.[914]

Einen Sonderfall nehmen insofern kinderpornographische Inhalte ein. Die Bekämpfung derartiger Inhalte wird einhellig von allen Staaten gefordert.[915] Auf dieser Basis scheint eine internationale Übereinkunft bezüglich der gemeinsamen Bekämpfung der Kinderpornographie in den Diensten des Internet zumindest denkbar.

2. Inhalte mit politischem Bezug

Weitere Unterschiede in der internationalen Behandlung bestimmter Medieninhalte wird im Bereich der Angebote mit politischem Bezug deutlich. Auch hier ist dieser Bereich wieder sehr weit zu begreifen, von inhaltlichen Äußerungen zur politischen Tagessituation bis hin zur Verbreitung rechts- oder linksextremistischen Gedankenguts. Gerade in den Diensten des Internet findet sich eine Vielzahl von politischen oder politisch motivierten Inhalten, die in extremistischen Aufrufen („Hate-Speech") verschiedenster Organisationen gipfeln. Eine Regulierung dieses inhaltlichen Bereiches ist deshalb so schwierig, weil hier unmittelbar die Meinungsfreiheit betroffen ist, die zumindest in jeder freiheitlich-demokratischen Verfassung enthalten ist.

Insbesondere totalitäre Staaten dürften mit auch noch so restriktiven Regelungen in diesem Bereich kaum ein Problem haben. Vielmehr sind hier sogar umfassende inhaltsregulierende Ansätze denkbar. Beispielsweise kommt insoweit ein umfassendes Verbot all solcher Inhalte in Betracht, die sich kritisch über die jewei-

---

[912] Vgl. Bremer, Strafbare Internet-Inhalte in internationaler Hinsicht, S. 208.
[913] Vgl. Engel, AfP, 96, 220, 221.
[914] Vgl. Stange, Pornographie im Internet, CR 1996, 424, 428; Wellkamp, RDV 2000, 255, 259.
[915] Vgl. Bremer, Strafbare Internet-Inhalte in internationaler Hinsicht, S. 209.

ligen Führungseliten oder zu damit zusammenhängenden Sachverhalten äußern. Hingegen dürften andere Staaten, die das Rechtsinstitut der freien Meinungsäußerung anerkennen und tragen, Einschränkungen in diesem Bereich als Zensur verstehen und diese somit ablehnen. Zwischen diesen ideologischen Ansätzen scheint kein inhaltlicher Kompromiss möglich.
Doch auch zwischen solchen Staaten, die freiheitlich-demokratischer Natur sind, und das Gut der Meinungsfreiheit als verfassungsrechtliche Konstante anerkennen und hochhalten, scheint ein internationaler Konsens in Bezug auf die Behandlung einzelner politischer Inhalte fraglich. Ein besonders prägnantes Beispiel für diese Unterschiede bieten die im Internet kursierenden Texte und Stellungnahmen zur sogenannten Auschwitzlüge, dem Leugnen des deutschen Völkermordes an den Juden während der Zeit des 3. Reiches. In Deutschland sind derartige Äußerungen mit Strafe bedroht und sind insofern eindeutig als unzulässige Medienangebote klassifiziert.[916] In anderen Ländern, darunter den Vereinigten Staaten, Kanada oder Dänemark hingegen, fällt die gleiche Äußerung unter den Schutzbereich des Rechts auf freie Meinungsäußerung und wird somit weder als unzulässig, noch als rechtlich problematisch eingestuft.[917] Zweifellos sind sowohl Deutschland als auch die Vereinigten Staaten von Amerika als freiheitliche und demokratische Staaten einzustufen. In beiden Staaten genießt die Meinungsfreiheit Verfassungsrang. Dennoch wurde in Deutschland das insoweit einschlägige Strafrecht in Bezug auf die „Auschwitzlüge" erst kürzlich verschärft. Dagegen sieht das US-amerikanische Recht nur Regulierung in Bezug auf bestimmte konkret gefährliche Äußerungen vor. Die jeweiligen Positionen sind zum Teil durch die historischen Ereignisse in Nazideutschland bedingt, zum Teil auf das Prinzip der umfassenden Freiheit des Bürgers in den USA[918] zurückzuführen, und damit auch durchaus begründet. Ein Abrücken von den jeweiligen Positionen scheint deshalb auch mittelfristig nicht denkbar. Damit sind selbst zwischen freiheitlich-demokratischen Staaten die Unterschiede in der Behandlung politischer und politisch motivierter Inhalte zu groß, um noch die Basis für eine internationale Übereinkunft zu diesem Problem zu bieten.
Für die Aussichten auf ein breites internationales Vorgehen gegen illegale und schädigende Inhalte in den Diensten des Internet ist somit festzuhalten, dass es schon an einem internationalen Konsens darüber fehlt, welche Inhalte als illegal und/oder schädigend einzustufen sind. Abgesehen von Ausnahmebereichen, wie beispielsweise bei der Bekämpfung der Kinderpornographie im Internet, scheint ein breites internationales Vorgehen damit derzeit ausgeschlossen. Zu beachten ist aber auch, dass diese Unterschiede und die daraus resultierenden Ansichten und Regelungen, wie oben dargestellt, das Produkt der jeweiligen nationalen Entwicklung sind. Deshalb kann und darf auch kein Staat seine vermeintlich idealen Vorstellungen über inhaltliche Standards anderen Staaten aufzwingen. Dies verbieten sowohl die Moral, als auch – rechtlich verbindlicher - das Völkerrecht.[919]

[916] Vgl. Mayer, NJW 1996, 1782, 1788.
[917] Vgl. hierzu Herzog, S. 27.
[918] Vgl. Bremer, Strafbare Internet-Inhalte in internationaler Hinsicht, S. 209.
[919] Vgl. Engel, AfP 1996, 220, 221.

II. Probleme bei der Umsetzung und Auslegung

Selbst wenn mittelfristig ein breiter internationaler Konsens darüber gefunden werden könnte, welche Inhalte in den Diensten des Internet als rechtswidrig einzustufen und damit rechtlich zu ächten sind, stünde eine internationale Bekämpfung dieser Inhalte neuen Problemen gegenüber. Diese könnten insbesondere im Bereich der Auslegung und Umsetzung etwaiger internationaler Übereinkünfte über die Ächtung bestimmter Inhalte in den Diensten des Internet liegen. So ist für eine effektive Bekämpfung problematischer Inhalte erforderlich, dass diese internationalen Abreden nicht nur auf dem Papier getroffen werden, sondern vielmehr auch tatsächlich in der Praxis umgesetzt werden. Dabei muss diese Umsetzung international gleichmäßig geschehen, um erneute Lücken im Kampf gegen rechtswidrige Inhalte zu vermeiden. Voraussetzung hierfür ist, dass die insoweit getroffenen Vereinbarungen von den Gesetzgebern der jeweiligen Nationalstaaten einheitlich interpretiert und in gleichem Maße in die jeweiligen nationalen Rechtsordnungen eingearbeitet werden.

1. Das Problem der unterschiedlichen Systematik der Rechtsordnungen

Hieran könnten schon deshalb Zweifel bestehen, weil die nationalen Rechtsordnungen bisweilen große systematische Unterschiede aufweisen. Jede Gesellschaft hat im Laufe der Zeit ihr eigenes System entwickelt, um auf als besonders schädlich angesehene Verstöße gegen Verhaltensnormen zu reagieren.[920] So könnten internationale Übereinkünfte beispielsweise über die strafrechtliche Verfolgung rechtswidriger Inhalte in den Diensten des Internet nicht in die Systematik nationaler Rechtsordnungen hinein passen. Australien beispielsweise sieht das wirksamste Vorgehen gegen „Hate-Speech" im Zivilrecht.[921] Die bloße Übernahme von Regelungen in das nationale Strafrecht scheint deshalb nicht immer sinnvoll. Insoweit müssten entsprechende Regelungen vielmehr individuell auf jede nationale Rechtsordnung umgesetzt und in diese harmonisch eingearbeitet werden, um nicht in Konflikt mit etwaigen national gewachsenen Rechtsinstituten zu gelangen. Die Probleme, die sich unter Umständen aus der unterschiedlichen Systematik der einzelnen nationalen Rechtsordnungen ergeben, scheinen daher im Grundsatz lösbar.

2. Das Problem der einheitlichen Umsetzung und Interpretation

Ebenso entscheidend für ein effektives internationales Vorgehen gegen bestimmte Inhalte in den Diensten des Internet ist aber, dass die einzelnen internationalen Übereinkünfte bei ihrer Umsetzung in nationales Recht einheitlich interpretiert und ausgelegt werden. Insoweit ist erforderlich, dass einzelne Regelungen auf internationaler Ebene so präzise definiert werden, dass sie bei ihrer Umsetzung einem möglichst geringen Handlungsspielraum unterliegen. Nur wenn internationale inhaltliche Vorschriften in allen beteiligten Nationen gleich ausgelegt und angewendet werden, hat eine effektive Bekämpfung problematischer Inhalte eine Chance. Ein Beispiel hierfür stellt die internationale Definiti-

---

[920] Vgl. Perron, Sind die nationalen Grenzen des Strafrechts überwindbar?, ZStW 109 (1997), 281, 287 ff.

[921] Vgl. den australischen „Racial Discrimination Act", sowie Bremer, Strafbare Internet-Inhalte in internationaler Hinsicht, S. 211.

on von Kinderpornographie, so wie sie Interpol auf einem Expertentreffen im Mai 1998 vorgestellt hat. Demnach sind darunter zu verstehen, Darstellungen von Kindern unter 18 Jahren bei eindeutig sexuellen Handlungen und die unzüchtige Hervorhebung von Geschlechtsteilen mit der Intention der Befriedigung des Betrachters.[922] Ähnlich präzise Legaldefinitionen wären auch für andere Bereiche rechtswidriger Inhalte im Internet wünschenswert. Dabei ist jedoch zu beachten, dass auch noch so präzise internationale Vorgaben dort erfolglos bleiben, wo es kein Bestimmtheitsgebot oder diesem Prinzip vergleichbare Einrichtungen gibt. An dieser Stelle sei insbesondere auf das Recht der „shari'a" verwiesen, das in vielen islamischen Staaten die nationale Rechtsordnung formt oder zumindest dieser Rechtsordnung zugrunde liegt.[923] Dieses Recht leitet sich insbesondere aus dem Koran ab und besitzt als wesentliches Merkmal eine in westlichen Rechtsordnungen unbekannte Flexibilität. Von der „shari'a" sollen auch nicht geschriebene Fälle erfasst werden können. Das den meisten westlichen Rechtsordnungen zugrunde liegende Prinzip „nulla poena sine lege" ist insofern unbekannt. In derartigen Rechtsordnungen dürften daher auch mit noch so präzisen internationalen Legaldefinitionen keine einheitlichen Ergebnisse zu erreichen sein.

III. Fehlende Reformbereitschaft

Hinzu kommt, dass unter Umständen nicht alle Staaten ein gleich großes Interesse an der Reform ihrer nationalen Rechtsordnung zugunsten einer internationalen Bekämpfung bestimmter Inhalte in den Diensten des Internet haben. Diese mangelnde Reformbereitschaft ergibt sich zum Teil aus der Tatsache, dass die Reformfähigkeit in den verschiedenen Rechtsordnungen unterschiedlich ausgeprägt ist. Das islamische Recht der „shari'a" beispielsweise leitet sich unmittelbar aus dem Koran ab und gilt daher von Haus aus als nicht reformfähig.[924] Eine Reform der „shari'a" würde hieße, den Koran umzudeuten. Damit würden die Regelungen, so wie sie Mohammed in den Koran aufgenommen hat, unterlaufen. Dies ließe kein orthodoxer Moslem zu.
Vorbehalte gegen eine Reform des Rechts mit dem Ziel einer ausgeprägteren Regulierung des Internet-Bereichs könnten insbesondere auch in wirtschaftlich schwächeren Staaten, bzw. den Entwicklungsländern bestehen. So erfordert ein erhöhtes Maß an Regulierung im Internet, gerade was die Regulierung von Inhalten anbelangt, das Vorhandensein einer gewissen technischen Grundausstattung. Gerade aber was die technische Infrastruktur angeht, bestehen zwischen den Industrie- und den Entwicklungsländern noch gravierende Unterschiede. Insbesondere die Entwicklungsländer in Afrika, Asien oder Lateinamerika weisen diesbezüglich erhebliche Defizite gegenüber den westlichen Industriestaaten auf. Diese Länder werden deshalb regelmäßig an einer möglichst schnellen Entwicklung des Internet und der sich damit bietenden wirtschaftlichen Möglichkeiten auch in ihrem Lande interessiert sein.[925] Allerdings wären hier inhaltliche Beschränkungen für einen möglichst schnellen Ausbau nur hinderlich. Von

[922] Diese Definition und weitere Ergebnisse des Expertentreffens in Lyon finden sich im Internet unter http://www.epcat.net/childporn/summary.html.
[923] Vgl. Bremer, Strafbare Internet-Inhalte in internationaler Hinsicht, S. 212.
[924] Vgl. Bremer, Strafbare Internet-Inhalte in internationaler Hinsicht, S. 213.
[925] Vgl. Mayer, NJW 1996, 1782, 1790.

außen vorgegebene Regelungen werden schnell als Hemmnisse für die eigene Entwicklung interpretiert.[926] Aus dem Versuch, technisch weniger entwickelten Ländern eine (inhaltliche) Regulierung im Internet aufzuzwingen, könnte sich sogar ein entgegengesetzter Effekt ergeben. So könnten die an einer weiteren Entwicklung des Internets in ihrem Land interessierten Staaten durch „Daten-dumping" im Sinne von bewusst weniger strengen oder erst gar nicht vorhandenen Regulierungen versuchen, etwas mehr in den internationalen Datenverkehr eingebunden zu werden und dabei ihre Netzinfrastruktur aufwerten zu lassen.[927] Das, was heute noch Steueroasen sind, könnten in der Zukunft schon „Internet-Oasen" sein, von denen aus Inhalte ohne jegliche Regulierung weltweit angeboten werden.
Um nicht von internationalen Übereinkünften in ihrer Entwicklung gehemmt zu werden, könnten manche Staaten diese bewusst nicht ratifizieren, bzw. umgesetzte Regulierungsnormen nur unvollständig durchsetzen. Ein Beispiel für ein derartiges Leerlaufen von Regulierungsnormen bietet das Problem des Sextourismus. In manchen Staaten Südostasiens, aber auch in Afrika und Arabien wird nicht entschieden genug gegen Kinderprostitution und die damit verbundenen Begleiterscheinungen vorgegangen.[928] Dies liegt zum Teil auch an der großen wirtschaftlichen Bedeutung, die dieser Bereich für diese Länder und insbesondere seine ärmsten Einwohner hat.
Anhand dieser Beispiele wird deutlich, dass – abgesehen von Teilfragen wie der Bekämpfung der Kinderpornographie im Internet – so etwas wie ein weltweit einheitlichen Interesse an der inhaltlichen Regulierung des Internet nicht besteht und auch mittel- oder langfristig nicht zu erwarten ist. Die sich daraus ergebende mangelnde Reformbereitschaft stellt ein weiteres Hindernis für ein möglichst breites internationales Vorgehen gegen problematische Inhalte in den Diensten des Internet dar. Solange derart krasse wirtschaftliche und intellektuelle Unterschiede zwischen den an einem solchen Ansatz potentiell beteiligten Staaten bestehen, kann von den Entwicklungsländern kaum erwartet werden, ihren Eintritt ins Zeitalter des Internet unter umfassenden Regulierungen zu vollziehen. Schließlich ist auch in den Industriestaaten des Bedürfnis, regulativ in das Internet einzugreifen, erst im Laufe der Zeit gewachsen und auch heute noch nicht überall anerkannt.

IV. Zwischenergebnis

Angesichts dieser Hindernisse, die sich für ein globales, oder zumindest breites internationales Vorgehen gegen problematische Inhalte in den Diensten des Internet ergeben, dürften die Aussichten für einen solchen Ansatz derzeit (noch) als gering einzuschätzen sein. Insbesondere die Problematik, festzulegen welche Inhalte illegal und welche dagegen als unbedenklich einzustufen sind, scheint auch auf lange Sicht angesichts der mannigfaltigen nationalen Unterschiede, kaum lösbar. Hinzu kommen Probleme, die sich bei der Umsetzung und Interpretation entsprechender internationaler Regelungen ergeben. Weiterhin gilt zu beachten, dass nicht alle Staaten eine gleich ausgeprägte Reformbereitschaft mitbringen, was den Internet-Bereich anbelangt. Ein internationales Vorgehen

[926] Vgl. Bremer, Strafbare Internet-Inhalte in internationaler Hinsicht, S. 213.
[927] Vgl. Mayer, NJW 1996, 1782, 1790.
[928] Vgl. Bremer, Strafbare Internet-Inhalte in internationaler Hinsicht, S. 212.

ungeachtet dieser Hindernisse wäre nur unter der Aufsicht einer supranationalen Organisation, beispielsweise der UNO denkbar. Dabei müsste diese auch über die Möglichkeiten verfügen, Staaten, die entsprechende Übereinkünfte nicht oder nur mangelhaft umsetzen, zu sanktionieren. Doch schon ein Blick auf das aktuelle Weltgeschehen zeigt, wie wenig wirkungsvoll Resolutionen der Vereinten Nationen sein können, wenn ein Staat an seinem Kurs unbeirrt festhalten will.
Ein koordiniertes internationales Vorgehen in diesem Bereich erscheint vielmehr nur dort denkbar und sinnvoll, wo Staaten einerseits hinreichend vergleichbare inhaltliche Anforderungen an Medieninhalte stellen, ausreichend Reformwillen besitzen und andererseits einer supranationalen Organisation mit mehr Rechtsdurchsetzungsmacht angehören. Deshalb soll im Folgenden untersucht werden, inwieweit eine Bekämpfung problematischer Inhalte in den Diensten des Internet über die Grenzen von Nationalstaaten hinweg auf Ebene der Europäischen Gemeinschaft möglich ist.

C. Supranationales Vorgehen gegen rechtswidrige und schädigende Inhalte in den Diensten des Internet auf Ebene der Europäischen Gemeinschaft

I. Allgemeines zum Multimediarecht der Europäischen Gemeinschaft

Durch die Konvergenz der ehemals getrennten Bereiche Telekommunikation, Medien und Informationstechnologie und den daraus erwachsenden Möglichkeiten für multimediale Anwendungen und Dienste vielfältigster Art, ist ein neuer Bereich „Multimedia“ entstanden.
Das rechtliche und ordnungspolitische Umfeld in diesem Bereich ist von entscheidender Bedeutung für die Informationsgesellschaft; die Wettbewerbsfähigkeit europäischer Unternehmen in diesem Schlüsselbereich hängt hiervon ab.[929]
Bisher existiert etwas wie ein einheitlicher europäischer Regelungsrahmen für Multimedia lediglich in Form von Vorüberlegungen. Dies liegt hauptsächlich daran, dass die Europäische Union in jedem der derzeit zu Multimedia konvergierenden Einzelsektoren eine – teils spezifisch ausdifferenzierte, teils kaum wahrnehmbare – gesonderte Regulierungspolitik betrieben hat.[930]
Eine vergleichsweise hohe Regelungs- und Regulierungsdichte besteht im Sektor Telekommunikation. Insbesondere im Rahmen der Liberalisierung und Harmonisierung der Telekommunikationsmärkte wurden große gesetzgeberische Anstrengungen unternommen. Anderes gilt jedoch für die übrigen Sektoren. So bestehen im Sektor der Medien deutlich weniger Regulierungen, als im Rahmen der Telekommunikation. Abgesehen von (oft nur technischen) Rahmenbedingungen sind kaum europäische Regelungsansätze zu erkennen. Von einer einheitlichen europäischen Regelungsmaterie „Medienrecht“ kann jedenfalls (noch) nicht gesprochen werden.[931] Der Sektor Internet unterliegt noch weniger einer europäischen Regulierung. Lediglich einige Aspekte, die im besonderen öffentlichen oder wirtschaftlichen Interesse stehen, waren bisher Gegenstand regulativer Ansätze der Europäischen Union, darunter die Thematiken Internet-

[929] Vgl. Klotz, ZUM 1999, 443, 444.
[930] Vgl. Klotz, ZUM 1999, 443, 444.
[931] Vgl. Paschke, Medienrecht, Rn. 124.

Telefonie, elektronischer Geschäftsverkehr oder elektronische Signaturen.[932] Diese gesetzgeberische Vernachlässigung ergibt sich daraus, dass die Kommission der Europäischen Gemeinschaften hinsichtlich der neuen Informationsdienste und Kommunikationsmöglichkeiten, die das Internet bietet, lange Zeit die Ansicht vertreten hat, dass in der Entwicklungsphase dieser Dienste hinreichend flexible Rahmenbedingung notwendig sind, um sich ohne weiteres den rasch wechselnden Bedingungen dieses Mediums anpassen zu können.[933] Aus diesem Grund wurde von europäischer Seite in diesem Bereich bisher auch ein selbstregulierender Ansatz verfolgt.[934]
Seit einiger Zeit ist in diesem Bereich jedoch auch von europäischer Seite ein verstärktes Interesse an einer umfassenderen rechtlichen Regulierung feststellbar. Mit dem Grünbuch zur Konvergenz der Branchen Telekommunikation, Medien und Informationstechnologien[935], das die EG-Kommission am 3. Dezember 1997 veröffentlicht hat, hat die EG-Kommission betont, dass sie sich der raschen technischen Entwicklung bewusst ist und insofern eine all diese Sektoren umfassende europäische Rahmenregelung zumindest denkbar erscheint.[936]

II. Initiativen der Europäischen Gemeinschaft zur Inhaltsregulierung im Internet

Seit dem die Gremien der Europäischen Gemeinschaft die Bedeutung des Internet und seiner Möglichkeiten erkannt haben, sind in diesem Bereich eine Reihe von Initiativen und Ansätzen gestartet worden.

1. Grünbuch zum Jugendschutz und Mitteilung der Kommission zu illegalen und schädigenden Inhalten im Internet

Das erste offizielle Dokument der Europäischen Gemeinschaft, das sich auch mit dem Themenkreis problematische Inhalte in den Diensten des Internet beschäftigte, stellt das Grünbuch zum Jugendschutz und Schutz der Menschenwürde in den audiovisuellen und Informationsdiensten dar.[937] Dieses wurde am 16. 10. 1996 vorgelegt. Vom selben Tag datiert eine Mitteilung der Europäischen Kommission mit dem Titel *„Illegale und schädigende Inhalte im Internet“*[938].
Das Grünbuch soll eine Diskussionsgrundlage zum Thema problematische Inhalte in den modernen Medien bieten. Das Grünbuch beschäftigt sich in 3 Kapiteln mit der Problematik der jugendgefährdenden und die Menschenwürde verletzenden Inhalten in den elektronischen Medien. In Kapitel 1 wird die Problematik des Jugendschutzes und des Schutzes der Menschenwürde in einem breiten Kontext dargestellt. Kapitel 2 untersucht Regelungen und Mittel zur Kon-

---

932 Vgl. Klotz, ZUM 1999, 443, 444, 448 f.
933 Vgl. Grünbuch über den Jugendschutz und den Schutz der Menschenwürde in den audiovisuellen und Informationsdiensten, KOM (1996) 483 endg. S. 12.
934 Vgl. Bartosch, ZUM 1998, 209, 212.
935 Vgl. KOM (1997), 623 ff, Text abrufbar unter http://www.ispo.cec.be/convergencegp.
936 Vgl. Paschke, Medienrecht, Rn. 124.
937 KOM (1996) 483 endg.; abrufbar unter http://europa.eu.int/ISPO/legal/en/internet/gpdetxt.html#conc.
938 KOM (1996) 487 endg.; abrufbar unter http://europa.eu.int/ISPO/legal/de/internet/content/communic.html.

trolle der Inhalte hinsichtlich des Jugendschutzes und des Schutzes der Menschenwürde. Dabei werden sowohl allgemeine Prinzipien untersucht, die allen Mitgliedstaaten zugrunde liegen, als auch einzelstaatliche Regelungen. Im 3. Kapitel wird auf Instrumentarien und Maßnahmen eingegangen, die auf Ebene der Europäischen Gemeinschaft vorrangig erscheinen. Im Ergebnis betont die Kommission in diesem Grünbuch, dass die Zuständigkeit für den Schutz der Jugend und der Menschenwürde grundsätzlich bei den Mitgliedstaaten liegt.[939] Dabei wird betont, dass die jeweiligen nationalstaatlichen Vorschriften, auch wenn sie alle vor dem Hintergrund der demokratischen Grundprinzipien und Europäischen Menschenrechtskonvention entstanden sind, bisweilen große Unterschiede aufweisen.[940] Zugleich wird festgestellt, dass die Frage des Jugendschutzes und des Schutzes der Menschenwürde in den audiovisuellen und Informationsdiensten auch ein Anliegen der Gemeinschaft ist. Dies gelte insbesondere unter den Aspekten des freien Verkehrs von Dienstleistungen, sowie der im EG-Vetrag vorgesehenen Zusammenarbeit in den Bereichen Justiz und Inneres.
In die gleiche Richtung geht auch die Mitteilung der Kommission zu illegalen und schädigenden Inhalten im Internet. Diese ergänzt gewissermaßen die Ausführungen im Grünbuch, und konkretisiert diese auf den Bereich des Internet. Hier werden Chancen und Vorteile des neuen Mediums vorgestellt. Weiterhin wird definiert, was unter rechtswidrigen und schädigenden Inhalten zu verstehen ist. Danach wird auf die Optionen für die Ermittlung und Bekämpfung von problematischen Inhalten eingegangen und zugleich Grenzen dieser Maßnahmen diskutiert. Im Anschluss daran werden Ansätze und Lösungsmöglichkeiten für diese Problematik vorgestellt. Diese beschränken sich im Wesentlichen auf den Einsatz technischer Filterprogramme, die Kennzeichnung von Inhalten mittels sogenannter Labelling-Verfahren (PICS)[941], sowie eine Stärkung der Medienkompetenz in der Bevölkerung. Auf konkrete Maßnahmen im rechtlichen Bereich wird hierbei nicht vertieft eingegangen.
Diese beiden Dokumente, das Grünbuch zum Jugendschutz und die Mitteilung der Kommission zu illegalen und schädigenden Inhalten im Internet stellen gewissermaßen die Initialzündung für ein Bewusstsein um die Problematik der Inhalte im Internet dar. Auch wenn sich aus beiden Dokumenten keine unmittelbaren Folgen für das Vorgehen gegen problematische Inhalte im Internet ergeben, so stellen sie den Beginn der Diskussion dieses Themenkreises dar und müssen insofern Beachtung finden. Nicht zuletzt enthalten sie Impulse, die auch vom deutschen Gesetzgeber bei Entwicklung des IuKDG und des MDStV Beachtung fanden.

939 Vgl. Bremer, Strafbare Internet-Inhalte in internationaler Hinsicht, S. 182.
940 Vgl. nur die Ausführungen in Anhang III des Grünbuches zum Jugendschutz und Schutz der Menschenwürde in den audiovisuellen und Informationsdiensten, abrufbar unter http://europa.eu.int/ISPO/legal/en/internet/gpde-ann.html#ann3.
941 PICS: Platform for Internet Content Selection.

2. Berichte der Arbeitsgruppe „Illegale und schädigende Inhalte im Internet"

Bereits am 27. 9. 1996 wurde vom Telekommunikationsrat der Europäischen Gemeinschaft eine Arbeitsgruppe beauftragt, konkrete Vorschläge für Maßnahmen zur Bekämpfung der illegalen Benutzung des Internet und ähnlicher Netze auszuarbeiten. Der erste Bericht[942] dieser Arbeitsgruppe wurde am 28. 11. 1996 vorgelegt, und folgt im Wesentlichen den Vorschlägen in der Mitteilung der Kommission vom 16. 10. 1996. Daneben wird ausführlich auf einige Fragen der Haftung und der Selbstkontrolle eingegangen. Ebenso wird aber die Legalität und die Legitimation von Anonymisierungsdiensten unterstrichen.[943]
Ein zweiter Bericht[944] dieser Arbeitsgruppe, der dem Rat am 27. 6. 1997 vorgelegt wurde, stellt die Fortschritte dar, die in den Mitgliedstaaten bei Maßnahmen zur Bekämpfung illegaler und schädigender Inhalte im Internet gemacht wurden. Daneben wird ein Überblick auf die insoweit durchgeführten Tätigkeiten der Institutionen der Gemeinschaft gegeben. Auch aus den Berichten dieser Arbeitsgruppe erwachsen keine unmittelbaren (Rechts-) Folgen. Sie geben vielmehr einen Überblick über bestehende Sachverhalte und mögliche Lösungsansätze wieder.

3. Entschließung des Rates zu illegalen und schädigenden Inhalten im Internet

Ein weiteres entscheidendes Datum im Zusammenhang mit Initiativen der Europäischen Gemeinschaft im Kampf gegen rechtswidrige und schädigende Inhalte in den Diensten des Internet ist der 17. 2. 1997. An diesem Tag wurde eine Entschließung des Rates zu illegalen und schädigenden Inhalten im Internet[945] angenommen. Im Ergebnis begrüßt diese Entschließung die Ergebnisse der Arbeitsgruppe „Illegale und schädigende Inhalte im Internet". Daneben richtet sie sich ausdrücklich an die Mitgliedstaaten und ersucht diese, bestimmte Maßnahmen zur Bekämpfung problematischer Inhalte im Internet zu ergreifen. Insoweit wird die Förderung von Systemen der Selbstkontrolle, die Förderung von Filter- und Klassifizierungssystemen, sowie die aktive Teilnahme an der unter deutscher Schirmherrschaft ausgerichteten internationalen Ministerkonferenz „Globale Informationsnetze" empfohlen. Weiterhin wird in dieser Entschließung die Kommission ersucht, die Umsetzung der genannten Maßnahmen zu Unterstützen und insbesondere die Frage der rechtlichen Haftung für Internet-Inhalte zu prüfen.
Unklar ist zunächst die Rechtsqualität einer solchen Entschließung. Aus der Literatur ergibt sich, dass derartige Rechtsakte von Gemeinschaftsorganen als „Rechtsakte sui generis" einzustufen sind.[946] Diese beanspruchen keine volle rechtliche Verbindlichkeit, beinhalten aber im Gegensatz zu diffuseren Äußerungen eine Art selbstauferlegter politischer Verpflichtung. Nur soweit allgemeine Gemeinschaftspflichten konkretisiert werden, kommt Entschließungen

---

[942] Abrufbar unter http://europa.eu.int/ISPO/legal/de/internet/actpl-a2.html#f10.
[943] Vgl. Bremer, Strafbare Internet-Inhalte in internationaler Hinsicht, S. 183.
[944] Abrufbar unter http://europa.eu.int/ISPO/legal/de/internet/actpl-a2.html#f11.
[945] Vgl. ABlEG 1997, C 070 vom 6.3.1997, S. 1 f; abrufbar unter http://europa.eu.int/eur-lex/de/lif/dat/1997/ de_497Y0306_01.html.
[946] Vgl. nur Oppermann, Europarecht, Rn. 487, 496 f.

des Rates normative Kraft zu.[947] Vorliegend werden keine allgemeinen Gemeinschaftspflichten konkretisiert, sondern die Mitgliedstaaten und die Kommission zu einem bestimmten Verhalten aufgefordert. Diese Entschließung steht damit in einer gewissen Nähe zur Empfehlung, bzw. Stellungnahme im Sinne des Art. 249 V EGV.[948] Damit kommt der Entschließung des Rates keine unmittelbar Rechtsverbindlichkeit zu.

4. Entschließung des Europäischen Parlaments zu illegalen und schädigenden Inhalten im Internet

Daneben existiert auch eine Entschließung des Europäischen Parlaments zu illegalen und schädigenden Inhalten im Internet. Diese wurde am 24. 4. 1997 angenommen und basiert auf einem Bericht des Ausschusses für Grundfreiheiten und innere Angelegenheiten.[949] Darin werden die Mitgliedstaaten aufgefordert, im Rahmen des jeweiligen nationalen Strafrechts gemeinsame Mindeststandards für Inhalte festzulegen, sowie die administrative Zusammenarbeit in diesem Bereich zu verbessern.

Weiterhin wird die Kommission aufgefordert, einen gemeinsamen Rahmen für die Selbstkontrolle der Internet-Diensteanbieter auf EG-Ebene zu entwickeln. Weiterhin werden Mitgliedstaaten und Kommission aufgefordert, die internationale Zusammenarbeit im Bereich der Selbstkontrolle zu verbessern und ein einheitliches Bewertungssystem für Inhalte zu fördern.

Zur Rechtsqualität dieser Entschließung gilt im Wesentlichen das zur Entschließung des Rates Gesagte. Mangels der Konkretisierung einer allgemeinen Gemeinschaftspflicht steht dieser Rechtsakt einer Empfehlung, bzw. Stellungnahme im Sinne des Art. 249 V EGV nahe und entfaltet damit keine unmittelbare Rechtsverbindlichkeit. Sie ist vielmehr Ausdruck einer politischen Selbstverpflichtung und bringt insoweit die parlamentarische Souveränität der Europäischen Parlaments auch in diesem Punkt zur Geltung.[950]

5. Zwischenbericht der Kommission

Am 27. 6. 1997 legte die Kommission einen Zwischenbericht zur Problematik der illegalen und schädigenden Inhalte im Internet vor.[951] Darin wird ein Überblick über die bisherigen und mittelfristig geplanten Maßnahmen der Mitgliedstaaten gegeben, sowohl im Bereich der Rechtssetzung als auch bei der Selbstkontrolle. Insoweit werden verstärkte nationale Aktivitäten gegen rechtswidrige und schädigende Internet-Inhalte festgestellt, die sich aber im Einzelnen deutlich unterscheiden.[952] Neue Ansätze oder Initiativen zur Bekämpfung problematischer Inhalte im Interne enthält dieser Zwischenbericht aber nicht. Auch aus diesem Zwischenbericht ergeben sich keine unmittelbaren Rechtsfolgen. Er hat

---

947 Vgl. Oppermann, Europarecht, Rn. 497.

948 Näher dazu Everling, GS Constantinesco 1983, 133, 138.

949 Vgl. Bremer, Strafbare Internet-Inhalte in internationaler Hinsicht, S. 183; weitere Informationen hierzu finden sich unter http://www.europarl.eu.int/dg1/a4/de/a4-97/a4-0098.htm.

950 Vgl. Bleckmann, Europarecht, Rn. 465 ff; Oppermann, Europarecht, Rn. 497; Schweitzer/Hummer, Europarecht, Rn. 382.

951 Abrufbar unter http://www.echo.lu/legal/en/internet/wpen.html.

952 Vgl. Bremer, Strafbare Internet-Inhalte in internationaler Hinsicht, S. 184.

vielmehr den Charakter eines „Kontoauszuges“, der Auskunft über den Bestand bisheriger und geplanter Maßnahmen in diesem Bereich geben soll.

6. Empfehlung des Rates zum Jugendschutz und Schutz der Menschenwürde in den audiovisuellen und Informationsdiensten

Auf Vorschlag der Kommission nahm der Rat am 28. 5. 1998 die „*Empfehlung zur Steigerung der Wettbewerbsfähigkeit des europäischen Industriezweigs der audiovisuellen und Informationsdienste durch die Förderung nationaler Rahmenbedingungen für die Verwirklichung eines vergleichbaren Schutzniveaus in Bezug auf den Jugendschutz und den Schutz der Menschenwürde*“[953] an. Förmlich verabschiedet wurde diese Empfehlung am 24. 9. 1998. Diese befasst sich allgemein mit den modernen Informationsmedien und damit auch mit den Diensten des Internet. In dieser Empfehlung wird die Notwendigkeit eines internationalen Vorgehens in Bezug auf weltumspannende Kommunikationsnetze wie dem Internet betont. Weiterhin wird den Mitgliedstaaten empfohlen, die Zusammenarbeit in diesem Bereich zu verbessern, auf die Entwicklung von Verhaltenskodizes für den Jugendschutz und den Schutz der Menschenwürde hinzuwirken, sowie die Entwicklung von technischen Instrumenten zum Schutz Jugendlicher (Filterprogramme) zu fördern. Daneben richtet sich der Rat mit dieser Empfehlung an die Kommission und ersucht diese, die Zusammenarbeit mit und unter den Mitgliedstaaten in diesem Bereich zu verbessern.
Die Empfehlung ist ein Rechtsakt im Sinne des Art. 189 V EGV und damit im Grundsatz unverbindlich. Dennoch kommt ihr eine gewisse Wirkung zu, indem den Adressaten aufgezeigt wird, wo eine künftige Politik der Europäischen Gemeinschaft hingehen wird. Diese Wirkung ist jedoch hauptsächlich auf Information und nicht auf die Erzielung konkreter Effekte gerichtet. Auch aus dieser Initiative des Rates ergeben sich damit keine unmittelbaren (Rechts-) Folgen.

7. Aktionsplan zur Förderung der sicheren Nutzung des Internet

Am 25. 1. 1999 haben das Europäische Parlament und der Rat in einer Entscheidung einen mehrjährigen Aktionsplan „*Zur Förderung der sicheren Nutzung des Internet durch die Bekämpfung illegaler und schädigender Inhalte in globalen Netzen*“ angenommen.[954] Dieser geht zurück auf einen Vorschlag der Kommission, den diese im November 1997 vorgelegt hatte. Über eine Dauer von 4 Jahren sollen mit einem Budget von 25 Millionen Euro ein funktionierendes System der Selbstkontrolle geschaffen und ein Netzwerk sogenannter „Hotlines“ eingerichtet werden, bei denen problematische Inhalte angezeigt werden können. Daneben soll außerdem die Entwicklung von Filter- und Klassifizierungssystemen, sowie Maßnahmen zur Erhöhung der Medienkompetenz in der Bevölkerung gefördert werden. Damit legt der Aktionsplan ein deutliches Schwergewicht auf Maßnahmen im technischen Bereich. Ansätze im rechtlichen Bereich, d. h. zum Beispiel durch die Herbeiführung einer europäischen Rechtsangleichung im Internet-Bereich enthält der Aktionsplan nicht.

---

[953] Vgl. ABlEG 1998, L 270 vom 7. 10. 1998, S. 48 ff.
[954] Vgl. AbBlEG 1999, L 033 vom 6.2.1999, S. 1 ff, abrufbar unter http://europa.eu.int/eur-lex/de/lif/dat/1999/ de_399D0276.html.

Der Aktionsplan zur Förderung einer sicheren Nutzung des Internet ist nicht auf unmittelbare Rechtsfolgen gerichtet. Sein Ziel liegt vielmehr in der Schaffung bestimmter tatsächlicher Voraussetzungen, die zu einer effektiven Bekämpfung rechtswidriger und schädigender Inhalte in den Diensten des Internet beitragen. Als Ergebnis dieses Aktionsplanes wird die Entwicklung eines einheitlichen europäischen Bewertungssystems für Inhalt im Internet erwartet, das als Mittel einer freiwilligen Selbstkontrolle eine einheitliche Bewertungstechnik und einheitliche Bewertungskategorien festschreibt.[955] Welche Kategorien daraufhin als verboten eingestuft werden, soll den Mitgliedstaaten überlassen bleiben. Ob dieses Ziel tatsächlich in dieser Form erreicht wird, lässt sich erst nach Ablauf dieses Aktionsplanes Ende 2002 bestätigen. Unmittelbare Veränderungen, was die hoheitliche Regulierung von Inhalten in den Diensten des Internet anbetrifft, werden sich aus diesem Aktionsplan voraussichtlich nicht ergeben.

8. Richtlinie über bestimmte Aspekte des elektronischen Geschäftsverkehrs

Vom 8. 6 2000 schließlich datiert die Richtlinie 2000/31/EG des Europäischen Parlaments und des Rates *„über bestimmte rechtliche Aspekte der Dienste der Informationsgesellschaft, insbesondere des elektronischen Geschäftsverkehrs, im Binnenmarkt“*,[956] im Folgenden E-Commerce-Richtlinie (ECRL) genannt. Zwar befasst sich diese Richtlinie nicht ausdrücklich mit der Problematik der rechtswidrigen oder schädigenden Inhalte im Internet, behandelt aber einige Fragen, die mit diesem Bereich unmittelbar zusammen hängen. So regelt der 4. Abschnitt, d. h. Art. 12 – 15 ECRL, die Verantwortlichkeit der Internet-Provider für Inhalte im Internet. Wie bereits im Rahmen der Besprechung des EGG erwähnt, orientiert sich diese Richtlinie zum großen Teil an den deutschen Verantwortlichkeitsregelungen in diesem Bereich in §§ 5 MDStV/TDG (a. F.). Hierzu sei auf die Ausführungen im Rahmen der Besprechung dieser Normen verwiesen.

Als Rechtsakt im Sinne des Art. 249 III EGV ist sie für alle Mitgliedstaaten, an die sie gerichtet ist, verbindlich. Für die hoheitliche Bekämpfung rechtswidriger und schädigender Inhalte in den Diensten des Internet hat dies zur Folge, dass spätestens bis zum 17. 1. 2002 innerhalb der Europäischen Gemeinschaft einheitliche Regelungen im Sinne der ECRL bestehen. Insbesondere auch das Herkunftslandprinzip in Art. 3 der Richtlinie dürfte die supranationale Kooperation im Kampf gegen problematische Inhalte im Internet verbessern. Allerdings erlaubt gerade die Regelung des Herkunftslandprinzips, dass sich Anbieter problematischer Inhalte genau das Mitgliedsland aussuchen, in dem die von ihnen angebotenen Inhalte am wenigsten mit der nationalen Rechtsordnung in Konflikt geraten. Außer in Fällen des Art. 3 IV ECRL sind ausschließlich die inhaltlichen Standards des Herkunftslandes ausschlaggebend für die rechtliche Beurteilung von Inhalten. Erst durch die Schaffung europaweit einheitlicher inhaltlicher Standards ist eine effektive Bekämpfung rechtswidriger und insbesondere schädigender Inhalte im Internet möglich.

---

[955] Vgl. Bremer, Strafbare Internet-Inhalte in internationaler Hinsicht, S. 185.
[956] Vgl. ABlEG 2000, L 178 vom 17. 7. 2000, S. 1 ff.

9. Erklärung des Rates zur Bekämpfung des Rassismus und der Fremdenfeindlichkeit im Internet

Die insoweit neueste Initiative im Kampf gegen rechtswidrige und schädigende Inhalte in den Diensten des Internet auf europäischer Ebene ist die Erklärung des Rates zur Bekämpfung des Rassismus und der Fremdenfeindlichkeit im Internet vom 28.06.2001.[957] Hierin wird die Notwendigkeit betont, die Medienkompetenz in der Bevölkerung dahingehend zu schulen und insbesondere bei Jugendlichen eine Sensibilität für derartige Inhalte zu wecken. Weiterhin sollen die Mitgliedstaaten die Internet-Provider dazu anhalten, effektiv gegen solche Inhalte vorzugehen und gleichzeitig die Zusammenarbeit zwischen diesen und offiziellen Stellen, sowie über die Landesgrenzen der Mitgliedstaaten hinweg zu fördern und zu verbessern. Damit hat auch dieses Dokument im Wesentlichen einen appellativen Charakter. Konkretisierte Ansätze, wie der Entwurf einheitlicher europäischer Regelungen, oder sonstige konkrete Empfehlungen für die Legislativorgane der Mitgliedstaaten finden sich nicht.
Schon der Wortlaut dieser Erklärung legt die Annahme nahe, dass es sich hierbei weniger um ein rechtsverbindliches Dokument im Sinne einer Richtlinie oder ähnlichem handelt. Vielmehr soll mit der Veröffentlichung einer solchen Erklärung die Ansicht des Rates zu einem gewissen Themenkreis kundgetan werden. Vorliegend ist der Erklärung zu entnehmen, dass der Rat rassistische und fremdenfeindliche Inhalte in den Diensten des Internet verurteilt. Weiterhin wird erneut die Bedeutung einer Zusammenarbeit unter den Mitgliedstaaten, aber auch mit den Internet-Anbietern betont. Unmittelbar rechtsverbindliche Folgen ergeben sich hieraus weder für staatliche noch für private Stellen.

10. Zwischenergebnis zu den bisherigen Initiativen im Kampf gegen problematische Inhalte im Internet

Die wohl wichtigste Entwicklung im Kampf gegen problematische Inhalte im Internet war die Annahme der sogenannten E-Commerce-Richtlinie im Jahre 2000. Als Richtlinie mit unmittelbarer Rechtsverbindlichkeit ausgestattet, enthält diese Maßnahme erstmals internationale Regelungen zur Verantwortlichkeit für Inhalte in den Diensten des Internet. Allerdings ist der effektive Beitrag, den diese Regelungen zur Bekämpfung rechtswidriger und schädigender Inhalte in den Diensten des Internet leisten, durch die Tatsache begrenzt, dass nach wie vor die einzelnen nationalen Rechtsordnungen ausschlaggebend dafür sind, welche Inhalte verboten und welche dagegen rechtlich unproblematisch sind. Die hierin liegenden Unterschiede erschweren eine internationale Bekämpfung problematischer Inhalte, auch wenn die grundsätzliche Verantwortlichkeit für diese Inhalte supranational einheitlich geregelt ist.
Die übrigen Initiativen zeichnen sich entweder dadurch aus, dass sie lediglich die rechtliche Qualität einer unverbindlichen Stellungnahme haben, oder aber, soweit sie im Einzelnen doch unmittelbare Rechtswirkungen entfalten, nicht hinreichend konkret sind, um ein supranationales Vorgehen gegen rechtswidrige und schädigende Inhalte im Internet zu ermöglichen. Insbesondere an einheitlichen inhaltlichen Standards fehlt es insoweit noch gänzlich. Wie bereits festge-

[957] Vgl. ABlEG 2001, C 196 vom 12. 7. 2001, S. 1; abrufbar unter http://europa.eu.int/eur-lex/de/lif/dat/2001/ de_401X0712_01.html.

stellt ermöglicht erst ein international einheitliches Verständnis, welche Inhalte problematisch und welche dagegen als harmlos einzustufen sind, eine effektive Bekämpfung solcher Inhalte, die demnach als rechtswidrig oder schädigend erachtet werden. Damit kann von einem einheitlichen Vorgehen gegen problematische Inhalte in den Diensten des Internet auch auf Ebene der Europäischen Gemeinschaft derzeit noch nicht gesprochen werden. Zwar stehen hier die Chancen für einen supranationalen und damit effektiveren Ansatz deutlich besser, als für eine weltweit einheitliche Regulierung. Dies ist im Wesentlichen durch die weitgehende kulturelle, religiöse und soziale Kompatibilität der insoweit betroffenen Mitgliedstaaten bedingt. Dennoch gilt es auch hier noch, ein gewisses Maß an Angleichung und Vereinheitlichung zu vollenden, um zu einheitlichen inhaltlichen Standards auch für die neuen Medien wie das Internet zu gelangen.

III. Schaffung einheitlicher inhaltlicher Standards auf europäischer Ebene

1. Der Erlass eigener Regelungen

Sobald es um den Erlass von Rechtsakten geht, ist stets vorab die Frage zu klären, ob der insoweit Tätigwerdende auch über die nötigen Befugnisse, d. h. die gesetzgeberischen Kompetenzen verfügt. Für die Schaffung eigener inhaltlicher Standards im Rahmen des Europarechts müsste die Gemeinschaft insoweit die Rechtsetzungsbefugnis besitzen.

a) Das Prinzip der begrenzten Einzelermächtigung

Zum Teil wird die Ansicht vertreten, der EG stünden im Medienbereich und damit auch im Bereich des Internet generell keine Regelungskompetenzen zu, da dieser Bereich viel zu stark national-kulturell geprägt und eine einheitliche europäische Regelung daher gar nicht möglich sei.[958] Allerdings übersieht diese Ansicht, dass der EGV keinen generellen Kulturvorbehalt, weder zugunsten der Mitgliedstaaten, noch für den Bereich der Medien kennt.[959]

Die Verteilung der Regelungskompetenzen für bestimmte Sachbereiche auf Gemeinschaftsebene unterscheidet sich jedoch von der Kompetenzverteilung auf bundesdeutscher Ebene nach dem Grundgesetz. Während das Grundgesetz Legislativkompetenzen nach Sachgebieten zuordnet, gilt auf Gemeinschaftsebene das in Art. 5 EGV verankerte Subsidiaritätsprinzip. Danach kann die Gemeinschaft nur im Rahmen der ihr durch den EGV zugewiesenen Befugnisse und der insoweit gesetzten Ziele (gesetzgeberisch) tätig werden. Dieser Grundsatz wird bisweilen auch als das Prinzip der begrenzten oder enumerativen Einzelermächtigung bezeichnet und verlangt für jeden Rechtsakt eine ausdrückliche oder zumindest auslegungsmäßig nachweisbare Rechtsgrundlage innerhalb der, der Europäischen Gemeinschaft zugrundeliegenden Verträge.[960] Dies ergibt sich auch noch einmal aus Art. 249 I EGV, wonach die Organe der Gemeinschaft Rechtsakte nur „nach Maßgabe dieses Vertrages“ erlassen können. Die Bereiche euro-

---

[958] Vgl. in diesem Sinne Ossenbühl, Rundfunk zwischen nationalem Verfassungsrecht und EGV, 1986, S. 55 ff.

[959] Vgl. Paschke, Rn. 128; Rudolph, AfP 1986, S. 106 ff.

[960] Vgl. Oppermann, Europarecht, Rn. 432; Bleckmann, Europarecht, Rn. 380; Schweitzer/Hummer, Europarecht, Rn. 335.

päischer Rechtssetzung ergeben sich hauptsächlich aus den Art. 2 und 3 des EGV. Die Befugnis, ein europäisches Medienrecht oder sogar inhaltliche Standards für Medien, wie das Internet zu schaffen, ist insoweit nicht enthalten. Ebenso steht der EG keine Kompetenz zur Schaffung eines supranationalen Strafrechts zu[961], in dessen Rahmen international einheitliche inhaltliche Standards gesetzt werden könnten. Demnach könnte die Regelungsbefugnis für den Bereich der Inhaltsregulierung im Internet bei den Mitgliedstaaten zu vermuten sein.

b) Durchbrechungen des Prinzips der begrenzten Einzelermächtigung

Allerdings wird das Prinzip der begrenzten Einzelermächtigung in der europäischen Rechtspraxis mehrfach durchbrochen.

aa) „Implied-Powers-Lehre“

Eine solche Durchbrechung stellt die sogenannte „Implied-Powers-Lehre" dar. Danach steht der Gemeinschaft neben den ausdrücklich geschriebenen Kompetenzen im EGV all jenen Befugnisse zu, die sie zur Erfüllung ihrer Aufgabe benötigt.[962] Dieses Prinzip lässt sich am ehesten mit der Rechtsfigur der Kompetenz kraft Sachzusammenhangs vergleichen, die das deutsche Recht kennt.[963] Dabei knüpft diese Lehre an bereits vorhandene Kompetenzbestimmungen an, die teleologisch aufgrund des Sachzusammenhangs ausgeweitet werden.
Unbestritten besitzt die EG die Regelungskompetenz zur Errichtung eines gemeinsamen Marktes nach Art. 2, bzw. Art. 3 I Ziff. c) EGV. Zum Teil wird argumentiert, hieraus ergebe sich eine praktisch unbegrenzte Regelungskompetenz im Medien- und damit auch im Internet-Bereich, da letztlich jede hoheitliche Maßnahme die Dienstleistungsverkehrsfreiheit und damit eines der herausragenden Ziele und Grundfreiheiten des EGV betrifft.[964] Fraglich ist jedoch bereits, ob das Anbieten von Inhalten im Internet stets eine Ausprägung der Dienstleistungsfreiheit darstellt. Nach Art. 50 I EGV ist hierfür die Entgeltlichkeit der Leitung erforderlich. Gerade diesbezüglich ist bei Inhalten im Internet zu unterscheiden. Unproblematisch entgeltlich sind Angebote, die nur gegen Entrichtung einer Gebühr abrufbar sind. Daneben existiert aber ein großer Bereich von Inhalten im Internet, die kostenlos verfügbar sind. Der Nutzer entrichtet lediglich an den Access-Provider ein Entgelt, um dessen Infrastruktur nutzen zu können. Deshalb werden die dann abgerufenen, kostenfreien Angebote aber nicht entgeltpflichtig im Sinne des Art. 50 I EGV.
Zum Teil wird argumentiert, dass aufgrund der weit verbreiteten Werbefinanzierung im Internet stets von einer Entgeltlichkeit inhaltlicher Angebote auszugehen sei und diese damit auch der Dienstleistungsfreiheit des EGV unterfielen.[965] In seiner Undifferenziertheit kann diesem Ansatz jedoch nicht gefolgt werden.

---

[961] Vgl. Dannecker, in Eser/Huber, Bd. 4.3, S. 26; Sieber, ZStW 103 (1991), 957, 969; Bremer, Strafbare Internet-Inhalte in internationaler Hinsicht, S. 187; ebenso BGHSt 25, 190, 193 f.
[962] Vgl. Schweitzer/Hummer, Europarecht, Rn. 338; Oppermann, Europarecht, Rn. 439.
[963] Vgl. Zuleeg, in Ehlermann, Art. 3b, Rn. 3.
[964] Vgl. Paschke, Rn. 128 unter Berufung auf Schwarz, ZUM 1989, S. 389 ff.
[965] Vgl. Bremer, Strafbare Internet-Inhalte in internationaler Hinsicht, S. 190 f, mit Verweis auf Sieber, in Comcrime-Studie, S. 221.

Richtig ist, dass im Rahmen des WWW ein Großteil der Angebote, die nicht unmittelbar entgeltpflichtig sind, über Werbebanner im oben genannten Sinne finanziert wird. Ob dies die Mehrheit der angebotenen Inhalte betrifft, sei hier dahingestellt. In den anderen Diensten des Internet ist Werbung als Finanzierungsmöglichkeit aber deutlich weniger stark ausgeprägt. Was das Angebot von Inhalten im Internet im Allgemeinen anbetrifft, kann daher nicht festgestellt werden, dass dieses regelmäßig den Dienstleistungsbegriff im Sinne des Art. 50 I EGV, d. h. gegen Entgelt erfüllt.
Daraus folgt, dass aus der Fundierung der Dienstleistungsfreiheit eine Regelungskompetenz der EG allenfalls hinsichtlich solcher Angebote von Inhalten in den Diensten des Internet folgt, die tatsächlich oder mittelbar über Werbung gegen Entgelt erbracht werden. Zudem müssen diese Angebote einen internationalen Bezug aufweisen.
Eine *allgemeine* Regelungskompetenz der Gemeinschaft im Bereich der Regulierung von Inhalten in den Diensten des Internet ergibt sich folglich auch nicht aus der „Implied-Powers-Lehre".

bb) Die Abrundungsklausel des Art. 308 EGV

Etwas anderes könnte sich unter Umständen aber aus Art. 308 EGV ergeben. Nach dem hier geregelten Vertragslückenschließungsverfahren kann der Rat Vorschriften erlassen, wenn und soweit dies erforderlich scheint, um im Rahmen des gemeinsamen Marktes eines der Ziele des EGV zu verwirklichen, ohne dass dieser die erforderlichen Befugnisse hierfür enthält. Die insoweit genannten Ziele finden sich im Allgemeinen in den Art. 2, 3 und 3a EGV und darüber hinaus auch verstreut in anderen Regelungen des Vertrages.[966] In diesen Zielbestimmungen ist aber die Bekämpfung problematischer Inhalte in den Medien und insbesondere im Internet nicht enthalten.
Die Begründung von Legislativkompetenzen auf Grundlage des Art. 308 EGV wird durch diesen selbst beschränkt. So ist der Erlass von Vorschriften aufgrund dieser sogenannten „Abrundungsklausel"[967] nur „im Rahmen des gemeinsamen Marktes" gestattet. Damit wird der Anwendungsbereich dieser Norm auf die Materien begrenzt, die in den Vorschriften über den gemeinsamen Markt geregelt werden.[968] Auch insoweit ist der Bereich der Inhaltsregulierung im Internet nicht enthalten.
Letztlich soll die Regelung des Art. 308 EGV – wie auch deren Entsprechung in Art. 95 I EGKSV - nur diejenigen Fälle erfassen, in denen die vertraglichen Zielbestimmungen und die Einzelermächtigungen zum Erlass von Rechtshandlungen nicht übereinstimmen.[969] Da die Bekämpfung rechtswidriger und schädigender Inhalte in den Diensten des Internet zum aktuellen Zeitpunkt keine unmittelbare Zielbestimmung im Sinne des EGV ist, ergibt sich auch aus Art. 308 EGV in diesem Bereich keine Regelungskompetenz der EG.
Soweit die EG in einem Bereich über keine ausschließliche Regelungskompetenz verfügt, haben die Mitgliedstaaten selbst die Befugnis zur Gesetzgebung. Dass dies auch auf den Bereich der Regulierung, bzw. der Bekämpfung rechts-

[966] So zum Beispiel in den Art. 27, 33, 101, 136, 146; vgl. Bleckmann, Europarecht, Rn. 789.
[967] Vgl. Oppermann, Europarecht, Rn. 437.
[968] Vgl. Bleckmann, Europarecht, Rn. 791.
[969] Vgl. Schweitzer/Hummer, Europarecht, Rn. 339.

widriger und schädigender Inhalte in den Diensten des Internet zutrifft wurde mehrfach sowohl von der Kommission, als auch vom Europäischen Rat betont.[970]

c) Kompetenz aus Art. 5 II EGV

Fraglich ist, ob sich aus Art. 5 II EGV etwas anderes ergibt. Nach dieser Regelung kann die Gemeinschaft aber auch neben den Mitgliedstaaten Regelungskompetenzen haben. So wird die Gemeinschaft in den Bereichen, die nicht in ihre ausschließliche Zuständigkeit fallen tätig, sofern und soweit die Ziele, der in Betracht gezogenen Maßnahmen, auf Ebene der Mitgliedstaaten nicht ausreichend erreicht werden können und diesen bessere Erfolgschancen bei Durchführung auf der Gemeinschaftsebene zu teil würden. Wie festgestellt, ist eine effektive Bekämpfung rechtswidriger und schädigender Inhalte in den Diensten des Internet aufgrund dessen globaler Ausbreitung und Vernetzung nur auf supranationaler Ebene möglich. Zu beachten ist allerdings, dass Art. 5 II EGV selbst keine Kompetenzen begründet, sondern vielmehr eine zusätzliche Beschränkung für die Ausübung einer vorhandenen Kompetenz mit sich bringt.[971] Art. 5 II EGV greift nur dann ein, wenn der Gemeinschaft bereits eine Kompetenz zusteht. Dies ist im vorliegend diskutierten Bereich, wie oben festgestellt, aber gerade nicht der Fall. Damit ergibt sich auch aus Art. 5 II EGV keine Regelungskompetenz der EG, die neben der der Mitgliedstaten in diesem Bereich steht.

d) Zwischenergebnis

Nach alledem ist somit festzuhalten, dass die EG im Bereich der Regulierung von Inhalten, bzw. der Bekämpfung rechtswidriger und schädigender Inhalte in den Diensten des Internet über keine eigene Kompetenz verfügt. Vielmehr sind für diesen Bereich die Mitgliedstaaten regelungsbefugt. Eigene inhaltliche Standards oder Regelungen in Bezug auf Inhalte im Internet kann die EG damit nicht erlassen. Hiervon bleibt jedoch die Möglichkeit, aufgrund der größeren Effektivität supranationaler Ansätze in diesem Bereich innerhalb der EG zusammen zu arbeiten und insoweit ein einheitliches Regelungs- und Schutzniveau zu schaffen unberührt. Auf entsprechende Möglichkeiten soll deshalb im Folgenden eingegangen werden.

2. Maßnahmen zur Vereinheitlichung des einschlägigen nationalen Rechts

Auch wenn der Europäischen Gemeinschaft keine Kompetenz zum Erlass eigener inhaltlicher Standards für Inhalte im Internet und vergleichbaren Medien zustehen, kommen andere Möglichkeiten für die Schaffung europäisch einheitlicher Inhaltsstandards im Bereich des Internet und damit eines einheitlichen Schutzniveaus für alle am Internetverkehr Beteiligten in Betracht. So kann die EG Maßnahmen treffen, um die jeweiligen nationalen Vorschriften in diesem Bereich zu vereinheitlichen. Dadurch würde auch ohne einheitliche, supranational gelagerte Rechtsnormen ein international koordiniertes Vorgehen erreicht.

---

970 Vgl. nur die Ausführungen der Kommission im Grünbuch zum Jugendschutz und Schutz der Menschenwürde in den audiovisuellen und Informationsdiensten, KOM (1996) 483 endg; sowie die Antwort des Rates auf die Anfrage von C. Muscardini E-2276/99, in ABlEG C 303 vom 24. 10. 200, S. 41 f.

971 Vgl. Zuleeg, in Ehlermann, Art. 3b, Rn. 17 f.

a) Erlass von Richtlinien im Sinne der Art. 94 ff EGV

Eine Möglichkeit, für die Rechtsangleichung der jeweiligen nationalen Vorschriften, liegt im Erlass von Richtlinien für die Angleichung durch den Rat im Sinne der Vorschrift des Art. 94 EGV. Die Richtlinie ist wegen ihrer Flexibilität das typische Instrument der Rechtsangleichung.[972] Zielobjekt rechtsangleichender Richtlinien sind die nationalen Rechts- und Verwaltungsvorschriften und andere Rechtssätze. Damit werden grundsätzlich auch die jeweils bestehenden Vorschriften zur Bekämpfung bestimmter Inhalte in den Medien und damit auch in den Diensten des Internet erfasst. Jedoch ist zu beachten, dass Art. 94 EGV für eine Rechtsangleichung voraussetzt, dass die bestehenden oder geplanten nationalen Vorschriften sich unmittelbar auf den Gemeinsamen Markt auswirken. Eine solche unmittelbare Auswirkung kann nur in einer spürbaren negativen Auswirkung auf den Gemeinsamen Markt liegen.[973]
Fraglich ist, ob sich unterschiedliche Regelungen zur Regulierung von Inhalten im Internet in den nationalen Rechtsordnungen unmittelbar im genannten Sinne auf den Gemeinsamen Markt auswirken. Unter dem Gemeinsamen Markt ist nach einer Analyse seiner Bestimmungen im rechtlichen Sinn die Ordnung eines einheitlichen Binnenmarktes zu verstehen, die durch die einschlägigen Vorschriften des EGV - und hier insbesondere der Grundfreiheiten – bestimmt wird.[974] Unterschiedliche Regelungen im genannten Bereich können, wie dargestellt, mit Blick auf bestimmte Angebote von Inhalten Auswirkungen auf die Dienstleistungsverkehrsfreiheit haben. Diese können bisweilen auch spürbar werden, insbesondere dann, wenn Unterschiede in der rechtlichen Bewertung bestimmter Inhalte bestehen, d. h. wenn ihr Angebot in einem Mitgliedsland rechtlich unbedenklich, in einem anderen aber rechtswidrig ist.
Insofern besitzt der Europäische Rat hier die Möglichkeit, Richtlinien für die Angleichung der einschlägigen Rechtsvorschriften zu erlassen. Das Problem hierbei liegt vielmehr im politischen Bereich. In den Mitgliedstaaten bestehen erhebliche Vorbehalte gegen die Verordnung einer „Einheitsmoral", welche Inhalte als zulässig und welche dagegen als rechtlich bedenklich oder gar rechtswidrig einzustufen sind.[975] Rechtsangleichungsrichtlinien im Sinne des Art. 94 EGV müssen vom Rat auf Vorschlag der Kommission mit Einstimmigkeit beschlossen werden.[976] Solange auf Ebene der Nationalstaaten gravierende Unterschiede in der Beurteilung bestimmter Inhalte existieren, scheint eine weitgehende Rechtsvereinheitlichung in diesem Bereich daher eher unwahrscheinlich. Allerdings sind Richtlinien in den Bereichen denkbar, die von allen Mitgliedstaaten gleichermaßen eingeschätzt werden. So ist beispielsweise im Bereich der Bekämpfung der Kinderpornographie ein europaweit einheitlicher Konsens schon heute denkbar. Durch die Suche nach solchen „kleinsten gemeinsamen Nennern" ließe sich bereits ein bestimmtes einheitliches Schutzniveau in den nationalen Rechtsordnungen etablieren.

---

972 Vgl. Oppermann, Europarecht, Rn. 1092.
973 Vgl. Bleckmann, Europarecht, Rn. 2119; Kehl in Callies/Ruffert, Art. 94, Rn. 9.
974 Vgl. Bleckmann, Europarecht, Rn. 2112.
975 Vgl. Bremer, Strafbare Internet-Inhalte in internationaler Hinsicht, S. 191, mit Verweis auf die Mitteilung der Kommission über illegale und schädigende Inhalte im Internet.
976 Vgl. Kehl in Callies/Ruffert, Art. 94, Rn. 12.

b) Maßnahmen im Rahmen der polizeilichen und justitiellen Zusammenarbeit

Weiterhin besteht die Möglichkeit, im Rahmen der polizeilichen und justitiellen Zusammenarbeit zu einer Vereinheitlichung der einschlägigen Rechtsnormen in den nationalen Rechtsordnungen beizutragen.

aa) Allgemeines zur polizeilichen und justitiellen Zusammenarbeit

Der 6. Titel des EU-Vetrages ist dem Bereich der *polizeilichen und justitiellen Zusammenarbeit* (PJZ) gewidmet. Nach Art. 29 I EUV verfolgt die Europäische Union das Ziel, den Bürgern ein hohes Maß an Sicherheit zu bieten, indem sie ein gemeinsames Vorgehen der Mitgliedstaaten im Bereich der polizeilichen und justitiellen Zusammenarbeit in Strafsachen entwickelt, sowie Rassismus und Fremdenfeindlichkeit bekämpft. Im Einzelnen sieht der EU-Vertrag neben einer tatsächlichen Verbesserung der Zusammenarbeit von Strafverfolgungs- und Justizbehörden in Art. 34 lit. e EUV die schrittweise Annahme von Maßnahmen zur Festlegung von Mindestvorschriften über die Tatbestandsmerkmale strafbarer Handlungen und die Strafen in den Bereichen organisierte Kriminalität, Terrorismus und Drogenhandel vor.
Als Handlungsformen stehen dem Rat insoweit mehrere Möglichkeiten zur Auswahl. Im Einzelnen ergeben sich diese aus Art. 34 II EUV. Hierzu zählen insbesondere gemeinsame Standpunkte, sowie Rahmenbeschlüsse zur Angleichung der nationalen Rechts- und Verwaltungsvorschriften. Dabei ist jedoch zu beachten, dass Maßnahmen in diesem Zusammenhang nur in einem bestimmten zeitlichen Rahmen erlassen werden können. So sieht Art. 61 lit. a EGV vor, dass Maßnahmen zur Verhütung sowie Bekämpfung der Kriminalität im Sinne des Art. 31 lit. e EUV binnen 5 Jahren nach Inkrafttreten des Vertrages von Amsterdam erlassen werden müssen.

bb) Maßnahmen der PJZ zur Bekämpfung problematischer Inhalte im Internet

Die PJZ wurde auch schon auf dem Gebiet der Bekämpfung rechtswidriger und schädigender Inhalte in den Diensten des Internet aktiv.

(a) Vorschlag für einen Rahmenbeschluss des Rates zur Bekämpfung der sexuellen Ausbeutung von Kindern und der Kinderpornographie

Derzeit liegt ein Vorschlag für einen Rahmenbeschluss des Rates zur Bekämpfung der sexuellen Ausbeutung von Kindern und der Kinderpornographie der Kommission vor.[977] In diesem Rahmenbeschluss soll erstmals eine einheitliche Definition für „Kind“, „Kinderpornographie“ und „sexuelle Handlung“ gefunden werden. Weiterhin sollen die Mitgliedstaaten dazu verpflichtet werden, einheitlich alle verschiedenen Formen vorsätzlicher Handlungen im Zusammenhang mit Kinderpornographie unter Strafe zu stellen. Hierunter gehören auch der Vertrieb und der Erwerb derartiger Materialien über das Internet.
Inwieweit die derzeit im Vorschlag enthaltenen inhaltlichen Ziele im endgültigen Rechtsakt nach Art. 34 II lit. b EUV tatsächlich umgesetzt werden, insbesondere was die einheitliche Begriffsdefinitionen von „Kind“, „Kinderpornogra-

---

[977] KOM (2000) 854 endg., abrufbar im Internet unter http://europa.eu.int/eur-lex/de/com/dat/2000/ de_500PC0854_02.html.

phie“ und „sexuelle Handlung“ anbelangt, bleibt abzuwarten. Werden die einheitlichen Begriffsdefinitionen im endgültigen und damit für die Mitgliedstaaten verbindlichen Rahmenbeschluss des Rates übernommen, so dürfte damit eine neue Dimension im Bereich der Bekämpfung der Kinderpornographie eröffnet werden. Erstmals würden innerhalb der Europäischen Union gezielt einheitliche inhaltliche Standards in den nationalen Rechtsordnungen der Mitgliedstaaten geschaffen. Dies wäre der erste und wichtigste Schritt hin zu einer einheitlichen Bekämpfung bestimmter rechtswidriger und schädigender Inhalte in den Diensten des Internet auf Ebene der Europäischen Union. Der Beschluss der endgültigen Fassung des hier besprochenen Rahmenbeschlusses bleibt daher mit Spannung abzuwarten.

(b) Ratsbeschluss zur Bekämpfung der Kinderpornographie im Internet

Rechtliche Aktivitäten der Organe der Europäischen Union im Bereich der Bekämpfung der Kinderpornographie auch in den Diensten des Internet gab es jedoch bereits vor der Vorlage des Entwurfs des eben diskutierten Rahmenbeschlusses. Bereits am 29. 5. 2000 fasste der Rat einen Beschluss zur Bekämpfung der Kinderpornographie.[978] Zunächst bereitet schon die rechtliche Einordnung dieses Beschlusses gewisse Probleme. Nicht selten wird der Beschlussbegriff ganz umfassend für jegliches Rechtshandeln von Organen der Gemeinschaft verwendet, einschließlich der Handlungstypen des Art. 249 EGV.[979] Danach sind sowohl rechtlich verbindliche, wie auch flexiblere Beschlüsse denkbar, die eher der Stellungnahme oder der Empfehlung zuzuordnen sind. Aus einem derartigen Rechtsakt ergäben sich kaum unmittelbare Effekte im Sinne einer Vereinheitlichung der nationalen Rechtsordnungen innerhalb der Europäischen Union. Wie sich aus dem hier behandelten Beschluss selbst ergibt, handelt es sich dabei jedoch um einen Rechtsakt nach Art. 34 II lit. c EUV und damit um eine Maßnahme im Bereich der PJZ.

In diesem Beschluss wurde erstmals auf die Bekämpfung spezifischer, nämlich kinderpornographischer Inhalte eingegangen. Im Wesentlichen werden darin die Mitgliedstaaten aufgefordert, die Zusammenarbeit im Kampf gegen die Kinderpornographie zu verbessern. Daneben enthält dieser Beschluss die Aufforderung an die Mitgliedstaaten, Vorkehrungen zu treffen, die Internet-Nutzer im jeweiligen Land dazu anzuhalten, kinderpornographische Materialien an die Strafverfolgungsbehörden zu melden, sofern solche entdeckt werden.

Im Gegensatz zum derzeit diskutierten Vorschlag für einen Rahmenbeschluss zur Problematik der Kinderpornographie im Internet, ging diese Initiative des Rates noch nicht soweit, einheitlich zu definieren, wann Inhalte als kinderpornographisch und damit nach allen nationalen Rechtsordnungen in der Gemeinschaft rechtswidrig einzustufen sind. Die konkreten Auswirkungen auf die Rechtsordnungen der Mitgliedstaaten liegen bei diesem Beschluss damit im Bereich der Verbesserung der Koordination und der Zusammenarbeit bei der Strafverfolgung und weniger in der Vereinheitlichung inhaltlicher Standards mit Blick auf kinderpornographische Materialien.

---

[978] Vgl. ABlEG 2000, L 138 vom 9. 6. 2000, S. 1 ff; abrufbar im Internet unter http://europa.eu.int/eur-lex/de/lif/ dat/2000/de_300D0375.html.

[979] Vgl. Oppermann, Europarecht, Rn. 490; Schweitzer/Hummer, Europarecht, Rn. 412 f; Bleckmann, Europarecht, Rn. 470 ff.

(c) Gemeinsamer Standpunkt zur Bekämpfung der Cyber-Kriminalität

Weiterhin hat die Gemeinschaft im Rahmen der PJZ am 27. 5. 1999 einen gemeinsamen Entwurf zu den Verhandlungen im Europarat über das Übereinkommen über Cyber-Kriminalität vorgelegt.[980] Auch dies stellt einen Rechtsakt im Sinne des Art. 34 EUV, genauer gesagt Art. 34 II lit. a EUV dar. Damit handelt es sich auch hierbei um eine Maßnahme im Rahmen der PJZ. In diesem gemeinsamen Standpunkt wird zunächst die Notwendigkeit eines internationales Ansatzes in Hinblick auf eine effektive Bekämpfung der Kriminalität in internationalen Datennetzen betont. Weiterhin werden die Mitgliedstaaten dazu aufgefordert, die Bedingungen für eine internationale Zusammenarbeit im Bereich der Strafverfolgung zu schaffen. Hierzu gehört auch die Vereinheitlichung von Rechtsvorschriften im Bereich der Verfolgung von Straftaten im Internet. Konkrete Empfehlungen, welche Rechtsvorschriften dabei inwieweit angeglichen werden sollten, ergeben sich aus dem Gemeinsamen Standpunkt nicht. Insbesondere zur Prävention von Internet-Straftaten enthält dieses Dokument keine Ausführungen. Insoweit wird weder die Notwendigkeit einheitlicher inhaltlicher Standards, noch die einer einheitlichen rechtlichen Behandlung problematischer Inhalte im Internet diskutiert.

cc) Rechtsvereinheitlichende Wirkung von Maßnahmen im Rahmen der PJZ

Es bestehen nach dem oben Gesagten damit bereits einige rechtlich greifbare Ansätze, um auch im Bereich der Bekämpfung problematischer Inhalte in den Diensten des Internet europaweit einheitliche Regelungen zu entwickeln. Problematisch ist aber, inwiefern Maßnahmen im Rahmen der PJZ tatsächlich zu einer Angleichung der europäischen Rechtsnormen beitragen. Diese setzt zunächst die rechtliche Verbindlichkeit der einzelnen Maßnahmen voraus.

Beschlüsse im Sinne des Art. 34 II lit. c EUV sind für die Mitgliedstaaten rechtlich verbindlich.[981] Sie dienen jedoch nicht vordringlich der Vereinheitlichung von Rechts- und Verwaltungsvorschriften. Vielmehr richten sie sich an die rechtsanwendenden (Exekutiv-)Organe in den Mitgliedstaaten und tragen insofern zu einem einheitlichen europäischen Vorgehen im jeweiligen Bereich bei.[982] Auch Gemeinsame Standpunkte nach Art. 34 II lit. a EUV sind für die Mitgliedstaaten rechtlich verbindlich. Allerdings spielen auch sie für die Vereinheitlichung von Rechtsvorschriften eine eher geringe Rolle. Gemeinsame Standpunkte sind insbesondere für die Außenbeziehungen der Union und ihrer Mitgliedstaaten von Bedeutung.[983] Sie dienen zum Einen als Zielsetzung, zum Anderen als rechtlicher Rahmen für den jeweiligen Vorsitz, der die Union in bestimmten Angelegenheiten nach außen vertritt.[984] Wie die anderen, im Rahmen des Art. 34 II EUV besprochenen Maßnahmen, sind auch Gemeinsame Standpunkte in diesem Zusammenhang für die jeweiligen Mitgliedstaaten verbindlich. Diese rechtliche Bindungswirkung beschränkt sich dabei jedoch auf die völkerrechtliche

980 Vgl. ABlEG 1999, L 142 vom 5. 6. 1999, S. 1 f, im Internet abrufbar unter http://europa.eu.int/eur-lex/de/lif/ dat/1999/de_399 f0364.html.

981 Vgl. Brechmann in Callies/Ruffert, Art. 34 EUV, Rn. 10.

982 Vgl. Brechmann in Callies/Ruffert, Art. 34 EUV, Rn. 10.

983 Vgl. Brechmann in Callies/Ruffert, Art. 34 EUV, Rn. 6.

984 Näher hierzu beispielsweise die Ausführungen bei Pechstein/Koenig, Die Europäische Union, Rn. 236 ff.

Verpflichtung der Mitgliedstaaten, alle erforderlichen Maßnahmen zu treffen, um den Vorgaben des gemeinsamen Standpunktes zu entsprechen.[985]
Die größte Bedeutung für die Rechtsvereinheitlichung dürften Rahmenbeschlüsse im Sinne des Art. 34 II lit. b EUV haben. Diese entsprechen in ihrer rechtlichen Beurteilung weitgehend den Richtlinien der EG und dienen der Rechtsangleichung in den Mitgliedstaaten unmittelbar.[986] Für die Mitgliedstaaten sind sie verbindlich, wobei diese über Form und Mittel der Umsetzung der Rahmenbeschlüsse entscheiden.[987] Von EG-Richtlinien unterscheiden sich Rahmenbeschlüsse in diesem Sinne dadurch, dass sie nach Art. 34 II lit. b Satz 2 EUV keine unmittelbare Wirksamkeit entfalten. Demnach werden durch die Nichtumsetzung von Rahmenbeschlüssen keine subjektiven Rechte für die Bürger begründet. Trotzdem ist der Rahmenbeschluss nach Art. 34 II lit. b EUV die wohl bedeutendste Handlungsform für die Rechtsangleichung im Rahmen der PJZ.
Beschränkt werden die Möglichkeiten einer Rechtsangleichung im Bereich der PJZ nicht durch die zur Verfügung gestellten Handlungsformen. Beschränkungen für eine europäische Rechtsvereinheitlichung im Bereich der Bekämpfung problematischer Inhalte ergeben sich vielmehr dadurch, dass in Art. 31 lit. e EUV die schrittweise von Mindestvorschriften über Tatbestandsmerkmale und zu verhängende Strafen auf einen bestimmten Kreis von Delikten beschränkt. Insoweit werden die organisierte Kriminalität, Terrorismus und illegaler Drogenhandel genannt. Mindestvorschriften im Rahmen der polizeilichen und justitiellen Zusammenarbeit dürfen ausschließlich in diesen in Art. 31 lit. e EUV genannten Bereichen getroffen werden.[988] Die Bekämpfung von Inhalten in den Diensten des Internet fällt hierunter nur, wenn die genannten Bereiche betroffen sind. Angesichts dieser in Art. 31 lit. e EUV genannten Deliktskategorien, ist schon fraglich, ob diese Norm überhaupt eine taugliche Rechtsgrundlage für den Erlass eines Rahmenbeschlusses über die Bekämpfung der Kinderpornographie darstellt. Wie aber im Vorschlag selbst klargestellt wird, enthält dieser auch "Mindestvorschriften über die Tatbestandsmerkmale strafbarer Handlungen und die Strafen im Bereich organisierte Kriminalität". Damit kann diese Maßnahme auf Art. 31 lit. e EUV als Rechtsgrundlage gestützt werden. Der Wortlaut des Art. 31 lit. e EUV dürfte damit aber an seine auslegungstechnischen Grenzen angelangt sein. Die Schaffung von Regelungen gegen individuell operierende Anbieter rechtswidriger Inhalte, die keine der in der Vorschrift genannten Deliktskategorien betreffen, dürfte hiernach kaum in Betracht kommen. Kommunikationsdelikte im Internet werden hiervon nur ausnahmsweise erfasst, z. B. wenn terroristische Vereinigungen über das Internet Anschläge vorbereiten, zu diesen aufrufen oder sonst um Unterstützung werben.[989] Dies werden jedoch allenfalls Randerscheinungen bleiben. Für die große Masse der problematischen Inhalte, gerade im Bereich pornographischer und kinderpornographischer Inhalte, kommt eine Rechtsangleichung durch Maßnahmen der PJZ nur in Betracht, soweit diese in Zusammenhang mit organisierter Kriminalität stehen. Auch eine Umgehung der Vorschrift des Art. 31 lit. e EUV, wie dies etwa Bremer kurz an-

985 Vgl. Brechmann in Callies/Ruffert, Art. 34 EUV, Rn. 6.
986 Vgl. Bremer, Strafbare Internet-Inhalte in internationaler Hinsicht, S. 193.
987 Vgl. Brechmann in Callies/Ruffert, Art. 34 EUV, Rn. 7 f.
988 Vgl. Brechmann in Callies/Ruffert, Art. 31 EUV, Rn. 6.
989 Vgl. Bremer, Strafbare Internet-Inhalte in internationaler Hinsicht, S. 193.

denkt[990], scheidet nach Wortlaut und Normzweck dieser Vorschrift aus. Damit sind auch die Möglichkeiten, die sich für eine Angleichung der europäischen Regelungen im Bereich der PJZ und hierbei insbesondere mit Blick auf die Bekämpfung problematischer Inhalte in den Diensten des Internet bieten, beschränkt.

dd) Zwischenergebnis

Zusammenfassend lässt sich damit festhalten, dass die Zusammenarbeit in den Bereichen Polizei und Justiz durchaus Möglichkeiten für eine europäische Rechtsangleichung und damit ein international koordiniertes Vorgehen gegen problematische Inhalte im Internet bietet. Allerdings ist diese Rechtsangleichung auf solche Inhalte beschränkt, die von der Regelung des Art. 31 lit. e EUV (noch) erfasst werden. Gerade für die, das aktuelle Tagesgeschehen beherrschenden Bereiche organisierter Kriminalität und Terrorismus, bestehen insoweit Ansatzmöglichkeiten. Mit Blick auf eine breite europäische Bekämpfung problematischer Inhalte in den Diensten des Internet durch Maßnahmen im Rahmen der PJZ ist eine Ausweitung des Handlungsrahmens der PJZ in Art. 31 lit. e PJZ denkbar und wünschenswert.

IV. Fazit zur Schaffung einheitlicher Inhaltsstandards in der EG

Zusammenfassend ist damit festzustellen, dass es verschiedene Ansatzmöglichkeiten gibt, um innerhalb der Europäischen Gemeinschaft einheitliche inhaltliche Standards, insbesondere für den Bereich des Internet und seiner Dienste zu etablieren. Dabei kommt jedoch die Schaffung einheitlicher Regelungen auf Gemeinschaftsebene in diesem Bereich mangels der hierzu notwendigen Regelungskompetenz (noch) nicht in Betracht. Angesichts der nach wie vor großen Unterschiede innerhalb der Europäischen Union bei der Beurteilung, welche Inhalte problematisch und welche dagegen rechtlich unbedenklich sind, ist hier auch mittelfristig keine Änderung zu erwarten. Weiterhin bestehen Möglichkeiten für die Schaffung einheitlicher Standards durch eine Vereinheitlichung der insoweit bestehenden nationalen Rechtsordnungen. Hierbei könnte insbesondere der Bereich der PJZ eine bedeutsame Rolle spielen. Im Rahmen dieser Zusammenarbeit sind bereits einige Ansätze sichtbar. Letztlich werden aber auch die Möglichkeiten der PJZ beschränkt durch die Spielräume, die ihr in Art. 31 lit. e EUV gegeben werden. Gerade in Hinblick auf eine zunehmende Bedeutung von Kinderschänderringen und entsprechenden Materialien im Internet, ist hier eine Überarbeitung angebracht. Gerade die Zusammenarbeit in den Bereichen Polizei und Justiz könnte in Zukunft wichtige Impulse für die Vereinheitlichung der europäischen Rechtsordnungen in Bezug auf Inhaltsdelikte bringen.

[990] Vgl. Bremer, Strafbare Internet-Inhalte in internationaler Hinsicht, S. 193.

Teil E: Zusammenfassung der wichtigsten Ergebnisse

1. Entscheidend für den Erfolg jeglicher Regulierungsansätze in den Diensten des Internet ist, dass eine einheitliche Nomenklatur in diesem Bereich geschaffen wird. Gerade was die Bezeichnung der einzelnen Akteure anbelangt, bestehen hier noch erhebliche Unterschiede.

2. Das Internet und seine Dienste haben fast alle heutigen gesellschaftlichen Bereiche tief durchdrungen. Eine wie auch immer geartete Regulierung dieses Netzes der Netze muss dieser Tatsache und damit der besonderen Bedeutung des Internet als Kommunikations- und Unterhaltungsmedium einerseits, als Wirtschaftsraum andererseits, Rechnung tragen.

3. Die deutsche Rechtsordnung enthält bereits heute eine Reihe von Regelungen, die entweder speziell auf inhaltliche Fragen im Internet zugeschnitten sind, oder in Form von allgemeinen Vorschriften unmittelbar auf diesen Bereich Anwendung finden.

4. Das deutsche Strafrecht ist territorial und – spätestens seit der Ergänzung des Schriftenbegriffs in § 11 III StGB – sachlich auch auf Inhalte in den Diensten des Internet anwendbar. Diesem Normenkatalog lassen sich zahlreiche Vorschriften entnehmen, die auch gerade im Bereich des Internet inhaltsbezogen wirken.

5. Auch strafrechtliche Nebengesetze, wie das OWiG und das BtMG, enthalten inhaltsregulierende Regelungen, die auch in den Diensten des Internet Anwendung finden.

6. Weder die Pressegesetze der Länder, noch das allgemeine Rundfunkrecht können auf Dienste im Internet, bzw. auf die in diesen enthaltenen Inhalte Anwendung finden. Das neuartige Medium Internet ist weder unter den Pressebegriff, noch unter den Rundfunkbegriff zu subsumieren, so wie diese derzeit zu verstehen sind. Gleiches gilt auch für die Mediengesetze der Länder.

7. Gerade was die Regulierung von Inhalten in Telediensten anbelangt, besitzt das GjSM Bedeutung. Dieses ist hierbei jedoch engen Grenzen unterworfen, die einerseits in der neuen Technik des Internet, andererseits dadurch bedingt sind, dass die im GjSM enthaltenen Sanktionen lediglich auf eine nachträgliche Kontrolle des Internet setzen, und damit für eine möglichst effektive Inhaltskontrolle nur bedingt tauglich sind.

8. Erst nach umfangreichen Kompetenzstreitigkeiten haben sich Bund und Länder auf die Schaffung eines neuen Regelungsrahmen s für die neuen multimedialen Dienste insbesondere auch im Internet geeinigt. In der Praxis sorgt die hierbei getroffene Abgrenzung zwischen Tele- und Mediendiensten für bisweilen erhebliche Probleme. Schon mittelfristig ist insoweit – gerade mit Blick auf ein zusammenwachsendes Europa – ein einheitlicher Regelungsrahmen ohne die

ausschließlich durch Kompetenzfragen erforderliche Unterscheidung in Tele- und Mediendienste wünschenswert.

9. In Hinblick auf die Regulierung von Inhalten im Internet besitzen insbesondere die Regelungen zur Verantwortlichkeit für Inhalte in den neuen Diensten Bedeutung. Dogmatisch sind diese richtigerweise als Vorfilter zu verstehen, der zu prüfen ist, bevor einzelne spezielle Regelungen einschlägig sind. Für Tele- und Mediendienste zwar in unterschiedlichem Katalogen geregelt entsprechen sie sich inhaltlich jedoch weitestgehend. Die Änderungen, die das TDG insoweit durch die E-Commerce-Richtlinie erfahren hat, werden bald auch in den MDStV Einzug halten müssen.

10. Die inhaltliche Regulierung, die die Verantwortlichkeitsregelungen in TDG und MDStV besitzen, ist im Wesentlichen nur mittelbarer Natur. Eine deutliche größere Bedeutung besitzen diese Vorschriften im Rahmen der Durchsetzung inhaltlicher Regelungen und bei der Ahndung von Verstößen gegen diese.

11. Im Gegensatz zum TDG enthält der MDStV sehr detaillierte und durchaus differenzierte Vorschriften einer unmittelbaren inhaltlichen Regulierung. Gerade für Laien, denen der Unterschied zwischen Tele- und Mediendiensten nicht geläufig ist, wären entsprechende Regelungen auch im Rahmen des TDG wünschenswert, soweit die Trennung in Tele- und Mediendiensten fortbesteht. Solange nur im Rahmen der Mediendienste derart bestimmte inhaltlichen Vorgaben existieren, besteht zwischen Tele- und Mediendiensten ein unterschiedliches Regelungsniveau.

12. Was die Durchsetzung inhaltsbezogener Regeln in den Diensten des Internet anbelangt, so bieten sich im Grundsatz zwei verschiedene Vorgehensweisen an: Die Durchsetzung im Rahmen von präventiven Verfahren einerseits, so wie die Verfolgung von Verstößen gegen inhaltliche Bestimmungen durch repressive Verfahren andererseits.

13. Erste Bedingung für ein erfolgreiches Vorgehen gegen rechtswidrige und sonst schädigende Inhalte in den Diensten des Internet ist deren Identifikation. Nur an Inhalten, die als tatsächlich problematisch erkannt und identifiziert wurden, können inhaltsbezogene Vorschriften durchgesetzt werden.

14. Bei der Identifizierung problematischer Inhalte ist zu unterscheiden, in welcher Form die jeweils zu untersuchenden Daten vorliegen. Statische Daten auf Speichermedien erfordern andere Maßnahmen, als dies bei Informationen, die sich gerade in der Übermittlungsphase von A nach B befinden der Fall ist.

15. Die Identifikation von Inhalten in den Diensten des Internet unterliegt dabei gewissen Grenzen. Diese sind zum Einen durch die technischen Möglichkeiten, die für Inhaltskontrollen zur Verfügung stehen, zum Anderen durch rechtliche Fragestellungen bedingt.

16. Die technischen Grenzen sind je nach dem, was gerade Gegenstand einer staatlichen oder staatlich motivierten Inhaltskontrolle ist, im Datenvolumen im Internet, in den Unzulänglichkeiten technischer Identifizierungshilfen, in der hohen Flüchtigkeit bestimmter Daten im Internet sowie in immer neuartigen Verschlüsselungstechniken begründet.

17. Die rechtlichen Grenzen für inhaltliche Kontrollen in den Diensten des Internet ergeben sich im Wesentlichen aus den Grundrechten. Auch insoweit ist hinsichtlich der jeweiligen Maßnahme zu unterscheiden. Solange Daten im Internet der Allgemeinheit frei zugänglich gemacht werden, können diese auch durch staatliche oder quasistaatliche Stellen gesichtet werden, ohne dass dies grundrechtlich relevant würde. Echte Grenzen für Kontrollen ergeben sich aus den Grundrechten jedoch, wenn nichtöffentliche Informationen Gegenstand der inhaltlichen Überprüfung sind. Solche Kontrollen sind nur nach eindeutigen gesetzlichen Ermächtigungen, die sich in den Schranken der jeweils betroffenen Grundrechte bewegen, möglich.

18. Gerade was den Sonderfall der Bekämpfung der Kinderpornographie anbetrifft, bestehen in den rechtlichen Voraussetzungen für inhaltliche Kontrollen noch erhebliche Lücken.

19. Für den Bereich der Gefahr- und Kriminalprävention muss festgestellt werden, dass hier allenfalls die Geheimdienste über detaillierte Überwachungs- und Kontrollbefugnisse verfügen. Die Polizei ist bei ihren Recherchen im Wesentlichen auf den Sektor der frei zugänglichen Angebote beschränkt.

20. Wenig ausgedehnter sind die Befugnisse der Polizei und anderen Organe im Rahmen der Strafverfolgung. Die StPO hält derzeit keine Befugnisse für das Sichten nichtöffentlicher Inhalte über das Internet im Rahmen eines Ermittlungsverfahren bereit. Die insoweit tätigen Stellen sind hier vielmehr auf die Standardbefugnisse der StPO beschränkt. Anstelle einer Online-Sichtung von Materialien kommt hiernach allenfalls die Beschlagnahme des Servers und anschließende manuelle Durchsuchung in Betracht. Angesichts der Tatsache, dass das Internet neue Maßstäbe in puncto Globalität und Geschwindigkeit setzt, scheinen die insoweit zur Verfügung stehenden Ermittlungsbefugnisse den modernen Anforderungen nicht mehr gewachsen.

21. Etwas anderes gilt nur im Bereich der aktiven Telekommunikation im Internet, d. h. dort, wo Inhalte in einer Übermittlungsphase sind. Hier greifen die Befugnisse zur Telekommunikationsüberwachung aus den §§ 100a, b StPO. Doch auch hier besteht in Hinblick auf den Deliktskatalog des § 100a StPO dringender Aktualisierungsbedarf. Insbesondere die Bekämpfung der Kinderpornographie im Internet sollte hier Aufnahme finden.

22. Neben der Identifikation von problematischen Inhalten erfordert eine echte inhaltliche Regulierung auch einen konsequenten Umgang mit solchen Inhalten, die als tatsächlich rechtswidrig oder sonst problematisch identifiziert wurden.

Insoweit kommt die Löschung der jeweiligen Inhalte, sowie deren Sperrung in Betracht.

23. Gerade was die Errichtung von Zugriffssperren für bestimmte Inhalte angeht, existieren hier verschiedene Möglichkeiten für Vorgehensweisen. Am effektivsten scheinen wohl Systeme, die insoweit an der Anwendungsebene anknüpfen. Hierbei ist aber zu beachten, dass derartige Systeme, wie auch alle anderen in diesem Zusammenhang in Betracht kommenden Ansätze, bestimmten technischen Grenzen unterworfen sind.

24. Staatliche Stellen sind für derartige Maßnahmen auf eine Zusammenarbeit mit den jeweils betroffenen Providern angewiesen, die quasi als „Tatnächste" am, engsten mit den problematischen Inhalten in Berührung kommen. Soweit die Provider nicht oder nicht ausreichend an dieser Zusammenarbeit teilnehmen, können Löschungen und Sperrungen im Wege hoheitlicher Anordnung auch zwangsweise durchgesetzt werden.

25. Eine wie auch immer geartete Regulierung des Internet kann nur dann möglichst effektiv und sicher sein, wenn sie den hervorstechendsten Attributen des Internet Tribut zollt, der Internationalität und Globalität dieses Mediums. Ein globales Medium wie das Internet kann nur durch ebenso globale Ansätze effektiv reguliert werden. Nationale Ansätze können insoweit hilfreich sein, aber tatsächliche Ergebnisse lassen sich nur auf supranationaler Ebene erreichen. Dies gilt für Fragen zur inhaltlichen Regulierung nicht minder als für andere Regulierungsbereiche.

26. Auf supranationaler Ebene bestehen insoweit eine Reihe von Ansätzen, die eine international einheitliche inhaltliche Regulierung des Internet zum Ziel haben. Letztlich sind es auch nur die globalen Vereinigungen, die eine weltweite Regulierung Wirklichkeit werden lassen könnten.

27. Jedoch unterliegt auch die internationale Kooperation im Kampf gegen rechtswidrige und sonst schädigende Inhalte in den Diensten des Internet erheblichen Grenzen und Beschränkungen. Diese sind vor allem in den teilweise erheblichen Unterschieden bedingt, die die jeweiligen nationalen Auffassungen zur Frage aufweisen, was im Internet verboten sein soll. Angesichts weltweit erheblicher kultureller, religiöser, sozialer und insbesondere auch wirtschaftlicher Unterschiede zwischen den Nationen ist auch auf lange Sicht nicht zu erwarten, dass für die Frage der inhaltlichen Regulierung des Internet eine einheitliche globale Lösung gefunden werden kann. Allenfalls in einzelnen Bereichen dieser Fragestellung, wie zum Beispiel in Hinblick auf das Problem der Kinderpornographie, sind weltweit einheitliche Lösungen denkbar.

28. Im Rahmen der Europäischen Gemeinschaft besteht schon heute eine Vielzahl von Initiativen im Bereich der inhaltlichen Regulierung des Internet. Aufgrund der Tatsache, dass die Kompetenzen für diesen Bereich, insbesondere was die Strafverfolgung von inhaltlichen Verstößen anbelangt, nach wie vor bei den

Mitgliedstaaten liegen, fehlt es diesen Initiativen zumeist an legislativer Durchsetzungskraft.

29. Allerdings bestehen bereits innerhalb der Gemeinschaft zum Teil große Unterschiede im Verständnis dessen, was im Internet inhaltlich zulässig sein soll und was nicht. Für die Zukunft ist damit zunächst erforderlich, dass im Rahmen der Europäischen Gemeinschaft einheitliche inhaltliche Standards für das Internet geschaffen werden.

30. Für dieses Vorhaben kommt als erstes die Schaffung eigener, gänzlich neuer Inhaltsstandards in Betracht. Da die Gemeinschaft hierfür derzeit nicht über die notwendigen Kompetenzen verfügt, scheidet diese Möglichkeit aber noch aus.

31. Damit müssen sich europäische Ansätze derzeit auf Maßnahmen zur Vereinheitlichung des unterschiedlichen Rechts der Mitgliedstaaten beschränken. Hierfür existieren verschiedene Ansatzmöglichkeiten. So kommen einerseits der Erlass von Richtlinien im Sinne der Art. 94 ff EGV, andererseits Maßnahmen im Bereich der polizeilichen und justitiellen Zusammenarbeit in Betracht.

32. In diesem Zusammenhang ist erforderlich, Schritt für Schritt ein gemeinsames europäisches Verständnis bezüglich der Inhalte im Internet zu entwickeln, aus dem heraus dann auch einheitliche europäische Regelungen zur Inhalteproblematik im Internet entstehen können. Gerade bei der Entwicklung solcher Regelungen muss – egal, ob auf nationaler oder supranationaler Ebene – den Bürgerfreiheiten, wie sie beispielsweise im Grundgesetz der Bundesrepublik verankert sind, Rechnung getragen werden. Würde dies außer Acht gelassen, so würden Regulierungsversuche im Internet zwangsläufig zu Zensur und Unterdrückung führen. Nach einer Untersuchung der Organisation „Reporter ohne Grenzen“ wird derzeit in 65 Staaten der Erde das Internet zensiert, in 45 Ländern durch einen eingeschränkten Zugriff, in 20 Staaten durch vollständige Zensur.[991] In Nordkorea, Lybien, Syrien und im Irak ist Privatpersonen der Zugang zum Internet komplett untersagt. Eingedenk dieser Tatsachen ist gerade im Bereich der Regulierung von Inhalten im Internet besonnenes und reiflich überlegtes Handeln angebracht.

33. Auch wenn die schrittweise Angleichung der nationalen Bestimmungen keine unmittelbaren Sofortergebnisse erzielen kann, liegt hier die Zukunft einer europäisch einheitlichen Inhaltsregulierung. Die Bedeutung der Gemeinschaft bei der supranationalen Bekämpfung rechtswidriger und sonst schädigender Inhalte in den Diensten des Internet dürfte aber in Zukunft, mit dem weiteren Zusammenwachsen der Union und dem damit verbundenen Zuwachs an Gemeinschaftskompetenzen noch erheblich zunehmen.

[991] Vgl. N.N., Weltweite Zensur, in: Journalist, Das deutsche Medienmagazin, 8/2001, S. 56.

Literaturverzeichnis

Abbate, Janet E., From Arpanet to Internet – A History of ARPA-Sponsored Computer Networks, New York 1997.

Ackermann, Stephan, Ausgewählte Rechtsprobleme der Mailbox-Kommunikation, Saarbrücken 1994.

Ahlf, Ernst-Heinrich/**Daub**, Ingo/**Lersch**, Roland/**Störzer**, Hans Udo, Bundeskriminalamtgesetz – BKAG mit Erläuterungen, Stuttgart 2000.

Altenhain, Karsten, Die gebilligte Verbreitung mißbilligter Inhalte, AfP 1998, S. 457 ff.

Arndt, Claus, Die Fernmeldekontrolle im Verbrechensbekämpfungsgesetz, NJW 1995, S. 169 ff.

Bär, Wolfgang, Der Zugriff auf Computerdaten im Strafverfahren, Köln u.a 1992.

Bär, Wolfgang, Strafrechtliche Kontrolle in Datennetzen, MMR 1998, S. 463 ff.

Bartosch, Andreas, Das Grünbuch über Konvergenz, ZUM 1998, S. 209 ff.

Bauer, Friedrich L., Entzifferte Geheimnisse. Methoden und Maximen der Kryptologie, Berlin u.a. 1995.

Bäumler, Helmut, Das TDDSG aus der Sicht eines Datenschutzbeauftragten, DuD 1999, S. 258 ff.

Becker, Jürgen Rechtsprobleme internationaler Datennetze, 1. Auflage, Baden-Baden 1996.

Becker, Jürgen, Rechtsprobleme internationaler Datennetze, 1. Auflage, Baden-Baden 1996.

Bengl, Karl/**Berner**, Georg/**Emmerig**, Ernst, Bayerisches Landesstraf- und Verordnungsgesetz, Kommentar, Loseblattsammlung, München 1968, Stand August 2000.

Berner, Georg/**Köhler**, Gerd M., Polizeiaufgabengesetz, 16. Auflage, München, 2000 (zitiert als Berner/Köhler, PAG).

Bettinger, Thorsten/**Freytag**, Stefan, Privatrechtliche Verantwortlichkeit für Links – Zugleich Anmerkung zum Urteil des LG Hamburg vom 12.5.1998, CR 1998, S. 545 ff.

Beucher, Klaus/**Leyendecker**, Ludwig/**von Rosenberg**, Oliver, Mediengesetze, Kommentar zum Rundfunkstaatsvertrag, Mediendienstestaatsvertrag, Teledienstegesetz und Teledienstedatenschutzgesetz, München 1999.

Beulke, Werner, Überwachung des Fernsprechanschlusses eines Verteidigers – Besprechung der Entscheidung BGHSt 33, 347 ff, Jura 1986, S.640 ff.

Bleckmann, Albert, Europarecht, Das Recht der Europäischen Union und der Europäischen Gemeinschaften, 6. Auflage, Köln 1997.

Bleisteiner, Stefan, Rechtliche Verantwortlichkeit im Internet – unter besonderer Berücksichtigung des teledienstegesetzes und des Mediendienste-Staatsvertrages, Köln 1999.

Borchers, Detlef, Carnivore – Ein zahnloser Fleischfresser, in Süddeutsche Zeitung vom 18.09.2001.

Bremer, Karsten, Strafbare Internet-Inhalte in internationaler Sicht, Ist der Nationalstaat wirklich überholt?, Frankfurt/Main 2001.

Brenner, Harald, Die strafprozessuale Überwachung des Fernmeldeverkehrs mit Verteidigern, zugleich ein Beitrag zu den Beweisverboten, auch im Zusammenhang mit neune Formen der Telekommunikation, Tübingen 1994.

Bröhl, Georg M., EGG – Gesetz über rechtliche Rahmenbedingungen des elektronischen Geschäftsverkehrs, Erläuterungen zum Referentenentwurf, MMR 2001, S. 67 ff.

Bröhl, Georg M., Rechtliche Rahmenbedingungen für neue Informations- und Kommunikationsdienste, CR 1997, S. 73 ff.

Brychcy, Ulf, Der Gugelhupf im Internet, Süddeutsche Zeitung vom 3. 2. 1996, S. 21.

Büchner, Wolfgang, **Bönsch**, Georg, Beck´scher TKG Kommentar, 2. Auflage, München 2000.

Bullinger, Martin, Der Gegendarstellungsanspruch im Internet, CR 1997, S. 261 ff.

Bullinger, Martin, Der Rundfunkbegriff in der Differenzierung kommunikativer Dienste, in: AfP 1996, S. 1 ff.

Bullinger, Martin, Multimediale Kommunikation in Wirtschaft und Gesellschaft, ZUM 1996, S. 749 ff.

Bullinger, Martin, Ordnung oder Freiheit für Multimediadienste, JZ 1996, S. 385 ff.

Bullinger, Martin/**Gödel**, Christoph, Landesmediengesetz Baden-Württemberg (LmedienG), Baden-Baden 1986 (zitiert als Bullinger/Gödel).

Bullinger, Martin/**Mestmäcker**, Ernst-Joachim, Multimediadienste – Aufgabe und Zuständigkeit von Bund und Ländern, Rechtsgutachten, veröffentlicht in erweiterter Form in: dies., Multimediadienste, Struktur und staatliche Aufgabe nach deutschem und europäischem Recht, Baden-Baden 1996, abrufbar im Internet unter http://www.iukdg.de/gutachten.html (zitiert als Bullinger/Mestmäcker).

Burmeister, Joachim, „Dienende" Freiheitsgewährleistungen – Struktur und Gehalt eines besonderen Grundrechtstypus, in: Festschrift für Klaus Stern, S. 835 ff., München 1997.

Callies, Christian/**Ruffert**, Matthias, Kommentar zum EU-Vetrag und EG-Vertrag, Neuwied 1999 (zitiert als Bearbeiter in Callies/Ruffert).

Campbell, Duncan, Inside Echelon, abrufbar unter http://www.heise.de/tp/deutsch/special/ech/6928/1.html.

Chakrabarti Samuel, **van den Berg**, Michael, Focused Crawling: A new Approach to Topic-specific Web Resource, New York 1999.

Cheswick, William R./**Bellovin**, Steven M., Firewalls und Sicherheit im Internet. Schutz vernetzter Systeme vor cleveren Hackern. Bonn 1996.

Collardin, Marcus, Straftaten im Internet, CR 1995, S. 618 ff.

Conradi, Ulrich/**Schlömer**, Uwe, Die Strafbarkeit der Internet-Provider, NStZ 1996, S. 366 ff und 472 ff.

Dagtolous, Prodromos, Das Grundrecht der Unverletzlichkeit der Wohnung (Art. 13GG), JuS 1975, S. 753 ff.

Denninger, Erhard/**Hoffmann-Riem**, Wolfgang/**Schneider**, Hans-Peter/**Stein**, Ekkehard, Kommentar für die Bundesrepublik Deutschland, Alternativer Kommentar, 3. Auflage, Loseblattsammlung, Stand Oktober 2001, Neuwied 2001 (zitiert als Bearbeiter in AK).

Depenheuer, Otto, Informationsordnung durch Informationsmarkt – Rechtliche Rahmenbedingungen einer Informationsordnung, AfP 1997, S. 669 ff.

Derksen, Roland, Strafrechtliche Verantwortung für in internationalen Computernetzen verbreitete Daten mit strafbarem Inhalt, NJW 1997, S. 1878 ff.

Deutsch, Markus, Die heimliche Erhebung von Informationen und deren Aufbewahrung durch die Polizei, Heidelberg 1992.

Dreier, Horst, (Hrsg), Grundgesetz, Kommentar, Band I, Artikel 1- 19, Tübingen 1996 (zitiert als Bearbeiter in Dreier, GG).

Eberle, Carl-Eugen, Digitale Rundfunkfreiheit – Rundfunk zwischen Couch-Viewing und Online-Nutzung, CR 1996, S. 193 ff.

Eichhorn, Bert, Internet-Recht – Ein Lehrbuch für das Recht im World Wide Web, Köln 2000.

Eichler, Alexander, Umsatzsteuerrechtliche Behandlung von Software, K&R 1998, S. 412 ff.

Eisenberg, Ulrich/**Nischan**, Anett, Strafprozessualer Zugriff auf digitale multimediale Videodienste, JZ 1997, S. 74 ff.

Engel-Flechsig, Stefan, „Teledienstedatenschutzgesetz" – Die Konzeption des Datenschutzes im Entwurf des Informations- und Kommunikationsdienstegesetze des Bundes, DuD 1997, S. 8 ff.

Engel-Flechsig, Stefan, Das Informations- und Kommunikationsdienstegesetz des Bundes und der Mediendienstestaatsvertrag der Bundesländer – Einheitliche Rahmenbedingungen für Multimedia, ZUM 1997, S. 231 ff.

Engel-Flechsig, Stefan/**Maennel**, Friethjof/**Tettenborn**, Alexander, Das neue Informations- und Kommunikationsdienstegesetz, NJW 1997, S. 2981 ff.

Engel-Flechsig, Stefan/**Maennel**, Friethjof/**Tettenborn**, Alexander, Neue gesetzliche Rahmenbedingungen für Multimedia, Bonn 1998.

Ernst, Stefan, Rechtliche Fragen bei der Verwendung von Hyperlinks im Internet, NJW-CoR 1997, S. 224 ff.

Eser, Albin/**Huber**, Barbara, Strafrechtsentwicklung in Europa, Band 4.3, Freiburg 1995 (zitiert als Bearbeiter in Eser/Huber).

Everling, Ulrich, Zur rechtlichen Wirkung von Beschlüssen, Entschließungen, Erklärungen und Vereinbarungen des Rates oder der Mitgliedstaaten der Europäischen Gemeinschaft, in: **Lüke**, Gerhard/**Ress**, Georg/**Will**, Michael R., Rechtsvergleichung, Europarecht und Staatenintegration, Gedächtnisschrift für Léotin-Jean Constantinesco, München 1983, S. 133 ff.

Fechner, Frank, Medienrecht, Tübingen 2000.

Finke, Thorsten, Die strafrechtliche Verantwortung von Internet-Providern, Tübingen 1998.

Finke, Thorsten, Die strafrechtliche Verantwortung von Internet-Providern, Tübingen 1998.

Fischl, Thomas, Die Wettbewerbsaufsicht im Medienbereich zwischen Entwicklung und Neuorientierung, Diss. 2001.

Flechsig, Norbert P., Rechtsprobleme internationaler Datennetze im Lichte des Persönlichkeits- und Äußerungsrechts, in: Becker, Jürgen, Rechtsprobleme internationaler Datennetze, 1. Auflage, Baden-Baden 1996 (zitiert als Flechsig in Becker).

Flechsig, Norbert P./**Gabel**, Detlev, Strafrechtliche Verantwortung im Netz durch Einrichten und Vorhalten von Hyperlinks, CR 1998, 351 ff.

Freund, Wolfgang, Die Strafbarkeit von Internetdelikten, Wien 1998.

Freytag, Stefan, Haftung im Netz, Verantwortlichkeit für Urheber-, Marken- und Wettbewerbsrechtsverletzungen nach § 5 TDG und § 5 MDStV, München 1999.

Freytag, Stefan, Providerhaftung im Binnenmarkt – Verantwortlichkeit für rechtswidrige Inhalte nach der E-Commerce-Richtlinie, CR 2000, S. 600 ff.

Freytag, Stefan, Urheberrechtliche Haftung im Netz. Zur dogmatischen Einordnung und praktischen Umsetzung von § 5 TDG und § 5 MDStV bei Urheberrechtsverletzungen im Internet, ZUM 1999, S. 185 ff.

Friehe, Heinz-Josef, Strategische Fernmeldekontrolle im internationalen Vergleich, ZFIS 1998, S. 215 ff.

Gallwas, Hans-Ullrich/**Mößle**, Wilhelm, Bayerisches Polizei- und Sicherheitsrecht, 2. Auflage, Stuttgart 1996.

Gates, Bill, Chancen des Internet, in Der Spiegel vom 27. 11.1995, S. 112 ff.

Gercke, Marco, Rechtswidrige Inhalte im Internet – Eine Diskussion ausgewählter Problemfelder des Internet-Strafrechts unter Berücksichtigung strafprozessualer Aspekte, Diss. im Selbstverlag, Köln 2000.

Gerling, Rainer W., Verschlüsselungsverfahren. Eine Kurzübersicht, DuD 1997, S. 197 ff.

Gersdorf, Hubertus, Der verfassungsrechtliche Rundfunkbegriff im Lichte der Digitalisierung der Telekommunikation, Berlin 1995 (zitiert als Gersdorf, Rundfunkbegriff).

Gersdorf, Hubertus, Die dienende Funktion der Telekommunikationsfreiheiten: Zum Verhältnis von Telekommunikations- und Rundfunkordnung, AfP 1997, 424 ff.

Gersdorf, Hubertus, Multi-Media: Der Rundfunkbegriff im Umbruch?, AfP 1995, 565 ff.

Gersdorf, Hubertus, Neue Dienste zwischen Gesetzgebungskompetenz von Bund und Ländern, in Festschrift für Engelschall, 1996, S. 163 ff.

Gersdorf, Hubertus, Neue Dienste zwischen Gesetzgebungskompetenzen von Bund und Ländern, epd Nr. 44, 1996, S. 22 ff.

Gersdorf, Hubertus, Rundfunk und E-Commerce, Rtkom 1999, S. 75 ff.

Glotz, Peter/**Thomas**, U., Höchste Zeit. Für ein Medienordnungsrecht aus einem Guß, in epd/Kirche und Rundfunk 12/1996, S. 3 ff.

Göckel, Andreas, Inhalteverantwortlichkeit im Internet, ArchPT 1996, S. 331 ff.

Göckel, Andreas; Telefonieren im Internet – Das regulatorische Umfeld, K&R 1998, S. 250 ff.

Gola, Peter/**Müthlein**, Thomas, Neuer Tele-Datenschutz – bei fehlender Koordination über das Ziel hinausgeschossen?, RDV 1997, S. 193 ff.

Gola, Peter/**Müthlein**, Thomas/**Jaspers**, Andreas, Die neuen „Tele-Gesetze“, IT-Sicherheit, Heft 5, 1997, S. 3 ff.

Gola, Peter/**Schomerus**, Rudolf, Bundesdatenschutzgesetz, BDSG, 6. Auflage, München 1997.

Gounalakis, Georgios, Der Mediendienste-Staatsvertrag der Länder, NJW 1997, S. 2993 ff.

Gounalakis, Georgios/Rhode, Lars, Elektronische Informationsangebote zwischen Telediensten, Mediendiensten und Rundfunk, CR 1998, S. 487 ff.

Gusy, Christoph, Befugnisse des Verfassungsschutzes zur Informationserhebung, DVBl. 1991, S. 1288 ff.

Gusy, Christoph, Grundrechtsschutz gegen Wohnungsdurchsuchungen durch den Gerichtsvollzieher – BVerfGE 51, 97, JuS 1980, S. 718 ff.

Hafner, Katie/**Lyon**, Matthew, Arpa Kadabra – Die Geschichte des Internet, Heidelberg 1997.

Härting, Niko, Gesetzentwurf zur Umsetzung des E-Commerce-Richtlinie, CR 2001, S. 271 ff.

Hartstein, Reinhard/**Ring**, Wolf-Dieter/**Kreile**, Johannes/**Dörr**, Dieter/**Stettner**, Rupert, Kommentar zum Rundfunkstaatsvertrag, in **Ring**, Wolf-Dieter, Medienrecht, Text, Rechtsprechung, Kommentierung, Loseblatt, 51. Erg-Lfg, Stand Juli 1997, München 1995.

Herda, Susanne, Hacker-Angriff auf Microsoft, Süddeutsche Zeitung vom 27.10.2000.

Hermann, Günther, Rundfunkrecht, 1. Auflage, München 1994.

Herzog, Marco, Rechtliche Probleme einer Inhaltsbeschränkung im Internet, Frankfurt/Main 2000.

Hilgendorf, Eric, Überlegungen zur strafrechtlichen Interpretation des Ubiquitätsprinzips im Zeitalter des Internet, NJW 1997, S. 1873 ff.

Hilger, Hans, Zum Strafverfahrensrechtsänderungsgesetz 1999 (StVÄG 1999), NStZ 2000, S. 561 ff.

Hochstein, Reiner, Teledienste, Mediendienste und der Rundfunkbegriff – Anmerkungen zur praktischen Abgrenzung multimedialer Erscheinungsformen, NJW 1997, S. 2977 ff.

Hoeren, Thomas, Das Internet für Juristen – eine Einführung, NJW 1995, 3295 ff.

Hoeren, Thomas, Rechtsfragen des Internet, Ein Leitfaden für die Praxis, 1. Auflage, Köln 1998.

Hoeren, Thomas/**Sieber**, Ulrich, (Herausg.), Handbuch Multimediarecht, Rechtsfragen des elektronischen Geschäftsverkehrs, Loseblattsammlung, Stand Februar 2000 (zitiert als Hoeren/Sieber/Bearbeiter).

Hoffmann-Riem, Wolfgang, Der Rundfunkbegriff in der Differenzierung kommunikativer Dienste, AfP 1996, 9 ff.

Hoffmann-Riem, Wolfgang, Pay TV im öffentlich-rechtlichen Rundfunk - Eine verfassungsrechtliche Analyse auf der Grundlage der Rechtsprechung des Bundesverfassungsgerichts, Baden-Baden 1996.

Holznagel, Bernd, Multimedia zwischen Regulierung und Freiheit, ZUM 1999, S. 425 ff.

Holznagel, Bernd/Holznagel, Ina, Zukunft der Haftungsregeln für Internet-Provider, K&R 1999, S. 103 ff.

Hund, Horst, Überwachungsstaat auf dem Vormarsch – Rechtsstaat auf dem Rückzug?, NJW 1992, S. 2118 ff.

Ipsen, Jörn, Staatsrecht II, Grundrechte, 4. Auflage, Neuwied 2001.

Isensee, Josef/**Kirchhof**, Paul, Handbuch des Staatsrechts der Bundesrepublik Deutschland,
Band III, Das Handeln des Staates, Heidelberg 1988,
Band IV, Finanzverfassung – Bundesstaatliche Ordnung, Heidelberg 1990
Band VI, Freiheitsrecht, Heidelberg 1989, (zitiert als Bearbeiter in Isensee/Kirchhof).

Jarass, Hans D./**Pieroth**, Bodo, Grundgesetz für die Bundesrepublik Deutschland. 5. Auflage, München 2000 (zitiert Bearbeiter in Jarss/Pieroth).

Jescheck, Hans-Heinrich/**Ruß**, Wolfgang/**Willms**, Günther, StGB, Leipziger Kommentar, Großkommentar, 10. Auflage, Berlin 1989, (zitiert als LK-Bearbeiter).

Kahlweit, Cathrin, Surfin′ BKA, in Süddeutsche Zeitung vom 17.12.1998.

Karenfort, Jörg/**Weißgerber**, Arnd; Lauterkeit des Wirtschaftsverkehrs in Gefahr?, MMR-Beilage 7/2000, S. 38 ff.

Kleinknecht, Theodor/**Meyer-Goßner**, Lutz, Strafprozeßordnung, Gerichtsverfassungsgesetz, Nebengesetze und ergänzende Bestimmungen, 44. Auflage, , München 1999.

Klöck, Oliver, Bundeskompetenz für ein Multimedia-Recht?, CR 1999, S. 456 ff

Klotz, Robert, Auf dem Weg zu einem europäischen Multimediarecht – Gesetzgebung und Wettbewerbsaufsicht durch die Europäische Union, ZUM 1999, S. 443 ff.

Klußmann, Niels, Lexikon der Kommunikations- und Informationstechnik, Heidelberg 1997.

Knemeyer, Franz-Ludwig, Polizei- und Ordnungsrecht, 8. Auflage, München 2000.

Kniesel, Michael, Zur Eingriffsqualität sicherheitsbehördlicher Datenerhebung, Die Polizei 1998, S. 374 ff.

Kniesel, Michael/**Vahle**, Jürgen, Polizeiliche Informationsverarbeitung und Datenschutz im künftigen Polizeirecht, Heidelberg 1990.

Knödler, Christoph, Zensur im Internet?, jur-pc 1996, S. 257 ff.

Knothe, Matthias, Neues Recht für Multi-Media-Dienste, AfP 1997, S. 494 ff.

Koch, Frank A., Grundrecht auf Verschlüsselung?, CR 1997, S. 106 ff.

Koch, Frank A., Internet-Recht: Praxishandbuch mit dem neuen Medien- und Telediensterecht, Checklisten und Musterverträgen, München 1998.

Koch, Frank A., Zivilrechtliche Haftung für Inhalte in Kommunikationsnetzen, in: CR 1997, 193 ff.

Koenig, Christian, Regulierungsoptionen für die neuen Medien in Deutschland, Beilage zu MMR 12/1998, S. 1 ff.

Koenig, Christian/**Röder**, Ernst, Plädoyer zur Überwindung der gesplitterten Aufsicht über neue Informations- und Kommunikationsmedien – Für eine gebündelte Gemeinschaftskompetenz von Bund und Ländern, K&R 1998, S. 417 ff.

Köhler, Markus/**Arndt**, Hans-Wolfgang, Recht des Internet, 2. Auflage, Heidelberg 2000.

Köhntopp, Kristian/**Köhntopp**, Marit/**Seeger**, Martin, Sperrungen im Internet, DuD 1997, S. 626 ff.

Koops, Bert-Jaap, Crypto Law Survey, Version 19.0, Stand Juli 2001, abrufbar unter http://cwis.kub.nl/%7efrw/people/koops/lawsurvy.htm.

Kramer, Bernhard, Videoaufnahmen und andere Eingriffe in das Allgemeine Persönlichkeitsrecht auf der Grundlage von § 163 StPO?, NJW 1992, S. 2732 ff.

Kresse, Hermann/**Heinze**, Matthias, Rundfunk-Dynamik am Morgen des digitalen Zeitalters, AfP 1995, 574 ff.

Kröger, Detelf/**Gimmy**, Marc A., Handbuch zum Internet-Recht; Electronic Commerce – Informations-, Kommunikations- und Mediendienste, Berlin 2000 (zitiert als Bearbeiter in Kröger/Gimmy).

Kröger, Detlef/**Moos**, Flemming, Regulierungsansätze für Multimediadienste – Mediendienstestaatsvertrag und Teledienstegesetz, ZUM 1997, S. 462 ff.

Kuch, Hansjörg, Der Staatsvertrag über Mediendienste, ZUM 1997, S. 225 ff.

Kunig, Philip, Der Grundsatz informationeller Selbsbestimmung, Jura 1993, S. 595 ff.

Kunzemann, Thilo, Hacker knacken Bankenrechner, in Süddeutsche Zeitung vom 17.09.2001.

Ladeur, Karl-Heinz, Zur Kooperation von staatlicher Regulierung und Selbstregulierung des Internet – zugleich ein Beitrag zum Entwurf eines Informations- und Kommunikationsdienstegesetzes des Bundes und eines Staatsvertrages über Mediendienste der Länder, ZUM 1997, S. 374 ff.

Lehmann, Michael, Rechtsgeschäfte und Verantwortlichkeit im Netz – der Richtlinienvorschlag der EU-Kommission, ZUM 1999, S. 180 ff.

Lent, Wolfgang, Rundfunk, Medien-, Teledienste: eine verfassungsrechtliche Untersuchung des Rundfunkbegriffs und der Gewährleistungsbereiche öffentlich-rechtlicher Rundfunkanstalten unter Berücksichtigung einfachrechtlicher Abgrenzungsfragen zwischen Rundfunkstaatsvertrag und Teledienstegesetz, Frankfurt am Main 2001.

Lerche, Peter, Rundfunkmonopol. Zur Zulassung privater Fernsehveranstaltungen, München 1970.

Leyendecker, Hans, Lauschangriff auf den Wortmüll – BND zeichnet Telefon- und Faxverkehr auf, in: Süddeutsche Zeitung vom 18.8.1998.

Libertus, Michael, Medienrechtliche Einordnung von Business TV-Diensten, in K&R 2000, S. 119 ff.

Lisken, Hans, Vorfeldeingriffe im Bereich der „Organisierten Kriminalität" – Gemeinsame Aufgabe von Verfassungsschutz und Polizei?, ZRP 1994, S. 264 ff.

Lisken, Hans/**Denninger**, Erhard (Hrsg.), Handbuch des Polizeirechts, 2. Auflage, München 1996 (zitiert als Bearbeiter in Lisken/Denninger, HdbPolR).

Loewenheim, Ulrich/**Koch**, Frank A., Praxis des Online-Rechts, 1. Auflage, Weinheim 1998 (zitiert als Bearbeiter in Loewenheim/Koch).

Löffler, Martin, Presserecht, Kommentar zu den Landespressegesetzen der Bundesrepublik Deutschland, 4. Auflage, München 1997 (zitiert als Bearbeiter in Löffler).

Löffler, Martin/**Ricker**, Reinhart, Handbuch des Presserechts, 4. Auflage, München 2000 (zitiert als Löffler/Ricker, Presserecht).

Lohse, Wolfram, Verantwortung im Internet – Eine Untersuchung am Beispiel der Meinungsäußerung, Schriftenreihe zum Informations- Telekommunikations- und Medienrecht, Band 2, Hamburg 2000.

Lüthi, Nick, Schweiz testet Satelliten-Abhörsystem, in Telepolis-Dokumente, abrufbar unter http://WWW.heise.de/tp/deutsch/special/ech/4955/1.html

Maennel, Fritjof A., Elektronischer Geschäftsverkehr ohne Grenzen – der Richtlinienvorschlag der Europäischen Kommission, MMR 1999, S. 187 ff.

Mann, Thomas/**Müller**, Rolf-Georg, Präventiver Lauschangriff via Telefon?, ZRP 1995, S. 180 ff.

Manssen, Gerrit, Grundrechte, München 2000.

Manssen, Gerrit, Kommunikationstechniken und Inhalte: Wie viel Regulierung? In: Kloepfer, Michael, Kommunikationstechniken – Technik – Recht, Kommunikationsrecht in der Technikgeschichte, Berlin 2002.

Manssen, Gerrit, Staatsrecht I, Grundrechtsdogmatik, München 1995.

Manssen, Gerrit, Telekommunikations- und Multimediarecht, Loseblattkommentar zum TKG, MDStV, TDG, TDDSG, SigG, Berlin 1999.

Maunz, Theodor/**Dürig**, Günter/**Herzog**, Roman/**Scholz**, Rupert – Grundgesetz, Kommentar, München, Stand: Juli 2001, (zitiert als Bearbeiter in Maunz/Dürig).

Mayer, Franz C., Recht und Cyberspace, in: NJW 1996, 1782 ff.

Mayer, Patrick G., Das Internet im öffentlichen Recht – Unter Berücksichtigung europarechtlicher und völkerrechtlicher Vorgaben, Berlin 1999.

Mertens, Christoph, Regulatorische Behandlung der Internet-Telefonie, MMR 2000, S. 77 ff.

Müller-Terpitz, Ralf, Internet-Telefonie, MMR 1998, S. 65 ff.

Müller-Terpitz, Ralf, Regelungsreichweite des § 5 MDStV, MMR 1998, S.478 ff.

Müller-Using, Detlev/**Lücke**, Richard, Neues Recht für Multimedia-Dienste, ArchivPT 1997, S. 101 ff.

Musch, Jochen, Die Geschichte des Internet, abrufbar unter: www.psychologie.uni-bonn.de/sozial/staff/musch/history.htm.

N. N., Weltweite Zensur, in: Journalist, Das deutsche Medienmagazin, 8/2001, S. 56.

N.N. Cyberkriminalität - 30 Staaten unterzeichnen Konvention, in Süddeutsche Zeitung vom 23. 11. 2001, abrufbar im Internet unter http://www.sueddeutsche.de/index.php?url=/computer/internet/netzone/30921&datei=index.php.

N.N., Hacker in U.S.-Computer eingedrungen, in Süddeutsche Zeitung vom 26.05.2001.

N.N., Hacker knacken 250.000 Email-Adressen, in Süddeutsche Zeitung vom 23.07.2001.

N.N., Über die nachrichtendienstliche Tätigkeit des BND in den Telefonnetzen, in: Frankfurter Allgemeine Zeitung vom 16.12.1998.

N.N., Über die nachrichtendienstliche Tätigkeit des BND in den Telefonnetzen, in: Frankfurter Allgemeine Zeitung vom 15.7.1999.

N.N., Weltweite Zensur, in: Journalist, Das deutsche Medienmagazin, 8/2001, S. 56.

Ochsenbein, Andreas, Strafrechtliche Aspekte des Internet: Lösungen und Möglichkeiten, Kriminalistik 1998, S. 685 ff.

Palm, Franz/**Roy**, Rudolf, Der BGH und der Zugriff auf Mailboxen, NJW 1997, S. 1904 f.

Palm, Franz/**Roy**, Rudolf, Mailboxen: Staatliche Eingriffe und andere rechtliche Aspekte, NJW 1996, S. 1971 ff.

Paptistella, Gertrud, Zum Rundfunkbegriff des Grundgesetzes, DÖV 1978, S. 495 ff.

Paschke, Marian, Medienrecht, 2. Auflage, Berlin 2001.

Perron, Walter, Sind die nationalen Grenzen des Strafrechts überwindbar?, ZStW 109 (1997), S. 281 ff.

Pfeiffer, Gerd, Karlsruher Kommentar zur Strafprozeßordnung und zum Gerichtsverfassungsgesetz mit Einführungsgesetz, 4. Auflage, München 1999.

Pichler, Rufus, Haftung des Host Providers für Persönlichkeitsrechtsverletzungen vor und nach dem TDG, in: MMR 1998, S. 79 ff.

Pieroth, Bodo/**Schlink**, Bernhard, Grundrechte, Staatsrecht II, 17. Auflage, Heidelberg 2001.

Potrykus, Gerhard, Gesetz über die Verbreitung jugendgefährdender Schriften, Kommentar, 2. Auflage, München 1967.

Rebmann, Kurt/**Roth**, Werner/**Hermann**, Siegfried, Gesetz über Ordnungswidrigkeiten, Kommentar, Band 2, 3. Auflage, Stand 4. Lieferung, Stuttgart April 2000, (zitiert als: Rebmann/Roth/Hermann, OWiG).

Recke, Martin, Multimediagesetzgebung in Deutschland. Ein föderales Trauerspiel in mehreren Akten, TA-Datenbank-Nachrichten, 1/1997, 24, veröffentlicht im WWW unter http://www.itas.fzk.de/deu/TADN/TADN197/index.html.

Reinwald, Gerhard, Jugendschutz und neue Medien – Anwendbarkeit des Gesetzes über die Verbreitung jugendgefährdender Schriften (GjS) auf Internetangebote und Rundfunk auch unter Berücksichtigung der geplanten Änderung des Schriftenbegriffs in GjS und StGB, ZUM 1997, S. 450 ff.

Rhode, Franz, Die Nachzensur in Art. 5 I S. 3 GG – Ein Beitrag zu einem einheitlichen Zensurverbot, Kiel 1996.

Ricker, Reinhart/**Schiwy**, Peter, Rundfunkverfassungsrecht, München 1997.

Ringel, Kurt, Rechtsextremistische Propaganda aus dem Ausland im Internet, CR 1997, S. 302 ff.

Ritz, Dorothee, Inhalteverantwortlichkeit von Online-Diensten, Strafbarkeit von Online-Diensten in ihrer Funktion als Inhalteanbieter, Online-Service-Provider und Internet-Access-Provider für die Verbreitung von Pornographie im elektronischen Datennetz, (ein Rechtsvergleich), Frankfurt/Main 1998.

Rogall, Klaus, Informationseingriff und Gesetzesvorbehalt im Strafprozeßrecht, Tübingen 1992.

Röger, Internet und Verfassungsrecht, ZRP 1997, 203 ff.

Roßnagel, Alexander, Globale Datennetze – Ohnmacht des Staates – Selbstschutz des Bürgers – Thesen zur Änderung der Staatsaufgaben in einer „civil information society", ZRP 1997, S. 26 ff.

Roßnagel, Alexander, Neues Recht für Multimediadienste, NVwZ, 1998, 1 ff.

Roßnagel, Alexander, Recht der Multimediadienste, Kommentar zum IuKDG und zum MDStV, Loseblattsammlung, Stand: Januar 2000, München 2000 (zitiert als Bearbeiter, in Roßnagel).

Rudolphi, Hans-Joachim, Systematischer Kommentar zum StGB, Neuwied 1997, Stand Juli 2001 (zitiert als Bearbeiter in SK).

Rudolphi, Hans-Joachim/**Frisch**, Wolfgang/**Paeffgen**, Hans-Ullrich/**Rogall**, Klaus/**Schlüchter**, Ellen/**Wolter**, Jürgen, Systematischer Kommentar zur Strafprozeßordnung und zum Gerichtsverfassungsgesetz, Neuwied 1986/1997, Stand: Oktober 2001, (zitiert als Bearbeiter in SK-StPO).

Sachs, Michael, Grundgesetz, Kommentar, 2. Auflage, München 1999 (zitiert als Bearbeiter in Sachs).

Schaar, Peter, Datenschutzfreier Raum Internet?, in Computer und Recht 1996, S. 170 ff.

Schaffland, Hans-Jürgen/**Wiltfang**, Noeme, Bundesdatenschutzgesetz (BDSG), Ergänzbarer Kommentar nebst einschlägigen Rechtsvorschriften, Loseblattsammlung, Berlin 1977, Stand Oktober 2001.

Scheller, Martin/**Boden**, Klaus-Peter/**Geenen**, Andreas/**Kampermann**, Joachim, Internet: Werkzeuge und Dienste. Von „Archie" bis „World Wide Web", Berlin 1994.

Scherer, Joachim, „Online“ zwischen Telekommunikations- und Medienrecht – Regulierungsprobleme von Online-Systemen im Internet und außerhalb, AfP 1996, 213 ff.

Schmitt, Stefan, Das kann Echelon – im Mythos und im Detail, in Süddeutsche Zeitung vom 26.6.2001

Schmitt, Stefan, So lauscht Echelon – Die Technik der Satelliten-Lauscher, in Süddeutsche Zeitung vom 20.7.2001

Schneider, Gerhard, Die Wirksamkeit der Sperrung von Internet-Zugriffen, MMR 1999, 571 ff.

Schönke, Adolf/**Schröder**, Horst, Strafgesetzbuch Kommentar, 26. Auflage, München 2001 (zitiert Schönke/Schröder/Bearbeiter).

Schoreit, Armin, Gefahrenabwehr – vorbeugende Verbrechensbekämpfung – Legalitätsprinzip, DRiZ 1991, S. 320 ff.

Schroeder, Werner, Teleshopping und Rundfunkfreiheit – Zur Anwendbarkeit rundfunkrechtlicher Normen auf Teleshopping-Kanäle, ZUM 1994, S. 471 ff.

Schulz, Wolfgang, Jenseits der „Meinungsrelevanz“ – Verfassungsrechtliche Überlegungen zu Ausgestaltung und Gesetzgebungskompetenzen bei neuen Kommunikationsformen, ZUM 1996, S. 487 ff.

Schulz, Wolfgang, Jugendschutz bei Tele- und Mediendiensten, MMR 1998, S. 182 ff.

Schulzki-Haddouti, Christiane (Herausg.), Vom Ende der Anonymität – Die Globalisierung der Überwachung, 2. Auflage, Hannover 2001 (zitiert als Bearbeiter in Schulzki-Haddouti, Vom Ende der Anonymität).

Schulzki-Haddouti, Christiane, Cyberkriminalitäts-Abkommen stößt auf Kritik, in Netzdepesche, Spiegel-Online, abrufbar unter http://www.spiegel.de/netzwelt/politik/0.1518.108503.00.html.

Schwarz, Matthias, Recht im Internet, 1. Auflage, Stadtbergen 1997 (zitiert als Bearbeiter in Schwarz).

Schweitzer, Michael/**Hummer**, Waldemar, Europarecht, Das Recht der Europäischen Union – Das Recht der Europäischen Gemeinschaften (EGKS, EG, EAG) – mit Schwerpunkt EG, 5. Auflage, Neuwied 1996.

Selmer, Peter, Der Begriff der Verursachung im allgemeinen Polizei- und Ordnungsrecht, JuS 1992, S. 97 ff.

Sieber, Ulrich, Die rechtliche Verantwortlichkeit im Internet – Grundlagen, Ziele und Auslegung von § 5 TDG und § 5 MDStV, MMR-Beilage 2/1999, S. 1 ff.

Sieber, Ulrich, Europäische Einigung und Europäisches Strafrecht, ZStW 103 (1991), S. 957 ff.

Sieber, Ulrich, Kinderpornographie, Jugendschutz und Providerverantwortlichkeit – Eine strafrechtsvergleichende Untersuchung, Mönchengladbach 1999.

Sieber, Ulrich, Kontrollmöglichkeiten zur Verhinderung rechtswidriger Inhalte in Computernetzen – Zur Umsetzung von § 5 TDG am Beispiel der Newsgroups im Internet, in: CR 1997, 581 (Teil 1), 653 (Teil 2).

Sieber, Ulrich, Strafrechtliche Verantwortlichkeit für den Datenverkehr in internationalen Datennetzen, in JZ 1996, 429 ff (Teil 1), sowie S. 494 ff (Teil 2).

Sieber, Ulrich, The international Emergence of Criminal Information Law, als sogenannte „COMCRIME-Studie“, im Auftrag der EG-Kommission erstellt und am 1.1.1998 veröffentlicht, im Internet abrufbar unter http://www.jura.uni-muenchen.de/sieber/article/comcrime/comcrime_www.pdf (zitiert als Sieber in Comcrime-Studie).

Sieber, Ulrich, Verantwortlichkeit im Internet: technische Kontrollmöglichkeiten und multimediarechtliche Regelungen, München 1999.

Simitis, Spiros/**Dammann**, Ulrich/**Geiger**, Hansjörg/**Mallmann**, Otto/**Walz**, Stefan, Kommentar zum Bundesdatenschutzgesetz, 4. Auflage, Loseblattsammlung, Stand 1998 Baden-Baden 1992 (zitiert als Bearbeiter in Simitis u.a.).

Spindler, Gerald, Dogmatische Strukturen der Verantwortlichkeit der Diensteanbieter nach TDG und MDStV, MMR 1998, S. 639 ff.

Spindler, Gerald, E-Commerce in Europa, Die E-Commerce-Richtlinie in ihrer endgültigen Fassung, MMR 2000, Beilage 7, S. 4 ff.

Spindler, Gerald, Haftungsrechtliche Grundprobleme der neuen Medien, NJW 1997, S. 3193 ff.

Spindler, Gerald, Störerhaftung im Internet, K&R 1998, S. 177 ff.

Spindler, Gerald, Verantwortlichkeit von Diensteanbietern nach dem Vorschlag einer E-Commerce-Richtlinie, MMR 1999, S. 199 ff.

Stange, Albrecht, Pornographie im Internet – Versuche einer strafrechtlichen Bewältigung, CR 1996, S. 424 ff.

Stettner, Rupert/Tresenreiter, Wolfgang, Sperrstunde im Teleshop – Zur rechtlichen Beurteilung von Zeitrestriktionen für Teleshopping und von Teleshoppingkanälen, ZUM 1994, S. 669 ff.

Strömer, Tobias H., Online-Recht, Rechtsfragen im Internet, 2. Auflage, Heidelberg 1999.

Tauss, Jörg, Internet und Gesetz, Gastbeitrag, in: Frankfurter Rundschau vom 6. 3. 1997.

Tettenborn, Alexander, Die Evaluierung des IuKDG, MMR 1999, S. 516 ff.

Tettenborn, Alexander, Europäischer Rechtsrahmen für den elektronischen Geschäftsverkehr, K&R 1999, S. 252 ff.

Tröndle, Herbert/**Fischer**, Thomas, Strafgesetzbuch und Nebengesetze, 49. Auflage, München 1999.

v. **Bonin**, Andreas, Die Kontrolle digitaler Kommunikationsinhalte, Baden-Baden 2000.

v. **Bonin**, Andreas/**Köster**, Oliver, Internet im Lichte neuer Gesetze, ZUM 1997, S. 821 ff.

v. d. **Groeben**, Hans/**Thiesing**, Jochen/**Ehlermann**, Claus-Dieter, Kommentar zum EU-/EG-Vertrag, Band 1, 5.Auflage, Baden-Baden 1997 (zitiert als Bearbeiter in Ehlermann).

v. **Hartlieb**, Horst, Handbuch des Film-, Fernseh-, und Videorechts, 3. Auflage, München 1991.

v. **Mangoldt**, Hermann/**Klein**, Friedrich/**Starck**, Christian, Das Bonner Grundgesetz, Kommentar, Band 1, Präambel, Art. 1 – 19, 4. Auflage, München 1999

v. **Münch**, Ingo, **Kunig**, Philip (Hrsg.), Grundgesetz-Kommentar, 5. Auflage, Müchen 2000.

van Buuren, Jelle, Echelon in Holland, in Telepolis-Dokumente, abrufbar unter http://www.heise.de/tp/deutsch/special/ech/6730/1.html

Vassilaki, Irini E., Multimediale Kriminalität – Entstehung, Formen und rechtspolitische Fragen der „Post-Computerkriminalität“, CR 1997, S. 297 ff.

Vassilaki, Irini E., Strafrechtliche Verantwortlichkeit der Diensteanbieter nach dem TDG – Eine Untersuchung unter besonderer Berücksichtigung der Einordnung des § 5 TDG im Strafrechtssystem, MMR 1998, S. 630 ff.

Waldenberger, Arthur, Der juristische Dauerbrenner: Haftung für Hyperlinks im Internet – ein Fall des LG Hamburg, AfP 1998, S. 373 ff.

Waldenberger, Arthur, Electronic Commerce: der Richtlinienvorschlag der EG-Kommission, EuZW 1999, S. 296 ff.

Waldenberger, Arthur, Teledienste, Mediendienste und die „Verantwortlichkeit“ ihrer Anbieter, in MMR 1998, S. 124 ff.

Wallraf, Georg, Der Rundfunkbegriff in der Differenzierung kommunikativer Dienste, AfP 1996, S. 41 ff.

Walther, Oberstaatsanwalt, Erfüllen die auf elektronischem Weg übermittelten Informationen (Daten, Gedankeninhalte) die Voraussetzung einer „Schrift“ i. S. der §§ 1 Abs. 1 und Abs. 3 GjS, 11 Abs. 3 StGB?, in BPjS-aktuell 1/1997, S. 3 ff.

Walther, Oberstaatsanwalt, Zur Anwendbarkeit der Vorschriften des strafrechtlichen Jugendmedienschutzes auf im Bildschirmtext verbreitete Mitteilungen, NStZ 1990, S. 523 ff.

Weides, Peter, Der Jugendmedienschutz im Filmbereich, in: NJW 1987, S. 224 ff.

Wellkamp, Ludger, Inhaltsbeschränkung im Internet – Beschränkungsbedarf und Beschränkungsmöglichkeiten, in RDV 2000, S. 255 ff.

Wenning, Rigo, Konferenzbericht: A Borderless World /OECD Minister – Konferenz vom 7. - 9. Oktober 1998 in Ottawa, jur-pc webdok 170/1998, abrufbar im Internet unter http://www.jur-pc.de.

Werle, Gerhard, Schutz von Vertrauensverhältnissen bei der strafprozessualen Fernmeldeüberwachung?, JZ 1991, S. 482 ff.

Wessels, Johannes/**Beulke**, Werner, Strafrecht, Allgemeiner Teil, 30. Auflage, Heidelberg 2000 (zitiert als Wessels/Beulke AT).

Weßlau, Edda, Vorfeldermittlungen. Probleme der Legalisierung „vorbeugender Verbrechensbekämpfung" aus strafprozeßrechtliches Sicht. Berlin 1989.

Wimmer, Norbert/**Michael**, Gerhard, Der Online-Povider im neuen Multimedia-Recht, 1. Auflage, Baden-Baden 1998.

Ziemske, Burkhardt, Staatsphilosophie und Rechtspolitik, Festschrift für Martin Kriele, München 1997, S. 523 ff (zitiert: Bearbeiter in Ziemske)

Kolibri 360 GmbH
Ferdinand-Jühlke-Straße 7
99095 Erfurt, Deutschland
produktsicherheit@kolibri360.de

Druck:
CPI Druckdienstleistungen GmbH
im Auftrag der
Kolibri 360 GmbH
Ferdinand-Jühlke-Str. 7
99095 Erfurt